ARIZONA
GRAND CANYON

ÉDITIONS
ULYSSE
Le plaisir... de mieux voyager

Direction de collection
Claude Morneau

Direction de projet
Pascale Couture

Recherche et rédaction
Richard Harris
Madeleine Osberger
Carolyn Scarborough
Laura Daily
Steve Cohen
Mary Ann Reese
Ron Butler

Traduction et adaptation française
Pierre Corbeil

Collaboration
Daniel Desjardins
Joël Pomerleau

Correction
Pierre Daveluy

Mise en pages
Pierre Daveluy

Cartographie
André Duchesne

Direction artistique
Patrick Farei
Atoll Direction

Graphisme
Jean-François Bienvenue

Photographie
Gregory Martin
Antelope Canyon
Superstock

Édition originale
Hidden Southwest, Ulysses Press, 1994, Berkeley, CA, U.S.A.

Distribution

Distribution Ulysse
4176, rue St-Denis
Montréal, Québec
H2W 2M5
☎ (514) 843-9882, poste 2232
Fax : 514-843-9448

Belgique :
Vander
Av. des Volontaires, 321
B-1150 Bruxelles
☎ (02) 762 98 04
Fax : 02 762 06 62

Espagne :
Altaïr
Balmes 69
E-08007 Barcelona
☎ (34-3) 323-3062
Fax : (34-3) 451-2559

France :
Vilo
25, rue Ginoux
75737 Paris, CEDEX 15
☎ 1 45 77 08 05
Fax : 1 45 79 97 15

Italie :
Edizioni Del Riccio
50143 Firenze
Via di Soffiano 164/A
☎ (055) 71 63 50
fax : (055) 71 63 50

Suisse :
Diffusion Payot SA
p.a. OLF S.A.
Case postale 1061
CH-1701 Fribourg
☎ 41 37 83 51 11
Fax : 41 37 26 63 60

Tout autre pays, contactez Distribution Ulysse (Montréal), Fax : (514) 843-9448
Other countries, contact Ulysses Books & Maps (Montréal), Fax : (514) 843-9448

Données de catalogage avant publication (Canada)

Vedette principale au titre :

Arizona et Grand Canyon
(Guide de voyage Ulysse)
Comprend un index.

Traduction partielle de : Hidden Southwest
ISBN 2-921444-98-4

1. Arizona - Guides. 2. Grand Canyon (Ariz.) - Guides. I. Harris, Richard, 1947- . II. Collection.

F809.3.H5314 1995 917.9104'53 C95-941197-7

Bibliothèque nationale du Québec
Dépôt légal - Quatrième trimestre 1995
ISBN 2-921444-98-4

«When you come to the Grand Canyon it's as though Nature were breaking out in supplication. It's mad, completely mad, and at the same time so grandiose, so sublime, so illusory that when you come upon it for the first time, you break down and weep with joy.»

Henry Miller (1891-1980)
The Air-conditioned Nightmare, 1945

Qand vous arrivez au Grand Canyon, c'est comme si la nature s'abandonnait en se jetant à vos pieds. C'est insensé, tout à fait insensé, mais, en même temps, si grandiose, si sublime, si illusoire que, dès que vous l'embrassez du regard pour la première fois, vous vous effondrez et pleurez de joie.

SOMMAIRE

LISTE DES CARTES

Merci de contribuer à l'amélioration des guides de voyage Ulysse!

Tous les moyens possibles ont été pris pour que les renseignements contenus dans ce guide soient exacts au moment d'aller sous presse. Toutefois, des erreurs peuvent toujours se glisser, des omissions sont toujours possibles, des adresses peuvent disparaître, etc.; la responsabilité de l'éditeur ou des auteurs ne pourrait s'engager en cas de perte ou de dommage qui serait causé par une erreur ou une omission.

Nous apprécions au plus haut point vos commentaires, précisions et suggestions, qui permettent l'amélioration constante de nos publications. Il nous fera plaisir d'offrir un de nos guides aux auteurs des meilleures contributions. Écrivez-nous à l'adresse qui suit, et indiquez le titre qu'il vous plairait de recevoir (voir la liste à la fin du présent ouvrage).

Éditions Ulysse
4176, rue Saint-Denis
Montréal, Québec
H2W 2M5

TABLEAU DES SYMBOLES

⊛	Baignoire à remous
ℂ	Cuisinette
pdj	Petit déjeuner inclus dans le prix de la chambre
≈	Piscine
ℝ	Réfrigérateur
ℜ	Restaurant
bc	Salle de bain commune
bp	Salle de bain privée (installations sanitaires complètes dans la chambre)
⇄	Télécopieur
☎	Téléphone
tv	Téléviseur
tvc	Téléviseur par câble
tlj	Tous les jours
⊗	Ventilateur

CLASSIFICATION DES HÔTELS

Les tarifs mentionnés dans ce guide s'appliquent, sauf indication contraire, pour une chambre pour deux personnes, en haute saison.

$	moins de 50 $
$$	de 50 à 90 $
$$$	de 90 à 130 $
$$$$	plus de 130 $

CLASSIFICATION DES RESTAURANTS

Les tarifs mentionnés dans ce guide s'appliquent, sauf indication contraire, à un repas pour une personne, excluant le service et les boissons.

$	moins de 10 $
$$	de 10 $ à 20 $
$$$	de 20 $ à 30 $
$$$$	plus de 30 $

Tous les prix mentionnés dans ce guide sont en dollars américains.

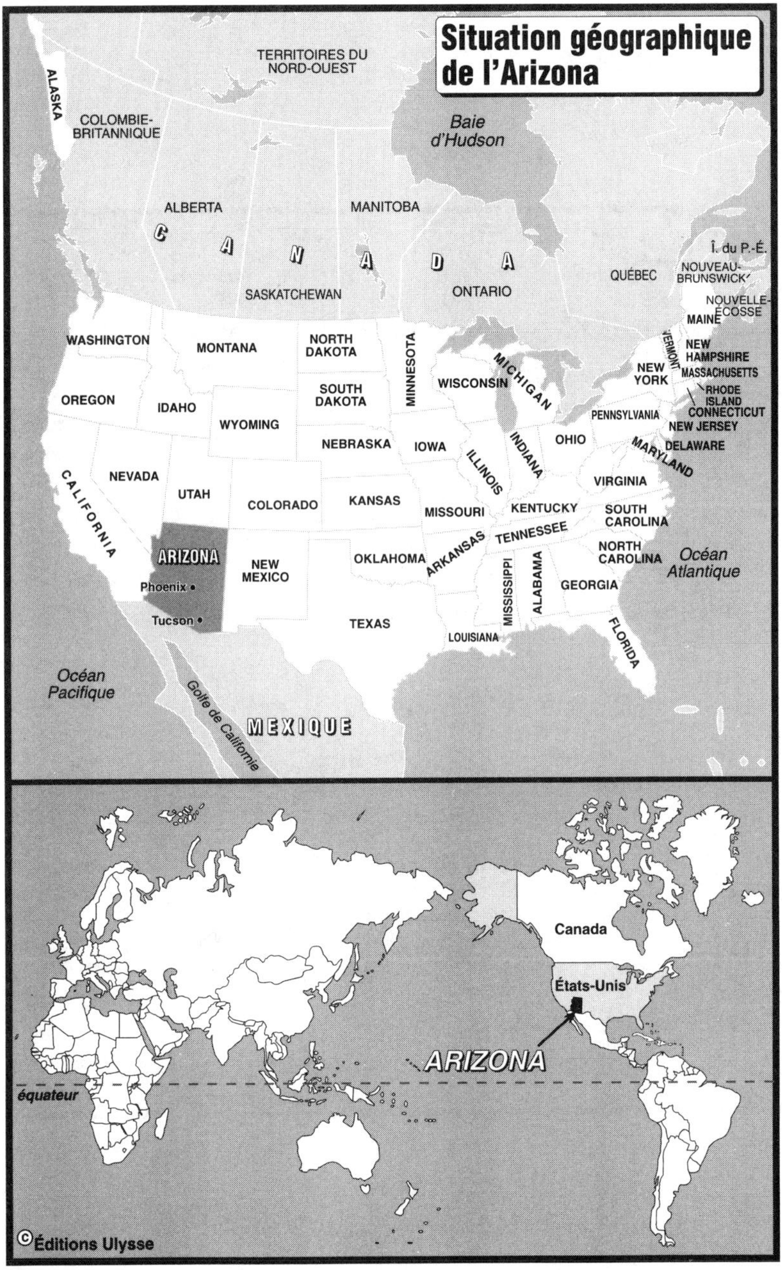
Situation géographique de l'Arizona
TERRITOIRES DU NORD-OUEST
ALASKA
COLOMBIE-BRITANNIQUE
Baie d'Hudson
ALBERTA
MANITOBA
CANADA
SASKATCHEWAN
ONTARIO
QUÉBEC
Î. du P.-É.
NOUVEAU-BRUNSWICK
NOUVELLE-ÉCOSSE
MAINE
WASHINGTON
MONTANA
NORTH DAKOTA
MINNESOTA
VERMONT
NEW HAMPSHIRE
MASSACHUSETTS
NEW YORK
RHODE ISLAND
CONNECTICUT
WISCONSIN
MICHIGAN
OREGON
IDAHO
SOUTH DAKOTA
WYOMING
PENNSYLVANIA
NEW JERSEY
DELAWARE
MARYLAND
NEBRASKA
IOWA
ILLINOIS
INDIANA
OHIO
NEVADA
UTAH
COLORADO
KANSAS
MISSOURI
KENTUCKY
VIRGINIA
CALIFORNIA
SOUTH CAROLINA
TENNESSEE
ARIZONA
NEW MEXICO
OKLAHOMA
ARKANSAS
NORTH CAROLINA
Océan Atlantique
Phoenix
Tucson
MISSISSIPPI
ALABAMA
GEORGIA
TEXAS
LOUISIANA
FLORIDA
Océan Pacifique
Golfe de Californie
MEXIQUE
Canada
États-Unis
ARIZONA
équateur
©Éditions Ulysse

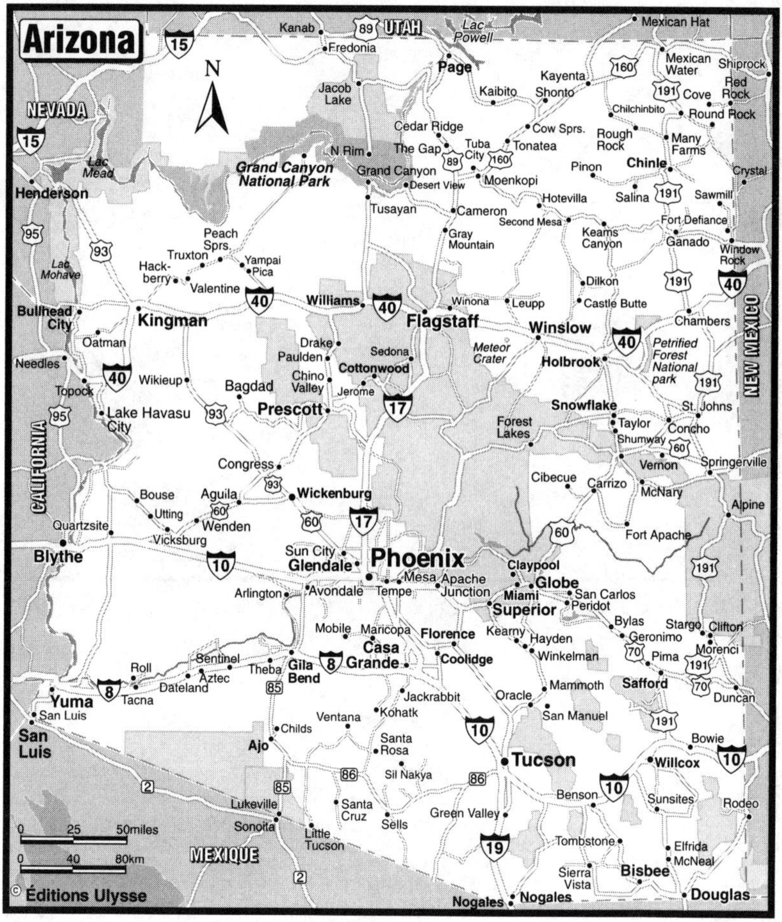

Arizona
N
NEVADA
UTAH
NEW MEXICO
CALIFORNIA
MEXIQUE
Lac Powell
Lac Mead
Lac Mohave
Grand Canyon National Park
Meteor Crater
Petrified Forest National park
Kanab
Fredonia
Page
Mexican Hat
Mexican Water
Shiprock
Red Rock
Cove
Round Rock
Chilchinbito
Kayenta
Kaibito
Shonto
Jacob Lake
Cedar Ridge
The Gap
Tuba City
Cow Sprs.
Tonatea
Rough Rock
Many Farms
N.Rim
Grand Canyon
Desert View
Moenkopi
Pinon
Chinle
Crystal
Henderson
Tusayan
Cameron
Hotevilla
Salina
Sawmill
Second Mesa
Keams Canyon
Fort Defiance
Ganado
Gray Mountain
Window Rock
Peach Sprs.
Truxton
Yampai
Pica
Hack-berry
Valentine
Dilkon
Williams
Winona
Leupp
Castle Butte
Bullhead City
Kingman
Flagstaff
Winslow
Chambers
Oatman
Drake
Sedona
Paulden
Holbrook
Needles
Chino Valley
Cottonwood
Wikieup
Bagdad
Jerome
Topock
Prescott
Snowflake
St. Johns
Lake Havasu City
Taylor
Forest Lakes
Concho
Shumway
Congress
Vernon
Springerville
Cibecue
Carrizo
Bouse
Aguila
Wickenburg
McNary
Alpine
Utting
Wenden
Quartzsite
Fort Apache
Vicksburg
Blythe
Sun City
Glendale
Phoenix
Claypool
Mesa
Apache Junction
Globe
Arlington
Avondale
Tempe
Miami
San Carlos
Peridot
Superior
Bylas
Stargo
Clifton
Mobile
Maricopa
Florence
Kearny
Hayden
Geronimo
Casa Grande
Morenci
Sentinel
Winkelman
Roll
Theba
Gila Bend
Coolidge
Pima
Aztec
Mammoth
Safford
Dateland
Jackrabbit
Oracle
Yuma
Tacna
Duncan
San Luis
Kohatk
San Manuel
Ventana
San Luis
Childs
Santa Rosa
Bowie
Ajo
Tucson
Willcox
Sil Nakya
Benson
Lukeville
Santa Cruz
Sunsites
Rodeo
Sonoita
Sells
Green Valley
Little Tucson
Tombstone
Elfrida
McNeal
Sierra Vista
Bisbee
Nogales
Nogales
Douglas
15
89
160
191
95
93
40
17
60
10
8
85
86
70
2
19
0 25 50miles
0 40 80km
© Éditions Ulysse

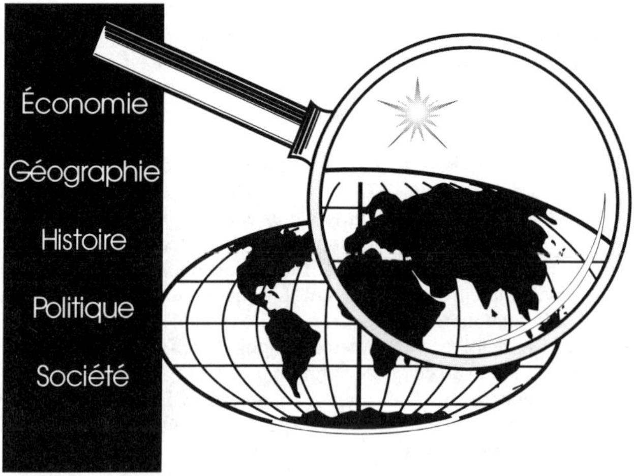

PORTRAIT DE L'ARIZONA

Le Sud-Ouest américain, dont fait partie l'État de l'Arizona, est une terre à nulle autre comparable, toute en falaises calcaires et en plateaux de roches polies, ponctuée de plages isolées en bordure de lacs d'un bleu étincelant, couverte de vastes déserts peuplés de cactus géants et d'animaux peu communs, et dominée par de hauts sommets qui semblent monter la garde sur une région parmi les plus sauvages en Amérique.

D'étranges paysages révèlent des ruines amérindiennes aussi vieilles et envoûtantes que les châteaux médiévaux d'Europe. Contrairement à d'autres régions des États-Unis, les peuples qui vivaient ici à l'arrivée des premiers Blancs y vivent encore aujourd'hui. De plus, bien qu'il s'agisse du premier territoire américain où les colons européens se sont installés de façon permanente, il demeure aujourd'hui un des moins peuplés de tout le pays.

Le Sud-Ouest attire des vacanciers du monde entier à toute époque de l'année. Le climat y est doux en hiver (du moins en certains endroits), frais en été (en d'autres endroits) et plus ensoleillé qu'en Floride. On s'y rend aussi bien pour le climat que pour les grands espaces, la beauté du paysage et l'amalgame unique des cultures qui s'y côtoient. Mais par-dessus tout, on vient y faire de l'exploration, car les sites les plus merveilleux du Sud-Ouest ne sont pas toujours signalés par de grands panneaux vert et blanc ou une entrée clairement identifiée. Sur ce sol d'une diversité bouleversante, vous ferez en effet de nouvelles découvertes à chaque détour de la route.

Lieu de contrastes fièrement provincial, le Sud-Ouest américain ne dément nullement sa réputation romantique. Des villes perdues et des trésors cachés n'attendent partout qu'à être découverts, et si la curiosité fait partie de vos attributs, peu d'endroits sur Terre vous donneront de mieux la satisfaire.

Ce Guide Ulysse a été conçu pour vous aider à explorer l'Arizona. Il regroupe tous les sites «à ne pas manquer» et vous offre des conseils destinés à profiter au maximum de chacune de ces régions. Il vous met également sur la piste de plusieurs endroits se trouvant hors des sentiers battus, dont vous n'entendriez normalement parler qu'en conversant avec des gens du coin ou avec des personnes ayant passé toute leur vie dans la région. Il présente l'histoire du territoire, ses ressources naturelles et sa population, aussi bien humaine qu'animale. Il vous indique en outre où vous loger, vous restaurer et vous divertir. De plus, quel que soit le style de vacances que vous recherchez, que vos préférences portent sur la randonnée pédestre, le golf, la visite des musées ou le magasinage, vous en trouverez ici pour tous les goûts et toutes les bourses.

Il n'en tient qu'à vous de déterminer ce que vous désirez voir ou faire. Le bon vieux cliché «il y a de tout pour tous» s'applique en effet particulièrement bien au Sud-Ouest américain. Vous trouverez dans ce guide des terrains de camping gratuits, des pistes de randonnée librement accessibles et des paysages à couper le souffle, mais aussi de nombreux lieux récréatifs réservés aux mieux nantis. Vous découvrirez par ailleurs des routes panoramiques un peu partout, de même que des circuits d'exploration en région sauvage qu'on ne peut atteindre en voiture. D'ailleurs, si vous préférez, pourquoi ne pas faire un séjour dans un *Bed and Breakfast* situé à distance de marche de pittoresques boutiques et galeries?

Il y a tant à voir et à faire dans le Sud-Ouest que même ceux qui y ont vécu toute leur vie y font encore des découvertes à l'occasion. Ceux qui visitent la région pour la première fois doivent pratiquement se limiter à de courtes haltes dans les endroits les mieux connus, alors que ceux qui y reviennent préfèrent souvent se confiner à un secteur bien déterminé pour l'explorer à fond, quitte à revenir plus tard, peut-être à une autre époque de l'année, pour découvrir d'autres merveilles. Quoi qu'il en soit, nombreux sont ceux qui reviennent plus d'une fois dans la région et choisissent même parfois de s'y établir, car le Sud-Ouest offre suffisamment de richesses (nourriture, paysages, coutumes, climats, arts, architecture et langues) pour vous laisser des souvenirs inoubliables.

La géographie

Les parois rocheuses du Grand Canyon révèlent un milliard d'années d'histoire. Au fil d'innombrables siècles, des mouvements géologiques ont eu pour effet d'élever de plus en plus le plateau, au fur et à mesure que le fleuve Colorado y creusait lentement son lit. Les sombres rochers dépourvus de fossiles qu'on retrouve au niveau du cours d'eau figurent parmi les plus anciens de toute la surface du globe, et les couches de couleur et de texture différente dont se composent les falaises stratifiées témoignent d'époques où la région fut tour à tour fond de mer, forêt et marécage. De minuscules créatures marines fossilisées de l'ère paléozoïque, qui précède de loin celle des dinosaures, permettent en outre de retracer l'évolution de certaines des premières formes de vie sur Terre à travers des couches successives de schiste, de calcaire et de grès.

La morphologie du Sud-Ouest américain est si variée et si spectaculaire qu'on peut sans mal apprécier la beauté des paysages qui en résultent même si l'on ignore les secrets de leur formation. Cependant, les voyageurs qui prennent la peine d'en apprendre un peu plus sur la géologie des lieux dans les musées d'histoire naturelle ou les centres d'interprétation ponctuant les routes de la région acquièrent une perspective encore plus intéressante. Ils découvrent, entre autres, que les différentes couleurs et textures du roc forment un ensemble complexe qui s'étend sur des centaines de kilomètres à la ronde, et ils apprennent à scruter le panorama non plus en deux dimensions, mais bien en trois.

À titre d'exemple, le calcaire de Kaibab, vieux de 250 millions d'années et formant une couche blanchâtre d'une épaisseur de 100 m au sommet du Grand Canyon, est visible à Lee's Ferry, une demi-journée de route plus à l'est. Le grès orangé de Wingate, qui forme une autre strate de la paroi rocheuse, se retrouve, quant à lui, sur les Islands in the Sky et les formations de Newspaper Rock du Canyonlands National Park, de même qu'au Dead Horse Point State Park.

Or, la merveille des traits géologiques du Sud-Ouest ne tient pas seulement à leur interconnectivité à grande échelle, mais aussi à la myriade de détails qui font sa richesse, qu'il s'agisse d'empreintes de dinosaures, de bois pétrifié, de dunes de gypse blanc d'une pureté absolue, d'immenses grottes souterraines, de dômes de sel, d'arches, de ponts naturels, de formes mystérieuses sculptées par l'eau et par le vent, ou d'énormes rochers volcaniques transportés sur de grandes distances par les glaciers.

Les volcans sont d'ailleurs responsables de paysages parmi les plus impressionnants du Sud-Ouest. Sur les terres volcaniques qui s'étendent au nord-est de Flagstaff, en Arizona, des champs entiers de pierre ponce concassée empêchent la croissance de toute forme de végétation, mais facilitent par contre les randonnées autour de cônes volcaniques dignes de cartes postales.

Aujourd'hui, il n'y a plus de volcans actifs dans le Sud-Ouest américain, mais cela pourrait changer à tout moment! Ils ont en effet secoué la région pendant des millions d'années, et les éruptions les plus récentes remontent à moins de 1 000 ans, ce qui ne représente que quelques heures aux yeux des géologues.

■ La flore

Les automobilistes qui traversent en vitesse le Sud-Ouest américain sur les autoroutes inter-États peuvent facilement avoir l'impression, d'ailleurs erronée, qu'il s'agit essentiellement d'une région occupée par d'immenses ranchs si désertiques qu'il doit falloir au moins 20 ha pour nourrir une seule tête de bétail. Cela s'explique par le fait que les grands axes routiers sillonnent les terres les plus plates, dépourvues de tout attrait particulier. Il suffit en effet d'un simple crochet vers les montagnes ou les canyons, qu'aucune route principale ne dessert, pour découvrir comment le climat sec et les variations extrêmes de dénivellation créent ici une grande variété d'écosystèmes, révélant chacun une beauté unique.

En basse altitude, où la température hivernale descend rarement sous le point de congélation, cactus et autres plantes grasses prolifèrent. L'*ocatillo*, l'aloès d'Amérique *(century plant)*, le yucca, le figuier de Barbarie *(prickly pear)*, le cholla, le prosopis *(mesquite)* et les arbustes goudronneux se retrouvent partout à travers le désert de Sonora, dans le sud de l'Arizona. Ce dernier est surtout réputé pour ses somptueuses forêts de *saguaros* géants et de «tuyaux d'orgue» (une variété de cactus). Lorsque les pluies printanières s'abattent sur la région une fois par cinq ans ou plus, le désert se pare pendant quelques semaines d'une myriade de fleurs sauvages, créant un décor quasi irréel.

À plus haute altitude, des forêts d'arbres miniatures à feuilles persistantes, de pins pignons, de genièvres et de cèdres recouvrent les collines du désert, là où le mercure descend plus volontiers sous le point de congélation. Une fois tous les sept ans, en automne, le pin pignon produit une variété de noix très appréciée dans plusieurs parties du Sud-Ouest. Quant aux cactus et au yucca, ils demeurent petits sur les hautes terres désertiques; le plus grand d'entre eux, le *cholla*, opte surtout pour les zones ayant été privées de végétation pendant un certain temps, telles que les vieilles ruines indiennes.

Les forêts montagneuses changent d'aspect selon l'altitude, formant trois paliers distincts. Sur les pentes inférieures, le pin *ponderosa* peut atteindre une hauteur de 15 m et plus. En altitude moyenne, des massifs ondoyants de peupliers trembles *(aspen tree)* garnissent les flancs des montagnes et les tapissent d'un jaune éclatant au début d'octobre. Le sapin de Douglas domine, quant à lui, les hauteurs. Dans certaines zones forestières très anciennes, envahies de mousses et de silence, accessibles seulement par des sentiers pédestres et hors de portée des bûcherons, on trouve même des sapins hauts de 30 m et trop gros pour qu'un homme puisse les entourer de ses bras.

De tous les écosystèmes qui caractérisent le Sud-Ouest américain, les bois riverains offrent un spectacle unique. Puisque la presque totalité du paysage local souffre de la sécheresse et ne peut accueillir que les plantes les plus robustes, la végétation se concentre allègrement autour du moindre filet d'eau à débit annuel constant. Les berges des criques et des rivières abritent ainsi d'épaisses forêts de cotonniers et de tamaris, entrecoupés d'occasionnels bosquets de feuillus isolés, le plus souvent des érables ou des noyers.

■ La faune

Le dernier grizzly à avoir été aperçu dans le Sud-Ouest le fut sur les monts San Juan, près de Silverton (Colorado), au milieu des années soixante-dix. De plus, les meutes de loups mexicains du jardin zoologique Rio Grande d'Albuquerque et du musée du Désert de Carlsbad, au Nouveau-Mexique, sont les derniers représentants de leur espèce, sauvée de l'extinction par un programme fédéral de reproduction en captivité.

D'autres animaux caractéristiques des légendes de l'Ouest vivent toutefois librement dans les forêts et les canyons des terres reculées du Sud-Ouest. Des pumas *(mountain lion)*, rarement aperçus du fait qu'ils habitent surtout des régions isolées et chassent essentiellement la nuit, croisent à l'occasion les phares d'un automobiliste tardif. Plusieurs ours noirs hantent également les profondeurs boisées des montagnes et s'aventurent parfois jusqu'à Albuquerque ou Flagstaff pour en ravager les poubelles, lorsque sévit la sécheresse et que la nourriture devient trop rare. Quant au coyote, le plus commun des prédateurs du Sud-Ouest, il abonde en région rurale et rôde souvent autour des terrains de camping, où l'on peut distinctement entendre ses jappements et ses hurlements perçants.

Les vastes étendues ouvertes du Sud-Ouest accueillent d'importants troupeaux d'antilopes à bois pointus, côtoyant le bétail d'élevage. La plupart des visiteurs des parcs nationaux et des réserves fauniques apercevront, en outre, des cerfs à queue noire *(mule deer)*. La population d'élans des montagnes du Sud-Ouest s'avère plus importante qu'elle ne l'a été de tout ce siècle, mais comme cet animal privilégie surtout les hautes prairies montagneuses, seuls les randonneurs déterminés auront sans doute l'occasion de l'admirer. Des troupeaux de moutons des montagnes vivent au-dessus des régions boisées des plus hauts sommets, alors que leurs cousins solitaires, les mouflons *(bighorn)*, honorent de leur présence la plupart des zones désertiques.

Un des oiseaux les plus distinctifs de la région est la pie voleuse *(magpie)*, un parent à longue queue d'allure exotique, au chatoyant plumage de noir et de blanc, des mainates asiatiques. Une autre espèce remarquable est le coucou terrestre *(roadrunner)*, souvent aperçu alors qu'il chasse les lézards en bordure des autoroutes. Parmi les gros oiseaux s'offrant le plus volontiers à la vue des automobilistes et des randonneurs, mentionnons le vautour aura *(turkey vulture)*, le corbeau *(raven)* et plusieurs variétés d'aigles. L'aigle royal *(golden eagle)* et l'aigle à tête blanche *(bald eagle)* vivent sur tout le territoire du Sud-Ouest, et l'on peut parfois les admirer bien haut dans le ciel. Les aigles et les vautours sont à peu près de la même taille, et la meilleure façon de les distinguer consiste à se rappeler que les aigles déploient leurs ailes à l'horizontale lorsqu'ils sont en vol, tandis que celles des vautours sont relevées en «V».

Enfin, nombre de visiteurs du Sud-Ouest se préoccupent de la menace que représentent les crotales *(rattlesnake)*, les grands lézards venimeux *(gila monster)*, les scorpions et les tarentules. Ces animaux dangereux vivent en effet dans presque toutes les régions du Sud-Ouest, exception faite des hautes montagnes, mais les gens du coin qui consacrent la plupart de leurs fins de semaine à la randonnée pédestre affirment néanmoins qu'ils n'en rencontrent que très rarement. Pour vous rassurer, marchez toujours bruyamment dans le désert, et ne mettez jamais vos mains ou vos pieds là où vous ne pouvez les voir.

Un peu d'histoire

■ Les peuples autochtones

Des pointes de lance trouvées près de Clovis, au Nouveau-Mexique, prouvent que des humains peuplaient le Sud-Ouest il y a au moins 10 000 ans. Les vestiges archéologiques de Clovis comptent parmi les plus vieux objets de fabrication indienne jamais découverts et remontent à la dernière glaciation. À cette époque, la région qui forme aujourd'hui le Sud-Ouest américain était un riche territoire verdoyant où mastodontes et bisons broutaient paisiblement hors d'atteinte des glaciers. Les peuplades de chasseurs qui suivirent alors les pistes de ces animaux pourraient très bien avoir été les premiers humains à fouler le sol nord-américain, et ils y restèrent. Au cours des millénaires, leurs descendants se déplacèrent à travers le Sud-Ouest en n'y laissant que peu de traces, à savoir quelques petits os, des outils d'obsidienne et de mystérieuses peintures d'êtres «magiques» qui ornent encore les parois rouges de certains canyons du sud de l'Utah.

Il y a moins de 2 000 ans, les habitants du Sud-Ouest américain apprirent à faire pousser du maïs, des haricots et des melons d'eau, ce nouveau développement leur permettant de devenir plus sédentaires. Autour de l'an 1000, les maisons creusées firent place aux habitations de falaise, comme celles de Mesa Verde, au Colorado, et aux grands *pueblos* multifamiliaux en pierre, comme ceux de Chaco Canyon, au Nouveau-Mexique. Outre l'agriculture et l'architecture, les peuples de *pueblos* des civilisations anasazis, mimbres et sinaguas se démarquèrent par leur poterie, leur coton tissé, leurs observations astronomiques et leurs pratiques spirituelles. Ils entretenaient par ailleurs d'importants liens commerciaux avec, entre autres, les Toltèques du Mexique central.

La saga du Sud-Ouest précolombien en est une de migrations et de nombreux changements. Les grands *pueblos* anasazis de la région de Four Corners (où se rencontrent les États de l'Arizona, de l'Utah, du Colorado et du Nouveau-Mexique), alors les plus importantes villes du territoire qui allait devenir celui des États-Unis, furent occupés pendant un siècle ou deux avant d'être abandonnés de façon soudaine pour des raisons sur lesquelles les archéologues n'arrivent pas à s'entendre. Les habitants de Mesa Verde se seraient déplacés vers Acoma, les Mimbres auraient pris la direction de Zuni Pueblo, dans les canyons de Gila, ou de Casas Grandes, au Nouveau-Mexique, et les Chacoans se seraient dispersés le long du Rio Grande dans des *pueblos* comme ceux du Bandelier National Monument (dans la région de Santa Fe, Nouveau-Mexique). Quant aux Hopis, ils demeurèrent sur les hauts plateaux désertiques et isolés, dont certaines structures encore debout aujourd'hui abritent les mêmes familles depuis 900 ans!

Au cours du XVe siècle, juste avant que les navires de Christophe Colomb n'atteignent le sol américain, un nouveau groupe d'individus fit son apparition dans le Sud-Ouest. Il s'agit des Athabascans, des nomades venus du Grand Nord qui avaient lentement progressé vers le sud par petits groupes en longeant la face interne des Rocheuses. Ils allaient devenir les Apaches et les Navajos, mais seulement après que les Européens ne soient venus changer à tout jamais le caractère du Sud-Ouest américain.

■ La conquête espagnole

En 1540, une expédition espagnole sous le commandement du conquistador Francisco Vasquez de Coronado partit de Mexico en direction du nord, à travers le redoutable désert de Chihuahua, à la recherche des sept cités légendaires de Cibola. Mais au lieu des cités d'or tant convoitées, l'aventurier trouva des *pueblos* comme Zuni, peuplés de fermiers qui tentèrent (sans succès) de se défendre contre les armures, les chevaux et les épées d'acier des Espagnols en traçant sur le sol des lignes magiques avec de la farine de maïs. Coronado et ses hommes furent ainsi les premiers Européens à visiter les plateaux occupés par les Hopis, les *pueblos* du Rio Grande et le Grand Canyon. Après avoir parcouru le Sud-Ouest pendant deux ans sans trouver d'or, ils retournèrent à Mexico les mains vides. Après cette première incursion, l'exploration du territoire désormais connu sous le nom de Nuevo Mexico fut laissée aux missionnaires franciscains jusqu'à la fin du XVIe siècle.

En 1598, un riche propriétaire minier de Zacatecas (Mexique) du nom de Don Juan de Oñate organisa à ses frais une expédition visant à coloniser le Nuevo Mexico avec l'appui financier du gouvernement espagnol. Son cortège se composait de 400 soldats et colons, de 83 chariots et de 7 000 têtes de bétail. Oñate fonda ainsi la première colonie espagnole permanente de la région près de l'actuelle Española, mais son expédition le ruina, et il dut renoncer à son poste de gouverneur. Son successeur, Don Pedro de Peralta, devait par la suite, en 1610, déplacer la capitale du Nuevo Mexico à Santa Fe.

Les colons espagnols se firent plus nombreux et établirent des villages, des fermes et des ranchs prospères le long du Rio Grande pendant plusieurs générations, jusqu'à ce que les pratiques liées à l'esclavage et les politiques religieuses incohérentes à l'égard des Indiens n'entraînent la révolte des Pueblos en 1680. Les habitants des *pueblos* du Rio Grande, secondés par les féroces nomades athabascans, attaquèrent alors les fermes et les villages espagnols, tuant des centaines de colons et chassant les survivants jusqu'à l'actuelle El Paso, au Texas, où ils durent camper pendant 11 ans avant que des troupes venues de Mexico ne les aident à reprendre possession du Nuevo Mexico.

C'est de cette révolte qu'est née la nation navajo. Afin de persuader leurs voisins athabascans de les aider à chasser les Espagnols, les chefs des *pueblos* accordèrent le droit à leurs alliés de garder le bétail qui s'échapperait des ranchs attaqués. La tribu de nomades fit ainsi l'acquisition de moutons et de chevaux, ce qui changea considérablement sa culture d'origine. Lorsque les colons espagnols revinrent sur leurs terres, plusieurs habitants des *pueblos* qui avaient pris part à la révolte s'enfuirent pour échapper à d'éventuelles représailles et partirent vivre avec les nomades, emportant avec eux leurs connaissances poussées du tissage et de la culture du maïs. Par la suite, les éleveurs et les cultivateurs descendant des Athabascans devinrent connus sous le nom de Navajos, alors que ceux qui restèrent attachés aux voies ancestrales devinrent les Apaches.

Après la révolte des Pueblos, le Nuevo Mexico poursuivit sa mission d'avant-poste espagnol pendant encore 130 ans. Au cours de cette période, conquérants et colons ne parvinrent jamais à coloniser les régions limitrophes du Sud-Ouest, ni même à tracer de routes entre le Nouveau-Mexique et les autres colonies espagnoles de Californie et du centre du Texas. Les terres situées au nord et à l'est étaient contrôlées par des cavaliers armés de la tribu comanche, dont les raids conduisirent à l'abandon de missions espagnoles comme celles de Pecos et de Gran Quivira. Au sud et à l'ouest, les Apaches et les Navajos recouraient, pour leur part, à la peur pour éloigner les Européens du territoire qui allait devenir l'Arizona. Les colons espagnols n'avaient pas non plus de contact avec les colons américains de souche anglaise, et vers la fin de l'époque coloniale, les explorateurs de la Côte Est américaine qui s'aventuraient par mégarde au Nuevo Mexico, comme le capitaine d'armée Zebulon Pike, étaient tout simplement capturés et mis aux arrêts.

■ La période des luttes territoriales

À partir de 1821, divers événements espacés les uns des autres changent la vie des habitants espagnols du Sud-Ouest américain. Le Mexique obtient son indépendance de l'Espagne, et les politiques gouvernementales se modifient. La frontière est ouverte, et le commerce se met en branle le long de la piste de Santa Fe, reliant le Nuevo Mexico au territoire des États-Unis. À la même époque, tous les moines franciscains se voient chassés du territoire mexicain, laissant le Nuevo Mexico sans direction spirituelle. On remplace les missionnaires par une fraternité laïque de *penitentes*, dont l'autorité spirituelle contribue grandement à la création d'une culture et d'une tradition propres au Nouveau-Mexique, un courant de pensée qui subsiste encore de nos jours dans les villages de montagne isolés autour de Santa Fe et de Taos.

Lorsque la république du Texas obtient son indépendance du Mexique en 1836, plusieurs Texans soutiennent que le Nuevo Mexico doit faire partie de leur nouvelle nation, un sentiment que ne partagent nullement les habitants de la région. Des troupes texanes occupent le territoire en 1841, mais sans que leur autorité ne soit reconnue. Cinq ans plus tard, lorsque le Texas rejoint les États-Unis, alors que la guerre du Mexique fait rage, des soldats nordistes s'emparent du Nuevo Mexico, et à la fin de la guerre, en 1848, le traité de paix signé avec le Mexique décrète l'annexion aux États-Unis de la Californie et du Nuevo Mexico (qui inclut les États actuels du Nouveau-Mexique et de l'Arizona). Comme si la population locale n'était pas déjà suffisamment confuse, 13 ans après qu'elle fut officiellement devenue américaine, la guerre de Sécession éclate et les troupes confédérées du Texas livrent de nombreuses batailles au Nouveau-Mexique, s'emparant brièvement d'Albuquerque, de Santa Fe et de Mesilla. Avant la fin du conflit, le Nouveau-Mexique et ses habitants ont ainsi appartenu à cinq différentes nations en l'espace de 40 ans environ!

Les premiers colonisateurs de langue anglaise du Sud-Ouest américain furent les mormons, qui avaient choisi de vivre libres de toute persécution dans l'immense désert. Dès le début des années 1840, ils établirent des colonies dans tout le sud de l'Utah et le nord de l'Arizona, dans des endroits qui aujourd'hui encore demeurent reculés.

À la fin du XIXe siècle, le gouvernement des États-Unis se montrait beaucoup moins tolérant à l'égard des Indiens que les Espagnols et les Mexicains ne l'avaient été avant eux. Après la guerre de Sécession, l'Armée entreprit de rendre sûres pour les colons les terres occupées par les Comanches, les Apaches, les Navajos et les Utes. Les Comanches furent alors anéantis. Les Utes, qui avaient l'habitude d'aller et venir en toute liberté entre les contreforts des Rocheuses du Colorado et les canyons du sud de l'Utah, furent confinés à une petite réserve située au sud de l'actuelle Durango, au Colorado. Kit Carson se chargea, pour sa part, de rassembler tous les Navajos pour les conduire dans une réserve de l'est du Nouveau-Mexique; mais après que des milliers de Navajos eurent perdu la vie, en découvrant que le territoire désigné ne présentait aucune valeur, il ramena les survivants vers leurs terres d'origine, où ils vivent encore aujourd'hui. La plus longue et la plus violente campagne armée contre les Indiens fut toutefois la guerre des Apaches. Bien qu'ils n'eussent jamais été nombreux, les Apaches étaient en effet si ardents et si difficiles à capturer que les affrontements sanglants se succédèrent pendant 19 ans avant que leur chef Geronimo ne se rende en 1884. Alors seulement les colons américains purent-ils fonder les premiers villages de l'Arizona.

Les forces de l'ordre n'étaient guère fiables à l'époque des luttes territoriales, et c'est ainsi que naquirent les légendes mémorables du Far West. Au Nouveau-Mexique, Billy le Kid et sa bande luttèrent contre une armée de mercenaires engagés par un éleveur impitoyable au cours de la guerre du Lincoln County. Dans l'Utah, Butch Cassidy dévalisait les trains et pillait les banques sans jamais se faire prendre. En Arizona, Ike Clanton et ses acolytes affrontèrent l'homme de loi Wyatt Earp et le franc-tireur Doc Holliday au O.K. Corral de Tombstone. De toutes ces fusillades et du chaos qui s'ensuivit, émergea une nouvelle société multiculturelle, jusqu'à ce que le Nouveau-Mexique et l'Arizona deviennent, en 1910, les 47e et 48e États de l'Union, les derniers à y être admis avant l'Alaska et Hawaï, 50 ans plus tard.

■ Les temps modernes

Les cultures espagnoles et indiennes traditionnelles du Sud-Ouest demeurent vigoureuses malgré les hordes de visiteurs et de nouveaux arrivants qui y ont déferlé depuis le début du XXe siècle. Peu avant la Première Guerre mondiale, des artistes et des écrivains ayant fui la rive gauche de Paris commencèrent à converger vers Taos, au Nouveau-Mexique. Depuis les années quarante, l'Institute of American Indian Arts, la seule école indienne fédérale vouée à l'enseignement des arts traditionnels et contemporains, a fait de Santa Fe le plus important marché d'art indien au monde. Le caractère exotique des lieux et le soleil toujours présent ont également attiré (et continuent de le faire) plusieurs firmes de production cinématographique dans le Sud-Ouest depuis 1898, de sorte que les arts visuels et de la scène constituent aujourd'hui une des plus importantes industries de plusieurs régions du Sud-Ouest.

Au cours de la Deuxième Guerre mondiale, le Sud-Ouest devint le centre nerveux des recherches nucléaires américaines. Les meilleurs physiciens du pays furent dépêchés vers une base secrète à Los Alamos, au Nouveau-Mexique, aménagée dans un labyrinthe de profonds canyons volcaniques, pour y développer la toute première bombe atomique. En 1945, celle-ci fut mise à l'essai dans le désert près de White Sands, toujours au Nouveau-Mexique, et après la guerre, les recherches se poursuivirent à Los Alamos, aussi bien sur les armes nucléaires que sur les applications pacifiques de l'énergie atomique, attirant une foule de prospecteurs et de compagnies minières sur les terres riches en uranium de la région de Four Corners.

Aujourd'hui, le laboratoire national de Los Alamos et d'autres laboratoires fédéraux de la région étudient également la fusion nucléaire, les énergies solaire et géothermique, de même que la génétique. Les technologies de pointe développées dans ces laboratoires ont par ailleurs amené plusieurs entreprises privées à s'établir dans le Sud-Ouest, tandis que l'énergie nucléaire figure désormais en tête de liste des préoccupations environnementales de la région, donnant lieu à des débats très animés.

Bien que la croissance démographique ait été phénoménale dans les régions de Phoenix, de Tucson et d'Albuquerque depuis la Seconde Guerre mondiale, la plus grande partie du Sud-Ouest américain demeure faiblement peuplée, principalement dû à la rareté de l'eau. D'immenses réservoirs aménagés par l'Homme le long du fleuve Colorado (Lake Powell, Lake Mead, Lake Havasu et d'autres) enrichissent, bien sûr, le désertique Sud-Ouest, mais l'eau et l'électricité qu'ils produisent sont acheminés vers la lointaine Californie du Sud, alors que les berges du fleuve demeurent pour ainsi dire presque entièrement non développées.

Plus de la moitié des terres sur lesquelles porte le présent guide appartiennent au gouvernement. De vastes étendues de plaines herbeuses et de canyons sont gérées par le Federal Bureau of Land Management, et louées à des éleveurs qui y font paître leurs troupeaux. D'autres des portions de territoire sont occupées par l'Armée. La région compte des forêts nationales, des réserves fauniques nationales et des parcs nationaux, sans oublier les monuments et les zones récréatives, plus nombreux ici que dans toute autre partie des États-Unis.

Le tourisme figure parmi les grandes forces qui ont contribué au développement du Sud-Ouest moderne. Compte tenu d'une faible population, de rares industries manufacturières et d'une agriculture très limitée, l'économie locale repose en grande partie sur les voyageurs de passage, faisant vivre les hôtels, les restaurants et les autres entreprises de services. En général, les habitants du Sud-Ouest se montrent amicaux et favorables à l'endroit des touristes. La beauté des lieux constitue la plus importante ressource naturelle de la région, et il y en a beaucoup à partager. De plus, comme les gens du coin se plaisent à le dire, qui voudrait vivre dans un endroit que les étrangers n'aiment pas visiter?

Le portrait social

On qualifie souvent la population du Sud-Ouest américain de «triculturelle», à savoir indienne, espagnole et anglo-saxonne. Chacune de ces cultures s'est opposée aux autres au fil des siècles, ce qui ne les empêche pas aujourd'hui de se côtoyer et de vivre en harmonie. Malgré de longues périodes de proximité houleuse, au cours desquelles les Espagnols et les Américains blancs de souche non hispanique, ou «Anglos», ont tous deux tenté d'assimiler les Indiens, chacun des trois groupes maintient désormais son identité culturelle tout en respectant celle des autres. Il en résulte dès lors un équilibre triculturel tout à fait unique à cette région.

Les trois groupes partagent librement leurs us et coutumes respectifs. À titre d'exemple, la cuisine du Sud-Ouest allie les mets traditionnels des Anasazis et des peuples des *pueblos* (maïs bleu, haricots et courges) au piment vert et aux techniques culinaires des premiers colons espagnols, empruntées aux Aztèques du Mexique central, pour créer une variété d'alimentation anglo-saxonne unique en son genre. Sous un tout autre registre, l'architecture du désert utilise des briques d'argile (adobe), un matériau d'origine mauresque importé au Nouveau Monde par les Espagnols, alors que les styles proviennent des *pueblos* anasazis et intègrent des raffinements introduits par les «Anglos» venus dans la région grâce au chemin de fer.

Les résidants désignent sous le nom d'«Anglos» toute personne originaire de l'Amérique anglophone. Les «Anglos» sont arrivés dans le Sud-Ouest il y a moins de 150 ans, après la guerre du Mexique, et ils constituent encore une minorité dans plusieurs régions. Les visiteurs sont souvent surpris d'apprendre que les Américains de souche juive, japonaise ou africaine (entre autres) sont tous désignés ici comme des «Anglos». Il faut en outre noter que nombre d'«Anglos» des régions les plus reculées du Sud-Ouest, des traditionnels mormons de l'Utah rural aux habitants des communes hippies et aux colonies d'artistes des montagnes du Nouveau-Mexique, s'accrochent à des modes de vie qui n'ont rien à voir avec la civilisation américaine telle que nous la connaissons aujourd'hui.

Les habitants de souche hispanique du Nouveau-Mexique retracent leurs origines jusqu'à l'époque des pionniers, autour des années 1600, qui est aussi celle de Don Quichotte, de l'Inquisition espagnole et de la conquête du Nouveau Monde par l'armada espagnole. Aujourd'hui, la population hispanique demeure la puissance culturelle et politique dominante dans plusieurs régions du Nouveau-Mexique, et les voyageurs peuvent encore trouver des villages de montagne isolés où plusieurs aspects de la vie quotidienne n'ont guère changé depuis le XVIIe siècle. L'immigration mexicaine depuis le début du XXe siècle a en outre donné naissance à une sous-culture hispanique distincte dans le sud du Nouveau-Mexique et de l'Arizona.

On n'a aujourd'hui que peu d'occasions d'apprécier le caractère unique des civilisations apaches, utes, paiutes ou d'autres tribus nomades, car leur confinement à des réserves les a le plus souvent amenées à adopter le mode de vie conventionnel des autres populations rurales. Mais certains groupes, comme les Navajos et les descendants des peuples des *pueblos*, qui occupent encore leurs territoires ancestraux, ont toutefois su conserver plusieurs de leurs traditions anciennes.

Les *pueblos* plus isolés de l'ouest du Nouveau-Mexique et du nord-est de l'Arizona conservent leur culture propre. Les Acomas, qu'on dit descendre des Anasazis de Mesa Verde (dans le sud-ouest du Colorado), se livrent à des rites secrets auxquels aucun étranger ne peut prendre part. Les Zunis, qui parlent une langue sans lien aucun avec les autres dialectes indiens, et qu'on croit descendre des Mimbres ayant vécu dans le sud du Nouveau-Mexique, pratiquent l'ancienne religion kachina, qui les amène à incarner les forces de la nature au cours de cérémonies étranges et colorées. Les Hopis, dont les ancêtres sinaguas occupaient jadis tout le centre de l'Arizona, du Grand Canyon à la vallée de Verde, ont, pour leur part, banni de leurs cérémonies tout visiteur non indien à la suite de la publication de certains ouvrages ayant fait état avec trop de sensationnalisme de leurs danses du serpent et de l'aigle, de même que de leur antique tradition de prophéties.

L'amalgame des cultures n'est nulle part plus évident que chez les Navajos, la plus importante tribu indienne des États-Unis. Les fondements de leurs traditions religieuses remontent à un passé très lointain, et leurs huttes typiques sont les mêmes que celles de leurs ancêtres nordiques. Depuis leur arrivée dans le Sud-Ouest au XVe siècle, ils n'ont cessé d'emprunter à leurs voisins pour se créer une culture unique. Ils ont ainsi appris à cultiver le maïs et à tisser différentes fibres de la part des habitants des *pueblos*, de même qu'à élever des moutons et à monter à cheval de la part des Espagnols. Les premiers Anglo-Saxons les ont, pour leur part, aidés à développer leurs arts «traditionnels», à savoir la confection des tapis et des bijoux en argent. Même les aspects plus modernes de la vie navajo, à savoir les camionnettes, les antennes paraboliques et le blue jeans, ne sont pas tant des signes d'assimilation à la culture blanche que des marques d'évolution constante du mode de vie de ce peuple particulier.

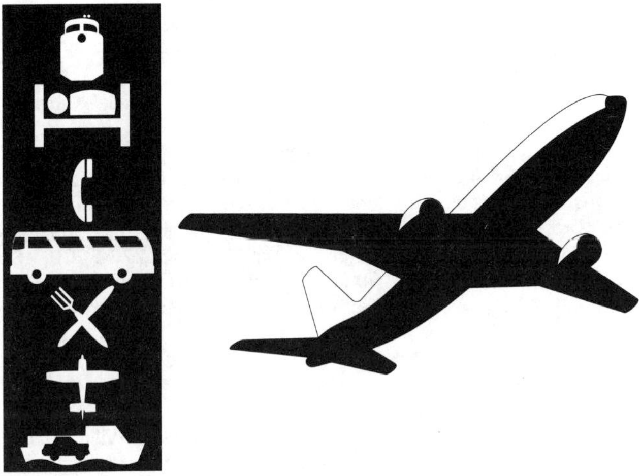

RENSEIGNEMENTS GÉNÉRAUX

La présente section a pour objectif d'aider les voyageurs à mieux planifier leur séjour en Arizona.

Formalités d'entrée

Généralités

Pour entrer aux États-Unis, les citoyens canadiens n'ont pas besoin de visa. Il en va de même pour la plupart des citoyens des pays de l'Europe de l'Ouest. En effet, seul un passeport valide suffit, et aucun visa n'est requis pour un séjour de moins de trois mois. Un billet de retour ainsi qu'une preuve de fonds suffisants pour couvrir le séjour peuvent être demandés. Au-delà de trois mois, tout voyageur sera tenu d'obtenir un visa (120 $US) à l'ambassade des États-Unis de son pays.

Précaution : Les soins hospitaliers étant extrêmement élevés aux États-Unis, il est conseillé de se munir d'une bonne assurance-maladie. Pour plus d'informations, voir la section «La santé» *(p 27)*.

Douanes

Les étrangers peuvent entrer aux États-Unis avec 200 cigarettes (ou 100 cigares) et des achats en franchise de douane (*duty-free*) pour une valeur de 400 $US, incluant cadeaux personnels et un litre d'alcool (vous devez être âgé d'au moins 21 ans pour avoir droit à l'alcool). Vous n'êtes soumis à aucune limite en ce qui a trait au montant des devises avec lequel vous voyagez, mais vous devrez remplir un formulaire spécial si vous transportez l'équivalent de plus de 10 000 $US. Les médicaments d'ordonnance devraient être placés dans des contenants clairement identifiés à cet effet (il se peut que vous ayez à produire une ordonnance ou une déclaration écrite de votre médecin à l'intention des officiers de douane). La viande et ses dérivés, les denrées alimentaires de toute nature, les graines, les plantes, les fruits et les narcotiques ne peuvent être introduits aux États-Unis. Pour de plus amples informations, adressez-vous au :

United States Customs Service
1301, Constitution Avenue Northwest
Washington, DC 20229
☎ (202) 566-8195

L'entrée au pays

■ Par avion

Du Québec

La compagnie American Airlines est la seule à relier Montréal et Phoenix sans changement d'avion. Il faut toutefois compter une escale à Chicago. On peut aussi utiliser Air Canada et ses correspondants Continental ou United, mais il faut changer d'avion à Chicago, à Houston ou à New York.

De l'Europe

En provenance de Paris, deux compagnies desservent Phoenix : American Airlines avec escale à Chicago et Delta Airlines en passant par Atlanta. De plus, Rome et Phoenix sont reliées par Delta, avec escale à New York. Ce sont les deux seules villes reliées directement à Phoenix. Il est possible de s'y rendre autrement, mais il faudra changer d'avion.

Aéroport

Le **Sky Harbour International Airport de Phoenix** est situé à moins de 5 km du centre-ville. Cet aéroport est le plus important de l'Arizona. Si vous avez des questions concernant les horaires de départ ou d'arrivée, téléphonez à l'aéroport au ☎ (602) 273-3300. Si vous désirez effectuer des vols à l'intérieur de l'État, consultez l'annuaire téléphonique pour obtenir les coordonnées des compagnies et des agences pouvant vous aider.

Pour vous rendre au centre-ville à partir de l'aéroport, vous pouvez prendre un taxi ou, pour beaucoup moins cher, l'autobus. Ces autobus font la navette à toutes les 30 min environ. Il vous en coûtera entre 7 $ et 12 $ selon la destination.

Ambassades et consulats des États-Unis à l'étranger

■ En Europe

France
Ambassade des États-Unis
2, avenue Gabriel
75382 Paris cedex 08
☎ (1) 42-96-12-02
☎ (1) 42-61-80-75
⇄ (1) 42-66-97-83

Consulat des États-Unis
22, cours du Maréchal Foch
33080 Bordeaux cedex
☎ (56) 52-65-95
⇄ (56) 51-60-42

Consulat des États-Unis
12, boulevard Paul-Peytral
13286 Marseille cedex
☎ (91) 54-92-00
⇄ (91) 55-09-47

Consulat des États-Unis
15, avenue d'Alsace
67082 Strasbourg cedex
☎ (88) 35-31-04
⇄ (88) 24-06-95

Belgique
Ambassade des États-Unis
27, boulevard du Régent
B-1000 Bruxelles
☎ (2) 513-3830
⇄ (2) 511-2725

Espagne
Ambassade des États-Unis
Serano 75
28001 Madrid
☎ (1) 577-4000
⇆ (1) 564-1652
Telex (1) 277-63

Luxembourg
Ambassade des États-Unis
22, boulevard Emmanuel-Servais
2535 Luxembourg
☎ (352) 46-01-23
⇄ (352) 46-14-01

Suisse
Ambassade des États-Unis
93, Jubilaum strasse
3000 Berne
☎ 31-43-70-11

Italie
Ambassade des États-unis
Via Vittorio Vérito
11917-121 Roma
☎ 467-41
⇄ 610-450

■ Au Québec

Consulat des États-Unis
Place Félix-Martin
1155, rue Saint-Alexandre
Montréal
H2Z 1Z2
☎ (514) 398-9695

■ Office du tourisme de l'Arizona au Canada

Melaine Communications Group
3300 Bloor St. W.
Suite 3120
Center Tower
Toronto, Ontario
M8X 2X3
☎ (416) 233-4348
⇄ (416) 233-9367

Vous pouvez également vous adresser directement à l'Office du tourisme de l'Arizona, à même de vous envoyer une série de brochures sur l'État.

Arizona Office of Tourism
1100 West Washington Street
Phoenix
Arizona 85007
☎ (602) 542-8687
⇄ (602) 542-4068

Ambassades et consulats étrangers en Arizona

La plupart des pays étrangers ont établi leur consulat à Los Angeles (Californie) plutôt qu'en Arizona.

Suisse
11766 Wilshire Boulevard
Suite 1400
Los Angeles
CA 90025
☎ (310) 575-1145
⇄ (310) 575-1982

Italie
12400 Wilshire Boulevard
Suite 300
Los Angeles
CA 90025
☎ (310) 320-0622
⇄ (310) 820-0727

Canada
300 South Grand Avenue
California Plaza
10th Floor
Los Angeles
CA 90071
☎ (213) 346-2700

Délégation du Québec
11755 Wilshire Boulevard
Suite 2200
Brentwood
CA 90025
☎ (310) 477-2217
⇄ (310) 477-3540

France
9454 Wilshire Boulevard
Berverly Hills
CA 90212-2967
☎ (310) 271-7838
⇄ (310) 276-2835

Belgique
6100 Wilshire Boulevard
Suite 1200
Los Angeles
CA 90048
☎ (213) 857-1244
⇄ (213) 936-2564

Vos déplacements

■ En voiture

Le bon état général des routes et l'essence moins chère qu'en Europe font de la voiture un moyen transport idéal pour visiter l'Arizona en toute liberté. Vous trouverez facilement une très bonne carte routière dans les librairies de voyage ou, une fois rendu sur place, dans les stations-service.

L'Arizona regorge toutefois de petites routes de terre battue dont il faut vous méfier. Ces routes sont identifiées par des panneaux indicateurs et requièrent l'utilisation d'un véhicule à quatre roues motrices. Il est très important de prendre ces panneaux indicateurs à la lettre, puisque vous pourriez vous retrouver pris sur un chemin impraticable sans l'espace suffisant pour faire demi-tour. Durant la saison pluvieuse, certaines routes de terre deviennent de joyeux bains de boue. Avec les neiges hivernales, elles peuvent exiger des pneus avec chaîne ou à crampons. Si toutefois votre véhicule vous le permet, sachez que certains de ces petits sentiers vous mèneront loin de la civilisation; assurez-vous de faire le plein d'essence avant de partir et, si possible, munissez-vous d'un réservoir d'essence supplémentaire. Cela va sans dire, vous devez également prendre de la nourriture et de l'eau avec vous. En hiver, il est toujours prudent d'avoir avec soi une couverture, une bougie et, bien sûr, une pelle. Si par malheur vous vous enlisez et restez pris, sachez que les gens de la région sont très serviables et qu'ils vous donneront certainement un coup de main.

Tableau des distances

	Flagstaff	*Grand Canyon*	*Kingman*	*Phoenix*	*Tucson*	*Yuma*
Flagstaff		**80**	**162**	**140**	**260**	**310**
Grand Canyon	**80**		**188**	**220**	**340**	**347**
Kingman	**162**	**188**		**183**	**403**	**260**
Phoenix	**140**	**220**	**183**		**118**	**183**
Tucson	**260**	**340**	**403**	**118**		**240**
Yuma	**310**	**347**	**260**	**183**	**240**	

Quelques conseils

Permis de conduire : en règle générale, les permis de conduire européens sont valables.

Les visiteurs canadiens et québécois n'ont pas besoin de ce permis international, et leur permis de conduire est tout à fait valable aux États-Unis. Soyez averti que plusieurs États sont reliés par système informatique avec les services de police du Québec pour le contrôle des infractions routières. Une contravention émise aux États-Unis est automatiquement reportée aux dossiers du Québec.

Code de la route : attention, il n'y a pas de priorité à droite. Ce sont les panneaux de signalisation qui indiquent la priorité à chaque intersection. Ces panneaux marqués «Stop» sur fond rouge sont à respecter scrupuleusement! Vous verrez fréquemment un genre de stop, au bas duquel figure un petit rectangle rouge dans lequel il est inscrit «*4-way*». Cela signifie bien entendu que tout le monde doit marquer l'arrêt et qu'aucune voie n'est prioritaire. Il faut que vous marquiez l'arrêt complet, même s'il vous semble n'y avoir aucun danger apparent. Si deux voitures arrivent en même temps à un de ces arrêts, c'est alors la règle de la priorité à droite qui prédomine. Dans les autres cas, c'est à la voiture arrivée la première de passer.

Les feux de circulation se trouvent le plus souvent de l'autre côté de l'intersection. Faites attention où vous marquez l'arrêt.

Lorsqu'un autobus scolaire (de couleur jaune) est à l'arrêt (feux clignotants allumés), il est obligatoire de vous arrêter quelle que soit votre direction. Le manquement à cette règle est considéré comme une faute grave!

Le port de la ceinture de sécurité est obligatoire.

Les autoroutes sont gratuites, sauf en ce qui concerne la plupart des Interstate Highways, désignées par la lettre «I», suivie d'un numéro. Les panneaux indicateurs se reconnaissent à leur forme presque arrondie (le haut du panneau est découpé de telle sorte qu'il fait deux vagues) et à leur couleur bleue. Sur ce fond bleu, le numéro de l'Interstate ainsi que le nom de l'État traversé sont inscrits en blanc. En haut du panneau figure la mention «Interstate» sur fond rouge.

La vitesse est limitée à 55 mph (88 km/h) sur la plupart des grandes routes. Le panneau de signalisation de ces grandes routes se reconnaît à sa forme carrée, bordée de noir et dans lequel le numéro de la route est largement inscrit en noir sur fond blanc.

Sur les Interstates, la limite de vitesse monte à 65 mph (104 km/h).

Le panneau triangulaire rouge et blanc où vous pouvez lire la mention «*Yield*» signifie que vous devez ralentir et céder le passage aux véhicules qui croisent votre chemin.

La limite de vitesse vous sera annoncée par un panneau routier de forme carrée et de couleurs blanche et noire, sur lequel est inscrit «*Speed Limit*», suivi de la vitesse limite autorisée.

Le panneau rond et jaune, barré d'une croix noire et de deux lettres «R», indique un passage à niveau.

Postes d'essence : les États-Unis étant un pays producteur de pétrole, l'essence est nettement moins chère qu'en Europe, voire qu'au Québec et au Canada, en raison des taxes moins élevées.

■ En autocar

Après la voiture, l'autocar constitue le meilleur moyen de locomotion. Bien organisés et peu chers, les autocars couvrent la majeure partie de l'Arizona.

Pour obtenir les horaires et les destinations desservies, appelez la succursale locale de la compagnie Greyhound.

Les Canadiens et les Québécois peuvent faire leur réservation directement auprès de la compagnie Voyageur, laquelle, à Toronto *(☎ 416-393-7911)* et à Montréal *(☎ 514-842-2281)*, représente la compagnie Greyhound.

Sur presque toutes les lignes, il est interdit de fumer. En général, les enfants de cinq ans et moins sont transportés gratuitement. Les personnes de 60 ans et plus ont droit à d'importantes réductions. Les animaux ne sont pas admis.

■ En train

Aux États-Unis, le train ne constitue pas toujours le moyen de transport le moins cher, et il n'est sûrement pas le plus rapide.

Cependant, il peut être intéressant pour les grandes distances, car il procure un bon confort (essayez d'obtenir une place dans les voitures panoramiques pour profiter au maximum du paysage).

Pour obtenir les horaires et les destinations desservies, communiquez avec la société AMTRAK, la propriétaire actuelle du réseau ferroviaire américain (sans frais en Amérique ☎ 800-872-7245).

■ En avion

Il s'agit bien sûr d'un moyen de transport plus coûteux; cependant, certaines compagnies aériennes (surtout régionales) proposent régulièrement des tarifs spéciaux (hors saison, courts séjours). Encore une fois, soyez un consommateur averti et comparez les offres.

■ En vélo

Au royaume de l'automobile, il vaut mieux, pour le cycliste, s'en tenir aux routes secondaires : la campagne arizonienne recèle suffisamment de jolis coins pour rester à l'écart des grands axes routiers.

Les assurances

■ Annulation

Cette assurance est normalement proposée par l'agent de voyages au moment de l'achat du billet d'avion ou du forfait. Elle permet le remboursement du billet ou forfait dans le cas où le voyage doit être annulé en raison d'une maladie grave ou d'un décès. Les gens n'ayant pas de problèmes de santé ont peu de chance d'avoir à recourir à une telle protection. Elle demeure par conséquent d'une utilité relative.

■ Vol

La plupart des assurances-habitation au Québec protègent une partie des biens contre le vol, même si celui-ci a lieu à l'étranger. Pour faire une réclamation, il faut avoir un rapport de police. Comme tout dépend des montants couverts par votre police d'assurance-habitation, il n'est pas toujours utile de prendre une assurance supplémentaire. Les visiteurs européens, pour leur part, doivent vérifier si leur police protège leurs biens à l'étranger, car ce n'est pas automatiquement le cas.

■ Vie

Plusieurs compagnies aériennes offrent une assurance-vie incluse dans le prix du billet d'avion. D'autre part, beaucoup de voyageurs disposent déjà d'une telle assurance; il n'est donc pas nécessaire de s'en procurer une supplémentaire.

■ Maladie

Sans doute la plus utile pour les voyageurs, l'assurance-maladie s'achète avant de partir en voyage. La couverture de cette police d'assurance doit être aussi complète que possible, car, à l'étranger, le coût des soins peut s'élever rapidement. Au moment de l'achat de la police, il faudrait veiller à ce qu'elle couvre bien les frais médicaux de tout ordre comme l'hospitalisation, les services infirmiers et les honoraires des médecins (jusqu'à concurrence d'un montant assez élevé, car ils sont chers). Une clause de rapatriement, pour le cas où les soins requis ne peuvent être administrés sur place, est précieuse. En outre, il peut arriver que vous ayez à débourser le coût des soins en quittant la clinique. Il faut donc vérifier ce que prévoit la police dans ce cas. Durant votre séjour, vous devriez toujours garder sur vous la preuve que vous avez contracté une assurance-maladie, ce qui vous évitera bien des ennuis si par malheur vous en avez besoin.

La santé

■ Généralités

Pour les personnes en provenance d'Europe, du Québec et du Canada, aucun vaccin n'est nécessaire. D'autre part, il est vivement recommandé, en raison du prix élevé des soins, de souscrire à une bonne assurance maladie-accident. Il existe différentes formules, et nous vous conseillons de les comparer. Apportez vos médicaments, surtout ceux qui exigent une ordonnance. Sauf indication contraire, l'eau est potable partout en Arizona.

Méfiez-vous des fameux coups de soleil. Lorsque souffle le vent, il arrive fréquemment qu'on ne ressente pas les brûlures causées par le soleil. Comme l'Arizona est située à la même latitude que la ville du Caire, en Égypte, n'oubliez pas votre crème solaire!

■ Sécurité

Malheureusement, la société américaine est relativement violente, mais rien ne sert de paniquer et rester cloîtré dans sa chambre d'hôtel!

Un petit conseil : il est souvent préférable de s'enquérir, dès son arrivée, des quartiers qu'il vaut mieux s'abstenir de visiter à n'importe quelle heure du jour et de la nuit. En prenant les précautions courantes, il n'y a pas lieu d'être inquiet outre mesure pour sa sécurité. Si toutefois la malchance était avec vous, n'oubliez pas que le numéro de secours est le 911, ou le 0 en passant par l'opératrice.

Climat

Lorsqu'on imagine le climat du Sud-Ouest américain, on sent aussitôt une goutte de sueur glisser sur ses tempes. Eh bien! Plusieurs seront surpris d'apprendre qu'en Arizona le climat varie grandement selon les régions visitées. Tout au long de l'année, l'une ou l'autre des régions saura vous convenir. Le nord de l'Arizona subit un hiver froid et sec avec des températures maximales tout juste au-dessus du point de congélation. Les plus hauts sommets sont couverts de neige durant la saison hivernale et jouissent d'une grande popularité en tant que centres de ski alpin. Cependant, c'est en Arizona que les déserts Chihuahua et Sonora se frappent au mur des Rocheuses. Autrement dit, une petite élévation en altitude veut souvent dire une grande différence de température. En général, 300 m d'élévation équivalent à un changement de température comparable à 500 km vers le nord en voiture. Par exemple, la partie la plus basse du Grand Canyon est toujours environ 15 °C plus chaude que la partie la plus haute.

Le printemps s'avère à la fois déplaisant et agréable. Un vent frais, des tempêtes de sable et même des inondations attendent parfois les visiteurs en mars et durant les premiers jours d'avril. Cependant, ceux qui décident de courir le risque vont probablement être accueillis par de douces températures et le magnifique spectacle des fleurs du désert.

Le mois de juin est le plus chaud, et ce, pour toute la région. En juillet et en août, de petits orages viennent fréquemment rafraîchir la température. La plus grande partie des précipitations de l'année tombent durant ces deux mois; Il faut donc essayer de planififer les activités extérieures dans la matinée. Bien que l'Arizona soit une région plus ou moins sécuritaire en ce qui a trait aux tremblements de terre, aux ouragans et aux tornades, les météorologistes ont observé, à partir des données transmises par satellite, que la région subit le plus grand nombre d'éclairs des États-Unis.

La préparation des valises

Le vieux proverbe disant qu'il vaut beaucoup mieux apporter la moitié moins de vêtements et deux fois plus d'argent tient toujours. Cependant, il ne faut pas trop espérer des villages les plus reculés en fait de vêtements et d'équipement qu'on peut trouver sur place.

Les habitants de l'Arizona s'habillent sans grande cérémonie et s'attendent à la même chose de votre part. Un vêtement de soirée en Arizona ressemble plus à un habit «western» avec des bottes de cow-boy et une *bolo tie* qu'à un complet veston-cravate. Ne vous en faites pas, des vêtements détendus passeront inaperçus presque partout dans le région.

L'idéal est de porter plusieurs épaisseurs de vêtements, puisque la température change très rapidement, et ce, à n'importe quelle période de l'année. Vous pourriez devoir débuter la journée en pantalon, avec un bon coupe-vent et un chandail, et graduellement vous tourner vers un short et un t-shirt pour ensuite recommencer à vous habiller au coucher du soleil.

De bonnes lunettes de soleil et une crème solaire de qualité sont aussi à ne pas oublier lorsqu'on prépare ses valises. Si votre itinéraire comporte quelques jours de camping, vous serez enchanté d'avoir apporté de l'insecticide contre les moustiques. De plus, une lampe de poche, un couteau et une trousse de premiers soins peuvent être utiles.

Pour les activités de plein air, de bonnes bottes de randonnée seront toujours plus confortables que des souliers de course. Les cyclistes devraient apporter leur bicyclette, surtout un vélo de montagne; il y a beaucoup plus d'endroits où rouler que de villes où louer un vélo. La même règle s'applique pour le golf, la navigation de plaisance et toutes les activités qui demandent un équipement particulier.

Si vous êtes amateur de souvenirs sous leur forme la plus naturelle, soit des cailloux, des cocottes ou tout autre trésor de la sorte, il faut prévoir quelques sacs en plastique pour les ranger. Évidemment, un appareil photo est essentiel pour immortaliser les surprises arizoniennes. Pour ce qui est du choix et de la disponibilité de la pellicule, il ne faut pas trop espérer des petits villages éloignés. Il vaut donc mieux acheter sa pellicule avant de partir. Pour les ornithologues en herbe, de bonnes jumelles seront des plus utiles.

Les services financiers

■ La monnaie

L'unité monétaire est le dollar ($US), lui-même divisé en cents. Un dollar = 100 cents.

Il existe des billets de banque de 1, 5, 10, 20, 50 et 100 dollars, de même que des pièces de 1 (*penny*), 5 (*nickel*), 10 (*dime*) et 25 (*quarter*) cents.

Les pièces d'un demi-dollar et le dollar solide sont très rarement utilisés. Sachez qu'aucun achat ou service ne peut être payé en devises étrangères aux États-Unis. Songez donc à vous procurer des chèques de voyage en dollars américains. Vous pouvez également utiliser toute carte de crédit affiliée à une institution américaine, comme Visa, Master Card, American Express, la Carte Bleue, Interbank et Barcley Card. Il est à noter que tous les prix mentionnés dans le présent ouvrage le sont en dollars américains.

■ Banques

Elles sont ouvertes du lundi au vendredi de 9 h à 15 h.

Il existe de nombreuses banques, et la plupart des services courants sont rendus aux touristes. Pour ceux qui ont choisi un long séjour, notez qu'un **non-résident** ne peut ouvrir un compte bancaire courant. Dans ce cas, pour avoir de l'argent liquide, la meilleure solution demeure encore d'être en possession de chèques de voyage. Le retrait de votre compte à l'étranger constitue une solution coûteuse, car les frais de commission sont élevés. Par contre, plusieurs guichets automatiques accepteront votre carte de banque européenne, canadienne ou québécoise, et vous pourrez alors faire un retrait de votre compte directement. Les mandats-poste ont l'avantage de ne pas comporter de commission, mais l'inconvénient de prendre plus de temps à transiger. Les personnes qui ont obtenu le statut de résident, permanent ou non (immigrants, étudiants), peuvent ouvrir un compte de banque. Il leur suffira de montrer leur passeport ainsi qu'une preuve de leur statut de résident.

■ Change

La plupart des banques changent facilement les devises européennes et canadiennes, mais presque toutes demandent des **frais de change**. En outre, on peut s'adresser à des bureaux ou comptoirs de change qui, en général, n'exigent aucune commission. Ces bureaux ont souvent des heures d'ouverture plus longues. La règle à retenir : **se renseigner et comparer.**

Taux de change

1 $US : 4,4 FF
1 $US : 1,05 FS
1 $US : 25,7 FB
1 $US : 1,27 $CAN
1 $US : 1441 LIT
1 $US : 106,5 PTA

Horaires et jours fériés

■ Horaires

Bureaux de poste

Ils sont ouverts du lundi au vendredi de 8 h à 17 h 30 (parfois jusqu'à 18 h) et le samedi de 8 h à 12 h.

Magasins

Ils sont généralement ouverts du lundi au samedi de 9 h 30 à 17 h 30 (parfois jusqu'à 18 h). Les supermarchés ferment en revanche plus tard ou restent même, dans certains cas, ouverts 24 heures par jour, sept jours par semaine.

■ Jours fériés

Voici la liste des jours fériés aux États-Unis. À noter, la plupart des magasins, services administratifs et banques sont fermés ces jours-là.

Jour de l'An : 1er janvier

Journée de Martin Luther King : troisième lundi de janvier

Anniversaire de Lincoln : 12 février

Anniversaire de Washington (President's Day) : troisième lundi de février

Saint-Patrick : 17 mars

Journée du Souvenir (Memorial Day) : dernier lundi de mai

Jour de l'Indépendance : 4 juillet (fête nationale des États-Unis)

Fête du Travail (Labor Day) : premier lundi de septembre

Journée de Colomb : deuxième lundi d'octobre

Journée des Vétérans et de l'Armistice : 11 novembre

Action de grâces (Thanksgiving Day) : quatrième jeudi de novembre

Noël : 25 décembre

Hébergement

L'Arizona propose vraiment toute la gamme d'hôtels possible, des petites auberges aux hôtels les plus luxueux où se rencontrent un respect de l'architecture traditionnelle et une élégance contemporaine. En plus, la formule des *Bed and Breakfast* est disponible presque partout dans la région. On retrouve souvent ces derniers aménagés à l'intérieur de jolies maisons traditionnelles, harmonieusement décorées. Généralement, ils comptent moins de 12 chambres.

L'abondance de motels le long des autoroutes permet aux voyageurs de trouver des chambres à des prix très abordables et parmi les moins chères aux États-Unis. À l'autre extrémité de l'échelle des prix, on retrouve les hôtels de très grand luxe. Ces établissements donnent la possibilité de pratiquer plusieurs activités : excursions à cheval, golf, tennis, etc. On y retrouve aussi de très bons restaurants et des spectacles. Toutes les installations sportives se trouvent sur le terrain de l'hôtel, de sorte que les visiteurs peuvent y passer toutes leurs vacances sans quitter l'établissement. Le confort est proportionnel au prix, mais il n'en demeure pas moins qu'il s'agit d'un moyen peu économique de passer à côté de la vraie Arizona.

Certains établissements possèdent un cachet très particulier. Plusieurs villes ayant préservé leur quartier historique renferment des hôtels datant du début du XXe siècle. Certains ont été rénovés, et ce, de très belle façon; d'autres manquent peut-être de fini, mais vous donnent la possibilité de dormir dans la même chambre que des légendes de l'Ouest, comme Wyatt Earp, ou des écrivains, comme Zane Grey, et de vous réveiller en regardant ces rues qui ont très peu changé depuis l'époque glorieuse à laquelle les Américains ont conquis la nouvelle frontière.

Le parc national du Grand Canyon possède d'élégants *lodges* bâtis au début du XXe siècle. Même s'ils sont considérablement plus chers que les hôtels pour petit budget, ils valent leur pesant d'or en fait d'ambiance et de situation géographique. Il vaut mieux réserver d'avance.

Peu importe vos goûts ou votre budget, cet ouvrage saura sûrement vous aider avec ses sections régionales. Rappelez-vous que les chambres peuvent devenir rares et les prix s'élever durant la haute saison, l'été pour la majeure partie de la région et l'hiver pour le désert et le Sud, dont font partie Tucson et Phoenix. Les voyageurs qui désirent visiter l'Arizona durant la haute saison devraient réserver à l'avance ou arriver tôt dans la journée. Les personnes comptant loger à Sedona ou dans le parc national du Grand Canyon doivent réserver à l'avance (le plus longtemps possible d'ailleurs), et ce, tout au long de l'année.

L'hébergement est présenté par région et par ordre de prix, du moins cher au plus cher. Les prix mentionnés sont en vigueur durant la haute saison; donc, si vous y allez pendant une autre période, il est conseillé de vous informer des rabais consentis. Les hôtels pour petit budget *($)* sont généralement sous la barre des 50 $ pour deux personnes, propres, satisfaisants mais modestes. Les établissements de prix moyen *($$)* oscillent entre 50 $ et 90 $; ce qu'ils offrent en fait de luxe varie selon leur situation, mais leurs chambres sont généralement plus grandes, et leur environnement se révèle plus attrayant. Les hôtels de catégorie moyenne-élevée *($$$)* coûtent entre 90 $ et 130 $ pour deux. Les chambres y sont spacieuses, et le hall d'entrée s'avère agréable. On y retrouve la plupart du temps un restaurant et quelques boutiques. En dernier lieu, les hôtels de grand luxe *($$$$)*, réservés à ceux pour qui le budget importe peu, sont les meilleurs de la région.

Restaurants

La restauration semble être une des industries principales dans certaines parties de l'Arizona. Même si la cuisine traditionnelle de la région est un hybride de la cuisine mexicaine et indienne, vous trouverez nombre de restaurants qui sauront plaire à ceux qui ne sont pas trop friands de piment fort. Vous trouverez aussi une variété de restaurants proposant la nouvelle cuisine du Sud-Ouest, surtout à base d'ingrédients locaux.

Dans chacun des chapitres, les restaurants sont regroupés par région et listés par ordre de prix, du plus petit au plus élevé. Les moins chers *($)* sont généralement en deçà de 8 $ (repas complet pour une personne sans vin); l'ambiance y est informelle, le service s'avère rapide, et ils sont fréquentés par les gens du coin. La catégorie moyenne *($$)* se situe entre 8 $ et 16 $; l'ambiance y est déjà plus détendue, le menu plus varié et le rythme plus lent. La catégorie supérieure *($$$)* oscille entre 16 $ et 24 $; la cuisine y est simple ou recherchée selon la région, mais le décor se veut dans tous les cas plus agréable et le service, plus personnalisé. Puis il y a les restaurants de grand luxe *($$$$)*, où les prix débutent à 24 $; ces endroits sont souvent pour les gourmets, la cuisine y devient un art et le service se révèle toujours impeccable.

■ Pourboires

Selon le restaurant, on calcule de 10 % à 15 % (avant taxes) pour le service; celui-ci n'est pas, comme en France, inclut dans l'addition, et le client doit le calculer lui-même et le remettre au serveur ou à la serveuse; service et pourboire sont une même et seule chose en Amérique du Nord. Omettre ce service est impoli.

Divers

■ Bars et discothèques

Certains exigent des droits d'entrée, particulièrement lorsqu'il y a un spectacle. Le pourboire n'y est pas obligatoire et est laissé à la discrétion de chacun; le cas échéant, on appréciera votre geste. Pour les consommations par contre, un pourboire entre 10 et 15 % est de rigueur.

■ Décalage horaire

Lorsqu'il est 12 h à Montréal, il est 10 h à Phoenix. Le décalage horaire pour la France, la Belgique ou la Suisse est de huit heures. Attention cependant aux changements d'horaire, lesquels ne se font pas aux mêmes dates : aux USA et au Canada, l'heure d'hiver entre en vigueur le dernier dimanche d'octobre et prend fin le premier dimanche d'avril. N'oubliez pas qu'il existe plusieurs fuseaux horaires aux États-Unis. Par exemple, Los Angeles, sur la côte du Pacifique, a trois heures de retard sur New York, et Hawaii en a cinq.

■ Drogues

Elles sont absolument interdites (même les drogues dites «douces»). Aussi bien les consommateurs que les distributeurs risquent de très gros ennuis s'ils sont trouvés en possession de drogues.

■ Électricité

Partout aux États-Unis et en Amérique du Nord, la tension électrique est de 110 volts et de 60 cycles (Europe : 50 cycles); aussi, pour utiliser vos appareils électriques (radio, réveille-matin, chargeur de piles), devrez-vous vous munir d'un transformateur de courant adéquat. Notez cependant que les appareils chauffants (séchoir, fer à friser, etc.) nécessitent un transformateur différent de celui utilisé pour les appareils électroniques. Vous pourrez vous procurer ces transformateurs dans un magasin d'accessoires de voyage.

Les fiches d'électricité sont plates, et l'on peut trouver des adaptateurs sur place ou, avant de partir, dans les boutiques de voyage.

■ Poids et mesures

Les unités de mesure du système impérial sont utilisées en Arizona, comme partout aux États-Unis. Voici quelques équivalences :

1 livre (lb) = 454 grammes
1 pied (pi) = 30 centimètres
1 mille = 1,6 kilomètre
1 pouce = 2,2 centimètres

PLEIN AIR

L'Arizona possède des attraits naturels fort riches et diversifiés. Vous les découvrirez au fil des excursions et des balades que nous vous proposons. Lors de votre séjour, vous aurez peut-être l'occasion de vous adonner au camping et de pratiquer certains sports de plein air. Voici un aperçu de quelques-unes de ces activités ainsi que quelques conseils.

Le camping

Une des façons très agréables d'explorer le Sud-Ouest consiste à le faire à bord d'un véhicule récréatif (*camper*) ou en faisant du camping. En plus d'économiser beaucoup d'argent, les campeurs ont la liberté de contempler les couchers de soleil dans des paysages exceptionnels, de passer leurs nuits sous des cieux étoilés d'une beauté incommensurable et de s'éveiller le matin dans des décors que peu d'hôtels peuvent offrir.

La plupart des municipalités accueillent les véhicules récréatifs sur des terrains spécialement prévus à cet effet, et les parcs de caravanes louent souvent des espaces aux propriétaires de véhicules récréatifs pour la nuit. Mais à moins que vous ne teniez absolument à la télévision par câble, aucun de ces endroits commerciaux ne peut rivaliser avec les campings publics des parcs, des forêts et des monuments nationaux ou d'État. Les terrains de camping fédéraux s'avèrent généralement moins développés, seuls les plus grands proposant l'électricité. Les campements des forêts nationales ne disposent pas de ce type de raccordement, alors que les parcs d'État en ont presque toujours. Les campings publics les plus importants proposent des sections distinctes pour les tentes et les véhicules récréatifs, et les zones de camping sauvage permettent à ceux qui le désirent de passer la nuit dans les coins les plus vierges du Sud-Ouest.

À l'exception des abords immédiats des deux versants du Grand Canyon, où il faut réserver son emplacement de camping jusqu'à 56 jours à l'avance par l'entremise de **MISTIX** *(carte de crédit obligatoire; sans frais de l'Amérique ☎ 1-800-365-2267)*, vous ne trouverez guère de système de réservation élaboré dans le Sud-Ouest. En règle générale, on applique la consigne «premier arrivé, premier servi», et ce, bien que tous les emplacements se louent pratiquement chaque soir en haute saison. Cela veut dire que les campeurs doivent voyager le matin pour atteindre le camping où ils désirent passer la nuit au plus tard en début d'après-midi. Dans plusieurs régions, certains trouveront plus commode de rester au même endroit pendant plusieurs jours pour explorer les environs à leur aise sans avoir à se soucier de leur hébergement chaque soir.

Pour obtenir une liste des parcs d'État dotés de campings et pour tout renseignement concernant vos réservations, adressez-vous à **Arizona State Parks** *(1300 West Washington Street, Phoenix, AZ 85007, ☎ 602-542-4174)*. Consultez également la section «Parcs» de chacun des chapitres pour connaître l'emplacement des campings dans les différentes régions.

Permis

Le camping avec tente est autorisé dans les zones reculées de toutes les forêts nationales, sauf en quelques endroits où des panneaux l'interdisent explicitement. On ne vous oblige plus à détenir un permis pour faire de la randonnée pédestre ou pour camper dans les régions sauvages des forêts nationales, mais prévoyez tout de même une halte dans une station de rangers pour vous procurer des plans des pistes et vous informer de l'état des lieux, de même que des règles en vigueur concernant les feux. Il arrive en effet qu'en saison sèche on interdise les feux de camp et parfois même de fumer, et il vaut mieux savoir que les contrevenants sont passibles de peines très sévères.

Pour faire de la randonnée dans les zones reculées des parcs et monuments nationaux, vous devez d'abord obtenir un permis auprès des autorités locales, au comptoir du centre d'accueil des visiteurs. La procédure est simple, et il ne vous en coûtera rien; il s'agit simplement, pour les administrateurs des parcs, de mieux déterminer l'impact de cette activité sur les écosystèmes fragiles de la région et de répartir les usagers entre les principaux sentiers afin d'éviter un encombrement trop important.

Vous obtiendrez en outre de l'information sur le camping dans les forêts nationales de l'Arizona auprès du **National Forest Service - Southwestern Region** *(Public Affairs Office, 517 Gold Avenue Southwest, Albuquerque, NM 87102, ☎ 505-842-3292)*. Pour tout renseignement et réservation de camping dans les parcs et autour des monuments, adressez-vous au **National Park Service - Southwest Regional Office** *(1100 Old Santa Fe Trail, Santa Fe, NM 87501, ☎ 505-988-6100)* ou directement aux parcs et monuments concernés.

Plusieurs territoires indiens disposent de campings publics, qui n'apparaissent toutefois généralement pas dans les répertoires de camping. Pour tout renseignement, adressez-vous au **Navajo Cultural Resources Department** *(P.O. Box 308, Window Rock, AZ 86515, ☎ 602-871-4941)*, au **Hopi Tribal Headquarters** *(P.O. Box 123, Kykotsmovi, AZ 86039, ☎ 602-734-2415)*, à la **Havasupai Tourist Enterprise** *(Supai, AZ 86435, ☎ 602-448-2121)* ou au **White Mountain Apache Game and Fish Department** *(P.O. Box 220, Whiteriver, AZ 85941, ☎ 602-338-4385)*.

La navigation de plaisance

La plupart des grands lacs du désert le long du fleuve Colorado ainsi que des autres cours d'eau importants sont traités comme des zones récréatives de ressort fédéral (National Recreation Areas) et se trouvent sous la tutelle du Corps de génie de l'Armée américaine. Les consignes de sécurité fédérales concernant la navigation de plaisance sur ces plans d'eau peuvent légèrement varier des règlements imposés par les différents États, et les réserves indiennes font respecter leurs propres règles sur les lacs situés sur leur territoire respectif. Mais au-delà des différences pouvant exister entre les règlements fédéraux, d'État et tribaux, il y a aussi les règles locales en vigueur sur différents lacs, qui ont souvent préséance sur les autres. Il importe donc de s'informer auprès des marinas ou des boutiques de pêche de chaque région avant de s'aventurer sur un lac; vous pouvez aussi utiliser les adresses et numéros de téléphone fournis dans la section «Parcs» de chaque chapitre.

On peut louer différents types d'embarcations, du petit bateau à moteur à la péniche de croisière, pour 24 heures ou plus, dans les marinas des lacs les plus importants. En semaine, vous ne devriez avoir aucun mal à obtenir une embarcation, car la demande locale est surtout forte les fins de semaine.

La descente de rivières s'avère fort populaire dans plusieurs régions du Sud-Ouest. Cela va sans dire, l'expérience ultime consiste à traverser le Grand Canyon; les sportifs indépendants sont toujours bienvenus, mais compte tenu de l'équipement encombrant et des connaissances techniques requis pour déjouer les dangers que présente ce genre d'aventure, la plupart des visiteurs se rabattent sur les excursions de groupe proposées par différentes firmes. Il faut en outre savoir que les lois fédérales et d'État obligent tous les plaisanciers à porter un gilet de sauvetage, peu importe qu'ils utilisent un radeau pneumatique, un canot, un kayak, une planche à voile ou une simple chambre à air pour se déplacer sur les cours d'eau.

La pêche

Dans une région aussi aride que le Sud-Ouest, nombreux sont les résidants qui éprouvent une fascination sans borne pour l'eau. Au cours des mois chauds, les berges des lacs et les portions accessibles des cours d'eau sont souvent bondées de pêcheurs à la ligne, surtout les fins de semaine. Les vacanciers peuvent donc éviter un tant soit peu les foules en organisant leurs excursions de pêche en semaine.

Les piscicultures de la région ne cessent d'ensemencer les cours d'eau de truite (surtout arc-en-ciel), de loin le poisson favori des pêcheurs de l'Ouest. Dans certains secteurs plus fréquentés, on vous oblige à relâcher vos prises pour donner la chance à un plus grand nombre d'amateurs d'attraper de plus gros poissons. Informez-vous toujours sur place de la comestibilité des poissons que vous pêchez, car certains cours d'eau, même éloignés, sont encore souillés par les déchets d'anciennes mines et usines.

Les réservoirs plus importants présentent une variété d'espèces pour le plus grand bonheur des pêcheurs, parmi lesquelles nous pouvons mentionner le crapet, la carpe, le bar argenté, l'achigan à petite bouche, l'achigan à grande bouche et le brochet vairon. On trouve aussi des bars rayés (d'origine océanique) pouvant atteindre 18 kg et des poissons-chats de taille gigantesque (dans les profondeurs des canyons du désert sur lesquels on a aménagé des barrages).

Pour obtenir une copie des règlements d'État concernant la pêche sportive, adressez-vous aux marinas et aux boutiques de pêche locales ou à l'**Arizona Game and Fish Commission** *(2222 Greenway Road, Phoenix, AZ 85023, ☎ 602-942-3000)*. Vous aurez besoin d'un permis d'État pour pêcher dans les parcs nationaux et les zones récréatives nationales, mais non sur les réserves indiennes, où les autorités tribales vendent des permis d'une journée.

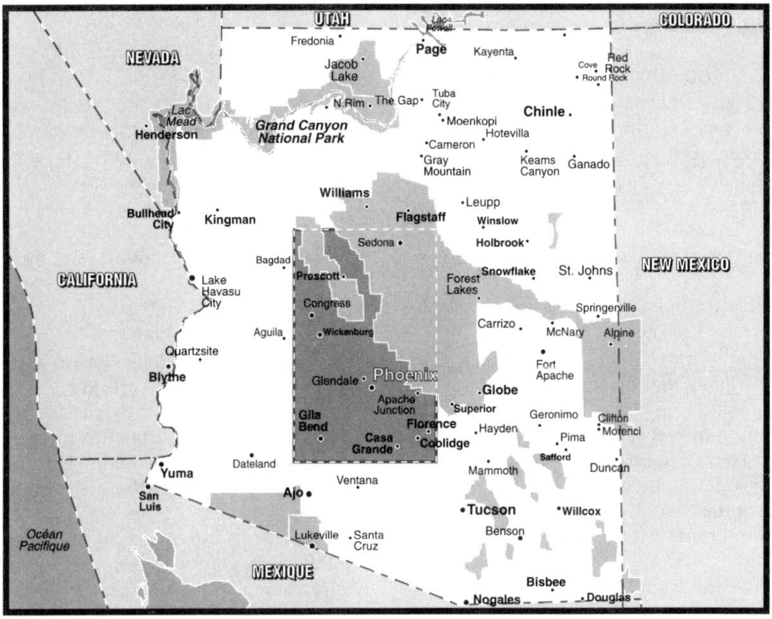

PHOENIX ET SES ENVIRONS

Si l'image que vous vous faites de l'Arizona en est une de cow-boys, de ranchs et de poteaux d'attache pour les chevaux, apprêtez-vous à élargir votre vision des choses. Car, bien que l'atmosphère si caractéristique de l'Ouest américain soit très présente dans le centre de l'État, les traits propres au XXe siècle sont partout visibles; ils sont même florissants et se multiplient à un rythme effréné. Prenez la direction de n'importe quelle grande ville, comme Phoenix, Scottsdale, Tempe ou Mesa, et vous y trouverez une communauté artistique flamboyante, une foule d'arènes vouées aux sports professionnels, des centres commerciaux et des magasins de toute sorte à perte de vue, un campus universitaire développé, une architecture fascinante et suffisamment de terrains de golf, de courts de tennis et d'activités récréatives pour combler les goûts les plus divers. Néanmoins, si vous êtes en mal d'activités de plein air ou si vous souhaitez retrouver le charme des villes frontières, vous les trouverez également ici, que ce soit dans les étendues désertiques sans fin, les rivières propres à la baignade et à la navigation, les localités davantage ancrées dans le passé que dans le présent ou les innombrables pistes à explorer. Alors, attachez bien votre ceinture!

La ville de Phoenix (prononcez *fiinix*)a emprunté son nom à l'oiseau légendaire, et pour cause : la plus grande métropole entre le Texas et la Californie, et la neuvième plus grande ville des États-Unis, Phoenix s'envole littéralement. Sa population compte 1 036 000 habitants, mais elle grimpe à 2 100 000 lorsqu'on y inclut ses 23 villes satellites, qui se fondent les unes aux autres dans la vallée de la Salt River. De plus, quelques milliers de familles viennent chaque mois en grossir les rangs au fur et à mesure que se multiplient les nouvelles municipalités et les centres commerciaux.

Aujourd'hui, Phoenix ne ressemble plus en rien à ce qu'elle pouvait être à l'époque des Indiens Hohokams. C'est d'ailleurs leur disparition qui poussa les premiers colons à lui donner ce nom, emprunté au symbole d'immortalité des anciens Égyptiens, persuadés que cet oiseau unique s'embrasait de lui-même à tous les six siècles pour ensuite renaître de ses cendres.

Les Hohokams («les disparus») avaient construit un réseau de fossés d'irrigation en vue d'acheminer l'eau de la Salt River vers leurs terres, et une partie de ce réseau existe encore de nos jours. Car, alors comme maintenant, l'irrigation jouait un rôle vital dans l'existence de Phoenix. On pompe en fait tant d'eau pour arroser les champs, les bosquets et les orteils des enfants que l'air du désert en devient humide, au point même d'en être lourd pendant une bonne partie de l'été. Laitues, melons, luzerne, coton, légumes, oranges, pamplemousses, citrons et olives poussent en abondance dans les champs irrigués, et confèrent une touche de verdure au paysage plutôt marron de la région. La navigation de plaisance, le ski nautique, la baignade et même le surf (dans un gigantesque bassin artificiel doté d'une machine à vagues) se présentent quant à eux comme d'agréables sous-produits de cette irrigation massive.

Cela dit, toute l'action ne se déroule pas que dans les champs. Phoenix a maintenant achevé un projet de réaménagement du centre-ville, entrepris en 1988 au coût de 1,1 million de dollars US. Parmi les fruits de cet effort, notons le chic Arizona Center, le Mercado d'inspiration mexicaine et l'America West Arena, qui renferme 18 000 places et se trouve à côté de la Civic Center Plaza.

Phoenix s'impose comme la ville la plus climatisée des États-Unis. Car ne vous y trompez pas : malgré une température annuelle moyenne de 22 °C, cette métropole plantée en plein désert, comme tout le centre-sud de l'Arizona, devient en effet torride par moments. L'hiver se révèle clair et frais, oscillant autour de 18 °C, et le printemps se veut à la fois venteux et chaud, enregistrant des températures d'environ 35 °C. L'été est toutefois carrément brûlant, alors que le mercure dépasse les 38 °C; c'est d'ailleurs là que surviennent les pluies de mousson, de brefs orages qui font le plus souvent leur apparition en fin de journée, accompagnés d'éclairs spectaculaires et de sourds roulements de tonnerre. L'automne, enfin, est merveilleusement sec et clair, avec des températures d'environ 28 °C. Sachant maintenant ce qu'il en est, à vous de choisir la période de l'année qui vous conviendra le mieux.

Le Phoenix métropolitain, aussi appelé la Vallée du Soleil, a commencé à se développer sur les berges de la Salt River en 1850, pour ensuite devenir la capitale du Territoire de l'Arizona en 1889. À une certaine époque, l'Arizona ne comptait pour toute population que 25 000 Indiens. Les tout premiers autochtones de la région furent les Hohokams, qui vécurent ici entre 30 ap. J.-C. et 1450. Des vestiges de leurs colonies subsistent encore de nos jours. Deux autres tribus majeures leur succédèrent : les Anasazis, sur les hautes terres des plateaux du nord de l'État, et les Mogollons, dans les chaînes montagneuses de l'Est et du Nord-Est. On dénombre aujourd'hui 23 réserves indiennes en Arizona, plus que dans tout autre État américain, et les 50 000 Amérindiens des 17 tribus qui y vivent témoignent tristement de l'invasion de leurs terres par les colons blancs. Quelque 240 km à l'est de Phoenix, dans la région des White Mountains du nord de l'Arizona, s'étend la réserve de Fort Apache, d'une superficie totale de plus de 600 000 ha et, adjacente à celle-ci, la réserve apache de San Carlos, qui fait 800 000 ha. Mais la plus importante réserve indienne de toute l'Amérique du Nord demeure la terre des Navajos (150 000 hab.); elle débute 122 km au nord de Flagstaff et s'étend jusqu'au nord-ouest du Nouveau-Mexique et jusqu'au sud-est de l'Utah. La réserve hopi se trouve quant à elle en plein cœur de la réserve navajo; elle compte 6 500 résidants qui vivent au même endroit, sans interruption aucune, depuis plus de 1 000 ans, et conservent plus de traditions et de traits culturels que plusieurs autres tribus.

Au milieu du XVIe siècle arrivent les conquistadors, brandissant la bannière de l'Espagne. Ils cherchent de l'or et des âmes à sauver. L'histoire nous révèle qu'ils trouvèrent davantage d'âmes que d'or et, au fil de leur entreprise, ils initièrent les Indiens à l'élevage du bétail et des chevaux, de même qu'à de nouvelles méthodes de culture, ajoutant par le fait même à leurs récoltes de fèves, de courges et de maïs celles de nouvelles céréales et de nouveaux fruits et légumes. L'influence hispano-mexicaine se révèle d'ailleurs encore très manifeste dans tout le Sud-Ouest américain. Le chercheur d'or devint pour sa part le symbole même de l'Old West, un vieillard à barbe blanche, seul avec son fidèle mulet et hanté par l'espoir de richesses fabuleuses. De plus, il vous suffira de vous rendre 50 km à l'est de Phoenix, dans les Superstition Mountains, pour retrouver toute la vigueur légendaire de la ruée vers l'or, même en cette fin de XXe siècle.

Jusque vers le milieu des années 1880, les Indiens acceptèrent les quelques mineurs, commerçants et fermiers blancs qui débarquaient dans la région; mais au fur et à mesure que leur nombre croissait, on assista à des frictions et à des affrontements. La cavalerie intervint, et il s'ensuivit un des chapitres les plus sanglants de toute l'histoire du Sud-Ouest américain. Des troupes noires du dixième détachement de cavalerie, connues sous le nom de «Soldats Musqués» (Buffalo Soldiers), du fait de leur peau sombre et de leur chevelure noire et frisée, vinrent alors en grand nombre défendre les citoyens de ces territoires de l'Arizona, dont Geronimo, Cochise, Mangus, Alchise et d'autres chefs de tribu avaient émaillé les collines et les canyons de tombes de milliers d'immigrants, de colons et de prospecteurs. De nombreux sites répartis à travers l'État tout entier ravivent aujourd'hui le souvenir de cette époque pour le moins mouvementée : la forteresse de Cochise, le célèbre chef apache, dans les Dragon Mountains, au sud de Wilcox; le Fort Bowie National Historic Site, où se dressent les ruines d'adobe d'un poste militaire clé au cours des guerres indiennes; le fort Huachuca, un important poste territorial avancé qui sert encore de base de communication à l'Armée américaine; et le Fort Verde State Historic Park, situé à Camp Verde, sur la route 17 entre Phoenix et

Flagstaff, une autre base militaire qui joua un rôle majeur dans le démantèlement des troupes apaches au cours des années 1870.

À la suite de la construction du premier chemin de fer, en 1887, Phoenix attira des colons de tous les coins des États-Unis et connut une croissance très rapide. En 1889, elle fut désignée capitale du Territoire de l'Arizona, qui devint un État de l'Union en 1912.

Jadis glorifiée comme le centre agricole de l'Arizona, Phoenix était déjà très urbanisée en 1920. Ses charrettes à chevaux constituaient le premier moyen de transport public de l'État. Sa population atteignait 29 053 âmes, auxquelles s'ajoutaient les 8 636 habitants des communautés avoisinantes de Tempe, de Mesa, de Glendale, de Chandler et de Scottsdale. Au fur et à mesure que les fermiers et les éleveurs quittèrent la région, se trouvant de plus en plus à l'étroit, Phoenix connut le développement d'une ville frontière s'efforçant par tous les moyens de ressembler aux célèbres cités de la Côte Est. On y trouvait à cette époque un Boston Store, un New York Store, trois salons de thé tels qu'il en existait en Nouvelle-Angleterre, et bon nombre de boutiques gastronomiques vendant aussi bien du hareng fumé que du fromage en crème du Delaware. L'air sec du désert ne tarda pas à attirer aussi une foule de gens en mal d'une meilleure santé. Par ailleurs, l'avènement des liaisons aériennes régulières, de même que la prolifération des ranchs touristiques, des complexes d'hébergement et d'autres attraits susceptibles d'intéresser les voyageurs, modifièrent encore davantage le profil de cette ville.

Aujourd'hui, les industries de haute technologie sont au cœur même de l'économie locale, tandis que le tourisme demeure la principale source d'emplois de l'État. Quant à la construction, on ne s'étonnera pas du fait qu'elle représente la troisième industrie en importance de Phoenix. Malgré tout, la métropole n'en conserve pas moins un cachet fortement communautaire, et son centre-ville n'est pas saturé de gratte-ciel et de tours à appartements. La ville et ses banlieues forment une grille ordonnée de rues et d'avenues respectivement orientées du nord au sud et d'est en ouest, sur une superficie totale de plus de 2 000 km^2, et l'accès à la périphérie s'effectue grâce à un réseau d'autoroutes surélevées semblable à celui de Los Angeles. Au-delà se trouvent les montagnes et le désert, qui offrent un répit de la vie citadine par le biais du camping, de la randonnée pédestre et d'autres activités récréatives.

Si le désert n'est pas votre fort, Scottsdale pourrait bien l'être. Se targuant d'être «la ville la plus occidentale de l'Ouest», elle est de fait à peu près aussi «occidentale» que Beverly Hills. Sa population de 142 000 habitants semble essentiellement constituée d'«oiseaux migrateurs» qui ont choisi de s'y établir, à savoir de riches retraités venus des autres régions des États-Unis, charmés par le soleil, les terrains de golf, les piscines, les montagnes et l'éventail presque infini de boutiques d'artisanat et de vêtements, sans oublier plus de 120 galeries d'art! Mais en réalité, les retraités ne représentent que 20 % de la population de cette ville en pleine croissance, dont l'âge moyen chez les adultes est de 34 ans; il y a en effet ici beaucoup plus de yuppies (*young urban professionals*) que de personnes âgées.

Scottsdale n'était qu'un désert en 1888, lorsque le capitaine d'armée Chaplain Winfield Scott fit l'acquisition d'une parcelle de terrain près de l'Arizona Canal, au pied du mont Camelback. En peu de temps, toutefois, nombre de cactus et d'arbustes gras firent place à 32 ha d'orge, à un verger de 8 ha et à 50 orangers. Scottsdale demeura une petite communauté d'agriculture et d'élevage jusqu'à la Deuxième Guerre mondiale, après quoi, en 1945, la société Motorola ouvrit une usine sur les lieux, devenant ainsi le premier fabricant d'appareils électroniques à s'établir dans la vallée.

Alors qu'elle ne couvrait que 0,65 km^2 au moment de son incorporation en 1951, Scottsdale s'étend aujourd'hui sur plus de 350 km^2. Sa croissance sans précédent semble ne jamais vouloir s'arrêter, si ce n'est qu'elle atteint maintenant les limites de la réserve de la Salt River, un territoire de 20 200 ha désigné comme tel en 1879 pour abriter les Pimas et les Maricopas, lesquels ont d'ailleurs su profiter de la proximité immédiate d'une des communautés les plus riches de la nation. La réserve renferme en effet une des plus vastes zones commerciales de tout le Sud-Ouest, un collège, des milliers d'hectares de terre productive et, bientôt, des hôtels.

Le réseau de communautés satellites qui entourent la région de Phoenix-Scottsdale, semblable aux pièces éparses d'un casse-tête, se compose essentiellement de villes-dortoirs. Tempe, au sud, est le siège de l'Arizona State University. Glendale, en plein essor au nord-ouest, fut originellement fondée comme une «colonie de tempérance», et la vente de toutes formes de substances enivrantes y fut à jamais interdite. Mesa, à l'est, couvre une superficie de 260 km^2 et constitue la troisième plus grande ville de l'Arizona. Carefree et Cave Creek, au nord, se trouvent toutes deux à l'abri des basses collines du désert de Sonora, entourées de montagnes. Carefree fut conçue pour combler les attentes des amateurs d'activités ensoleillées, comme le tennis, le golf et l'équitation, alors que Cave Creek, un centre minier et d'élevage prospère en 1873, met aujourd'hui l'accent sur son côté «western», un peu surfait mais tout de même amusant. Telles des poussières de comète, ces localités et bien d'autres encore gravitent toutes autour de Phoenix-Scottsdale, s'ajustant à son rythme et à ses élans.

Au-delà des centres urbains, la large bande centrale de l'Arizona peut être décrite en ces termes, empruntés à l'auteur anglais J.B. Priestley : «Terre de géologie le jour, et d'astronomie la nuit.» Vous vous y arrêterez dans des stations-service complètement perdues, visiterez des saloons à l'ancienne, prendrez des bains de minuit dans les lacs de montagne, tamiserez le sable des rivières à la recherche d'une pépite d'or et croiserez aussi bien des rêveurs que des personnages originaux vivant en marge de la société. La meilleure façon de voir l'Ouest consiste à se fondre dans l'univers qu'il représente, à sentir le courant de ses rivières et à se mesurer à ses collines abruptes; et le centre-sud de l'Arizona vous en fournira plus d'une occasion.

Pour s'y retrouver sans mal

■ En avion

Depuis qu'on a terminé la construction du Barry M. Goldwater Terminal 4 et du hall international, le **Sky Harbor**

International Airport, situé à 6 km du centre-ville de Phoenix, est desservi, entre autres, par American Airlines, British Air, Continental Airlines, Delta Airlines et USAir.

Parmi les transports terrestres reliant l'aéroport à la ville, mentionnons **SuperShuttle** *(☎ 602-244-9000)*, qui emmène les voyageurs jusqu'à leur hôtel 24 heures par jour; **Courrier Transportation** *(☎ 602-232-2222)*, qui offre un service similaire; **Arizona Shuttle Service** *(☎ 602-795-6771)*, qui dessert Tucson; et **Sedona/Phoenix Shuttle Service** *(☎ 602-282-2066)*, qui prend quatre fois par jour la direction du «pays de grès rouge», plus au nord, via Cottonwood et Sedona.

■ En autocar

Greyhound Bus Lines dessert Phoenix de tous les points des États-Unis. La principale gare routière de Phoenix se trouve au 255 East Washington Street *(☎ 602-271-7426)*; d'autres gares se trouvent à Mesa *(1423 South Country Club Drive, ☎ 602-834-3360)* et à Tempe *(502 South College Avenue, ☎ 602-967-4030)*.

■ En voiture

Les voyageurs qui se rendent à Phoenix en voiture ne seront pas laissés pour compte. Les autoroutes de l'Arizona figurent parmi les meilleures au pays, l'essence coûte traditionnellement moins cher ici qu'ailleurs, et les paysages sont partout spectaculaires : d'imposants *saguaros*, de magnifiques montagnes, des cow-boys, des enseignes lumineuses clignotant faiblement sous les reflets violacés du soir, sans parler des petits villages de l'Ouest qui se succèdent au fil de la route et qu'on dirait sortis tout droit d'un livre d'histoire.

La route 10 traverse la ville aussi bien en provenance de l'est (El Paso) que de l'ouest (Los Angeles). Du nord-ouest, la route 40 (l'autrefois légendaire route 66) pénètre dans l'Arizona près de Kingman, après quoi la route 93 permet d'atteindre Phoenix.

La location d'une voiture

Les agences de location possédant un comptoir à l'aéroport comprennent **Advantage Rent A Car** *(☎ 602-244-0450)*, **Alamo Rent A Car** *(☎ 602-244-0897)*, **Avis Rent A Car** *(☎ 602-273-3222)*, **Dollar Rent A Car** *(☎ 602-275-7588)*, **Hertz Rent A Car** *(☎ 602-267-8822)*, **National Car Rental System** *(☎ 602-275-4771)* et **Resort Rent A Car** *(☎ 602-220-0122)*. Parmi les agences offrant un service de navette entre l'aéroport et leurs bureaux, retenons **Courtesy Rent A Car** *(☎ 602-273-7503)*, **Enterprise Leasing and Rent A Car** *(☎ 602-225-0588)*, **Thrifty Car Rental** *(☎ 602-244-0311)* et **Value Rent A Car** *(☎ 602-273-7425)*.

■ Les taxis

Le taxi constitue un moyen de transport coûteux à Phoenix, car la ville s'étend sur une grande distance dans toutes les directions et, en vous rendant d'un point à un autre, vous aurez parfois l'impression de traverser l'État tout entier. Parmi les principales entreprises de taxis du centre-sud de l'Arizona, mentionnons **AAA CAB** *(☎ 602-253-8294)*, **ACE Taxi** *(☎ 602-254-1999)*, **Dependable Taxi** *(☎ 602-252-1277)*, **Courrier Cab** *(☎ 602-232-2222)*, **Quick Silver Taxi** *(☎ 602-267-8294)* et **Yellow Cab** *(☎ 602-252-5252)*. AAA, Courrier et Yellow sont assignées par contrat à l'aéroport de Phoenix.

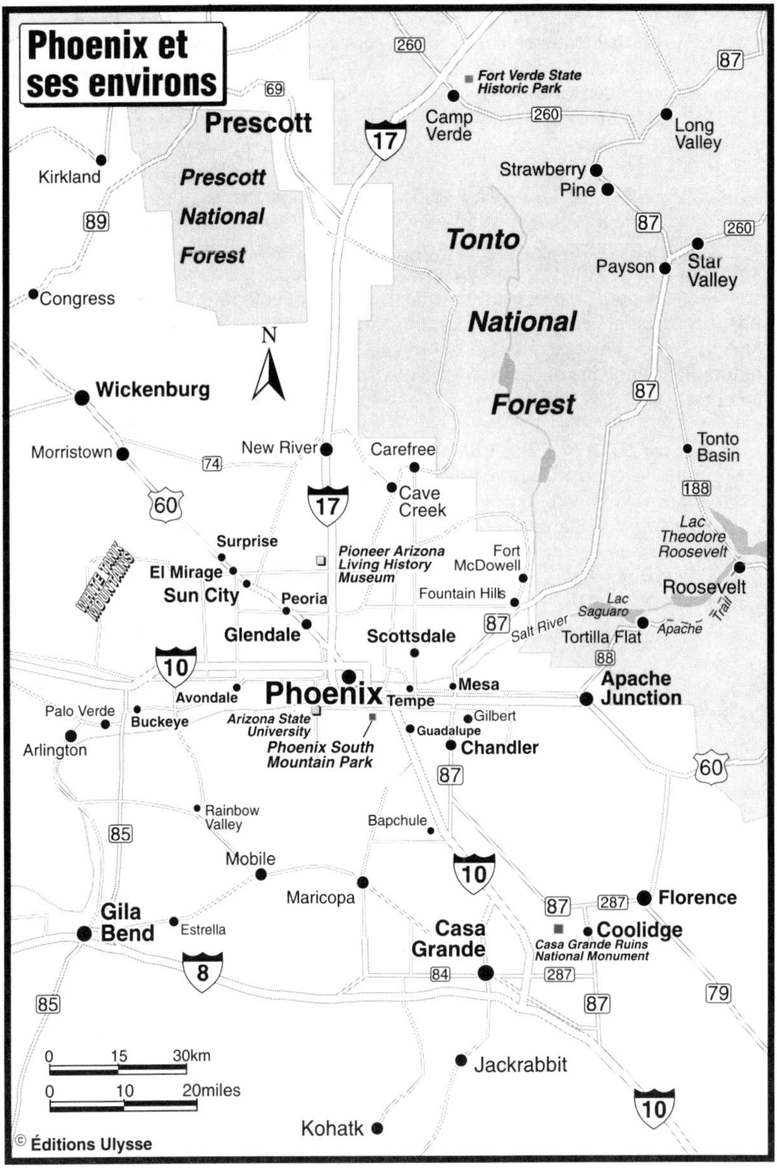
Phoenix et ses environs
Prescott
Prescott National Forest
Kirkland
Congress
Wickenburg
Morristown
New River
Carefree
Cave Creek
Fort Verde State Historic Park
Camp Verde
Long Valley
Strawberry
Pine
Tonto National Forest
Payson
Star Valley
Tonto Basin
Lac Theodore Roosevelt
Roosevelt
Fort McDowell
Fountain Hills
Lac Saguaro
Salt River
Apache Trail
Tortilla Flat
Apache Junction
White Tank Mountains
Surprise
El Mirage
Sun City
Peoria
Glendale
Pioneer Arizona Living History Museum
Scottsdale
Phoenix
Tempe
Mesa
Avondale
Palo Verde
Buckeye
Arlington
Arizona State University
Phoenix South Mountain Park
Gilbert
Guadalupe
Chandler
Rainbow Valley
Bapchule
Mobile
Maricopa
Gila Bend
Estrella
Casa Grande
Florence
Coolidge
Casa Grande Ruins National Monument
Jackrabbit
Kohatk
0 15 30km
0 10 20miles
© Éditions Ulysse

Les transports publics

Le **Phoenix Transit Bus System** *(☎ 602-253-5000)* couvre le territoire de Phoenix (dont l'aéroport) et de Scottsdale, en plus d'offrir des liaisons rapides vers les banlieues et les autres districts de la vallée.

The Molly Trolley *(☎ 602-941-2957)*, qui roule sur pneumatiques, et non sur des rails, dessert 22 complexes touristiques de Scottsdale et 12 zones commerciales pour le prix d'un titre de transport valide pour une journée entière; le service est offert gratuitement dans la zone commerciale du centre-ville.

Le ***Downtown Dash*** *(☎ 602-253-5000)* circule dans le centre-ville de Phoenix en décrivant une boucle passant par le Capitole, l'Arizona Center et la Civic Plaza les jours de semaine; les départs ont lieu toutes les 10 min, et le prix du billet est de 0,25 $US.

Attraits touristiques

Quoi voir à Phoenix?

L'histoire du centre-sud de l'Arizona se laisse aisément découvrir au fil des attraits et des musées de Phoenix, qui soulignent tout particulièrement l'héritage amérindien de cette ville. Mais si vous croyez que c'est à ce chapitre que cesseront vos découvertes, détrompez-vous. La métropole se veut aussi une cité des arts à part entière, et l'on y trouve une foule d'expositions d'œuvres contemporaines et occidentales. Les expositions temporaires de l'aéroport, présentées de concert avec la Phoenix Art Commission, servent de modèle à des efforts similaires dans divers autres aéroports du pays. Le long du Squaw Peak Freeway, une autoroute de 16 km qui relie le centre-ville de Phoenix à la banlieue septentrionale de la ville, vous aurez peut-être l'impression d'avoir des visions, et vous n'aurez pas tout à fait tort, car la chaussée est bordée de 35 sculptures d'un mètre et plus : des vases, des tasses, des pots de style indien et d'autres récipients domestiques du même genre; il s'agit d'un projet d'intégration artistique à l'environnement qui vise à humaniser l'autoroute, de manière à ce que ses usagers s'y sentent «chez eux». Tout le monde n'aime pas, cependant, et certains détracteurs de cette idée pour le moins originale ont surnommé ce tronçon de route «le placard des dieux».

On peut sans doute voir à Phoenix les derniers représentants de cette race d'hommes rudes, frustes et solitaires qui ont fait la marque de Marlboro, fièrement montés sur leurs magnifiques chevaux impeccablement brossés et peignés. Mais, dans la réalité, ils ne chevauchent pas en direction du couchant pour disparaître à tout jamais; il y a plus de chances pour qu'ils prennent simplement la route des vastes étendues désertiques qui entourent encore la ville afin de s'y ressourcer. Longtemps tenu pour la hantise des hommes, aride et indomptable, le désert avec ses beautés inviolées est aujourd'hui considéré par plusieurs comme le dernier vestige de l'Amérique sauvage. Nombre de voyagistes y offrent des excursions guidées en véhicule tout-terrain ou à cheval, mais combien d'Arizoniens ne vous diront-ils pas que c'est dans la solitude et l'isolement qu'on apprécie le mieux le désert? Les Indiens du Sud-Ouest en connaissent les secrets depuis fort longtemps, et

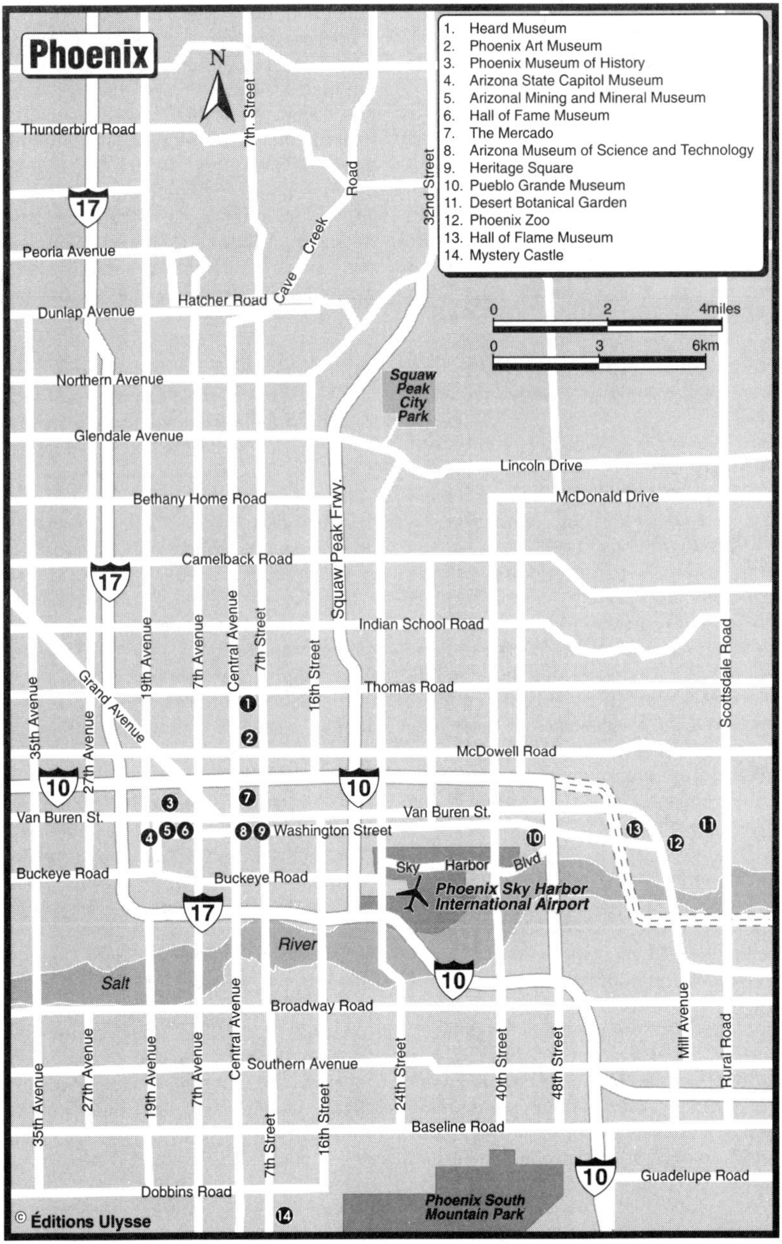
Phoenix
N
1. Heard Museum
2. Phoenix Art Museum
3. Phoenix Museum of History
4. Arizona State Capitol Museum
5. Arizonal Mining and Mineral Museum
6. Hall of Fame Museum
7. The Mercado
8. Arizona Museum of Science and Technology
9. Heritage Square
10. Pueblo Grande Museum
11. Desert Botanical Garden
12. Phoenix Zoo
13. Hall of Flame Museum
14. Mystery Castle
0 2 4miles
0 3 6km
Thunderbird Road
7th. Street
32nd Street
Cave Creek Road
Peoria Avenue
Dunlap Avenue
Hatcher Road
Northern Avenue
Squaw Peak City Park
Glendale Avenue
Lincoln Drive
McDonald Drive
Bethany Home Road
Squaw Peak Frwy.
Camelback Road
Indian School Road
Thomas Road
McDowell Road
Van Buren St.
Washington Street
Buckeye Road
Sky Harbor Blvd
Phoenix Sky Harbor International Airport
River
Salt
Broadway Road
Southern Avenue
Baseline Road
Guadelupe Road
Dobbins Road
Phoenix South Mountain Park
35th Avenue
27th Avenue
19th Avenue
7th Avenue
Central Avenue
7th Street
16th Street
24th Street
40th Street
48th Street
Mill Avenue
Rural Road
Scottsdale Road
Grand Avenue
17
10
© Éditions Ulysse

maintenant, c'est au tour de l'homme blanc de tourner son regard vers le ciel, sous le soleil blafard qui réchauffe le sable et la pierre.

Que vous soyez attiré par la ville elle-même ou par ses environs, il serait tout aussi déraisonnable de vouloir en embrasser tous les sites en une seule visite que de compter tous les grains de sable du désert. On dit que rien n'est impossible, mais le temps a lui aussi ses exigences et, pour vous aider à tirer le meilleur parti de votre quête dans le temps que vous vous êtes alloué, voici les attraits les plus marquants de la ville.

Le **Heard Museum (1)** *(droits d'entrée; 22 East Monte Vista Road, Phoenix, ☎ 602-252-8840)* se consacre à l'anthropologie du Sud-Ouest et aux arts primitifs. Les huit galeries d'exposition réparties sur trois niveaux présentent, entre autres, une collection de *kachinas* hopis, des représentations de conteurs cochis, des poteries de Maria Martinez, des bijoux en argent et en turquoise, des paniers en osier, des couvertures et toutes sortes d'autres objets d'art amérindiens. De plus, on peut régulièrement y assister à des démonstrations d'art indien.

Le **Phoenix Art Museum (2)** *(droits d'entrée; 1625 North Central Avenue, Phoenix, ☎ 602-257-1222)*, adjacent à la Phoenix Public Library, expose des œuvres traditionnelles de l'Ouest, des créations contemporaines et des pièces décoratives. Ce musée à la Frank Lloyd Wright subit actuellement des rénovations; au terme des travaux, soit en 1996 si tout se déroule comme prévu, il possédera deux ailes de plus et aura envahi la bibliothèque voisine. Notez toutefois que le musée demeure ouvert pendant cette période. On y trouve, entre autres, une incroyable collection de costumes, de tissus et d'accessoires, de même qu'une galerie asiatique renfermant des peintures orientales, des objets rituels, des porcelaines et des cloisonnés. La bibliothèque de recherche contient quant à elle plus de 32 000 livres, monographies et périodiques d'art. Quant aux enfants, ils ne voudront pas manquer, à l'étage inférieur, le musée des jeunes, où ils pourront exercer leur créativité à travers une foule de moyens.

Le **Phoenix Museum of History (3)** *(1002 West Van Buren Street, Phoenix, ☎ 602-253-2734)*, un minuscule musée qui constitue en lui-même une véritable pièce de musée, occupe encore le bâtiment d'adobe original qui l'a accueilli vers 1927. Vous y trouverez une ravissante collection de curiosités et d'antiquités couvrant 2 000 ans d'histoire arizonienne. Parmi les pièces maîtresses exposées, mentionnons des objets préhistoriques fabriqués par les Amérindiens et une vitrine sur l'évolution de Phoenix au cours des années trente. Des peintures des premiers artistes de l'Arizona, la plus vieille locomotive de l'État, des instruments du Phoenix Brass Band et divers souvenirs de nature politique complètent le tout. Il est à noter que la boutique du musée offre un bon choix d'ouvrages sur l'histoire de l'Arizona.

Rendez-vous à l'**Arizona State Capitol Museum (4)** *(1700 West Washington Street, Phoenix, ☎ 602-542-4675)*, construit en 1900 pour abriter le Capitole territorial. On a rénové l'édifice pour lui redonner son apparence de 1912, année où l'Arizona devint officiellement un État de l'Union. Des visites guidées permettent d'admirer la chambre du Sénat, la suite du gouverneur et la rotonde. Une statue de cire à l'effigie du premier gouverneur de l'État, George Hunt, est assise devant un bureau à cylindre entouré de meubles d'époque. Les principaux objets qu'on retrouve ici incluent l'argenterie originale du *U.S.S. Arizona*, sauvée juste avant que le bateau de guerre ne soit coulé à Pearl Harbor, et le drapeau des dresseurs de chevaux acheminé jusqu'au sommet du mont San Juan de Cuba au cours de la guerre hispano-américaine.

Minéraux et minerais de l'Arizona et du reste du monde trouvent leur place à l'intérieur de l'**Arizona Mining and Mineral Museum (5)** *(1502 West Washington Street, Phoenix, ☎ 602-255-3791)*, un des meilleurs musées du genre dans tout le Sud-Ouest américain.

Au **Hall of Fame Museum (6)** *(1101 West Washington Street, Phoenix, ☎ 602-255-2110)*, vous verrez des expositions temporaires sur les hommes et les femmes qui firent de l'Arizona ce qu'il est aujourd'hui. Chaque section présente une kyrielle d'objets permettant de mieux apprécier la vie colorée des pionniers qui bâtirent cet État. L'exposition actuelle, qui doit durer jusqu'en 1996, évoque des souvenirs de femmes seules s'étant établies en Arizona vers la fin des années 1880.

Peint de 35 couleurs différentes, **The Mercado (7)** *(Van Buren Street, entre 5th et 7th Street, Phoenix, ☎ 602-256-6322)* réunit une demi-douzaine de bâtiments commerciaux aménagés suivant le modèle d'un village mexicain. Ce complexe, qui s'étend sur deux rues, renferme des boutiques proposant des vêtements de l'Ouest ainsi que des bijoux et de l'artisanat amérindiens. De très belles cours intérieures ajoutent au charme éclectique de l'ensemble.

Un des points forts du Mercado, le **Museo Chicano** *(droits d'entrée; 641 East Van Buren Street, Phoenix, ☎ 602-257-5536)* présente des expositions temporaires à caractère aussi bien local qu'international. La culture, les arts et l'histoire hispaniques y sont représentés, de même que les œuvres d'artistes montants ou déjà reconnus. Le musée organise, en outre, une série de manifestations culturelles et de spectacles populaires, tel le Ballet folklorique mexicain.

Un musée de la science et de la technologie dans un garage! Pourquoi pas? C'est du moins le cas de l'**Arizona Museum of Science and Technology (8)** *(droits d'entrée; 147 East Avenue, Phoenix, ☎ 602-256-9388)*, qui renferme une salle des découvertes avec des présentoirs interactifs où l'on peut manipuler différentes énergies, faire diverses expériences de physique et explorer les sciences naturelles. Le musée occupe en effet le niveau principal du garage de l'hôtel Hyatt Regency. On y met surtout l'accent sur des sujets tels que la gravité, la vitesse, l'énergie, la nutrition et l'infinitude, mais vous y verrez aussi ces vedettes du désert que sont l'iguane, le grand lézard venimeux *(gila monster)*, le python, le serpent des vignes et la tortue.

Le **Heritage Square (9)** *(angle 7th Street et Monroe Street, Phoenix, ☎ 602-262-5071)* vous fera faire un saut dans le temps en vous présentant huit maisons du début du siècle, l'Arizona Doll and Toy Museum (musée de la poupée et du jouet), une coopérative d'artistes, le Heart and Hand Tea Room (salon de thé) et le Jack and Jenny's Barn and Grill (restaurant de grillades). La **Silva House**, une résidence de style victorien, renferme des expositions variées portant aussi bien sur l'origami que sur les maillots de bain du début du siècle. À la **Rosson House**, une maison de 1895 de style Eastlake Victorian, vous pourrez admirer une magnifique collection de meubles d'époque. De plus, n'oubliez pas de jeter un coup d'œil aux tissages, aux poteries *rakus*, aux bijoux, aux céramiques et aux objets d'art «prêt-à-porter» de l'**Artist's Cooperative**.

Pour un retour dans le passé de la tribu hohokam, visitez le **Pueblo Grande Museum (10)** *(droits d'entrée; 4619 East Washington Street, Phoenix, ☎ 602-495-0901)*. On y présente des ruines préhistoriques, une collection permanente sur cette tribu légendaire et des expositions temporaires d'art, d'artisanat et d'archéologie indienne du Sud-Ouest, sans oublier des présentoirs où les enfants peuvent manipuler divers objets. Un sentier extérieur menant au sommet d'un tertre hohokam se révèle particulièrement intéressant.

Non loin des musées du centre de Phoenix, le **Desert Botanical Garden (11)** *(droits d'entrée; 1201 North Galvin Parkway, Phoenix, ☎ 602-941-1225)* renferme plus de 20 000 plantes des régions désertiques d'Afrique, d'Australie et des deux Amériques. Vous pourrez visiter les sentiers par vous-même ou vous joindre à un groupe organisé. Parmi les attraits des lieux, retenons l'exposition de 1,2 ha portant sur les plantes originaires du désert de Sonora, une forêt de *saguaros*, un bosquet de prosopis, un ruisseau du désert et un habitat des hautes terres de type *chaparral*, où vous pourrez admirer des constructions amérindiennes historiques.

Tout près du jardin botanique, le **Phoenix Zoo (12)** *(droits d'entrée; 455 North Galvin Parkway, Phoenix, ☎ 602-273-1341)* se sert de milieux naturels (y compris une savane africaine) pour présenter au-delà de 1 300 mammifères, oiseaux et reptiles. Les gens qui viennent à Phoenix pour la première fois sont par ailleurs souvent étonnés de croiser une famille d'éléphants alors qu'ils circulent sur la trépidante rue Van Buren. Pour avoir un bon aperçu du zoo, montez à bord du *Safari Train*. Les attraits les plus populaires sont le troupeau d'oryx arabes, un rare tigre de Sumatra et le royaume des babouins. Les enfants apprécieront particulièrement la section interactive de la visite (Wildlife Encounters – Mammals), où ils pourront toucher aux animaux. Assurez-vous également de visiter la forêt tropicale humide de 0,4 ha, où vivent 15 espèces d'oiseaux et d'animaux adoptés de tous les coins du monde.

Le plus grand musée consacré à lutte contre les incendies de tout le pays est le **Hall of Flame Museum (13)** *(droits d'entrée; 6101 Van Buren Street, Phoenix, ☎ 602-275-3473)*, où vous pourrez voir plus de 90 pompes à incendie et voitures de pompiers, motorisées ou tirées à la main ou par des chevaux, de même que des centaines d'objets reliés à ce métier. Divers jeux, présentoirs et activités y ont été spécialement conçus pour sensibiliser les enfants à la prévention des incendies.

Caché au pied des collines du South Mountain Park, le **Mystery Castle (14)** *(droits d'entrée; 800 East Mineral Road, au bout de South 7th Street, Phoenix, ☎ 602-268-1581)* se présente comme un château fantaisiste de 18 pièces fait de pierre locale, de sable, de béton, d'eau, de lait de chèvre et de roues à rayons de *Stutz Bearcat*!

structure garnie de parapets renferme un escalier cantilever, une chapelle et des douzaines de recoins, son mobilier se composant d'antiquités du Sud-Ouest américain. On le dit «mystérieux» du fait que son constructeur, Boyce Luther Gulley, croyant qu'il était sur le point de mourir de la tuberculose, a quitté sa résidence de Seattle à bord d'une *Stutz Bearcat*, sans rien dire à personne, pour ensuite consacrer 15 ans à la réalisation de son projet! Ce n'est qu'après sa mort, en 1945, que sa famille apprit ce qu'il était devenu et hérita de son château.

Au **Pioneer Arizona Living History Museum** *(droits d'entrée; Pioneer Road, par la route 17, Phoenix, ☎ 602-993-0212)*, on a recréé un village de l'Old West à partir de bâtiments pour la plupart déjà existants (une église, une école, une imprimerie et une forge), et l'on y a mis des interprètes costumés. Vous pourrez ainsi assister à des démonstrations de cuisine, de jardinage et de couture. À l'opéra, vous verrez des mélodrames et des pièces historiques centrés sur le thème de la période dite «territoriale» (1858-1912). Par ailleurs, un des derniers troupeaux de chevaux espagnols coloniaux de la nation y attire particulièrement l'attention. Vous pourrez enfin pique-niquer sur les lieux, à moins que vous ne préfériez manger au restaurant local, spécialisé dans les grillades.

■ Quoi voir à Scottsdale?

Comme sa voisine Phoenix, Scottsdale est fière de son héritage de ville frontière, visible en plusieurs points de la municipalité et des environs. Dans le Vieux Scottsdale, où le Lulu Belle et le Pink Pony étaient les deux seuls bars à des kilomètres à la ronde il y a à peine 35 ans, les édifices arborent tous de fausses façades, des enseignes artisanales et des poteaux d'attache, et les chevaux y ont toujours la priorité. Plusieurs restaurants font état de leurs serveurs et serveuses en costume d'époque. Les femmes portent des coiffures élaborées, et les hommes semblent tous s'appeler Slim, Ace, Tex, Shorty ou Stretch, comme dans les vieux westerns.

Mais la nostalgie du passé s'arrête à peu près là. Le reste de la ville se veut en effet chic, élégant et coûteux, et l'architecture y est on ne peut plus innovatrice. C'est d'ailleurs ici qu'on retrouve la Fondation Frank Lloyd Wright *(à Taliesin West)*, de même que la Fondation Cosanti, berceau du prototype de village controversé d'Arcosanti, où la nature et les constructions humaines s'interpénètrent à une cinquantaine de kilomètres de Prescott.

Scottsdale s'impose en outre comme le centre nerveux de la scène artistique arizonienne, et les galeries y sont légion. **Painted Desert Productions** *(3533 North 70th Street, Suite 201/202, ☎ 602-946-8860)* propose des visites d'une journée ou d'une demi-journée des studios d'artistes, des galeries, des musées et des sites architecturaux de la municipalité, guidées par des spécialistes.

Le **Hoo-Hoogam Ki Museum** *(droits d'entrée; 10000 East Osborn Road, Scottsdale, ☎ 602-941-7379)*, qui occupe un bâtiment fait d'adobes mêlés de plantes du désert pour en accroître la solidité, se trouve sur la réserve Pima-Maricopa de la Salt River, en bordure de la ville. Vous y verrez des paniers, des objets anciens, des poteries et des photographies historiques. On y présente, en outre, des démonstrations quotidiennes de vannerie.

Ne manquez pas non plus **Rawhide – Arizona's 1880 Western Town** *(droits d'entrée; 23023 Scottsdale Road, Scottsdale, ☎ 602-563-1880)*, avec ses balades et ses attraits variés et amusants, ses boutiques, son grill-room et son saloon, presque tous situés sur la vieille Main Street, où l'on doit encore prendre garde aux moutons et aux chèvres. Fusillades, violoneux, diseuse de bonne aventure, spectacles de cascades, locomotive grandeur nature du style des années 1880, exposition de carrioles, chariots couverts disposés en cercle et musée de l'Old West vous promettent tous une journée de plaisir.

Le **McCormick Railroad Park** *(7301 Indian Bend Road, Scottsdale, ☎ 602-994-2312)* est un véritable paradis pour les petits et les grands qui se passionnent pour les trains. Faites d'abord le tour du parc à bord d'un train à vapeur miniature, puis laissez-vous emporter par le manège de chevaux de bois de 1929. Visitez ensuite le musée ferroviaire aménagé dans un wagon *Pullman*, utilisé par le président Eisenhower au cours de sa campagne électorale de 1952. Admirez enfin les trains de modèle réduit qui serpentent à travers de minuscules villages.

La **Taliesin West/Frank Lloyd Wright Foundation** *(droits d'entrée; 13201 North 108th Street, Scottsdale, ☎ 602-860-2700)*, inscrite au registre des monuments nationaux et appartenant à la fondation Frank Lloyd Wright, servit de résidence et de studio au célèbre architecte arizonien. Ce remarquable ensemble de bâtiments, disposés sur 243 ha en plein désert de Sonora, étonne encore les critiques d'architecture par sa beauté et ses formes inhabituelles. Plusieurs visites guidées des lieux sont proposées, de même qu'une série de conférences.

Adams Arabians *(12051 North 96th Street, Scottsdale, ☎ 602-860-1218)* est un ranch d'élevage et d'entraînement de chevaux arabes de réputation internationale, et ses propriétaires se montrent accueillants envers les visiteurs occasionnels qui désirent jeter un coup d'œil aux bêtes et aux installations, ou simplement bavarder avec les entraîneurs. Comme il s'agit d'un ranch privé, et toujours en opération, on n'y trouve ni activités organisées ni installations à l'intention des touristes.

Le **Fleischer Museum** *(17207 North Perimeter Drive, Scottsdale, ☎ 602-585-3108)* présente une collection permanente et des manifestations temporaires sur le thème de «L'impressionnisme américain, l'École californienne». Vous y verrez des femmes de cette période sophistiquée qui s'étend du début du siècle aux années quarante, des paysages brumeux, presque oniriques, des maquettes architecturales et des natures mortes.

■ Quoi voir dans la région de Tempe/Mesa?

Immédiatement à l'est de Phoenix, vous trouverez les communautés de Tempe et de Mesa. Au-delà, dans le désert qui s'étend jusqu'au Nouveau-Mexique, ce sont Apache Junction et Globe. C'est comme si, au fur et mesure qu'on fait route vers le levant, tout l'éclat de la grande ville se dissipait graduellement pour céder le pas à l'Ouest des origines, plus calme et plus près de la nature.

Délimitée par Scottsdale, Mesa, Phoenix et Chandler, **Tempe** fut fondée en 1872 par Charles Turnbell Hayden, en même temps que la Hayden Flour Mill (minoterie), la plus vieille entreprise arizonienne à n'avoir jamais cessé ses activités. **Old Town Tempe** *(Mill Avenue, au nord d'University Street, Tempe, ☎ 602-894-8158)* marque l'endroit où la ville vit le jour, autour de la minoterie. Plusieurs des maisons et des bâtiments d'origine ont été rénovés, et abritent aujourd'hui des restaurants, des boutiques, des bureaux et des galeries. Arrêtez-vous au **Tempe Convention and Visitors Bureau** *(51 West 3rd Street, Suite 105, Tempe, ☎ 602-894-8158)* pour vous procurer plans, brochures et renseignements.

L'**Arizona State University**, située en plein cœur de la ville, en forme le caractère et enregistre le plus grand nombre d'inscriptions de tous les établissements d'enseignement du Sud-Ouest. Avec son campus principal, d'une superficie de 283 ha, où des structures ultramodernes reposent dans un décor de palmiers et de plantes subtropicales, l'université fournit sa principale industrie à cette ville essentiellement résidentielle. Plusieurs musées remarquables émaillent les lieux, d'ailleurs tous ouverts au public. L'**Arizona State University Art Museum** *(☎ 602-965-2787)* possède une vaste collection de peintures, de lithographies et d'œuvres artisanales américaines, mais aussi des réalisations d'Afrique, d'Amérique latine et des mers du Sud. Le **Museum of Anthropology** *(☎ 602-965-6213)* est consacré à l'anthropologie architecturale, physique et socioculturelle. Par ailleurs, le **Museum of Geology** *(☎ 602-965-7065)* présente, entre autres merveilles, des spécimens géologiques rares, des sismographes et des vitrines sur les tremblements de terre.

Tempe est aussi le siège de l'étonnant **Tempe Historical Museum** *(droits d'entrée; 809 East Southern Avenue, Tempe, ☎ 602-350-5100)*, qui couvre l'histoire de la région depuis les premiers autochtones jusqu'à nos jours. Deux galeries y renferment des expositions historiques temporaires et certains présentoirs où les enfants peuvent manipuler divers objets.

Les amateurs d'art se rendront au **Tempe Arts Center and Sculpture Garden** *(54 West 1st Street, Tempe, ☎ 602-968-0888)*, où huit galeries présentent des expositions temporaires de peintures, de sculptures et d'œuvres artisanales. Les pièces de grandes dimensions sont exposées dans le jardin de sculptures adjacent, et plusieurs d'entre elles sont à vendre.

Immédiatement à l'est de Tempe, vous arriverez à **Mesa**, du mot espagnol signifiant «plateau». La ville fut fondée par des mormons en 1883 et a longtemps été une communauté agricole. Des canaux d'irrigation construits par les Indiens Hohokams y ont servi jusqu'à tout récemment encore. Pour de plus amples renseignements sur les sites et les services proposés à Mesa, arrêtez-vous au **Mesa Convention and Visitors Bureau** *(120 North Center Street, Mesa, ☎ 602-969-1307)*.

Le **Mesa Southwest Museum** *(droits d'entrée; 53 North MacDonald Street, Mesa, ☎ 602-644-2230)* porte sur l'histoire du Sud-Ouest américain, depuis l'époque des dinosaures jusqu'à celle de la colonisation de l'Ouest. On y trouve plusieurs objets à manipuler et, à l'extérieur, une école à classe unique, de même qu'un cours d'eau dont on tamisait le sable à la recherche d'or.

Le **Champlin Fighter Museum** *(droits d'entrée; 4636 Fighter Aces Drive, Mesa, ☎ 602-830-4540)*, une véritable trouvaille pour les amateurs d'aviation, renferme 30 appareils de combat de la Première et de la Seconde Guerres mondiales, de la guerre de Corée et de la guerre du Vietnam, de même que diverses armes historiques. Une galerie d'art, une salle de projection et une boutique de souvenirs complètent le tout.

Vingt minutes au nord de Mesa dans les Fountain Hills, vous découvrirez l'**Out of Africa Wildlife Park** *(droits d'entrée; 2 South Fort McDowell Road, ☎ 602-837-7779)*, où évoluent lions, tigres, léopards et pythons géants. On peut aussi y assister à des spectacles, y voir des habitats naturels et y flatter de petits animaux, sans oublier un terrain de jeu pour les enfants, une boutique de souvenirs et un restaurant.

Parcs

■ Les parcs de la région de Phoenix

South Mountain Park

Couvrant une superficie de près de 7 000 ha, il s'agit du plus grand parc métropolitain des États-Unis, une vaste chaîne de montagnes aux contours déchiquetés qui servait autrefois de territoire de chasse aux Indiens. D'une altitude de 700 m, le Dobbins Lookout offre une vue spectaculaire sur Phoenix. Le parc dispose en outre de près de 65 km de sentiers pédestres et d'équitation bien balisés. Les parois escarpées de ses canyons révèlent enfin des pétroglyphes et des vestiges amérindiens fort anciens.

Installations et équipements : aires de pique-nique, toilettes et scène où l'on peut chanter en groupe ou entendre des exposés donnés par les rangers. Pour de plus amples renseignements, ☎ 602-495-0222.

Comment s'y rendre : le parc se trouve au 10919 South Central Avenue, à Phoenix.

Papago Park

Le parc Papago, qui fait partie du réseau des parcs de Phoenix depuis 1959, amalgame harmonieusement un sol désertique et montagneux, de paisibles lagons et des cours d'eau chatoyants. Terre d'accueil d'un ancien village amérindien, le parc renferme aujourd'hui plusieurs installations modernes, de même que le zoo de Phoenix, le Desert Botanical Garden et le Hall of Flame Museum.

Installations et équipements : aires de pique-nique, terrain de golf, fosses à feu, toilettes, terrain de balle molle, champ de tir à l'arc, sentiers de vélo et de course à pied. Pour de plus amples renseignements, ☎ 602-256-3220.

Pêche : trois lagons approvisionnés en achigans, en poissons-chats, en crapets arlequin et en tilapies. Gratuit pour les enfants de 15 ans et moins, mais tous les autres doivent se procurer un permis.

Comment s'y rendre : le parc se trouve au 6000 East Van Buren Street, à Phoenix.

Squaw Peak Recreation Area

Avec son pic escarpé et facilement identifiable, Squaw Peak compte parmi les endroits les mieux connus de Phoenix, mais il est surtout réputé pour ses pistes de randonnée. Son terrain rocailleux a toutefois été aussi développé, quoique de façon modeste, pour d'autres activités récréatives, qu'il s'agisse d'un pique-nique ou d'une lecture paisible à l'ombre d'un imposant *saguaro*.

Installations et équipements : aires de pique-nique avec électricité, eau potable, fosses à feu, tables, bancs et toilettes. Pour de plus amples renseignements, ☎ 602-495-0222.

Comment s'y rendre : le parc se trouve au 2701 East Squaw Drive.

Estrella Mountain Regional Park

D'une superficie de 8 000 ha, ce parc présente une végétation abondante et permet de spectaculaires panoramas de montagne, les sommets de la Sierra Estrella atteignant jusqu'à 1 100 m. On y trouve d'excellents sentiers de randonnée et d'équitation.

Installations et équipements : aires de pique-nique, toilettes, amphithéâtre (exposés et rassemblements divers), arène de rodéo et terrain de golf. Pour de plus amples renseignements, ☎ 602-506-2930.

Comment s'y rendre : le parc se trouve 26 km à l'ouest de Phoenix sur la route 10. Quittez la route au Estrella Parkway, que vous suivrez sur 8 km en direction du sud jusqu'au parc.

White Tank Mountain Regional Park

Couvrant 10 658 ha de désert, de canyons et de montagnes, White Tank s'impose comme le plus grand parc du Maricopa County Park System. L'altitude y varie entre 427 m à l'entrée du parc et 1 245 m en son point le plus élevé. Le site dispose d'un excellent réseau de sentiers de randonnée, de vélo et d'équitation, d'une cascade saisonnière (accessible par un sentier pédestre de 1,6 km) et de pétroglyphes amérindiens visibles un peu partout.

Installations et équipements : aires de pique-nique, toilettes et douches. Pour de plus amples renseignements, ☎ 602-506-2930.

Camping : 38 emplacements; 8 $US par nuit. Camping sauvage autorisé (gratuit). Pour de plus amples renseignements, ☎ 602-935-2505.

Comment s'y rendre : par Dunlap Avenue, 24 km à l'ouest de Glendale.

■ Les parcs de la région de Tempe/Mesa

McDowell Mountain Regional Park

Cette étendue sauvage de 8 539 ha, à la végétation abondante et aux montagnes majestueuses, 24 km au nord-est de Scottsdale, forme un des parcs les plus panoramiques de la région. L'altitude y varie entre 488 m à son extrémité sud-est et 914 m à sa frontière occidentale. L'endroit est tout indiqué pour le camping, les pique-niques, l'équitation, la randonnée pédestre et les promenades en vélo de montagne.

Installations et équipements : aires de pique-nique, toilettes et douches. Pour de plus amples renseignements, ☎ 602-506-2930.

Camping : 76 emplacements avec raccordements pour véhicules récréatifs; 8 $US par nuit. Camping sauvage autorisé autour d'un campement prévu à cet effet (gratuit). Pour de plus amples renseignements, ☎ 602-471-0173.

Comment s'y rendre : par la McDowell Mountain Road, 6 km au nord-est de Fountain Hills.

Activités de plein air

Le climat arizonien s'avère idéal pour la pratique des activités récréatives les plus diverses, la plupart du temps du moins, car, en été, la chaleur sèche peut parfois vous donner l'impression qu'il fait plus frais qu'en réalité. Durant cette saison, il est donc recommandé de ne pas trop s'épuiser au soleil et de plutôt s'amuser à l'intérieur, là où l'air est conditionné.

La descente de rivières

Trois rivières principales du centre-sud de l'Arizona, la Verde, la Salt et la Gila, toutes à l'est de Phoenix, permettent de nombreuses activités tout au long de l'année. Plusieurs firmes proposent des descentes de rivières incluant le transport, les repas et les guides. Parmi elles, retenons **Cimarron River Co.** *(7714 East Catalina, Scottsdale, ☎ 602-994-1199)*, **Desert Voyagers Guided Rafting Tours** *(P.O. Box 9053, Scottsdale, AZ 85252 ☎ 602-998-7238)* et **Salt River Recreation Inc.** *(à l'intersection de Bush Highway et Usery Pass Road, Mesa, ☎ 602-984-3305)*.

La course à pied

Le vaste réseau de canaux qui sillonnent la vallée compte plusieurs sentiers rêvés, souvent ombragés. Si vous désirez pratiquer votre sport favori durant les chauds mois d'été, tenez-vous-en aux heures matinales. L'**Encanto Park** de Phoenix, 5 km au nord de la Civic Plaza, possède un excellent sentier de course à pied. L'**Indian Bend Wash Greenbelt** de Scottsdale offre également un sentier de rêve; ce dernier parcourt toute l'étendue de la ville du nord au sud, le réseau panoramique des parcs de la Greenbelt proposant, entre autres, 21 km de pistes pour les coureurs et les cyclistes, ponctuées de lacs et de terrains de golf.

La baignade

Il y a tant de piscines dans le centre-sud de l'Arizona que les nuages, dit-on, se teintent souvent de vert sous l'effet des émanations de chlore! À Phoenix seulement, on trouve plus de 30 piscines publiques. Pour n'en nommer que quelques-unes : **Cactus Pool** *(3801 West Cactus Road, ☎ 602-262-6680)*, **Grant Pool** *(714 South 2nd Avenue, ☎ 602-261-8728)*, **Starlight Pool** *(7810 West Osborn Road, ☎ 602-495-2412)* et **Washington Pool** *(6655 North 23rd Avenue, ☎ 602-262-7198)*. Pour obtenir une liste complète ou tout autre renseignement, composez le ☎ 602-258-7946.

Des divertissements nautiques plus enlevants vous attendent à **Waterworld U.S.A.** *(droits d'entrée; 4243 West Pinnacle Peak Road, Phoenix, ☎ 602-581-8446)*, où 8 ha de toboggans, de manèges et de soleil, sans oublier une piscine à vagues, l'Avalanche Slide, haute de six étages et demie, et plusieurs autres attractions, vous promettent des heures de plaisir. L'**Adobe Dam Recreation Area** *(au nord-ouest du barrage Adobe, sur Pinnacle Peak Road à l'angle de North 43rd Avenue,*

Phoenix, ☎ *602-581-6691)* possède également son **Water World** *(☎ 602-581-8446)* avec toboggans et piscine à vagues.

À Tempe, **Big Surf** *(droits d'entrée; 1500 North Hayden Road,* ☎ *602-947-7873)*, un parc de 8 ha, dispose, quant à lui, d'une plage sablonneuse, d'un toboggan de 90 m et d'une descente de rapides dans un gigantesque bassin d'eau douce agitée mécaniquement.

Montgolfière et deltaplane

Les montagnes avoisinantes se prêtent merveilleusement bien aux envolées. Des douzaines de firmes se feront un plaisir de vous emmener dans les airs, et parmi elles : **Xanadu Balloon Adventures** *(3745 West Columbine Drive, Phoenix,* ☎ *602-938-9324)*, **Hot Air Affair** *(2980 North 73rd Street, Scottsdale,* ☎ *602-991-0738)*, **Unicorn Balloon Co.** *(15001 North 74th Street, Scottsdale,* ☎ *602-991-3666)* et **Adventures Aloft** *(14205 North 71st Place, Paradise Valley,* ☎ *602-951-2650)*.

Pour le deltaplane, essayez **Sky Sail School of Hang Gliding** *(1130 East Grove Avenue, Phoenix,* ☎ *602-493-1216)*.

L'équitation

Des douzaines d'écuries, de ranchs et de centres d'équitation vous permettront de partir à la découverte du désert sauvage, que ce soit pendant quelques heures ou plusieurs jours, sous la supervision d'un guide aguerri. S'il fut jamais un endroit conçu pour les promenades à cheval, le voici! Adressez-vous à l'**Arizona Equestrian Center** *(1750 Notton Lane, Litchfield Park,* ☎ *602-853-0011)* ou à **Westworld** *(16601 North Pima Road, Scottsdale,* ☎ *602-483-8800)*. Vous pouvez également vous rendre aux endroits suivants : **All Western Stables** *(10220 South Central Avenue, Phoenix,* ☎ *602-276-5862)*, **North Mountain Stables** *(25251 North 19th Avenue, Phoenix,* ☎ *602-581-0103)*, **Hank's Horse World Stables** *(16601 North Pima Road, Scottsdale,* ☎ *602-941-4756)*, **Old MacDonald's Farm** *(26540 North Scottsdale Road, Scottsdale,* ☎ *602-585-0239)* ou **Papago Riding Stables** *(400 North Scottsdale Road, Tempe,* ☎ *602-966-9793)*.

Le golf

Plus de la moitié des 205 terrains de golf de l'Arizona se trouvent dans le centre-sud de l'État, faisant de Phoenix et de ses environs la capitale incontestée du golf dans le Sud-Ouest américain. Certains des plus beaux parcours du pays honorent ses complexes touristiques, ses parcs et ses clubs. Un des plus spectaculaires est le **Wigwam Gold** *(à l'intersection de Litchfield Road et Indian School Road, Litchfield Park,* ☎ *602-935-9414)*. L'**Arizona Golf Association** *(☎ 602-944-3035)* vous fournira tous les renseignements nécessaires sur la pratique de ce sport dans la région.

Parmi les meilleurs terrains publics de Phoenix, mentionnons celui de l'**Encanto Park** *(2705 North 15th Avenue,* ☎ *602-253-3963)*, le **Papago Golf Course** *(5595 East Moreland Street,* ☎ *602-275-8428)* et le **Palo Verde Golf Course** *(6215 North 15th Avenue,* ☎ *602-249-9930)*.

Les terrains publics de Scottsdale incluent le **Continental Golf Course** *(7920 East Osborn Road, ☎ 602-941-1585)*, le **Coronado Golf Course** *(2829 North Miller Road, ☎ 602-947-8364)*, le **Tournament Players Club of Scottsdale** *(17020 North Hayden Road, ☎ 602-585-3600)* et le **Villa Monterey Golf Course** *(8100 East Camelback Road, ☎ 602-990-7100)*.

À Tempe, essayez le **Ken McDonald Golf Course** *(à l'intersection de Western Canal Road et South Rural Road, ☎ 602-350-5250)*, le **Pepperwood Golf Course** *(647 West Baseline Road, ☎ 602-831-9457)* et le **Rolling Hills Golf Course** *(1415 North Mill Avenue, ☎ 602-350-5275)*.

Le tennis

Presque tous les parcs du vaste réseau de la vallée possèdent un court de tennis. Pour de plus amples renseignements, adressez-vous au **Parks and Recreation Department** *(Phoenix, ☎ 602-262-6861; Scottsdale, ☎ 602-994-2408; Maricopa County, ☎ 602-506-2930)*.

Parmi les terrains publics de Phoenix, retenons les **City Center Tennis Courts** *(121 East Adams Street, ☎ 602-256-4120)*, le **Hole-in-the-Wall Racquet Club** *(7677 North 16th Street, au Pointe at Squaw Peak Resort, ☎ 602-997-2543)*, le **Phoenix Tennis Center** *(6330 North 21st Avenue, ☎ 602-249-3712)*, le **Watering Hole Racquet Club** *(901-C Saguaro Drive, ☎ 602-997-7237)* et le **Mountain View Tennis Center** *(1104 East Grovers Avenue, ☎ 602-788-6088)*.

À Scottsdale, songez aux installations de l'**Indian School Park** *(4289 North Hayden Avenue, ☎ 602-994-2740)*, du **Chestnut Park** *(4565 North Granite Reef Road, ☎ 602-994-2481)* et du **Mountain View Park** *(8625 East Mountain View, ☎ 602-994-2584)*.

À Tempe, le **Kiwanis Recreation Center** *(611 South All-American Way, ☎ 602-350-5201)* est particulièrement remarquable.

Le vélo

Un réseau élémentaire de pistes a été créé à Phoenix en 1987 et, depuis lors, plus de 160 km de pistes s'y sont ajoutés. Malheureusement, la circulation est dense, de sorte qu'il faut se montrer très prudent. Une carte intitulée *People and Places* montre également le plan du Phoenix Bikeway System, et l'on peut se la procurer dans la plupart des boutiques de vélos ou auprès du Parks, Recreation and Library Department *(☎ 602-262-6861)*. Pour connaître les événements cyclistes, composez le ☎ 602-262-6542, ou adressez-vous à l'**Arizona Bicycle Association** *(☎ 602-990-7468)*.

Le **South Mountain Park** *(10919 South Central Avenue, Phoenix)*, **Cave Creek** et **Carefree** *(48 km au nord-est de Phoenix)* offrent tous des conditions excellentes pour la randonnée à vélo. Le **Papago Loop Bicycle Path**, qui serpente à travers les collines bordant le canal qui longe le parc Papago, est aussi très populaire. Quant à la **Indian Bend Wash Greenbelt** de Scottsdale, elle présente des kilomètres et des kilomètres d'excellents sentiers.

La location d'une bicyclette

Parmi les agences de location, retenons **Landis Cyclery** *(712 West Indian*

School Road, Phoenix, ☎ *602-264-5681),* **Try Me Bicycle Shop** *(1514 West Hatcher Road, Phoenix,* ☎ *602-943-1785),* **Wheels in Gear** *(7607 East McDowell Road, Scottsdale,* ☎ *602-945-2881),* **Tempe Bicycle North** *(267 East Bell Road, Tempe,* ☎ *602-375-1515)* et **Baseball Bicycles** *(825 West Baseline Road, Tempe,* ☎ *602-491-3921).*

La randonnée pédestre

Avec autant d'espace et des paysages aussi renversants, le centre-sud de l'Arizona se présente comme un véritable paradis des randonneurs. À tel point qu'on a souvent vu des automobilistes s'arrêter au bord de l'autoroute pour s'attaquer au flanc d'une montagne, incapables de résister à la tentation. AVERTISSEMENT : soyez sûr de faire provision d'eau avant de partir, et donnez-vous amplement de temps pour aller et revenir.

Les sentiers de la région de Phoenix

La **Phoenix Mountain Preserve** dispose de 320 km de sentiers dans un décor presque virginal en plein cœur de Phoenix. Elle s'étend de Lincoln Drive *(Paradise Valley)* à Bell Road, plus au nord, délimitée à l'ouest par la 19th Avenue et à l'est par le Tatum Boulevard. Pour un plan gratuit des sentiers balisés qui sillonnent la réserve, composez le ☎ 602-262-7901 ou le 602-262-7797.

La piste la plus populaire est la **Squaw Peak Summit Trail** *(1,6 km),* qui serpente autour du Squaw Peak en offrant de beaux points de vue le long du parcours, sans oublier, du haut du sommet de 795 m, une vue impressionnante sur la ville. Le seul inconvénient de ce sentier tient au nombre de randonneurs que vous y croiserez.

Les sentiers de la région de Scottsdale

La **Camelback Mountain** constitue le principal point de repère de la vallée, et aucun randonneur sérieux n'a vraiment parcouru l'Arizona tant qu'il ne l'a pas conquise. Partie intégrante de l'Echo Canyon Recreation Area *(en retrait de McDonald Drive, à l'est de Tatum Boulevard,* ☎ *602-256-3220),* le mont Camelback arbore des falaises rouges et abruptes qui, par endroits, s'élèvent verticalement à plus de 60 m sur ses flancs. Un pavillon d'interprétation, situé près du terrain de stationnement, fournit des renseignements sur les divers sentiers disponibles. Une ascension relativement aisée *(1,3 km)* part de ce pavillon pour atteindre le **Bobby's Rock**, une formation rocheuse réputée en marge de la falaise qui se prête très bien à l'escalade. Le sentier qui se rend au **Praying Monk** («moine en prière»), et qui part également du pavillon, s'avère plus difficile; une formation rocheuse se dresse à son sommet, bien haut au-dessus des falaises de l'Echo Canyon. De là, la piste se poursuit sur 2,1 km (montée continue) jusqu'au pic du mont Camelback, 824 m au-dessus du niveau de la mer.

Hébergement

■ Hébergement de la région de Phoenix

En sa qualité de lieu touristique et de centre de congrès majeur, la Vallée du Soleil possède certains des complexes hôteliers les plus spectaculaires des États-Unis. Elle s'est d'ailleurs mérité la rare distinction d'afficher plus de lieux d'hébergement «cinq étoiles» (dont trois des 12 établissements les mieux cotés au pays) dans le *Mobil Travel Guide* que toute autre ville américaine. Ce qui ne l'empêche pas pour autant d'offrir bon nombre d'hôtels et de motels de catégorie moyenne et petit budget, sans oublier d'innombrables *Bed and Breakfasts*.

Le **Nendels Valu Inn** *($; ≈; 3307 East Van Buren Street, Phoenix, ☎ 602-275-3691)* est une véritable trouvaille, compte tenu de ses tarifs. Il s'agit d'une attrayante auberge de deux étages en brique comptant 30 grandes chambres où prédominent le mauve et le vert.

Pour faire la connaissance d'autres voyageurs au budget limité, essayez l'**Hostel Metcalf House** *($; 1029 North 9th Street, Phoenix, ☎ 602-254-9803)*. Vous y trouverez deux dortoirs (un pour les hommes et l'autre pour les femmes) garnis de lits superposés pouvant chacun accueillir 10 personnes. Les clients ont accès à la cuisine et à la salle commune.

Le **YMCA** *($; North 1st Avenue, Phoenix, ☎ 602-253-6181)* possède 140 chambres aménagées dans un bâtiment de sept étages situé dans le centre-ville. Rien de recherché, mais tout de même propre.

Le **Desert Sun Hotel** *($; ≈, ℜ; 1325 Grand Avenue, Phoenix, ☎ 602-258-8971)* dispose de 100 chambres décorées de meubles modernes et de motifs aux couleurs variées.

Un élégant vestige du passé miroite sur la façade rutilante du présent depuis la renaissance du **San Carlos Hotel** *($$; 202 North Central Avenue, Phoenix, ☎ 602-253-4121)*, situé en plein centre-ville. Construit en 1927, cet hôtel de sept étages a en effet été récemment rénové de la tête aux pieds, mais sans rien perdre de son charme original, qu'il s'agisse des lustres en cristal, des meubles d'époque qui agrémentent le hall d'entrée ou des baignoires, des lavabos et du mobilier ancien qu'on retrouve dans ses 120 chambres. Une épaisse moquette couvre les couloirs, un taxi londonien du début des années trente cueille les clients à l'aéroport, et le thé est servi en après-midi avec une petite collation à l'intérieur de la Palm Room. Il est à noter que le San Carlos compte parmi les plus gros hôtels inscrits au registre des lieux historiques nationaux.

Si vous désirez vous garder en forme pendant votre voyage, songez au **City Square Hotel & Athletic Club** *($$; ≈, ℜ; 100 West Clarendon Avenue, Phoenix, ☎ 602-279-9811)*, un hôtel de 171 chambres proposant, en plus de tous les services habituels, des installations athlétiques complètes, y compris un sauna, un bain de vapeur et une piscine. Les chambres présentent un décor du Sud-Ouest sans surprise, mais vos séances de conditionnement physique seront des plus agréables.

Le **Maricopa Manor** *($$-$$$; bp; 15 West Pasadena Avenue, Phoenix, ☎ 602-274-6302)* se présente comme un *Bed and Breakfast* de style espagnol, campé dans un décor de fleurs et de palmiers au cœur même du centre-nord de Phoenix. Construite en 1928, cette auberge dispose de cinq suites à l'aménagement personnalisé, comme par exemple la Library Suite, avec son très grand lit à baldaquin, son porche privé, sa magnifique collection de livres reliés de cuir et sa table de travail antique. Les hôtes peuvent, en outre, profiter du petit et du grand salon, de la salle à manger, de la salle de musique, de la terrasse et du belvédère, aménagé en espace de détente.

Le **Westways** *($$-$$$; ≈; P.O. Box 41624, Phoenix, AZ 85080, ☎ 602-582-3868)*, situé dans un coin de désert protégé au pied de paisibles collines au nord-ouest de Phoenix, est un mini-complexe hôtelier de style *Bed and Breakfast* comptant six chambres et tous les avantages d'un club sportif voisin. Le bâtiment se veut d'allure méditerranéenne hispanisante, et son décor intérieur gravite autour du bois et du cuir dans la salle de séjour dotée d'un foyer, de meubles victoriens antiques dans la salle à manger, et d'un mélange de rotin et de chêne dans la grande salle de détente, toutes ces pièces arborant des plafonds voûtés. Quant aux chambres, elles jouissent d'un mélange de laiton, d'osier, de chêne, de rotin, d'antiquités et d'éléments d'époque du Sud-Ouest. Petit déjeuner continental en été, complet le reste de l'année.

Le **Hyatt Regency Phoenix** *($$$$; ≈, ℜ; angle 2nd Street et Adams Street, Phoenix, ☎ 602-252-1234)*, haut de 24 étages, fait face à la Civic Plaza dans le centre-ville, et ses 711 chambres en font le plus grand hôtel de la métropole. Il possède une piscine chauffée, une salle d'exercice, un café, des salons et une salle à manger sur le toit. Les chambres s'avèrent plutôt petites, mais elles sont joliment décorées dans un style du Sud-Ouest allégé.

Conçu par Frank Lloyd Wright et Albert Chase McArthur, l'**Arizona Biltmore** *($$$$; angle 24th Street et Missouri Street, Phoenix, ☎ 602-955-6600)*, récemment rénové, a toujours su conserver un air d'aisance et de luxe depuis son ouverture en 1929. Depuis son allée bordée de palmiers jusqu'à ses chambres claires et joliment décorées, en passant par son haut portique recherché et son immense hall d'entrée, le Biltmore, qui compte 502 chambres, se veut aussi impressionnant et visuellement stimulant qu'il est confortable. Cette «Grande Dame» de l'Arizona propose par ailleurs une gamme complète d'activités sportives : terrains de golf, courts de tennis, piscines, centre de conditionnement physique et équitation (grâce à une écurie voisine).

Un dernier établissement de grand standing (pour dire le moins) dans la région de Phoenix est **The Phoenician** *($$$$; 6000 East Camelback Road, Phoenix, ☎ 602-941-8200)*, le plus prestigieux et le plus réputé de tous les hôtels de la Vallée. Occupant plus de 50 ha sur les flancs baignés de soleil du mont Camelback, il s'entoure d'une oasis de cascades en gradins et de piscines, dont la plus grande est entièrement carrelée de nacre. Ses 442 chambres se révèlent grandes et somptueuses, la plupart se trouvant à l'intérieur même de l'hôtel, alors que les autres occupent des *casitas* (maisonnettes) adjacentes. Outre les chambres à proprement parler, on peut s'y loger dans l'une ou l'autre des 107 unités d'hébergement aménagées dans d'autres maisonnettes du même genre, pourvues de boudoirs agrémentés de cheminées en travertin sculpté à la main. De plus, si cela ne vous suffit pas, sachez qu'il a aussi deux suites présidentielles et 29 suites de grand luxe! Un terrain de golf, des courts de tennis éclairés, un jeu de croquet et un centre de conditionnement physique complètent les installations.

■ Hébergement de la région de Scottsdale

Si vous cherchez un bijou de mini-complexe, songez au **Best Western Papago Inn & Resort** *($$; ≈, ℜ; 7017 East McDowell Road, Scottsdale, ☎ 602-947-7335)*, qui dispose de 58 chambres, d'un salon et d'un sauna. Les chambres surplombent toutes une cour intérieure plantée d'arbres et de fleurs, autour de la piscine chauffée.

Le **Scottsdale's Fifth Avenue Inn** *($$ pdj; ≈; 6935 5th Avenue, Scottsdale, ☎ 602-994-9461)*, une retraite isolée en plein cœur du principal district commercial de la ville, s'étend autour d'une cour centrale agrémentée d'une grande piscine chauffée. Ses 92 chambres arborent les couleurs du désert et sont dotées de grands ou de très grands lits, sans oublier un coin toilette.

La **Hays House** *($$; bp; 5615 Lafayette Boulevard, Scottsdale, ☎ 602-947-0488)*, une des plus vieilles demeures de la région, est en fait l'ancienne maison d'une plantation d'agrumes qu'on a transformée en *Bed and Breakfast*. Les trois suites proposées en location sont garnies de tapis persans, de peintures et de tout un assortiment d'antiquités, ce qui n'en fait cependant pas un musée, ainsi qu'aime à le préciser son propriétaire d'origine britannique. L'héritage de ce dernier se reflète d'ailleurs dans les somptueux petits déjeuners qu'il sert chaque matin à ses hôtes. Un peu moins de 1 ha d'orangers et de pamplemoussiers entourent la maison. Réservation requise.

Le **Howard Johnson – Scottsdale** *($$$; 5101 North Scottsdale Road, Scottsdale, ☎ 602-945-4392)* se détache du peloton des motels de grande chaîne habituels par son incroyable décor de palmiers du désert sur fond de montagne. Il compte 216 chambres et suites où dominent manifestement le jaune et l'ocre, avec des tableaux à motifs floraux sur les murs et des meubles recouverts de housses aux couleurs du Sud-Ouest, le tout autour d'une grande piscine, d'un bassin à remous et d'une terrasse. Parmi les installations dont il s'est doté, retenons la salle à manger Flamingo, le salon Versailles et une boutique de cadeaux.

Le **Holiday Inn – Old Town** *($$$; ≈, ℜ; 7353 East Indian School Road, Scottsdale, ☎ 602-994-9203)* s'est établi au cœur même du Vieux Scottsdale, à proximité de tout. Ses 206 chambres reflètent l'atmosphère de la région. Il dispose de courts de tennis de même que d'un salon où l'on présente des spectacles chaque soir.

Le **Thunderbird Suite** *($$$; ≈; 7515 East Butherus Drive, Scottsdale, ☎ 602-951-4000)* a beau appartenir à la chaîne Best Western, il se distingue passablement de ses semblables. Il s'agit en effet d'un établissement de quatre étages ne renfermant que des suites disposées autour d'une cour agrémentée d'une piscine chauffée et d'une cuve à remous. Chacune des suites de deux pièces se pare des teintes de mauve et de sarcelle du désert, contrastées par des meubles clairs du Sud-Ouest contemporain.

Le **Scottsdale Plaza Resort** *($$$$; 7200 North Scottsdale Road, Scottsdale, ☎ 602-948-5000)*, entièrement remis à neuf, constitue une véritable découverte. Il repose sur une propriété de 17 ha et compte 404 chambres, dont 180 sont des suites, aménagées dans des villas de style hispano-méditerranéen rehaussées de piscines. Les chambres sont grandes et décorées de meubles et de tableaux du Sud-Ouest. Des fontaines, des palmiers, des carrelages aux couleurs de la terre, des moquettes mauves, des tonnes de fleurs fraîchement coupées et des plantes en pot contribuent à rafraîchir l'atmosphère. Piscines, cuves à remous extérieures, courts de tennis, courts de racket-ball intérieurs, boutique de pro, gymnase et jeu de croquet complètent les installations.

Le **Holiday Inn – Sunspree Resort** *($$$$; ≈; 601 East Indian Bend Road, Scottsdale, ☎ 602-991-2400)*, qui appartient à la chaîne Radisson et occupe 14 ha verdoyants et paysagers au cœur de Scottsdale, propose 200 chambres (dont 17 suites à une ou deux chambres à coucher) arborant les couleurs du désert dans un décor de style indien. Les installations sportives comprennent des courts de tennis, un golf voisin, des sentiers de course à pied et une écurie d'équitation.

Le **Scottsdale Princess** *($$$$; 7575 East Princess Boulevard, Scottsdale, ☎ 602-585-4848)*, un complexe de grand luxe aménagé selon la tradition flamboyante de tous les hôtels Princess, dispose de 600 chambres, ce qui en fait un des plus grands hôtels de la Vallée. Campé dans un décor paysager hautement raffiné de 180 ha, avec sa cour centrale, ses cascades, ses trois piscines et son architecture coloniale espagnole du XVIIIe siècle, il constitue à n'en point douter un des plus beaux joyaux qu'il vous sera donné de contempler. Les chambres sont vastes et décorées à la mode du Sud-Ouest, avec une touche de style Santa Fe. Entre autres installations, mentionnons ses deux terrains de golf de championnat.

Le **Marriott's Camelback Inn** *($$$$; 5402 East Lincoln Drive, Paradise Valley, ☎ 602-948-1700)*, qui se trouve à l'extérieur de Scottsdale et compte 423 chambres, représente une autre retraite de classe mondiale, nichée entre les contreforts des monts Camelback et Mummy, où des sentiers paysagers serpentent à travers des jardins de cactus et de palmiers du désert. Son architecture Pueblo et ses *casitas* rappelant les constructions en adobe du Sud-Ouest se fondent harmonieusement avec la splendide toile de fond du désert. Les sportifs seront heureux d'y trouver du golf et du tennis de haut niveau, des piscines, des écuries d'équitation et un centre de conditionnement physique, sans oublier les grillades en plein air proposées chaque semaine.

Le **Marriott's Mountain Shadows Resort and Golf Club** *($$$$; 5641 East Lincoln Drive, Paradise Valley, ☎ 602-948-7111)* vous accueille parmi ses palmiers, ses cours d'eau et ses lacs, et nous ne parlons ici que du terrain de golf! Situé au pied du mont Camelback sur un terrain de plus de 40 ha, le Mountain Shadows semble tout spécialement conçu à l'intention des sportifs fervents. En effet, outre son golf professionnel de 54 trous, on y trouve des verts de pratique, des courts de tennis éclairés et, naturellement, des piscines. Les 336 chambres de l'hôtel arborent de douces teintes du Sud-Ouest, et chacune dispose d'une terrasse privée. Le complexe compte quatre restaurants au total.

■ Hébergement de la région de Tempe/Mesa

Le **Valley o' the Sun Bed and Breakfast, Tempe** *($ pdj; P.O. Box 2214, Scottsdale, AZ 85252,*

☎ 602-941-1281) fait penser à un coin d'Irlande à distance de marche du campus de l'Arizona State University. Il dispose de trois chambres d'hôte (dont deux partageant une même salle de bain) à l'intérieur d'une maison de ranch jouissant d'une belle vue sur les monts Papago. Son propriétaire est originaire du Vieux Sud, et le décor de son établissement dénote une certaine nostalgie.

Le **Buckhorn Mineral Wells** *($; 5900 East Main Street, Mesa, ☎ 602-832-1111)* est à la fois un motel et une station thermale aménagée autour de sources minérales chaudes. On y propose des massages et des bains thérapeutiques. Le motel offre en location 14 chambres au décor du Sud-Ouest contemporain.

Pierre angulaire du centre de Mesa, le **Sheraton Mesa Hotel** *($$$; ≈, ℜ; 200 North Centennial Way, Mesa, ☎ 602-898-8300)* dispose de 269 chambres meublées de façon contemporaine, d'un restaurant, d'une piscine et d'un salon.

The Buttes *($$$$; ≈, ℜ; 2000 Westcourt Way, Tempe, ☎ 602-225-9000)* se présente comme un imposant complexe de 353 chambres réparties sur quatre étages à flanc de montagne, dans un décor du Sud-Ouest émaillé d'œuvres d'art. Toutes les chambres sont parées de rose et de teintes terrestres, de meubles en bois et de cactus. On y trouve deux restaurants, une boîte de nuit, plusieurs piscines, des courts de tennis et toutes les commodités modernes généralement associées aux complexes d'hébergement de grand luxe de la Vallée, y compris des chutes en cascade et quatre romantiques cuves à remous à flanc de montagne.

Restaurants

■ Les restaurants de la région de Phoenix

À la recherche d'un casse-croûte rapide? Rendez-vous au nouvel **Arizona Center** *(Van Buren Street, entre 3rd Street et 5th Street, Phoenix, ☎ 602-271-4000)*, et prenez l'ascenseur ou l'escalier jusqu'au premier étage. Vous trouverez là toute une série de comptoirs de restauration rapide attrayants disposés autour d'une aire centrale équipée de tables et de sièges : **New York Deli and Salad Bar**, **Hot Dogs on a Stick**, **Scotto Pizza**, **Teriyaki Temple**, **Chinese Cake** et plusieurs autres, tous de catégorie petit budget *($)*.

On dit que le petit déjeuner constitue le repas le plus important de la journée, ce qui donne beaucoup de poids au **Cadillac Café** *($; 4540 North 7th Street, Phoenix, ☎ 602-266-2922)*, un agréable petit café rempli d'antiquités et de fleurs fraîchement coupées où pains, muffins, galettes, pâtisseries et brioches à la cannelle de la dernière fournée honoreront votre table, le tout accompagné d'un café Kona d'Hawaii. On y sert en outre soupes, salades et sandwichs à l'heure du déjeuner.

Le **Ham's** *($; 3302 North 24th Street, Phoenix, ☎ 602-954-8775)* compense la modestie de son décor par une cuisine exceptionnelle à prix abordables. Les spéciaux varient chaque jour et peuvent inclure du bœuf braisé à la Yankee, du poulet frit, du bœuf barbecue et du pain de viande, tous servis avec des monceaux de purée de pomme de terre, de légumes et de galettes.

Si vous croyez que les *diners* à l'ancienne appartiennent désormais à une époque révolue, il vous suffira de pénétrer à l'intérieur de l'**Ed Debevic's** *($; 2102 East Highland Avenue, Phoenix, ☎ 602-956-2760)* pour aussitôt vous retrouver dans les années cinquante. Tout y est : juke-box à chaque table, photos de Marilyn, hamburgers, laits frappés et frites. Les prix semblent d'ailleurs eux-mêmes sortis tout droit du passé.

Le **Lone Star Steaks** *($-$$; 6003 North 16th Street, Phoenix, ☎ 602-248-7827)*, un populaire restaurant de quartier, semble directement importé de Dallas, avec ses enseignes de bière au néon, son juke-box rutilant, les souvenirs d'antan accrochés à ses murs (vieilles plaques d'immatriculation texanes et autres objets semblables) et ses menus d'ardoise rédigés à la craie. Alors que vous prendrez place sur une banquette devant une table en stratifié, on vous proposera des biftecks de toutes tailles, du filet de 8 oz (225 g) au Lone Star de 18 oz (500 g); mais les plus gros vendeurs sont sans contredit les filets de poulet frit garnis d'une abondante portion de purée de pomme de terre et de galette au babeurre, comme on les fait au Texas.

Pour des steaks, des viandes grillées, du poulet et du poisson à prix modérés, songez également au restaurant plus conventionnel de l'Arizona Center qu'est le **Copper Creek Steakhouse and Grille** *($$; ☎ 602-253-7100)*.

Mrs. White's Golden Rule Café *($$; fermé la fin de semaine; 808 East Jefferson Street, Phoenix, ☎ 602-262-9256)*, un endroit populaire auprès des employés de bureau du centre-ville en mal de cuisine familiale, propose des côtelettes de porc, du poulet, du pain de maïs et des tourtes aux fruits. Allez-y tôt si vous voulez obtenir une table.

Le **Golden Phoenix** *($$; 1534 West Camelback Road, Phoenix, ☎ 602-279-4447)*, dont le hall et la salle à manger renferment une bonne douzaine d'aquariums, semble abriter une population de poissons tropicaux plus importante que tout autre restaurant de l'Arizona. Le décor de cet établissement en stuc présente quelques touches asiatiques, alors que sa cuisine réalise de merveilleux plats mandarins tels que crevettes *kung pao*, bœuf et poulet piquants et grésillés *(sizzling)*.

Réputé pour ses steaks et sa boulangerie, l'**Oscar Taylors** *($$; 2420 East Camelback Road, Phoenix, ☎ 602-965-5705)* est agréablement lambrissé de chêne, ponctué de verre plombé et parsemé de photos historiques de la «ville du vent», Chicago. Mangez-y à des tables entourées de banquettes ou à la terrasse, aménagée en marge de la boulangerie et du salon. Au menu, côte de bœuf, spécialités de grillades cuites sur le barbecue et pâtes diverses. Pour couronner le tout, il y a aussi d'excellents desserts et pains maison.

Le **Havana Café** *($$; 4225 East Camelback Road, Phoenix, ☎ 602-952-1991)* propose une cuisine espagnole et cubaine raisonnablement épicée dans une atmosphère qui s'apparente davantage à celle d'un sympathique petit bistro qu'à celle des établissements de La Havane si chers à Hemingway. Les *chicharitas*, une entrée de plantains frits, vous mettront en appétit. Viennent ensuite le poulet en sauce, agrémenté d'un savant mélange d'herbes, d'épices, de riz, de tomates, de légumes et d'huile d'olive, la paella (pour deux), qui est la spécialité de la maison, la saucisse, la soupe à l'ail *(sopa de ajo)*, l'*escabeche*, le *picadillo* et plusieurs autres délices.

Le **Chubb's** *($$; 6522 North 16th Street, Phoenix, ☎ 602-279-3459)*, que fréquente une foule d'habitués, est doté d'un éclairage tamisé dans un décor confortable de panneaux de bois sombres, de colonnes, de banquettes, de tables entourées de chaises capitaine, de ventilateurs de plafond et de lustres à globes. Ce qui donne très bien le ton aux repas nourrissants qu'on y sert, y compris une côte de bœuf juteuse, des biftecks, des côtelettes de porc et du poulet *teriyaki*.

À l'ouest de Phoenix, faites une halte à **The Spicery** *($$; 7141 North 59th Avenue, Glendale, Phoenix, ☎ 602-937-6534)*, dans le district des boutiques de Catlin Court, une partie du centre-ville dont on a préservé les demeures historiques. Le restaurant lui-même occupe une maison victorienne de 1895, et l'on y sert le thé toute la journée, mais aussi de ces plats «comme seule maman savait les faire» : soupe maison, salades, sandwichs copieux, pain frais et tartes chaudes.

Le chef de l'**Eddie's Grill** *($$-$$$; 4747 7th Street, Phoenix, ☎ 602-241-1188)* s'est hissé au sommet de l'art culinaire en amalgamant des spécialités de divers groupes ethniques pour créer une nouvelle cuisine américaine. Essayez les *wontons* aux fruits de mer rôtis sauce framboise-*jalapeño* ou la poitrine de poulet grillée sauce à la crème et au gingembre. En dépit de ses allures multiculturelles, cet établissement se veut profondément américain, ainsi qu'en témoigne l'origine de ses viandes, de ses légumes, de ses vins et même de son eau en bouteille (ne demandez pas d'Evian ou de Perrier).

À l'**Ayako of Tokyo** *($$-$$$; East Camelback Road, Biltmore Fashion Park, Phoenix, ☎ 602-955-7007)*, des chefs *teppan yaki* font griller du poulet, des pétoncles, des crevettes, du filet mignon et du homard à votre table. Chaque repas s'accompagne de soupe, de salade, de riz, de légumes et de thé vert. Des paravents en papier de riz ajoutent une touche japonaise au décor de ce restaurant orné de toiles et de panneaux orientaux. Vous y trouverez en outre une table de *sushis* et de *tempuras*, de même qu'un salon.

Le **Christo's** *($$$; 6327 North 7th Street, Phoenix, ☎ 602-264-1784)* se spécialise dans la cuisine du nord de l'Italie, où les pâtes cèdent quelque peu le pas aux préparations de viande (poulet *zingarella*, osso buco, gigot d'agneau...) et aux plats de poisson, comme ce flétan garni de fromage de chèvre, d'huile d'olive, d'ail et de tranches de tomate. Cristal étincelant, nappes de blanc et de pêche et fleurs fraîches ajoutent une note festive au décor.

L'**Orangerie** *($$$-$$$$; angle 24th Street et Missouri Avenue, Phoenix, ☎ 602-954-2507)* se présente comme une salle à manger à aire ouverte à l'intérieur de l'hôtel Arizona Biltmore, avec un menu de cuisine française raffinée. Commencez par une entrée de risotto au safran et aux fines herbes garnie de champignons *portabello*, et poursuivez avec un consommé de canard rôti, puis une longe de venaison fumée glacée d'un confit de figues ou un thon *ahi* grillé au poivre et agrémenté de tomates jaunes en fondue.

Christopher Gross, chef et propriétaire du **Christopher's** *($$$$; 2398 East Camelback Road, Phoenix, ☎ 602-957-3214)*, fut récemment nommé un des 10 meilleurs chefs des États-Unis, de sorte qu'il devient très difficile d'obtenir une table dans son restaurant. Son emplacement, à l'intérieur du Biltmore Financial Center, s'avère appréciable, mais attendez de recevoir la note! On y sert une cuisine française contemporaine dans une petite salle à manger éclairée à la bougie (16 tables en tout), toute neuve et reluisante. Les serveurs stylés connaissent très bien leurs vins, aussi ne devez-vous pas hésiter à solliciter leurs conseils au besoin. **The Bistro** *($$$)*, adjacent au Christopher's (par une seconde entrée) propose la même cuisine (préparée par le même chef), mais dans une ambiance beaucoup plus décontractée. Sol de marbre et cuisine à aire ouverte.

■ Les restaurants de Scottsdale

Une autre institution en ce qui a trait aux petits déjeuners (on y sert aussi le déjeuner) est **The Original Pancake House** *($; 6840 East Camelback Road, Scottsdale, ☎ 602-946-4902)*, en affaires depuis 40 ans. Spécialité de grosses crêpes fumantes et dorées empilées les unes sur les autres et garnies de beurre fondu, de miel, de sirop d'érable, de petits fruits ou de tout ce qui peut faire votre bonheur. Il s'agit d'un petit restaurant, ne disposant en tout que de 11 tables et 10 banquettes campées dans un décor du Sud-Ouest où dominent le vert et le brun roux. De grandes fenêtres panoramiques lui assurent beaucoup de lumière, y créant une ambiance joyeuse.

Le **Greasewood Flats** *($; 27000 North Alma School Road, Scottsdale)* se présente comme un de ces petits établissements où l'on sert des hot-dogs, du *Chili con carne* et de la bière. On se trouve ici dans une vieille cabane en bois aux murs couverts de graffitis, à l'intérieur de ce qui semble être une cour de chiffonnier-ferrailleur où s'entassent pêle-mêle des pupitres d'école, des charrettes en bois, des armatures de selles, des roues de chariot, des bidons de lait et des boîtes d'œufs. Mais ne vous y trompez pas : on fait la queue pour y entrer!

Un restaurant alliant un décor américain rehaussé de fantaisies grecques, et même une salle où l'on peut assister à une danse du ventre, ne peut qu'être intéressant. C'est le cas du restaurant **Andros** *($-$$; 8040 East McDowell Avenue, Scottsdale, ☎ 602-945-9573)*, où l'on sert aussi bien du poulet et des hamburgers que des feuilles de vigne roulées, du riz et des olives, sans oublier la musique d'ambiance à la grecque.

Le **Julio's Barrio** *($-$$; 7243 East Camelback Road, Scottsdale, ☎ 602-423-0058)*, fondé en 1934, réunit tant bien que mal le style Art déco des années trente, le style Santa Fe et le style des haltes routières mexicaines pour camionneurs (ventilateurs de plafond, murs carrelés de noir et de blanc et anciennes réclames mexicaines) dans un décor contemporain à la mode. La nourriture revêt par contre un caractère beaucoup plus défini : *pollo Mexicana*, *tacos* au bœuf, *tostadas* aux haricots, bols fumants de riz et de fèves, *Chili con carne* et *tortillas*. Le personnel est amical et attentif.

Un des plus vieux restaurants mexicains de Scottsdale (également considéré comme un des meilleurs par plusieurs) est le **Los Olivos Mexican Patio** *($-$$; 7328 East 2nd Street, Scottsdale, ☎ 602-946-2256)*. Il a vu le jour en 1945, mais le bâtiment en adobe qui l'abrite date de 1928 et figure officiellement parmi les monuments historiques de la ville. Grand et parsemé de recoins, il dispose de plusieurs salles à manger, de même que d'une terrasse extérieure. La cuisine mexicaine qu'on y sert est essentiellement celle de Sonora : *enchiladas*, *tamales* de maïs agrémentés de légumes verts de saison, *chimichangas*, *chile rellenos* et steaks *picado*. Le décor se veut festif (poteries, fleurs et *piñatas*), et l'on peut y danser au son de formations musicales les fins de semaine. Les connaisseurs classent ses *margaritas* parmi les meilleures de l'État.

La première chose que cherche un voyageur aguerri lorsqu'il explore une nouvelle ville est un bon endroit pour prendre le petit déjeuner. À Scottsdale, ce sera le **Boman's N.Y. Kosher-style Restaurant & Deli** *($$; 373 North Scottsdale Road, Scottsdale, ☎ 602-947-2934)*, un petit établissement quelconque possédant un comptoir de charcuterie fine, séparé des banquettes et des tables en stratifié bleu de la salle principale par une clôture blanche. Des ventilateurs de plafond, une réclame de soda mousse Dr. Brown et une serveuse nonchalante définissent plus ou moins l'atmosphère des lieux, l'accent portant ici sur la nourriture : pain doré (pain perdu), crêpes à l'eau-de-vie de cidre, œufs au jambon... Également ouvert le midi et le soir (*pastrami* sur pain de seigle, cornichons marinés, poitrine de bœuf, poulet en sauce, chou farci).

Ne vous étonnez pas si votre serveur se met à chanter après que vous lui aurez donné votre commande au **Ristorante Sandolo** *($$; 7500 East Doubletree Ranch Road, Scottsdale, ☎ 602-991-3388)*, un café italien réputé pour les talents lyriques de ses employés. On y prépare des plats vénitiens et des pizzas gastronomiques, suivis d'une balade (compliment de la maison) en *sandolo* (semblable à une gondole) sur la voie navigable qui serpente à travers la propriété du Hyatt Regency Scottsdale.

Le **Malee's on Main Thai Gourmet** *($$; 7131 East Main Street, Scottsdale, ☎ 602-947-6042)* est un charmant petit établissement avec un bar dans un coin, une salle à manger intérieure et, lorsque la température le permet, une terrasse extérieure. Une vaisselle attrayante y est disposée sur des nappes en tissu pêche et vert. Le menu varié de ce restaurant, surtout fréquenté par des artistes (qui représentent une large part de la population locale), présente des plats épicés à divers degrés.

Le **House of Yang** *($$; 14016 North Scottsdale Road, Scottsdale, ☎ 602-443-0188)* s'avère petit, avec seulement quelques tables et chaises, et l'on dirait plutôt un simple comptoir de commandes à emporter un peu plus grand que la normale. Mais que vous choisissiez de manger sur place ou d'emporter vos mets, le House of Yang est un véritable panthéon de la cuisine chinoise, avec des spécialités sichuanaises, mandarines, cantonnaises et du Hunan. Les crevettes arrosées de sauce au homard, à titre d'exemple, sont servies avec des oignons et des poivrons, sautées à feu vif et garnies de haricots noirs, de riz, de nouilles et de rouleaux impériaux. Le bœuf de Mongolie est, quant à lui, tranché en fines lamelles et servi avec des rouleaux impériaux, du riz frit et des nouilles.

Si vous appréciez l'atmosphère du Vieux Boston du tournant du siècle, faites une halte à l'**American Grill** *($$; 6113 North Scottsdale Road,*

Scottsdale, ☎ 602-948-9907), et vous vous y croirez. Panneaux de bois sombre, laiton poli, verre, carrelage nu, ventilateurs de plafond, tables et banquettes confortables et cuisine à aire ouverte composent le décor. Parmi les spécialités de la maison, mentionnons les chaudrées de palourdes, de maïs, de fromage cheddar et Manhattan, apprêtées selon vos désirs et accompagnées de pain au levain. Mais il ne faudrait pas pour autant négliger les crevettes à la moutarde, l'espadon grillé, la côte de bœuf et le poulet rôti et fumé sur bois d'hickory. L'endroit est surtout populaire auprès des cols blancs après les heures de bureau et peut devenir très animé par moments.

Ne prenez pas la peine de mettre une cravate si vous vous rendez au **Pinnacle Peak Patio** *($$-$$$; 10426 East Jomax Road, Scottsdale, ☎ 602-967-8082)*, car on s'empressera de vous la retirer pour la mettre sur un crochet. Cela fait partie du charme de cette grilladerie à la mode de l'Ouest qui se veut on ne plus informelle. Des biftecks de 16 oz (450 g) grillés sur bois de prosopis, garnis de haricots et de tous les accompagnements habituels, honorent le menu, tandis qu'on peut entendre les prestations de musiciens country (tous les soirs).

Le **Shell Oyster Bar & Seafood** *($$-$$$; 5641 East Lincoln Drive, Scottsdale, ☎ 602-948-7111)* est le mieux connu des quatre restaurants du Marriott's Mountain Shadows Resort. Des poissons miniatures y évoluent dans un aquarium, et le décor se révèle clair et aéré, rehaussé de touches nautiques, de laiton poli, de miroirs gravés à l'eau forte et de boiseries. Les plats de fruits de mer s'y présentent dans une grande variété, grillés sur la flamme, bouillis, sautés, revenus à la poêle ou roussis à la mode cajun, et accompagnés d'un choix de beurres et de sauces spéciales.

Le **Marquesa** *($$$; 7575 East Princess Drive, Scottsdale, ☎ 602-585-4848)* compte parmi les meilleurs restaurants de la Vallée. Même les gens qui évitent normalement les restaurants d'hôtel se ruent littéralement sur celui-ci, dans le cadre du Scottsdale Princess Resort, pour s'imprégner de son atmosphère Vieille Espagne et déguster quelques tapas avant de passer aux mets plus sérieux, telle cette grouse rôtie arrosée de sauce au brandy et aux canneberges (en saison) ou cette paella méditerranéenne pour deux. Le Marquesa s'est également taillé une réputation enviable pour son excellente carte des vins.

Le **Voltaire** *($$$; 8340 East McDonald Drive, Scottsdale, ☎ 602-948-1005)* se veut un bastion de la gastronomie française, dans un décor de bougies et de cristal. Le poulet aux pommes à la normande, la limande sautée, le gigot d'agneau et les ris sautés au beurre citronné et aux câpres caractérisent ici un menu varié.

Le **Rawhide Steakhouse and Saloon** *($$$; 23023 North Scottsdale Toad, Scottsdale, ☎ 602-563-5600)* est tout indiqué pour prendre un verre dans le populaire quartier frontière d'Old West à Scottsdale. Mais on y mange aussi très bien, que ce soit des biftecks grillés sur bois de prosopis, de la côte de bœuf, du poulet barbecue, de petites côtes levées ou même du crotale frit. La partie saloon dispose d'un bar antique et de tables de jeu (où l'on ne joue pas!), et des musiciens country s'y font entendre.

■ Les restaurants de la région de Tempe/Mesa

Le **Casa Reynoso** *($; 3138 South Mill Avenue, Tempe, ☎ 602-966-0776)* compte parmi les meilleurs restaurants mexicains de la ville, et ce, en dépit de son modeste décor de fer forgé et de banquettes en vinyle. Essayez le *gollo burro* ou le *chile rellenos*.

The Coffee Plantation *($; angle Mill Avenue et 6th Street, Tempe, ☎ 602-829-7878)* réunit un commerce de détail et un café à l'ancienne, comme on en trouve dans les Caraïbes, dans une maison de plantation de deux étages. Les grains de café y sont torréfiés quotidiennement dans une cabane rustique aménagée à cet effet. On s'y assoit aussi bien à l'intérieur qu'à l'extérieur pour déguster café express, cappucino et autres cafés spéciaux avec un dessert ou une pâtisserie. Petits déjeuners, déjeuners légers et dîners sont également proposés.

Les petits déjeuners et les déjeuners ne peuvent guère être plus nourrissants et savoureux qu'au **Ripe Tomato Café** *($; 745 West Baseline Road, Mesa, ☎ 602-892-4340)*, d'ailleurs toujours bondé. Les petits déjeuners sont tout simplement formidables, et les steaks, les sandwichs et les mets mexicains servis au déjeuner ne sont pas mauvais non plus.

Le **Mill Landing** *($$; 398 South Mill Avenue, Tempe, ☎ 602-966-1700)*, un charmant restaurant occupant un bâtiment historique du quartier Old Town du centre-ville de Tempe, propose une variété de repas légers, incluant des soupes, des salades, des sandwichs et des plats de fruits de mer. On peut manger à la terrasse, lorsque la température le permet.

D'allure similaire dans un cadre similaire (à l'intérieur du bâtiment Andre, construit en 1888), le **Paradise** *($$; 401 South Mill Avenue, Tempe, ☎ 602-829-0606)* se spécialise dans la côte de bœuf et dans les poissons frais.

Au **Char's Thai Restaurant** *($$; 927 East University Drive, Tempe, ☎ 602-967-6013)*, le décor est peut-être simple et ordinaire, mais pas la nourriture, car on y sert des mets exotiques tels que soupe au lait de coco, salade de bœuf fumé, curry de canard et fruits de mer agrémentés d'une sauce aux arachides. On y trouve, en outre, un bon choix de bières asiatiques.

Pour une cuisine continentale italienne, songez au **John Henry's** *($$-$$$; 909 East Elliot Road, Tempe, ☎ 602-730-9009)*. Le canard, l'agneau, les steaks et les pâtes ne sont que quelques-uns des délices que vous pourrez savourer dans cet élégant restaurant rempli de plantes.

Sorties

■ Les établissements de Phoenix

Dans le centre-sud de l'Arizona, la vie nocturne se veut aussi riche et diversifiée que la région elle-même, depuis les simples formations country-western aux orchestres symphoniques, en passant par le jazz et les cérémonies indiennes. Pour connaître les événements courants, consultez la section «*Entertainment*» (arts et spectacles) de l'*Arizona Republic* et de la *Phoenix Gazette*.

Le **Graham Central Station** *(4029 North 33rd Avenue, Phoenix, ☎ 602-279-4226)* présente chaque soir des prestations de musique country-western traditionnelle : grands noms de la chanson, formations reconnues et concerts. Son «cinq à sept» du vendredi après-midi compte parmi les meilleurs de la ville.

Les nouveaux venus pourraient croire que l'**America's Original Sports Bar** *(droits d'entrée; 455 North 5th Street, Phoenix, ☎ 602-252-2502)*, situé au rez-de-chaussée de l'Arizona Center, est un de ces lieux qui attirent chaque soir une foule bruyante et désordonnée, mais il n'en est rien. Il s'agit plutôt du bar le plus à la mode de la Vallée avec son golf miniature, ses paniers de basket-ball et son court de volley-ball. On y sert à manger et, naturellement, à boire (vous en aurez sûrement besoin après vos exploits).

Le **Cheyenne Cattle Company** *(droits d'entrée les fins de semaine; 455 North 5th Street, Phoenix, ☎ 602-253-6225)*, situé quant à lui à l'étage de l'Arizona Center, se présente comme une chic boîte de nuit country-western, avec musiciens, serveuses en costume de cow-girl et une forte clientèle de gens d'affaires (le centre des congrès se trouve tout près) qui se mêle joyeusement aux fêtards locaux.

Mr. Lucky's *(droits d'entrée les fins de semaine; 3660 Grand Avenue, Phoenix, ☎ 602-246-0686)*, une institution de la Vallée pour les amateurs de *two-step*, présente des formations country-western à l'étage et des enregistrements des 40 meilleurs succès de rock-and-roll au rez-de-chaussée.

Le **Toolies Country** *(droits d'entrée; 4231 West Thomas Road, Phoenix, ☎ 602-272-3100)*, dit «Le berceau des grandes stars de Nashville», est un cabaret de 600 places à la mode de l'Ouest où l'on peut chaque soir dîner et danser au rythme des grands noms de la musique country.

Ainsi que son nom le suggère, les gens viennent aussi bien vêtus de Levi's que de smokings au **Denim and Diamonds** *(3905 East Thomas Road, Phoenix, ☎ 602-225-0182)*. On y présente de la musique country aussi bien en direct qu'enregistrée, des événements spéciaux et des buffets-surprises (gratuits).

La vie nocturne ne se limite pas, toutefois, aux bars et aux dancings. Qu'il suffise de songer au **Herberger Theater Center** *(222 East Monroe Street, Phoenix, ☎ 602-252-8497)*, un complexe ultramoderne abritant deux salles de spectacle distinctes : le **Center Stage** et le **Stage West**, où se produisent des troupes de théâtre professionnelles. Ce même centre accueille également **Ballet Arizona**, l'**Arizona Theater Company** et plusieurs troupes en tournée.

Le **Phoenix Symphony Hall** *(225 East Adams Street, Phoenix, ☎ 602-262-7272)*, une salle de 2 500 places, est le siège de l'Orchestre symphonique de Phoenix et propose en outre des spectacles variés, de l'opéra au ballet, en passant par les grands succès de Broadway et d'illustres artistes de la scène musicale.

■ Les établissements de Scottsdale

Pourquoi ne pas débuter par le grand orchestre de l'**El Mirage Lounge** *(Royal Palm Inn, 5200 East Camelback Road, Scottsdale, ☎ 602-840-3610)*, la musique de danse contemporaine du **Charlie Charlie's** *(Phoenician Resort,*

6000 East Camelback Road, Scottsdale, ☎ 602-423-2445) ou le jazz du **Lobby Bar** *(Scottsdale Hyatt Regency, 7500 East Doubletree Ranch Road, Scottsdale, ☎ 602-991-3388)*?

Le **Belle's Grill and Bar** *(7212 East Main Street, Scottsdale, ☎ 602-945-3773)* est le seul survivant des deux premiers bars de la ville (le Pink Pony a été détruit par un incendie), et un groupe country y fait danser une clientèle plutôt âgée.

Le **Scottsdale Center for the Arts** *(Civic Center Mall, Scottsdale, ☎ 602-994-2787)* organise une foule d'événements, y compris des concerts du Scottsdale Symphony, des récitals d'artistes invités, des conférences, des projections de films classiques et des expositions d'art. En été, les amants de la musique assistent nombreux à ses concerts en plein air, sur les pelouses qui s'étendent à l'extrémité est du centre commercial. Informez-vous de l'horaire des événements.

L'**Actors Lab Theater Center** *(7223 East 2nd Street, Scottsdale, ☎ 602-990-1731)* est le siège de la compagnie théâtrale professionnelle à demeure de Scottsdale. Il dispose de deux salles où l'on présente diverses productions de Broadway.

Si vous vous sentez l'âme d'un détective, rendez-vous au **Murder Ink Productions** *(4130 North Goldwater Boulevard, #121, Scottsdale, ☎ 602-423-8737)*, un restaurant-théâtre «meurtre et mystère».

■ Les établissements de la région de Tempe/Mesa

Le **Grady Gammage Memorial Auditorium** *(sur le campus de l'Arizona State University, Tempe, ☎ 602-965-3434)* est un auditorium de 3 000 places conçu par Frank Lloyd Wright. On y présente de tout, des spectacles de Broadway aux concerts symphoniques, en passant par le ballet. Des visites guidées du centre sont proposées du lundi au vendredi *(pour informations, composez le ☎ 602-965-4050)*.

Le **Chuckwalla's** *(2000 Westcourt Way, Tempe, ☎ 602-259-9000)* compte parmi les endroits les plus animés de la ville avec son écran vidéo de 7 m, son bar *karaoke* et ses spectacles sur scène.

Le **Bandersnatch** *(125 East 5th Street, Tempe, ☎ 602-966-4438)* jouit d'une grande popularité auprès des étudiants de l'université, ce qui signifie que la bière y coule à flots, y compris une bière spéciale maison dont on ignore si elle est vraiment brassée localement ou non. Groupes de jazz et volley-ball pour ceux à qui cela chante.

Le **Balboa Café** *(droits d'entrée; 404 South Mill Avenue, Suite 101, Tempe, ☎ 602-966-1300)* attire, chaque soir, une foule nombreuse grâce à ses formations de jazz et de rock.

Le **Bobby McGee's** *(1320 West Southern Avenue, Mesa, ☎ 602-969-4600)* se distingue par son disque-jockey, son excellente musique et sa clientèle nombreuse.

Magasinage

■ Où magasiner dans la région de Phoenix?

Il semble tout à fait naturel de vouloir ici faire l'acquisition de vêtements western, et vous trouverez dans la région une foule d'endroits vendant des bottes, des chemises, des ceintures, des chapeaux et tout autre accessoire dont vous pourriez rêver. Que vous vouliez seulement vous donner un genre ou participer au prochain rodéo, commencez par **Aztex Hats** *(15044 North Cave Creek, Phoenix, ☎ 602-971-9090)*, qui propose le plus vaste choix de chapeaux western de tout l'Arizona. **Frontier Boot Corral** *(angle 7th Street et Van Buren Street, Phoenix, ☎ 602-258-2830)* est en affaires depuis plus de 25 ans et tient une gamme complète de vêtements de l'Ouest. Le **Saba's Western Store** *(2901 West Bell Road, Phoenix, ☎ 602-993-5948)* est ouvert depuis 1927. **Sheplers** *(9201 North 29th Avenue, Phoenix, ☎ 602-870-8085)* fait enfin partie de la plus importante chaîne au monde de boutiques de mode western.

Si vous affectionnez les mails et les centres commerciaux, vous serez servi, car Phoenix en possède plus qu'il n'en faut. Voici certains des plus intéressants. Le **Park Central Mall** *(2131 North 3rd Avenue, Phoenix, ☎ 602-264-5575)* est le plus ancien et le mieux connu des complexes de la ville; vous y trouverez, entre autres, le chic magasin à rayons **Dillard's**. Quant au **Metrocenter** *(9617 Metro Parkway West, Phoenix, ☎ 602-997-2641)*, il s'agit d'une enceinte fermée sur deux niveaux où l'on retrouve **Robinson's**, **Dillard's** et **Broadway**.

The Mercado *(Van Buren Street entre 5th et 7th Street, Phoenix, ☎ 602-256-6322)*, adjacent à la Phoenix Civic Plaza, est un complexe commercial aux airs de fête et un centre culturel mexicain composant un ensemble de bâtiments colorés, de rues pavées et de restaurants-terrasses. Les boutiques mexicaines proposent des œuvres d'art, des pièces artisanales et des articles de mode, tandis que les restaurants servent toutes sortes de bonnes choses piquantes et épicées.

Pour des vêtements signés à des prix légendairement bas, songez à **Loehmann's** *(3135 East Lincoln Drive, Phoenix, ☎ 602-957-8691)*.

Aménagée à l'intérieur de la Heritage Square Home, vieille de 90 ans, la **Craftsmen's Gallery** *(614 East Adams Street, Phoenix, ☎ 602-253-7770)* se présente comme une intéressante coopérative d'artisans. Vingt-six créateurs y exposent des poupées, des paniers tressés, des poteries, des accessoires vestimentaires et des arrangements de fleurs séchées.

Les boutiques de musée renferment également des trouvailles uniques. Qu'il suffise de penser à celle du **Phoenix Art Museum** *(1625 North Central Avenue, Phoenix, ☎ 602-257-1880)*, qui vend des livres, des affiches, des catalogues d'art et des reproductions de pièces diverses. On y trouve même une section pour enfants.

Le **Desert Botanical Garden** *(1201 North Galvin Parkway, Phoenix, ☎ 602-941-1225)* possède une boutique de souvenirs garnie de denrées alimentaires, d'épices et de gelées provenant de plantes du désert, de même que des ouvrages sur la nature et des objets artisanaux du Sud-Ouest. On vend aussi des plantes dans une serre adjacente.

N'abandonnez pas encore la partie, car, après tous ces établissements commerciaux, nous en venons aux marchés agricoles. Tous les mercredis après-midi, les fermiers des environs mettent en vente leurs plus beaux fruits et légumes dans la cour du **Heritage Square** *(angle Monroe Street et 7th Street, Phoenix, ☎ 602-262-5071)*.

Pour le plaisir, sachez que l'**American Park 'N Swap** *(3801 East Washington Street, Phoenix, ☎ 602-273-1258)* est le plus grand marché aux puces du Sud-Ouest américain, réunissant plus de 2 000 commerçants qui échangent et vendent de tout, du mobilier de bureau usagé aux antiquités rares, en passant par les bijoux amérindiens et des photographies uniques de Marilyn Monroe.

Une petite ville au sud de Phoenix accueille le **Guadalupe Farmer's Market** *(8808 South Avenida del Yaqui, Guadalupe)*, où vous trouverez des légumes frais, des fruits exotiques et du piment rouge séché. Quelques rues plus au nord s'étend le **Mercado Mexico** *(8212 South Avenida del Yaqui, Guadalupe, ☎ 602-831-5925)*, proposant des sucreries mexicaines *(dulces)* : *ates* (bonbons de gélatine aux fruits), noix de pacane sucrées, boules de chocolat, *cajeta* (sauce au caramel de lait de chèvre) et autres délices du genre. Un bon éventail d'objets artisanaux et de souvenirs du Mexique vous y attend également.

■ Où magasiner à Scottsdale?

Pour trouver une belle collection d'objets d'art, songez aux **Elaine Horwitch Galleries** *(4211 North Marshall Way, Scottsdale, ☎ 602-945-0791)*. Feu Mme Horwitch a fait preuve d'un œil sûr et d'un rare sens de l'humour en créant ses deux galeries d'art contemporain (l'autre se trouvant à Santa Fe).

The Borgata of Scottsdale *(6166 North Scottsdale Road, Scottsdale, ☎ 602-998-1822)* pourrait très bien être le précurseur d'une nouvelle vague de centres commerciaux ressemblant davantage à de mini-parcs thématiques. Celui-ci évolue autour d'un village du XIVe siècle et s'imprègne d'une atmosphère toute médiévale. Des boutiques de mode internationales, de magnifiques bijoux, des cadeaux inusités, une librairie, un disquaire et une kyrielle de galeries d'arts vous y attendent.

Malgré quelques intrusions au goût du jour, le **Scottsdale Fashion Square** *(7000 East Camelback Road, Scottsdale, ☎ 602-990-7800)* demeure le plus chic complexe commercial de la ville. On y trouve des magasins aussi réputés que **Neiman Marcus** *(☎ 602-990-2100)*, **Dillard's** *(☎ 602-949-5869)* et **Robinson's** *(☎ 602-941-0066)*. Il y a même une boutique pour les tout-petits, **The Disney Store** *(☎ 602-423-5008)*.

Les **Fifth Avenue Shops** *(6940 East 5th Avenue, Scottsdale, ☎ 602-947-5377)* forment le cœur de la zone commerciale du centre-ville de Scottsdale. Il s'agit d'un assortiment de magasins spécialisés, de boutiques, de librairies, de galeries d'art, de joailleries, de commerces d'artisanat amérindien et de restaurants, pour un total de plus de 200 établissements au dernier décompte. Parmi eux, retenons **Sewell's Indian Arts** *(7087 5th Avenue, ☎ 602-945-0962)*, pour ses bijoux indiens, ses *kachinas*, ses poteries Pueblo et ses «peintures de sable» navajos; **Lemonade Folk Art** *(7121 5th Avenue, #25, ☎ 602-945-2219)*, pour ses souvenirs du Sud-Ouest et ses objets décoratifs; **Gallery 10** *(7045 3rd Avenue, ☎ 602-994-0405)*, pour ses lithographies et ses affiches signées par des artistes amérindiens et blancs de l'ouest des États-Unis.

Ailleurs, les amateurs de mystères devraient se rendre à **The Poisoned Pen** *(7100 East Main Street, Scottsdale, ☎ 602-947-2974)*, une librairie spécialisée dans les intrigues policières, les histoires de détective et les romans à suspense d'éditeurs aussi bien britanniques qu'américains.

Les cow-boys dans l'âme ne voudront pas manquer **Porters** *(3944 North Brown Avenue, Scottsdale, ☎ 602-945-0868)*, un des plus vieux fournisseurs de vêtements et d'accessoires western de marques réputées de la ville.

Après New York et Santa Fe, Scottsdale se veut le plus important centre d'art du pays, avec plus de 200 galeries proposant aussi bien des œuvres contemporaines que des créations amérindiennes, des tableaux et sculptures des Grands Maîtres et des réalisations des artistes de l'Ouest. Si vous vous intéressez à la chose, sachez que la **Scottsdale Gallery Association** *(☎ 602-941-0900)* organise des visites des galeries locales tous les jeudis d'octobre à mai, entre 19 h et 21 h, couvrant ainsi plusieurs des galeries les plus importantes. Le reste de l'année, ces *Art Walks* ont lieu le troisième jeudi de chaque mois. Les départs s'effectuent du Scottsdale Center for the Arts *(7380 East 2nd Street, Scottsdale, ☎ 602-944-2301)*.

Si vous désirez explorer les galeries par vous-même, songez aux **Arizona West Galleries** *(7149 Main Street, Scottsdale, ☎ 602-994-3752)*, spécialisées dans les œuvres du XIXe et du XXe siècles, entre autres de Frederic Remington, de Charlie Russell et de Maynard Dixon.

Les **Biltmore Galleries** *(7113 Main Street, Scottsdale, ☎ 602-947-5975)* présentent également des œuvres des XIXe et XXe siècles, dont certaines réalisations de Nicolai Fechin (un des premiers maîtres du Nouveau-Mexique), de Joseph Sharp et d'Ernest Blumenschein.

La **Buck Saunders Gallery** *(2724 North Scottsdale Road, Scottsdale, ☎ 602-945-9376)* représente de façon exclusive, et ce, depuis fort longtemps, le meilleur et le plus aimé des artistes de l'Arizona, Ted De Grazia.

Les **Glenn Green Galleries** *(6000 East Camelback Road, Scottsdale, ☎ 602-990-9110)* profite du cadre élégant du chic Phoenician Resort (la galerie se trouve dans le couloir des boutiques de l'hôtel) pour exposer les énormes sculptures de bronze et de pierre du célèbre artiste indien Alan Houser.

J.R. Fine Arts *(4151 North Marshall Way, Scottsdale, ☎ 602-945-7856)* a en montre des sérigraphies, des lithographies, des huiles et des sculptures, y compris des œuvres des artistes indiens contemporains de renom Frank Howell et Earl Bliss.

■ Où magasiner dans la région de Tempe/Mesa?

Chief Dodge *(2550 North Scottsdale Road, Tempe, ☎ 602-967-9365)* est une boutique de bijoux amérindiens disposant d'une vaste sélection de bracelets en turquoise et en argent, de colliers de fleurs de courges, de *bolas* et de ceintures, tous fabriqués sur place.

Si vous désirez acheter quelque chose que vous pourrez porter, tentez votre chance chez **Arizona Images** *(725 South Rural Road, Tempe, ☎ 602-829-1743)*, qui possède un grand choix de vêtements et d'objets souvenirs de l'Arizona State University, de même que des articles à l'effigie des Phoenix Cardinals et du Phoenix Sun.

Pour des œuvres amérindiennes de qualité, songez à **Apache Arts** *(9919 East Apache Trail, Mesa, ☎ 602-986-5450)*, où l'on trouve des peintures modernes. La **Galeria Mesa** *(155 North Center Street, Mesa, ☎ 602-644-2056)* propose, quant à elle, des œuvres contemporaines en provenance de différentes régions du pays.

The Lenox Factory Outlet *(2121 South Power Road, Mesa, ☎ 602-986-9986)* vend des pièces choisies parmi ses célèbres produits en porcelaine et en cristal, mais aussi des bougies, de l'argenterie et d'autres accessoires de table.

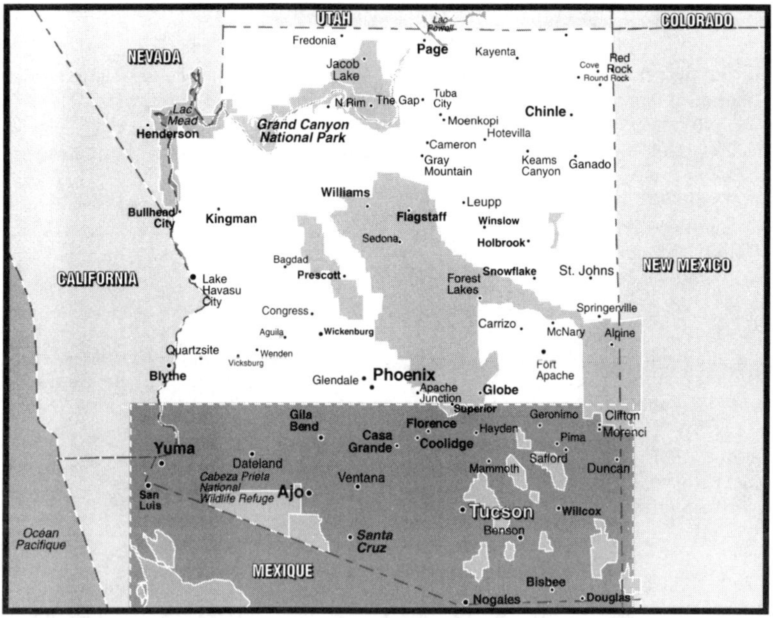

TUCSON ET SES ENVIRONS

Le sud de l'Arizona se présente comme une vaste région tantôt herbeuse tantôt désertique, ponctuée de certaines des plus belles montagnes de l'État. Quatre massifs possèdent des sommets de plus de 2 700 m : les Santa Catalinas, les Santa Ritas, les Huachucas et les Chiricahuas. Au cœur de cet ensemble vibre Tucson (prononcez *tiouçônne*), une métropole urbaine sortie du désert de Sonora. Une riche tradition culturelle qui provient aussi bien de la tribu des Indiens Pimas que des communautés jésuites reflète les liens étroits qui unissent cette ville au Mexique voisin.

À l'est de Tucson s'étendent ici et là des portions de la Coronado National Forest. Au sud-est, les plaines herbeuses et ondulantes ainsi que les collines boisées qui entourent Patagonia comptent parmi les meilleures terres d'élevage de bovins et de chevaux de l'État, tandis que la région d'Elgin cultive des hectares de vignes verdoyantes dont les fruits servent à produire des vins locaux. Plus à l'est apparaît Sierra Vista, qui doit sa renommée au fort Huachuca, une base militaire historique dont les troupes ont vaincu le chef apache Geronimo. Quelque 11 400 soldats et civils y vivent encore de nos jours. Les communautés voisines de Tombstone et de Bisbee sont d'anciennes villes minières. Tombstone, la ville «trop coriace pour mourir», survit en vendant son histoire. C'est ainsi qu'on trouve à chaque coin de rue des expositions et des musées de toute sorte, payants bien entendu. Les visiteurs y affluent pour revivre la vie tapageuse de l'Ouest d'antan, qu'il s'agisse de la fusillade de l'O.K. Corral ou des parties de cartes du Bird Cage Theater. Bisbee, pour sa part, est devenue une paisible colonie d'artistes d'esprit plus bohème. Vous pourrez magasiner dans les bâtiments historiques de la rue principale, visiter d'anciennes mines et arpenter des rues étroites et pentues, émaillées de constructions victoriennes. Puis, autour de Willcox, les vergers et les champs regorgent de fruits et de légumes et, l'automne venu, nombre de kiosques en bordure des routes proposent aux passants le produit des récoltes.

Au sud de Tucson s'étend la région la plus peuplée du sud de l'Arizona. En retrait de la route 19, Tubac s'impose comme une communauté d'artistes riche d'une cinquantaine de studios et galeries. Plus au sud, c'est la ville frontalière de Nogales, où vous pourrez marchander des objets d'artisanat et faire l'expérience d'une cuisine mexicaine authentique. Au sud-ouest de Tucson repose une vaste région peu peuplée englobant la Papago Reservation, le Cabeza Prieta National Wildlife Refuge et l'Organ Pipe Cactus National Monument. Enfin, dans l'angle le plus occidental de l'État, surgit Yuma, une ville historique implantée sur le fleuve Colorado qui attire de plus en plus de résidants avec son climat subtropical verdoyant et ses terres fertiles, propices à la culture des légumes, des agrumes et des dattes.

Pour s'y retrouver sans mal

En avion

L'**aéroport international de Tucson** est desservi par Air Mexico, America West Airlines, American Airlines, American Eagle, Arizona Airways, Continental, Delta Air Lines, Northwest Airlines et United.

L'**aéroport international de Yuma** est desservi par America West Express, Skywest et United Express, tandis que l'**aéroport municipal de Sierra Vista** l'est par West Express.

En train

Amtrak *(☎ 1-800-872-7245)* dessert la région avec son *Texas Eagle*, de même qu'avec son *Sunset Limited*. Gares à Tucson *(400 East Toole Street)*, à Benson *(angle 4th Street et San Pedro Street)* et à Yuma *(281 Gila Street)*.

En autocar

Greyhound Bus Lines se rend à Tucson d'un peu partout au pays. La gare routière centrale se trouve à 2 South 4th Avenue *(☎ 602-792-3475)*. Parmi les autres gares routières du sud de l'Arizona, retenons celles de Nogales *(35 North Terrace Avenue, ☎ 602-287-5628)* et de Yuma *(170 East 17th Place, ☎ 602-783-4403)*, sans oublier celles de Benson, de Sierra Vista, de Bisbee, de Douglas et de Willcox.

En voiture

De Tucson, la route 10 s'étire vers le nord en direction de **Phoenix**, puis croise la route 8, qui s'ouvre vers l'ouest en direction de **Gila Bend** et de **Yuma**. De Gila Bend, la route 85 pique vers le sud, devient la route 86 et traverse la réserve Papago avant d'atteindre **Tucson**. Au sud de Tucson, la route 19 va à **Nogales**, tandis que la route principale à l'est de Tucson est la route 10, qui se rend au Nouveau-Mexique. De la route 10 se détachent vers le sud la route 83 jusqu'à **Sonoita**, la route 90 jusqu'à **Sierra Vista**, la

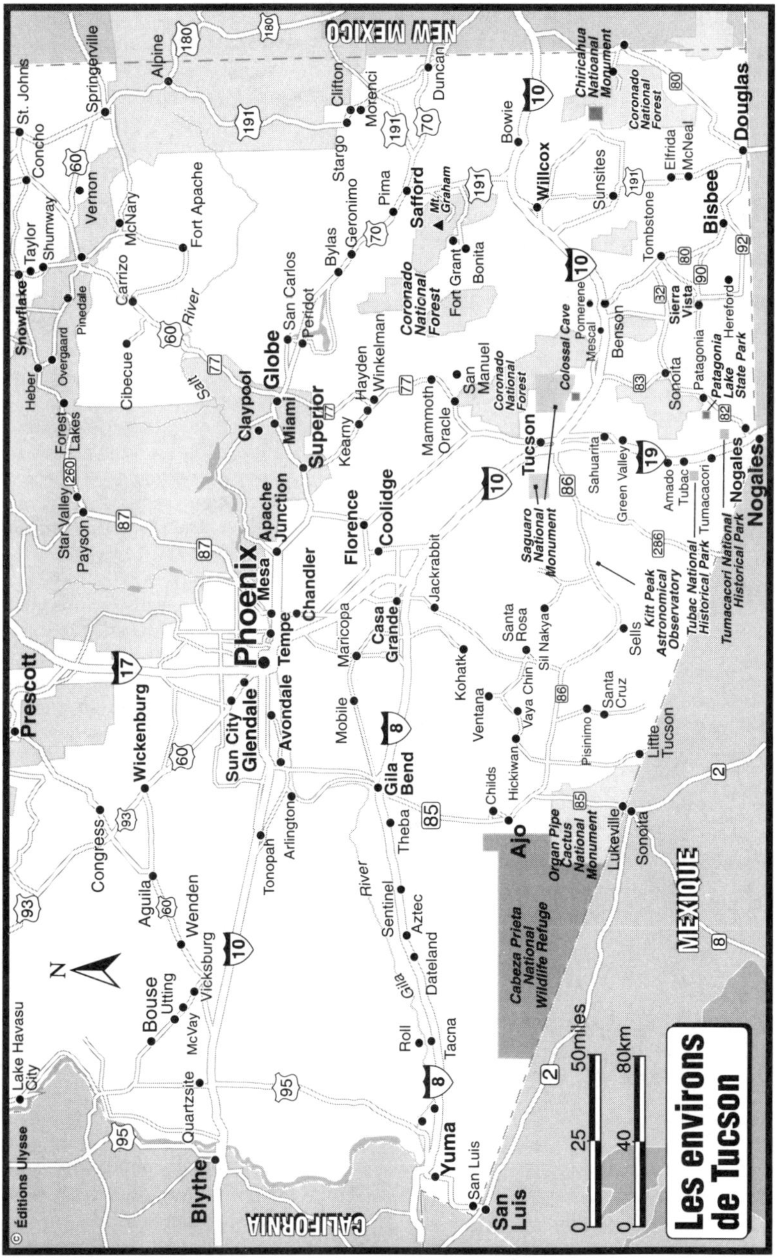
Les environs de Tucson
© Éditions Ulysse
N
0 25 50miles
0 40 80km
CALIFORNIA
NEW MEXICO
MEXIQUE
Phoenix
Tucson
Prescott
Wickenburg
Sun City
Glendale
Avondale
Tempe
Mesa
Chandler
Apache Junction
Globe
Miami
Claypool
Superior
Florence
Coolidge
Casa Grande
Gila Bend
Yuma
San Luis
Blythe
Quartzsite
Lake Havasu City
Bouse
Utting
McVay
Vicksburg
Wenden
Aguila
Congress
Tonopah
Arlington
Theba
Sentinel
Aztec
Dateland
Tacna
Roll
Mobile
Maricopa
Jackrabbit
Kohatk
Ventana
Vaya Chin
Santa Rosa
Sil Nakya
Hickiwan
Childs
Ajo
Lukeville
Sonoita
Pisinimo
Santa Cruz
Little Tucson
Sells
Kitt Peak Astronomical Observatory
Saguaro National Monument
Organ Pipe Cactus National Monument
Cabeza Prieta National Wildlife Refuge
Gila River
Salt River
Payson
Star Valley
Forest Lakes
Heber
Overgaard
Snowflake
Pinedale
Taylor
Shumway
Concho
St. Johns
Springerville
Alpine
Vernon
McNary
Fort Apache
Carrizo
Cibecue
San Carlos
Peridot
Bylas
Geronimo
Pima
Safford
Mt. Graham
Stargo
Clifton
Morenci
Duncan
Coronado National Forest
Fort Grant
Bonita
Kearny
Hayden
Winkelman
Mammoth
Oracle
San Manuel
Colossal Cave
Mescal
Pomerene
Benson
Bowie
Willcox
Sunsites
Chiricahua National Monument
Tombstone
Elfrida
McNeal
Bisbee
Douglas
Sierra Vista
Hereford
Sonoita
Patagonia
Patagonia Lake State Park
Sahuarita
Green Valley
Amado
Tubac
Tumacacori
Tubac National Historical Park
Tumacacori National Historical Park
Nogales
10
8
17
19
60
93
95
85
86
87
260
77
70
191
180
80
90
92
82
83
32
286
2

route 191 jusqu'à **Douglas** et la route 186 jusqu'au **Chiricahua National Monument.**

La location d'une voiture

Les agences de location possédant un comptoir à l'aéroport international de Tucson comprennent **Avis Rent A Car** *(☎ 602-294-1494)*, **Dollar Rent A Car** *(☎ 602-573-1100)*, **Hertz Rent A Car** *(☎ 602-294-7616)* et **National Interrent** *(☎ 602-573-8050)*.

À l'aéroport international de Yuma, ce sont **Avis Rent A Car** *(☎ 602-344-5772)*, **Budget Rent A Car** *(☎ 602-344-1822)* et **Hertz Rent A Car** *(☎ 602-726-5160)* et, à l'aéroport municipal de Sierra Vista, **Enterprise Rent A Car** *(☎ 602-458-2425)* et **Rent A Ride** *(☎ 602-459-1296)*

■ Les taxis

Les principales entreprises de taxis de Tucson sont **ABC Cab Co.** *(623-7979)*, **Allstate Cab Co.** *(☎ 602-888-2999)*, **Checker Cab Co.** *(☎ 602-623-1133)* et **Yellow Cab Co.** *(☎ 602-624-6611)*.

À Sierra Vista, essayez **Call A Cab** *(☎ 602-458-5867)* ou **Cochise Cab Co.** *(☎ 602-458-3860)*.

■ Les transports publics

Pour tout renseignement sur le réseau d'autobus de la région de Tucson, appelez **Sun Tran** *(☎ 602-792-9222)*. À Nogales, les transports locaux sont assurés par **Dabdoub Bus Service** *(☎ 602-287-7810)*.

★ Attraits touristiques

■ Quoi voir à Tucson?

L'insulte suprême à l'endroit d'un habitant de Tucson consiste à lui dire que sa ville est une copie de Phoenix. De fait, telles deux sœurs querelleuses, ces villes n'ont jamais entretenu de bons rapports, et chacune d'elle est fière de sa personnalité unique. Tandis que Phoenix se présente comme une grande ville étendue, accueillant avec plaisir un développement dynamique, Tucson préfère ne pas trop grossir et s'efforce de tenir les promoteurs à l'écart, surtout ceux qui pourraient nuire à son environnement. Phoenix vit à un rythme endiablé; Tucson se veut informelle, décontractée et peu pressée d'aller où que ce soit.

Entourée de cinq massifs montagneux et plantée dans un désert rébarbatif rempli de cactus, Tucson se révèle être un endroit d'une beauté aride remarquable, avec un ciel dont rien ne bloque la vue et un silence nocturne que seuls les hurlements des coyotes rompent à l'occasion. Les plus hauts sommets se couvrent de neige en hiver, et le désert s'enflamme de fleurs de cactus au printemps.

La plus grande partie des 29 cm de précipitations annuelles que connaît la région sont le fait de la mousson qui survient à la fin de l'été, alors que des orages balayent le désert en après-midi, accompagnés de vents forts et d'éclairs spectaculaires. En été, les températures maximales oscillent autour de 37 °C, alors qu'en hiver elles se rapprochent plutôt de 18 °C, ce qui fait de la ville un rendez-vous populaire auprès des vacanciers désireux de se reposer et de

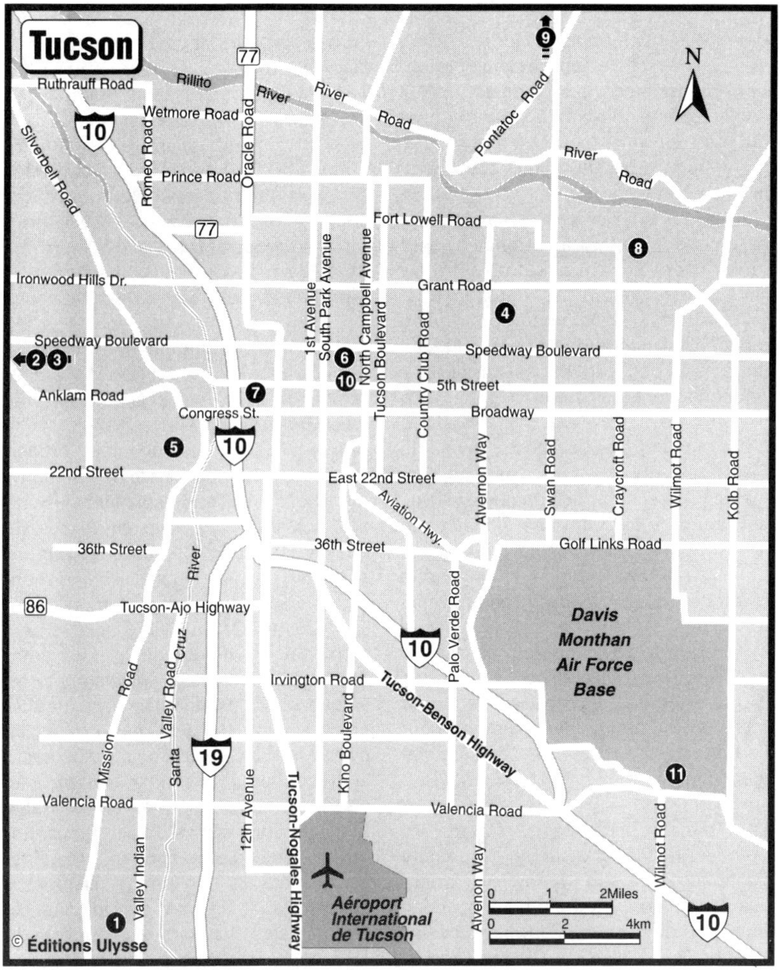

1. Mission San Xavier del Bac
2. Old Tucson Studios
3. Arizona-Sonora Desert Museum
4. Tucson Botanical Gardens
5. A Mountain
6. University of Arizona
7. Quartier historique d'El Presidio
8. Fort Lowell Museum
9. De Grazia Foundation and Gallery
10. Arizona Historical Society Museum
11. Pima Air and Space Museum

jouer au golf sous des cieux plus cléments.

Pour l'essentiel, on peut décrire Tucson comme une ville affable et sans prétention qui est bien dans sa peau. Il n'y a pas lieu ici de chercher à impressionner qui que ce soit en portant des vêtements signés par de grands couturiers; le jean convient parfaitement dans la plupart des établissements. La richesse et la consommation à outrance n'y ont guère cours non plus. La majorité des Tucsoniens ne sont pas venus ici pour faire fortune, mais plutôt pour vivre dans un magnifique cadre naturel entouré de plusieurs autres merveilles à faible distance de route.

L'héritage culturel de Tucson révèle un mélange d'influences espagnoles, mexicaines et amérindiennes. La ville ne se trouve qu'à 97 km de Nogales et de la frontière mexicaine, mais vous n'aurez même pas à franchir cette distance pour savourer des mets mexicains et apprécier les arts et la culture de ce pays. Éparpillées dans la vallée, les maisons d'adobes recouvertes de tuiles rouges trahissent par ailleurs l'amour des résidants pour l'architecture espagnole et amérindienne.

Les Indiens Hohokams furent les premiers habitants de la région. Le père Eusebio Francisco Kino, un prêtre jésuite, vint œuvrer parmi eux et fonda une série de missions, dont la fameuse mission San Xavier del Bac de Tucson.

Par la suite, le drapeau espagnol flotta au-dessus de la ville, puis celui du Mexique, des États confédérés et enfin des États-Unis, Tucson devenant la capitale du Territoire de l'Arizona en 1867. Mais lorsque la capitale fut déplacée plus au nord, la ville mécontente se vit offrir l'Université de l'Arizona en guise de compensation, ce qui fit croître sa population. Celle-ci connut par ailleurs un autre sursaut immédiatement avant la Seconde Guerre mondiale, lorsque la base aérienne voisine Davis-Monthan entreprit de former des pilotes destinés à faire voler les bombardiers B-17. Aujourd'hui, 700 000 personnes vivent dans la région métropolitaine de Tucson, qui couvre une superficie de 1 295 km^2. L'université compte désormais 35 000 étudiants, et la base Davis-Monthan abrite 7 500 soldats et civils.

À 14 km au sud-ouest de Tucson, la **mission San Xavier del Bac (1)** *(suivez les indications depuis la route 19 en direction du sud, ☎ 602-294-2624)* se trouve sur la réserve Tohono O'Odham. Aussi connue sous le nom de «Colombe Blanche du Désert», son éblouissante église d'adobes s'élève au-dessus du désert dénudé, somptueusement encadrée de ciel bleu sur un fond montagneux. Bien que les jésuites aient fondé la mission au XVIIe siècle, le bâtiment actuel ne fut construit qu'entre 1783 et 1797, alliant des éléments architecturaux espagnols, byzantins et mauresques. On y pénètre par des portes en bois de prosopis rongées par le temps pour ensuite découvrir des bancs de bois usés et un véritable festin visuel de statues richement ornées, de sculptures, de motifs peints et de fresques. On peut également y assister à la messe quotidienne, le temple étant ouvert au public, ou visiter les lieux lors d'une célébration particulière. De l'autre côté du square de la **San Xavier Plaza**, des Amérindiens vendent du pain frit, des objets d'art et de l'artisanat.

En roulant vers le nord jusqu'au Speedway Boulevard, puis en tournant à gauche, vous atteindrez le col de Gates, où la route entreprend un parcours sinueux offrant de splendides panoramas de Tucson et du Tucson Mountain Park, au paysage émaillé de *saguaros*. C'est là que vous trouverez les **Old Tucson Studios (2)** *(droits d'entrée; 201 South Kinney Road, Tucson, ☎ 602-883-0100)*, une ancienne ville frontalière de l'Ouest entièrement reconstituée. La firme cinématographique Columbia Pictures a créé les Old Tucson Studios en 1939 afin d'y tourner le film *Arizona* et, depuis lors, plus de 200 films et séries télévisées y ont été réalisés, y compris *Rio Bravo*, *Gunfight at the O.K. Corral* et *El Dorado*. S'il y a un tournage en ville au moment de votre passage, surveillez les fusillades. Sinon, prenez place à bord d'un train miniature, assistez à des mises en scène sur les larges rues poussiéreuses, visitez les constructions d'adobes et de planches, et laissez-vous entraîner par la musique de danse, à moins que vous ne préfériez simplement magasiner.

À quelques minutes de route plus loin sur Kinney Road, l'**Arizona-Sonora Desert Museum (3)** *(droits d'entrée; accessible aux fauteuils roulants; 2021 North Kinney Road, Tucson, ☎ 602-883-2702)* est une sorte de croisement entre un zoo et un jardin botanique où vivent plus de 200 espèces animales et 400 espèces végétales originaires du désert de Sonora. On peut y admirer les expositions aquatiques et regarder vivre les animaux dans leur habitat désertique, ou encore pénétrer dans une volière et à l'intérieur d'une grotte calcaire reconstituée. Vaut assurément le déplacement.

Le **Tucson Botanical Gardens (4)** *(droits d'entrée; 2150 North Alvernon Way, Tucson, ☎ 602-326-9255)* renferme un petit champ de cultures amérindiennes, un jardin de cactus et de plantes grasses, une serre tropicale, un jardin d'herbes aromatiques, un jardin «sensoriel» et un *xeriscape* (jardin aride paysagé) d'exposition. Mais le jardin historique demeure peut-être le plus fascinant, avec ses verts feuillages et ses fleurs abondantes entourant la Porter House et reflétant bien l'époque de sa construction dans les années vingt.

Pour une vue panoramique sur Tucson à partir d'une hauteur de 945 m, rendez-vous au sommet d'**A Mountain (5)** *(empruntez la sortie de Congress Street à l'ouest de la route 10 jusqu'à Cuesta Street, puis prenez vers le sud sur Sentinel Peak Road)*. Les pionniers de l'époque territoriale utilisaient ce poste d'observation pour voir venir les envahisseurs apaches. Aujourd'hui, les seuls envahisseurs sont les étudiants, qui ont coutume d'en blanchir le «A» à la chaux avant la première partie de football américain de la saison, et ce, depuis 1915.

L'**University of Arizona (6)**, un campus universitaire de 121 ha ponctué de bâtiments en brique rouge, occupe une grande partie de Tucson. Si vous songez à visiter les lieux, sachez qu'on y trouve quelques points d'intérêt. L'un d'eux est le **Flandrau Science Center & Planetarium** *(droits d'entrée pour les spectacles au laser; angle University Boulevard et Cherry Avenue, Tucson, ☎ 602-621-7827)*, avec ses projections de rayons laser, sa boutique scientifique, son observatoire public doté d'un télescope de 41 cm et ses pièces d'exposition scientifiques, telle cette reproduction à l'échelle d'un astéroïde, à l'intérieur duquel on peut marcher, et ses vitrines portant sur les cieux étoilés. Le **Center for Creative Photography** *(☎ 602-621-7968)* possède, quant à lui, une collection de plus de

50 000 photographies, mais aussi des galeries d'exposition et des installations propres à la recherche. Des expositions de photographies de la collection permanente et des expositions temporaires honorent les galeries. Quant à l'**University of Arizona Museum of Art** *(angle Park Avenue et Speedway Boulevard, ☎ 602-621-7567)*, il renferme des œuvres de la Renaissance et des réalisations subséquentes d'origine aussi bien européenne qu'américaine, y compris des Rembrandt, des Picasso, des Rothko et des O'Keefe. La collection regroupe plus de 3 000 peintures, sculptures, croquis et gravures.

Le **quartier historique d'El Presidio (7)** *(entre Church Avenue et Alameda Street, Tucson)* était jadis le Presidio de San Augustin del Tucson, circonscrit d'un mur d'adobes haut de 3,7 m par l'armée espagnole en 1783. Aujourd'hui, le principal attrait en est le **Tucson Museum of Art** *(droits d'entrée; 140 North Main Avenue, ☎ 602-624-2333)*, un complexe voué à l'art précolombien, à l'art moderne américain et à l'art du Sud-Ouest, sans compter plusieurs maisons historiques et la Place des Pionniers, où est exposée la collection de sculptures du musée.

Le **Fort Lowell Museum (8)** *(2900 North Craycroft Road, ☎ 602-885-3832)* présente une reconstruction des quartiers des premiers officiers tels qu'ils apparaissaient à l'époque où le fort constituait un poste militaire clé, soit au cours des guerres contre les Apaches dans les années 1870 et 1880. La vie de poste frontalier arizonien s'y révèle à travers des meubles, de l'équipement militaire et des objets divers.

Feu Ted De Grazia connut la renommée en peignant des scènes impressionnistes du Sud-Ouest et de ses habitants. Aujourd'hui, sa maison et ses galeries, regroupées sous le nom de **De Grazia Foundation and Gallery (9)** *(6300 North Swan Road, Tucson, ☎ 602-299-9191)* sont ouvertes au public. Des lucarnes percées dans la structure d'adobes baignent ses tableaux de lumière. En parcourant l'exposition, vous passerez sous des arches en brique et admirerez les jardins paysagés qu'il soigna avec tant d'amour de son vivant. L'architecture inusitée des lieux, avec, entre autres, une grille en fer inspirée de la prison historique de Yuma, justifie à elle seule une visite.

Le plus vieux musée historique de l'Arizona, l'**Arizona Historical Society Museum (10)** *(949 East 2nd Street, Tucson, ☎ 602-628-5774)* renferme de tout, d'une reproduction grandeur nature d'un tunnel de mine à une exposition sur l'histoire des transports.

Le **Pima Air and Space Museum (11)** *(droits d'entrée; 6000 East Valencia Road, ☎ 602-574-0462)* possède une des plus importantes collections d'avions historiques au monde. Parmi les 185 appareils représentés, vous découvrirez le *Superforteresse B-29* de Boeing, semblable à celui qui a lâché la première bombe atomique sur le Japon, et le *SR-71 BlackBird*, l'appareil le plus rapide du monde.

Pour une expérience vraiment hors du commun, arrêtez-vous à **Biosphere 2** *(droits d'entrée; route 77 Mile Marker 96.5, Oracle, ☎ 602-896-2108)*, une réplique miniature de 1,2 ha de la Terre, d'ailleurs controversée, qui renferme une forêt tropicale humide, une savane, un marécage et un désert. La structure entièrement hermétique abrite des équipes de chercheurs qui y vivent pendant plusieurs mois sans en sortir, cultivant leur propre nourriture, élevant des animaux et s'efforçant de devenir complètement autosuffisants. Bien qu'on ne puisse pénétrer à l'intérieur de la structure, vous pourrez tout de même admirer l'extérieur de ce monolithe ultramoderne de verre et d'acier, jeter un coup d'œil à travers ses murs vitrés et faire une halte au centre d'accueil des visiteurs.

■ Quoi voir à l'est de Tucson?

L'Ouest sauvage revit dans cette région de l'Arizona où, à une certaine époque, meurtre et lynchage faisaient partie des passe-temps quotidiens, où le poker jouissait d'une plus grande popularité que la messe du dimanche et où le whisky était roi. Bien que ce coin de pays soit surtout connu pour ses lieux d'infamie, dont Boot Hill et le O.K. Corral, il révèle également des villes minières historiques comme Bisbee, des stations thermales et un temple de la renommée où sont immortalisés d'illustres cow-boys.

En empruntant la route 10 vers l'est, un des premiers attraits que vous croiserez est la **Colossal Cave** *(droits d'entrée; en retrait de l'Old Spanish Trail, Vail, ☎ 602-647-7275)*, une des plus vastes cavernes sèches du monde. Située aux monts Rincon, elle servait autrefois d'abri aux Indiens et aux hors-la-loi. Au cours de la visite de 50 min, un système d'éclairage dissimulé éclaire des formations comme la Frozen Waterfall (chute gelée) et le Kingdom of the Elves (royaume des elfes).

Plus à l'est, toujours sur la route 10, apparaît Benson, dont l'**Arts & Historical Museum** *(180 South San Pedro Street, ☎ 602-586-3070)* raconte comment la ville s'est développée avec l'arrivée du chemin de fer. À l'intérieur, vous découvrirez des antiquités, des objets fabriqués et une immense murale illustrant le périple du *Poney Express* entre Dragoon et Benson. Une boutique de souvenirs propose des objets d'art et d'artisanat locaux.

En route vers les villes de l'Old West que sont Bisbee et Tombstone, faites un détour en direction d'Elgin. Vous pénétrerez ainsi dans ce qui peut sembler, à première vue, un oxymoron : les **vignobles de l'Arizona**. Mais quoiqu'on en pense, il existe effectivement plusieurs vignobles dans la région, qui vous fourniront l'occasion d'une agréable balade. Dans la ville même d'Elgin, vous trouverez la **Chapel of Santa Maria**, une petite chapelle campée au beau milieu d'étendues herbeuses, de vignes et de cotonniers. Administrée par les Monks of the Vine, une confrérie vinicole régionale, elle est ouverte au public.

En piquant vers le sud sur la route 90, vous ne pouvez manquer le **fort Huachuca** *(Sierra Vista, ☎ 602-538-7111)*, un monument historique érigé en 1877 afin de protéger les colons contre les raids des Apaches. C'est d'ailleurs à la garnison du fort Huachuca qu'on doit d'avoir finalement traqué et vaincu le chef apache Geronimo. Aujourd'hui, ce complexe de 29 500 ha abrite l'U.S. Army Intelligence Center (service de renseignements de l'armée américaine). Un de ses atouts les plus marquants est le fort Huachuca Museum, qui occupe un bâtiment du début du siècle originellement construit pour servir de quartiers aux officiers célibataires. On y trouve des objets militaires, des dioramas et des vitrines exposant l'histoire du fort. Pour une vue panoramique sur le fort et la ville, suivez la Reservoir Hill Road. Les pique-niqueurs trouveront pour leur part de beaux endroits où s'installer sous de grands arbres sur la base même. Pour obtenir un plan des lieux, arrêtez-vous au centre d'accueil des visiteurs à l'entrée.

Prenez la route 92 vers le sud, et vous arriverez à un endroit connu des ornithologues du monde entier. La **Ramsey Canyon Preserve** *(route 92, 8 km au sud de Sierra Vista, ☎ 602-378-2785)* abrite en effet une variété d'oiseaux, dont 14 espèces d'oiseaux-mouches en été. On y aperçoit aussi fréquemment des cerfs de Virginie, des écureuils gris et des coatis. Cette gorge boisée de 113 ha, nichée parmi les monts Huachuca, appartient à l'Office des eaux et forêts.

Reprenez la route 90 pour une courte balade jusqu'à **Bisbee**, à proximité de la frontière mexicaine. Ancienne ville minière devenue colonie d'artistes, cette localité regorge de maisons victoriennes perchées à flanc de colline, de boutiques originales et de restaurants. Pour connaître l'histoire complète de la ville, commencez par le **Bisbee Mining & Historical Museum** *(droits d'entrée; 5 Copper Queen Plaza, Bisbee, ☎ 602-432-7071)*, situé dans l'ancien siège social de la Copper Queen Consolidated Mining Co. Sur la pelouse de la façade gisent d'anciennes pièces d'équipement minier, tandis qu'à l'intérieur du bâtiment en brique rouge de 1897 vous trouverez des murs tapissés de grandes photographies, des objets variés et des aires de plain-pied illustrant divers aspects de l'histoire de Bisbee.

Pour un contact de première main avec l'histoire des mines de la région, enfilez une combinaison, mettez un casque muni d'une lampe et prenez place à bord du train souterrain du **Queen Mine Underground Tour** *(droits d'entrée; 118 Arizona Street, Bisbee, ☎ 602-432-2071)*. Un ex-mineur vous entraînera à travers la mine Copper Queen, prospère pendant plus de 60 ans avant qu'elle ne soit fermée en 1944. L'air est frais à l'intérieur de la mine, de sorte qu'il vaut mieux prendre un gilet. De là, vous pouvez aussi prendre part au **Lavender Open Pit Mine Tour**, une visite commentée en bus de 21 km autour du gouffre de 121 ha dont on a extrait près de 350 millions de tonnes métriques de minerai, de terre et de roc. Pour compléter le tout, le **Historic District Tour** parcourt le Vieux Bisbee et met l'accent sur des édifices tels que le Copper Queen Hotel et le Phytian Castle.

Poursuivez votre voyage dans le temps en vous arrêtant au **Slaughter Ranch** *(droits d'entrée; fermé lun-mar; Geronimo Trail, ☎ 602-558-2474)*, à proximité de la frontière mexicaine, 26 km à l'est de Douglas. Aujourd'hui devenu un monument historique, ce ranch était autrefois le lieu de résidence de John Slaughter, un ancien ranger texan, shérif du comté de Cochise et un des pères fondateurs de Douglas. Il fit l'acquisition de terres fertiles en 1884, qu'il transforma en ranch d'élevage de bétail. La maison de Slaughter et une demi-douzaine d'autres bâtiments au décor d'époque occupent encore ce site de 57 ha.

Au nord-ouest de Douglas s'étend **Tombstone**, la ville «trop coriace pour mourir». Le prospecteur Ed Shieffelin y a acheté une concession d'argent en 1877, après quoi l'endroit est devenu une ville de l'Ouest on ne peut plus sauvage, avec des saloons et des salles de jeux à toutes les deux ou trois portes, dit-on. Malheureusement, cette localité est aujourd'hui touristique à l'extrême, et chacun de ses attraits ne vise qu'à vous faire sortir vos billets verts, ce qui ne vous empêchera pas d'y découvrir quelques haltes intéressantes. La **Tombstone Courthouse** *(droits d'entrée; 219 Toughnut Street, ☎ 602-457-3311)* renferme une salle d'audience restaurée et deux étages d'expositions historiques qui reflètent les hauts et les bas de cette ville jadis si tapageuse. Appartenant désormais au Service des parcs arizonien, ce bâtiment de briques rouges fut le palais de justice de la ville de 1822 à 1931.

Allen Street constitue le cœur de Tombstone. À l'une de ses extrémités se dresse le **Bird Cage Theatre** *(droits d'entrée; angle 6th Street et Allen Street, ☎ 602-457-3421)*, un célèbre rendez-vous nocturne de la fin du XIXe siècle aujourd'hui devenu un monument national. Au-dessus du casino et de la piste de danse, les prostituées locales proposaient leurs services du haut de compartiments semblables à des cages d'oiseau. Si vous vous donnez la peine de les compter, vous dénombrerez 140 trous de balle dans les murs et les plafonds de l'établissement. C'est également ici que, selon la légende, s'est déroulée la plus longue partie de poker de toute l'histoire de l'Ouest; elle aurait duré neuf ans!

La plus célèbre de toutes les fusillades de Tombstone se produisit en 1881 à l'**O.K. Corral** *(droits d'entrée; Allen Street, ☎ 602-457-3456)*, un peu plus loin que le Bird Cage Theatre. Des personnages grandeur nature se tiennent dans le corral tandis qu'un narrateur raconte les événements. Un bâtiment voisin présente d'anciennes photographies de Tombstone et d'autres objets historiques.

Les perdants de la fusillade et d'autres bandits de l'époque sont enterrés au **Boot Hill Graveyard** *(route 80 West, Tombstone, ☎ 602-457-9344)*. Pénétrez dans le cimetière par la boutique de souvenirs, et regardez les rangées de tombes, qui ne sont guère plus que des tas de cailloux surmontés de croix blanches, mais aussi la vue spectaculaire de la région qui s'offre à vous de cet endroit.

Un gigantesque rosier dont les ramifications, soutenues par des tuteurs, s'étendent sur plus de 2 100 m constitue le principal attrait du **Rose Tree Inn Museum** *(droits d'entrée; angle 4th Street et Toughnut Street, Tombstone, ☎ 602-457-3326)*. Planté en 1885, cet arbre vous en mettra plein la vue si vous visitez la région au printemps, alors qu'il se couvre de fleurs blanches. Vous pouvez en outre visiter la maison d'adobes historique qui se trouve sur les lieux et qui présente des pièces d'époque ainsi que divers objets.

Fondé en 1880, le ***Tombstone Epitaph*** *(9 South 5th Street, Tombstone, ☎ 602-457-2211)* est encore publié de nos jours. Dans un coin des bureaux du journal se trouvent la presse originale et d'autres pièces d'équipement typographique. Comme les gens d'ici se plaisent à le dire, toute pierre tombale (*tombstone*) devrait porter une épitaphe.

Après vous en être écarté pour voir Sierra Vista, Bisbee et Tombstone, retournez à la route 10 et dirigez-vous vers l'est afin d'atteindre Dragoon, où ne se trouve guère autre chose que le siège de l'**Amerind Foundation** *(droits d'entrée; Dragoon Road, ☎ 602-586-3666)*. Il s'agit toutefois là d'un véritable trésor caché parmi les formations rocheuses du Texas Canyon. Le centre de recherche et le musée de cette institution sont consacrés à la culture et à l'histoire des Amérindiens depuis leur ouverture en

1937. Vous y visiterez des bâtiments de style néocolonial espagnol renfermant des objets autochtones, dont des ouvrages en perles multicolores, des costumes, des masques rituels et des armes, mais aussi des œuvres d'art western, y compris des réalisations de Frederic Remington et de William Leigh.

Un autre volet de l'histoire de l'Ouest vous attend plus loin sur la route 10, à Willcox, au **Museum of the Southwest and Cowboy Hall of Fame** *(1500 North Circle I Road, ☎ 602-384-2272)*, adjacent au Cochise Information Center. Parmi les pièces maîtresses de l'exposition, retenons les portraits exécutés par l'artiste cow-boy Carl Clapp et les photos des pionniers de la région. On y trouve également un buste du chef Cochise, des objets fabriqués par les Indiens, une carriole et une collection de roches et de minéraux.

Le plus célèbre cow-boy de la région fut Rex Allen, né à Willcox en 1920. Le **Rex Allen Arizona Cowboy Museum** *(155 North Railroad Avenue, ☎ 602-384-4583)* présente des souvenirs de la vie de ce personnage, de sa propriété et de la vie de ranch qu'il menait à Willcox, mais aussi de ses films et de ses prestations télévisées. Une autre section du musée rend hommage aux pionniers et aux propriétaires de ranchs de l'Ouest américain.

■ Quoi voir au sud et à l'ouest de Tucson?

Loin des sentiers battus, le sud-ouest de l'Arizona possède le plus important centre astronomique de la planète, des villes mortes retirées de tout, des réserves fauniques et un parc entièrement dédié au peu commun cactus géant qu'est l'*organ pipe cactus*, ou «tuyau d'orgue». C'est également là que disparaît la civilisation et que le désert reprend tous ses droits.

En vous dirigeant vers le sud sur la route 19, vous croiserez la communauté de retraités de Green Valley et arriverez au **Titan Missile Museum** *(droits d'entrée; 1580 Duval Mine Road, ☎ 602-791-2929)*, le seul complexe de missiles balistiques intercontinentaux ouvert au public dans le monde entier. On vous y entraînera dans les entrailles de la terre pour y voir un silo de lancement et assister au compte à rebours qui précède la mise en orbite d'un missile *Titan*, une expérience pour le moins troublante.

Si vous préférez vous éloigner de la haute technologie balistique pour approfondir l'histoire de la région, poussez votre visite plus au sud sur la route 19 jusqu'à Tubac. Les Espagnols y ont jadis construit un poste de commande, en 1752, destiné à protéger les colons contre les Indiens. Au **Tubac Presidio State Historic Park** *(droits d'entrée; ☎ 602-398-2252)*, vous pourrez admirer les vestiges du mur d'enceinte et des fondations des fortifications originales, une école de 1885 et un musée détaillant l'histoire de Tubac.

Encore quelques minutes de route, toujours sur la 19, et vous apercevrez les ruines d'une église de mission frontalière espagnole en adobe du **Tumacacori National Historical Park** *(droits d'entrée; sortie 29 de la route 19, Tumacacori, ☎ 602-398-2341)*. Outre son musée, vous pourrez visiter l'église baroque, achevée en 1822, ainsi que les ruines voisines, parmi lesquelles une chapelle mortuaire circulaire et un cimetière. Comme peu de nouvelles constructions ont vu le jour dans les environs, vous aurez bel et bien l'impression de remonter le temps.

Plus au sud, la route 19 atteint la frontière mexicaine. Nogales (Mexique) est une ville frontière où vous pourrez faire des achats à bon prix, vous restaurer et voir quelques attraits. De l'autre côté de la frontière, à **Nogales** (Arizona), des photographies et des objets variés retracent l'histoire de la ville au **Pimeria Alta Historical Society Museum** *(223 Grand Avenue, ☎ 602-287-4621)*, une sorte de bâtiment de mission qui abritait autrefois l'hôtel de ville, le poste de police et la caserne de pompiers.

Immédiatement en bordure de la route 82, vous croiserez quelques **villes mortes**, dont Harshaw et Duquesne. Cette dernière fut établie comme centre minier, au début du siècle, et vint à compter jusqu'à 1 000 habitants, parmi lesquels monsieur Westinghouse, de la Westinghouse Electric. Quant à Harshaw, elle a été fondée autour de 1875, et l'on y a exploité une centaine de mines. Aujourd'hui, il ne reste de ces deux localités que des ruines et des cimetières. Notez par ailleurs que certaines des routes qui y donnent accès sont extrêmement cahoteuses et accidentées.

Tucson et sa région sont connues comme la capitale mondiale de l'astronomie, et l'on y trouve plus d'observatoires que partout ailleurs. Un des plus célèbres est le **Kitt Peak National Observatory** *(droits d'entrée; 90 km au sud-ouest de Tucson par la route 386, ☎ 602-325-9200)*. Après avoir gravi une route de montagne, vous apercevrez les dômes d'un blanc étincelant de l'observatoire ainsi que ses 21 télescopes. Au cours des visites guidées, vous pourrez même pénétrer à l'intérieur de certains télescopes, y compris celui de 4 m de diamètre, aussi haut qu'un édifice de 18 étages. Il y a également un musée avec des vitrines sur l'observatoire. Si vous projetez d'y passer un certain temps, apportez de quoi vous restaurer, car l'ascension est longue jusqu'au sommet de la montagne, et il n'y a rien à manger là-haut.

En parcourant environ 160 km vers l'ouest sur la route 86, vous arriverez à **Ajo**, une petite ville panoramique dont le centre est marqué par une place entourée de bâtiments de style colonial espagnol. Il s'agit par ailleurs d'une ancienne ville minière vouée à l'extraction du cuivre, et elle en porte encore les cicatrices. La **New Cornelia Copper Mine** *(La Mina Road, ☎ 602-387-7451)* est une des plus grandes mines de cuivre à ciel ouvert au monde, son gouffre ayant un diamètre de 1,6 km. Bien qu'on y ait cessé toute activité en 1984, vous pourrez vous rendre au bord du gouffre et obtenir plus de renseignements sur l'exploitation de la mine au centre d'accueil des visiteurs, tout près.

De là, rendez-vous à l'**Ajo Historical Society Museum** *(160 Mission Street, ☎ 602-387-7105)*, aménagé à l'intérieur de la St. Catherine's Indian Mission, une église en stuc bâtie dans les années quarante. Vous y trouverez des vestiges retraçant l'histoire d'Ajo, y compris une forge, un bureau de dentiste, une imprimerie et des objets amérindiens tels que de vieilles selles, trouvées sur des tombes.

Au départ d'Ajo, roulez vers le nord sur la route 85 jusqu'à la route 8, puis prenez vers l'ouest jusqu'à Wellton. Prenez garde, car vous pourriez facilement manquer le **McElhaney Cattle Company Museum** *(Avenue 34, Wellton, ☎ 602-785-3384)* et son amusante collection d'antiquités, parmi lesquelles des bogheis, des carrioles, une charrette à armature métallique recouverte de toile, un ancien fourgon mortuaire, plusieurs diligences, une pompe à incendie et des voitures anciennes.

Beaucoup plus à l'ouest, près de la frontière californienne, se trouve **Yuma**. Jadis un chantier de bateaux à vapeur et un point de traversée important sur le fleuve Colorado, Yuma est aujourd'hui une ville animée, vivant de l'agriculture et jouissant d'un climat subtropical. La première construction majeure y fut la **Yuma Territorial Prison** *(droits d'entrée; 1 Prison Hill Road, ☎ 602-783-4771)*, qui servit de pénitencier entre 1876 et 1909, et qui est aujourd'hui devenue un parc d'État historique. Dans ce «trou de l'enfer», comme on l'appelle en Arizona, la vie en ses murs était rude, et les prisonniers qui s'en échappaient devaient affronter le désert hostile et les courants du fleuve Colorado. On peut maintenant visiter les tristes cellules et monter à la tour de garde, d'où l'on voit bien le fleuve et les environs.

En face de la prison, de l'autre côté du fleuve, découvrez le **Quechuan Indian Museum** *(droits d'entrée; Indian Hill Road, ☎ 602-572-0661)*, un des plus anciens postes militaires de la région, aujourd'hui devenu le siège administratif de la tribu des Indiens Quechuas. Divers objets y sont exposés.

La plaque tournante en ce qui a trait à l'approvisionnement des troupes du Territoire de l'Arizona était le **Yuma Quartermaster Depot** *(droits d'entrée; 4th Avenue, ☎ 602-329-0404)*, en activité jusqu'à sa fermeture en 1883. Plusieurs des bâtiments originaux subsistent encore, y compris les quartiers des officiers en chef et l'office de l'intendant militaire *(quartermaster)*. Des interprètes en costume d'époque vous feront visiter le complexe.

L'histoire de Yuma se révèle encore davantage à vos yeux à l'**Arizona Historical Society Century House Museum** *(240 South Madison Avenue, ☎ 602-782-1841)*. Jadis la demeure du pionnier et négociant E.F. Sanguinetti, il renferme désormais des objets variés, des photographies et des meubles de l'époque territoriale. Tout autour s'étendent des jardins colorés et des volières où s'ébattent des oiseaux exotiques.

Le **Yuma Art Center** *(droits d'entrée; 377 Main Street, ☎ 602-783-2314)* présente des expositions temporaires d'œuvres réalisées par des artistes contemporains du Sud-Ouest.

Pour faire une excursion sur le fleuve Colorado, songez à une promenade en vedette. **Yuma River Tours** *(droits d'entrée; 1920 Arizona Avenue, ☎ 602-783-4400)* vous fera voir des pétroglyphes, de grandes propriétés, des quais d'accostage pour bateaux à vapeur, des camps miniers et d'autres attraits majeurs laissés par les Amérindiens et les pionniers.

Parcs et plages

■ Les parcs de Tucson

Gene C. Reid Park

Ce parc de 53 ha est une oasis de verdure en plein désert avec des étendues herbeuses ponctuées d'arbres mûrs. On y trouve plusieurs installations récréatives, y compris deux terrains de golf, une piscine, un étang, des courts de tennis et de racket-ball, de même qu'un terrain de base-ball, sur lequel des équipes des ligues majeures viennent s'entraîner au printemps. Parmi les autres attraits du site, mentionnons le Reid Park Zoo et la roseraie, qui compte plus de 2 000 rosiers.

Installations et équipement : tables de pique-nique et abris, toilettes, zoo, centre récréatif et location de pédalos; pour de plus amples renseignements, composez le ☎ 602-791-4873.

Comment s'y rendre : le parc est délimité par Broadway Boulevard, 22nd Street, Country Club Road et Alvernon Way.

Tucson Mountain Park

Des routes sinueuses et escarpées vous conduiront à cette haute zone désertique de 8 100 ha boisée d'*ocotillos*, de *palo verdes*, de prosopis et de *saguaros*, par ailleurs entourée de sommets volcaniques déchiquetés. Un point très fréquenté est le promontoire de Gates Pass, tout juste après Speedway; vous pourrez vous y garer et admirer la vue panoramique sur Tucson, la vallée d'Avra et le Kitt Peak, sans parler des fameux couchers de soleil arizoniens. Le parc renferme en outre le Sonora Desert Museum et le Vieux Tucson.

Installations et équipement : aires de pique-nique, champs de tir à l'arc et au fusil. *Chasse* : chasse à l'arc autorisée en saison, pourvu que vous déteniez un permis en règle; pour de plus amples renseignements, composez le ☎ 602-740-2690.

Camping : le Gilbert Ray Campground dispose de 160 emplacements avec prises de courant *(tentes 6 $, véhicules récréatifs 9 $)*; pour plus d'informations, appelez au ☎ 602-883-4200.

Comment s'y rendre : situé à environ 16 km à l'ouest des limites de la ville en bordure de Gates Pass Road (aucun véhicule récréatif ne peut circuler sur cette route); une autre entrée se trouve sur Kinney Road, en retrait d'Ajo Way.

Fort Lowell Park

Alliant histoire et activités récréatives, ce parc convient parfaitement aux familles. Le fort Lowell était jadis un poste militaire et un dépôt d'approvisionnement de premier plan. En vous promenant entre les arbres de Cottonwood Lane, vous apercevrez plusieurs ruines, dont celles de l'hôpital militaire, construit d'adobes en 1875. Plus loin, les quartiers des officiers, entièrement reconstruits, abritent un musée. Ce parc de 24 ha possède en outre un étang avec une fontaine en son centre et de nombreux canards affamés tout autour, de même qu'un sentier ponctué de haltes clairement identifiées.

Installations et équipement : aires de pique-nique et abris, courts de tennis et de racket-ball, piscine et terrain de base-ball éclairé; pour de plus amples renseignements, composez le ☎ 602-791-4873.

Comment s'y rendre : situé au 2900 North Craycroft Road.

Saguaro National Monument

Créé en vue de protéger le *saguaro*, ce cactus qu'on trouve principalement en Arizona, le monument se divise en deux secteurs de part et d'autre de Tucson. Le plus populaire est le Rincon Mountain District, à l'est de la ville; il couvre une superficie de 28 286 ha, et son aménagement date de 1933. Débutez votre visite au centre d'accueil, où l'on présente des dioramas et diverses vitrines sur la géologie et l'histoire du monument. Engagez-vous ensuite sur la Cactus Forest Drive, une boucle panoramique de 13 km, le long de laquelle vous pourrez admirer de hauts *saguaros* aux bras déployés.

Quant au Tucson Mountain District, d'une superficie de 8 392 ha, il s'étend à l'ouest de la ville et se distingue surtout par sa Bajada Loop Drive, qui traverse une dense forêt de *saguaros* ponctuée de pétroglyphes amérindiens. Au total, plus de 160 km de sentiers de randonnée sillonnent l'ensemble du parc.

Installations et équipement : aires de pique-nique, toilettes et grils au vent; pour de plus amples renseignements, composez le ☎ 602-296-8576.

Comment s'y rendre : empruntez l'Old Spanish Trail vers l'est sur environ 5 km au-delà des limites de la ville pour accéder au Rincon Mountain District; le Tucson Mountain District se trouve à 3 km au-delà de l'Arizona-Sonora Desert Museum par Kinney Road.

Sabino Canyon

Un des endroits les plus panoramiques de la région est une route qui franchit les monts Santa Catalina à l'intérieur de la Coronado National Forest. Vous pouvez parcourir le secteur à pied ou prendre la navette qui décrit une boucle de 12 km parsemée de cotonniers, de sycomores, de frênes et de saules. Le Sabino Creek suit le tracé de la route avec ses bassins et ses cascades surmontées de ponts de pierres. La navette effectue neuf arrêts le long du parcours, de sorte que vous pouvez monter ou descendre du véhicule quand bon vous semble. Pour les âmes romantiques, la navette propose également des balades nocturnes les soirs de pleine lune entre avril et juin, de même que de septembre à décembre. Elle peut en outre vous emmener à la Bear Canyon Trail, distante de 4 km, où vous pourrez marcher sur trois autres kilomètres jusqu'aux Seven Falls, à savoir une succession de cascades dévalant le flanc d'une colline sur une hauteur d'environ 150 m.

Installations et équipement : toilettes et centre d'accueil; pour informations générales, ☎ 602-749-8700; pour tout renseignement concernant la navette, ☎ 602-749-2861.

Comment s'y rendre : le Sabino Canyon se trouve à l'extrémité nord de la Sabino Canyon Road, juste avant qu'elle ne se termine en cul-de-sac près de l'intersection de la Sunrise Drive.

Mount Lemmon

Au cours de l'heure de route qu'il vous faudra faire pour atteindre le mont Lemmon au départ de Tucson, vous passerez des basses terres du désert de Sonora, piquées de cactus, à une région plus élevée, densément boisée de pins. Les habitants de Tucson se rendent d'ailleurs en grand nombre au mont Lemmon en été afin d'échapper à la chaleur, et en hiver pour y pratiquer le ski à Mount Lemmon Ski Valley, le plus méridional de tous les centres de ski des États-Unis. Si vous empruntez le Catalina Highway jusqu'au sommet, une route de montagne abrupte et sinueuse, vous passerez par le Rose Canyon Lake, qui regorge de truites, et la petite ville de Summerhaven, qui ne compte que quelques boutiques et restaurants. Une fois parvenu au mont Lemmon, vous pourrez parcourir environ 240 km de sentiers.

Installations et équipement : aires de pique-nique et toilettes; pour de plus amples renseignements, composez le ☎ 602-749-8700.

Camping : vous trouverez de nombreux emplacements aux terrains de camping Rose Canyon, Spencer Canyon, Molina Basin et General Hitchcock *(6 $)*.

Comment s'y rendre : le mont Lemmon se trouve à l'intérieur de la Coronado National Forest. Roulez vers l'est sur la Tanque Verde Road jusqu'au Catalina Highway, puis prenez vers le nord jusqu'à Summerhaven, 48 km plus loin.

Tohono Chul Park

Peu de touristes semblent connaître ce trésor caché au nord-ouest de Tucson. Pourtant, en parcourant les sentiers sinueux de ce parc de 14 ha, vous découvrirez environ 400 espèces végétales poussant dans un climat aride, dont un grand nombre sont identifiées, ainsi que des fontaines, des étangs flanqués de grottes et une serre où l'on vend des plantes. Il y a en outre une galerie d'art, deux boutiques de souvenirs et un salon de thé.

Installations et équipement : tables de pique-nique, abri, toilettes et abreuvoirs; pour de plus amples renseignements, composez le ☎ 602-575-8468.

Comment s'y rendre : situé en marge de la route 89 au 7366 North Paseo del Norte, à environ 10 km au nord des limites de la ville.

Catalina State Park

Cette réserve de 2 225 ha repose au pied des monts Santa Catalina. On y trouve, entre autres, le Romero Canyon, un magnifique espace doté de bassins clairs et ombragé par des sycomores et des chênes, de même que le Pusch Ridge Wilderness voisin, où vit le mouflon du désert. Les Indiens Hohokams cultivaient autrefois la région et, en se promenant dans le parc, on peut encore apercevoir les ruines de certaines de leurs maisons creusées et le terrain où ils jouaient à la balle.

Installations et équipement : tables de pique-nique, toilettes, douches et grils au vent; pour de plus amples renseignements, composez le ☎ 602-628-5798.

Camping : 48 emplacements *(7 $ par véhicule)*.

Comment s'y rendre : situé en retrait de la route 77, à environ 13 km au nord des limites de la ville, au 11570 North Oracle Road.

Picacho Peak State Park

L'attrait le plus dramatique de ce parc est le Picacho Peak, une formation géologique qui s'élève à 457 m au-dessus du désert et qu'on peut apercevoir à des kilomètres à la ronde. D'ailleurs, on estime que ce pic est âgé de 22 millions d'années, ce qui veut dire qu'il est quatre fois plus vieux que le Grand Canyon et qu'il servait de point de repère aux premiers explorateurs de la région. C'est également ici que s'est déroulée la bataille du Col de Picacho au cours de la guerre de Sécession. D'une superficie de 1 376 ha, le parc est sillonné de sentiers bordés de *saguaros*.

Installations et équipement : aires de pique-nique, abris, toilettes; pour de plus amples renseignements, composez le ☎ 602-466-3183.

Camping : 85 emplacements *(7 $)*, dont 12 avec raccordements pour véhicules récréatifs *(12 $)*.

Comment s'y rendre : situé à 64 km au nord de Tucson, immédiatement en bordure de la route 10.

■ Les parcs à l'est de Tucson

Chiricahua National Monument

Les Apaches Chiricahuas avaient baptisé cette région «la terre des rochers debout» en raison de ses énormes flèches, colonnes et masses rocheuses en équilibre sur de petits piédestaux. Les géologues croient que ces formations sont le fruit d'éruptions volcaniques explosives. Pour avoir une vue d'ensemble sur le parc, gravissez la tortueuse Bonita Canyon Drive, longue de 13 km. Vous traverserez des forêts de pins et de chênes-genévriers avant d'atteindre le Massai Point, au sommet des monts Chiricahua, d'où vous pourrez admirer le parc, les vallées environnantes et les sommets de Sugarloaf Mountain et de Cochise Head. Et pourquoi ne pas aussi explorer le parc à pied, grâce à ses 32 km de sentiers? Parmi les autres attraits du site, retenons l'historique Faraway Ranch et la Stafford Cabin.

Installations et équipement : tables de pique-nique, toilettes et centre d'accueil avec vitrines d'exposition; pour de plus amples renseignements, composez le ☎ 602-824-3560.

Camping : 26 emplacements *(6 $)*; le camping sauvage est interdit dans le parc.

Comment s'y rendre : de Willcox, prenez la route 186 vers l'est sur 56 km.

■ Les parcs et plages au sud et à l'ouest de Tucson

Patagonia Lake State Park

Le plus grand lac récréatif du sud de l'Arizona, le lac Patagonia (111 ha), se trouve dans ce parc; créé par l'endiguement du Sonoita Creek en 1968, il est entouré de collines ondulantes, et une petite plage sablonneuse y attire les baigneurs. Grâce à l'altitude à laquelle il se trouve (1 143 m), ce parc de 243 ha jouit de températures modérées toute l'année.

Installations et équipement : aires de pique-nique, toilettes, douches, descente de bateaux, marina et location d'embarcations; pour de plus amples renseignements, composez le ☎ 602-287-6965. *Pêche* : bonne pour l'achigan, le crapet commun et le crapet arlequin, de même que pour la truite en hiver. *Ski nautique* : passable. *Baignade* : bonne.

Camping : 119 emplacements *(7 $)*, dont 10 avec raccordements pour véhicules récréatifs *(12 $)* et 14 accessibles par bateau seulement.

Comment s'y rendre : par la route 82, à environ 19 km au nord de Nogales; suivez les indications pour le parc.

Patagonia Sonoita Creek Preserve

À 14,5 km au nord du Patagonia Lake State Park s'étend une réserve de 126 ha sur une étroite plaine inondable entre Santa Rita et les monts Patagonia. Cette réserve englobe une portion de 2,4 km du Sonoita Creek bordée de hauts massifs de cotonniers (certains atteignent 30 m), de noyers arizoniens, de frênes velours, de saules et de mûriers texans. Des ornithologues du monde entier viennent ici en grand nombre, car on y a identifié à ce jour plus de 200 espèces d'oiseaux. Y vivent également des cerfs de Virginie, des lynx, des *javelinas*, des coyotes et le poisson le plus menacé d'extinction du Sud-Ouest américain, le *Gila Topminnow*.

Installations et équipement : aucun; épicerie à proximité, à Patagonia; pour de plus amples renseignements, composez le ☎ 602-394-2400.

Comment s'y rendre : de Patagonia, quittez la route 82 à la 4th Avenue en direction du nord-ouest, puis tournez à gauche sur la Pennsylvania Avenue. Là où le revêtement s'interrompt, vous traverserez un ruisseau, après quoi vous prendrez à gauche; l'entrée de la réserve se trouvera alors sur votre gauche. Un panneau d'information se dresse aussitôt après la barrière.

Coronado National Forest

Cet endroit est idéal pour observer les oiseaux, puisqu'on y dénombre plus de 200 espèces, y compris divers types de pics, d'aigles, de roitelets et de vautours. Au fur et à mesure que vous avancerez dans le canyon, le désert se transformera en plaine herbeuse puis en forêt. Les arbres que vous apercevrez sur les pentes inférieures des monts Santa Rita sont des prosopis, alors que, plus loin, le long du Madera Creek, poussent des chênes, des genévriers «alligators», des cotonniers et des sycomores. Il y a au total plus de 113 km de sentiers.

Installations et équipement : aires de pique-nique, toilettes et grils au vent; pour de plus amples renseignements, composez le ☎ 602-281-2286.

Camping : 13 emplacements au Bog Springs Campground *(5 $ par véhicule)*

Comment s'y rendre : situé à 56 km au sud de Tucson; prenez la route 19 vers le sud au départ de Tucson jusqu'à la Green Valley's Continental Road, puis roulez en direction du sud-est sur 21 km.

Pena Blanca Lake

Ce lac de 23 ha est entouré de chênes, de cotonniers, de prosopis et de falaises avancées. Il se trouve à une altitude de 1 219 m, de sorte qu'il y fait passablement plus frais qu'à Tucson. Un sentier en fait le tour.

Installations et équipement : aires de pique-nique et tables de pique-nique, toilettes et descente de bateaux; pour de plus amples renseignements, composez le ☎ 602-281-2296. Le Pena Blanca Lake Resort *(☎ 602-281-2800)* possède un chalet, un restaurant, du matériel de pêche et des embarcations à louer. *Pêche* : bonne pour l'achigan, le crapet commun et le crapet arlequin, le poisson-chat et la truite arc-en-ciel.

Camping : 13 emplacements au White Rock Campground *(5 $ par véhicule; à 400 m du lac)*; aucune vue sur le lac.

Comment s'y rendre : situé à 8 km au nord de la frontière mexicaine; de Tucson, prenez la route 19 vers le sud jusqu'à la Ruby Road, puis roulez vers l'ouest sur environ 15 km.

Parker Canyon Lake

Ce lac pour la pêche de 53 ha, entouré de collines herbeuses et ondulantes, se trouve à l'ouest des monts Huachuca.

Installations et équipement : aires de pique-nique, toilettes, location et descente de bateaux, épicerie *(tlj sauf mer)*, appâts et quai de pêche; pour de plus amples renseignements, composez le ☎ 602-378-0311. *Pêche* : bonne pour le crapet arlequin, l'achigan, la perche, la truite et le poisson-chat.

Camping : 64 emplacements *(8 $)*, plus une extension ouverte en été et pouvant accueillir de 50 à 75 véhicules autonomes.

Comment s'y rendre : de Sonoita, prenez la route 83 sur 48 km, jusqu'à ce qu'elle pénètre dans le parc.

Organ Pipe Cactus National Monument

Cette réserve naturelle de 134 000 ha a été constituée en monument national en 1937 afin de protéger la faune et la flore du désert de Sonora, de même que le cactus «tuyau d'orgue». Partez du centre d'accueil des visiteurs, situé à 27 km au sud de l'entrée nord du parc, où vous pourrez voir des vitrines d'exposition et vous procurer une brochure qui vous permettra de faire une visite autoguidée des lieux. Une bonne suggestion consiste à emprunter la route panoramique de Puerto Blanco, une boucle graduelle en terre de 85 km ponctuée de haltes numérotées dans la brochure. La seule route revêtue à traverser le parc est la 85. En explorant l'ensemble du site, vous verrez des montagnes, des plaines, des canyons, des lits de rivières desséchés et un étang entouré de cotonniers.

Installations et équipement : toilettes; épicerie à Lukeville, 8 km plus au sud; pour de plus amples renseignements, composez le ☎ 602-387-6849.

Camping : on trouve 208 emplacements sur le terrain principal *(8 $)*; le camping primitif est autorisé sur quatre emplacements du terrain de camping Alamo et n'importe où en zone sauvage à condition que vous vous installiez à au moins 800 m de la route; procurez-vous un permis gratuit au centre d'accueil.

Comment s'y rendre : le monument se trouve à 56 km au sud d'Ajo, alors que le centre d'accueil des visiteurs se trouve à la borne des 75 miles *(121 km)* de la route 85.

Cabeza Prieta National Wildlife Refuge

Créée en 1939 afin de protéger la faune et la flore locale, cette réserve de 348 000 ha est une zone sauvage et aride truffée de cactus et de montagnes. Elle est traversée par El Camino del Diablo (chemin du diable), ouvert par le conquistador espagnol qu'était le capitaine de Anza en 1774 et s'étendant du Mexique à la Californie. En cours de route, vous croiserez le mont Cabeza Prieta, au sommet granitique couronné de lave, et la Mohawk Valley, caractérisée par des dunes de sable et des coulées de lave. Étant donné que les routes d'ici sont rudes et non entretenues, vous aurez besoin d'une véhicule à quatre roues motrices pour les parcourir. Prenez aussi garde aux six espèces de crotales, ou serpents à sonnette, qui vivent dans la région.

Installations et équipement : aucun; l'épicerie la plus près se trouve à Ajo, à 12 km à l'est de la réserve. Notez qu'on ferme parfois la réserve, lorsque l'armée y effectue des manœuvres ou que la température n'est pas assez clémente; appelez au préalable pour savoir si elle est ouverte ou non au moment de votre passage. Sachez également que vous ne pourrez y pénétrer à moins d'être en possession d'un permis en bonne et due forme, ce qui veut dire que vous devez d'abord vous en procurer un au bureau de la réserve, à Ajo *(1611 North 2nd Avenue,*

☎ 602-387-6483). *Chasse* : restreinte en ce qui a trait au mouflon du désert; informez-vous d'abord auprès du bureau de la réserve.

Camping : trois terrains de camping primitif sans aucun service ni eau courante; interdiction formelle de faire du feu; permis nécessaire.

Comment s'y rendre : vous aurez besoin d'indications précises, que vous obtiendrez au moment de faire l'acquisition de votre permis d'entrée au bureau d'Ajo. Mieux vaut téléphoner à l'avance.

Activités de plein air

La navigation de plaisance

Bien que l'eau ne soit pas exactement la ressource la plus abondante du sud de l'Arizona, on y trouve tout de même quelques lacs. Il est possible de louer une embarcation au **Patagonia Lake State Park** *(Patagonia, ☎ 602-287-6965)*, au **Parker Canyon Lake** *(en retrait de la route 83 près de Sierra Vista, ☎ 602-670-6483)* et au **Pena Blanca Lake** *(en retrait de la route 289, Nogales, ☎ 602-281-2800)*. On loue aussi des pédalos au **Gene C. Reid Park** *(délimité par Broadway Boulevard, 22nd Street, Country Club Road et Alvernon Way, Tucson, ☎ 602-791-4560)*.

La baignade

Vous avez envie de faire trempette pour vous reposer de la chaleur? Parmi les piscines publiques de Tucson, retenons celles du **Fort Lowell Park** *(2900 North Craycroft Road, ☎ 602-791-2585)*, du **Himmel Park** *(1000 North Tucson Boulevard, ☎ 602-791-4157)*, du **Morris K. Udall Park** *(7200 East Tanque Verde Road, ☎ 602-791-4004)*, du **Joaquin Murieta Park** *(1400 North Silverbell Road, ☎ 602-791-4752)* et du **Jacobs Park** *(1010 West Lind, ☎ 602-791-4358)*.

La montgolfière

Rien de tel que de flotter au-dessus de tout. Pour voir Tucson du haut des airs, adressez-vous à **A Balloon Experience** *(☎ 602-747-3866)*, **A Southern Arizona Balloon Excursion** *(☎ 602-624-3599)* ou **Balloon America** *(☎ 602-299-7744)*.

Le ski alpin

Il n'y a qu'un endroit où skier dans la région : **Mount Lemmon Ski Valley** *(mont Lemmon, ☎ 602-576-1400)*, le centre de ski le plus au sud de toute l'Amérique du Nord, qui propose 15 pistes de ski alpin, la location d'équipement, une école de ski et un restaurant.

L'équitation

Une ville de l'Ouest comme Tucson n'en serait sûrement pas tout à fait une si elle n'offrait l'occasion de se balader à cheval. Montez en selle chez **Desert-High Country Stables Inc.** *(6501 West Ina Road, ☎ 602-744-3789)*, **El Conquistador Stables** *(10000 North Oracle Road, ☎ 602-742-4200)*, **Pusch Ridge Stables** *(13700 North Oracle Road, ☎ 602-297-6908)*, **Pantano Riding Stables** *(4450 South Houghton Road, ☎ 602-298-9076)*, **Wild Horse Ranch Resort** *(6801 North Camino Verde, ☎ 602-744-1012)* ou **Rio Rico Stables**

(320 Stable Lane, Rio Rico, ☎ 602-281-7550).

Le golf

Les hivers doux de la plus grande partie du sud de l'Arizona en font un paradis des golfeurs, qui n'ont que l'embarras du choix parmi un large éventail de terrains publics et privés. Dans la région de Tucson, songez au **Tucson National Golf Club** *(2727 West Club Drive, ☎ 602-575-7540)*, au **Star Pass Golf Club** *(3645 West 22nd Street, ☎ 602-622-6060)*, au **Sun City Vistoso Golf Club** *(1495 East Rancho Vistoso Boulevard, Catalina, ☎ 602-825-3110)*, au **Randolph Golf Course** *(600 South Alvernon Way, ☎ 602-791-4161)*, à l'**El Conquistador Country Club – Sunrise Course** *(10555 North La Canada Drive, ☎ 602-544-5000)*, au **Dorado Golf Course** *(6601 East Speedway Boulevard, ☎ 602-885-6751)*, à l'**Arthur Pack Desert Golf Course** *(9101 North Thornydale Road, ☎ 602-744-3322)*, au **Ventana Canyon Golf & Racquet Club** *(6200 North Club House Lane, ☎ 602-577-1400)*, au **Cliff Valley Golf Course** *(5910 North Oracle Road, ☎ 602-887-6161)*, à l'**El Rio Golf Course** *(1400 West Speedway Boulevard, ☎ 602-791-4229)*, au **Fred Enke Golf Course** *(8215 East Irvington Road, ☎ 602-296-8607)* et au **Silverbell Golf Course** *(3600 North Silverbell Road, ☎ 602-791-5235)*.

Parmi les autres endroits de premier choix, retenez **Turquoise Valley** *(par Naco Highway, Bisbee, ☎ 602-432-3091)*, le **Douglas Municipal Golf Course** *(Leslie Canyon Road North, Douglas, ☎ 602-364-3722)*, le **Rio Rico Golf Course** *(1410 Rio Rico Drive, Rio Rico, ☎ 602-281-8567)*, le **Tubac Valley Country Club** *(1 Otero Road, Tubac, ☎ 602-398-2211)* et **Mesa Del Sol Golf & Tennis Club Ltd.** *(10583 Camino Del Sol Avenue, Yuma, ☎ 602-342-1817)*.

Le vélo

La région de Tucson s'avère fort populaire auprès des cyclistes, qui aiment bien, par exemple, rouler sur l'**Oracle Road**, au nord de l'Ina Road, où les accotements sont larges et la vue sur les montagnes se révèle magnifique. Parcourez environ 24 km jusqu'à Catalina, où la route se rétrécit et convient davantage aux cyclistes d'expérience. Sur le chemin du retour, faites un détour par Sun City Vistoso, une vaste communauté de retraités où les voies sont larges et les paysages, très jolis.

Un autre circuit très apprécié longe les contreforts des monts Santa Catalina en suivant la **Sunrise Drive** jusqu'au Sabino Canyon, où vous pourrez gravir une route escarpée de 6 km à travers les montagnes. En raison de la navette qui effectue ce trajet pendant le jour, le Sabino Canyon n'est accessible aux cyclistes qu'avant 9 h et après 17 h.

Une piste de randonnée et de vélo part de la North Campbell Avenue et épouse les contours de la rivière Rillito, maintenant desséchée. Le tracé n'est que d'environ 5 km pour l'instant, mais sa construction se poursuit, et l'on ajoute chaque année de nouveaux tronçons.

Le **Saguaro National Monument**, aussi bien à l'est qu'à l'ouest, propose également de bonnes pistes, tant pour le vélo de montagne que pour le vélo de route, tout comme d'ailleurs le vallonné **Tucson Mountain Park**. Ces deux régions panoramiques sont émaillées de cactus et de montagnes. Un autre circuit agréable longe enfin l'**Old Spanish Trail**, du Broadway Boulevard à la Colossal Cave.

Pour obtenir de plus amples renseignements, de même que des plans des circuits de la région, adressez-vous au **coordinateur des activités cyclistes de la Ville de Tucson** *(☎ 602-791-4372)*.

Vous trouverez également autre part de bons endroits où faire du vélo. Prenez, par exemple, la **route 83**, de la Colossal Cave à Nogales en passant par Sonoita et Patagonia; les accotements en sont larges, et la circulation y est faible. Songez aussi à la **route 90**, que vous pouvez suivre jusqu'à Sierra Vista et à Bisbee, et à la **route 80**, qui passe par Tombstone.

La location d'une bicyclette

Quelques commerces spécialisés louent des bicyclettes à Tucson, parmi lesquels **The Bike Shack** *(940 East University Boulevard, ☎ 602-624-3663)*, **Broadway Bicycles** *(140 South Sarnoff Drive, ☎ 602-296-7819)*, **Sunrise Bicycles** *(4772 East Sunrise Drive, ☎ 602-577-2292)* et **Full Cycle** *(3232 Speedway Boulevard, ☎ 602-327-3232)*.

La randonnée pédestre

Les sentiers de Tucson

La **Freeman Homestead Nature Trail** *(1,6 km)* du **Saguaro National Monument** (Rincon Mountain District) est une boucle qui part de la voie de desserte de l'aire de pique-nique de Javelina et descend d'une forêt de *saguaros* vers une petite plaine truffée de prosopis. Vous croiserez en cours de route les ruines d'une maison d'adobes construite dans les années vingt.

La **Cactus Forest Trail** *(4 km)* vous entraîne dans une forêt de *saguaros* entre le Broadway Boulevard et l'Old Spanish Trail. Vous y verrez aussi ce qui reste de la première station de rangers du Saguaro National Monument et deux fours à chaux en usage au début du siècle.

Pour explorer le **mont Lemmon**, suivez la **Wilderness of Rocks Trail** *(8,4 km)*, dont le point de départ se trouve 2,4 km passé Ski Valley. Vous pourrez y admirer les bassins du Lemmon Creek et des milliers de rochers érodés en équilibre.

La **Pima Canyon Trail** *(11,4 km)* des monts Santa Catalina est un sentier ardu qui grimpe de 884 m à 2 211 m à travers une zone de gestion des troupeaux de mouflons. Vous passerez par Pima Canyon Spring et jouirez de belles vues sur Tucson et l'A Mountain. Pour y accéder, suivez la Christie Drive vers le nord jusqu'au point où elle s'interrompt, à la Magee Road; tournez à droite et garez-vous.

La **King Canyon Trail** *(5,6 km)* du Saguaro National Monument (**Tucson Mountain District**) part en bordure de la Kinney Road, en face de l'Arizona-Sonora Desert Museum, puis grimpe jusqu'à une aire de pique-nique avant d'atteindre le sommet du Wasson Peak (altitude : 1 429 m), le plus haut point de la région.

La courte **Signal Hill Petroglyphs Trail** *(0,4 km)* suit un tracé sinueux sur les pentes d'une petite colline en marge de la Golden Gate Road. Tout en haut, vous verrez des rochers portant des inscriptions pétroglyphiques laissés par des Amérindiens d'une autre époque.

La **Valley View Overlook Trail** *(1,2 km)* de la Bajada Loop Drive descend dans le lit desséché de deux rivières et prend fin sur une corniche panoramique dominant la plus grande partie de la vallée d'Avra.

La **Hunter Trail** *(3,2 km)* du **Picacho Peak State Park** offre de beaux points de vue en passant de 610 m à 1 028 m d'altitude. Elle est ainsi nommée en l'honneur du capitaine Sherod Hunter, un officier confédéré qui aménagea des postes de surveillance au col de Picacho et participa à la bataille qui se déroula sur les lieux en 1862.

Les sentiers à l'est de Tucson

Pour découvrir la **Lutz Canyon Trail** *(4,7 km)*, parcourez 19 km au sud de Sierra Vista sur la route 92 jusqu'à l'Ash Canyon Road. Vous y verrez de vieilles installations minières dans un canyon profond et étroit où poussent des chênes, des genévriers et des pins de Douglas.

La **Crest Trail** *(17,1 km)* du **Coronado National Memorial** longe la crête des monts Huachuca et offre des vues exceptionnelles sur le nord du Mexique par temps clair.

La **Massai Point Nature Trail** *(0,8 km)* du **Chiricahua National Monument** débute à l'exposition géologique du Massai Point et vous fait découvrir un gros rocher en équilibre, un panneau décrivant l'histoire géologique du parc et des vues s'étendant au-delà du Rhyolite Canyon.

La **Sugarloaf Trail** *(1,5 km)* vous entraîne au sommet du mont Sugarloaf, le plus haut point du parc.

La **Natural Bridge Trail** *(4 km)* part de la route panoramique du Bonita Canyon, puis croise un pont de roche naturel avant de grimper à travers des bois de chênes et de genévriers jusqu'à une forêt de pins.

La **Heart of Rocks Trail** *(5,6 km)* serpente à travers des forêts de pins et de sapins et certaines des formations rocheuses les plus impressionnantes du parc, y compris le Big Balanced Rock, Punch and Judy et le Totem Pole.

Aménagée comme voie d'approvisionnement pour les équipes de lutte contre les incendies stationnées dans les hauteurs des Chiricahuas, la **Greenhouse Trail** *(6 km)* accuse une dénivellation de 914 m. En cours de route, vous passerez la Cima Cabin (le quartier général des pompiers) et les Winn Falls, dont le débit est au plus fort en été. Pour vous y rendre, prenez vers le nord à partir de la Cave Creek Spur Road pour vous engager sur la Greenhouse Road, et roulez encore 0,8 km.

La **South Fork Trail** *(10,9 km)* de la **Coronado National Forest** part de la fin de la Cave Creek Road au South Fork Forest Camp, 5,6 km au-dessus de Portal (Arizona), traverse le South Fork Cave Creek, un des plus célèbres canyons des monts Chiricahua pour l'observation des oiseaux, et croise une aiguille de rhyolite rouge de 21 m baptisée Pinnacle Rock. Le sentier débute dans une forêt de sycomores, de cyprès et de noyers noirs, puis traverse un bois de hauts pins de Douglas avant d'aboutir à de petites falaises surplombant le South Fork Cave Creek.

Les sentiers au sud et à l'ouest de Tucson

La **Kent Springs-Bog Springs Trail Loop** *(9,2 km)* des monts Santa Rita grimpe de 1 469 m à 2 018 m. Son tracé est ponctué de trois sources qui rendent le secteur exceptionnellement verdoyant avec ses gros sycomores et noyers. Quittez la route 19 au Madera Canyon, et garez-vous près du terrain de camping de Bog Springs.

Hébergement

■ Hébergement de Tucson

Bien que Tucson soit connue pour ses complexes hôteliers de grand luxe, avec tous les services possibles à la clé, ce qui en fait un paradis pour les vacanciers cherchant à fuir les rigueurs de l'hiver, elle possède aussi bon nombre de lieux d'hébergement de catégorie petit budget et moyenne. Il faut également noter que, malgré les prix élevés des grands complexes hôteliers en haute saison, la plupart d'entre eux proposent d'importantes réductions durant les chauds mois d'été et que les *Bed and Breakfasts* sont, en outre, légion. Pour de plus amples renseignements sur les *Bed and Breakfasts* de l'Arizona, adressez-vous à l'**Arizona Association of Bed & Breakfast Inns** *(3101 North Central, Suite 560, Phoenix, AZ 85012, ☎ 602-277-0775)*.

Vous trouverez toute une variété de motels pour petit budget sur le Miracle Mile, jadis la principale artère de la ville. Ce secteur est quelque peu minable avec ses nombreuses boîtes de strip-tease, mais on y trouve néanmoins quelques établissement respectables, dont le **Best Western Ghost Ranch Lodge** *($; ≈, bassin à remous, ℜ, bar; 801 West Miracle Mile, Tucson, ☎ 602-791-7565)*, qui occupe l'emplacement d'un ancien ranch de bétail. Aujourd'hui, la propriété compte 81 chambres dans un ensemble de constructions en brique entourées de pelouses, de palmiers et de jardins de cactus. La décoration est résolument western, avec une tête de squelette de vache au-dessus du foyer du hall d'entrée et divers souvenirs de l'Ouest un peu partout.

Le **Picacho Motel** *($; 6698 Eisenhower Street, Picacho, ☎ 602-466-7500)*, un établissement tout à fait décontracté, existe depuis les années trente. Les serveuses du restaurant qui se trouve dans le hall d'entrée assurent également l'accueil des visiteurs. Des palmiers et divers arbres fruitiers entourent les 26 chambres, alors qu'à l'intérieur on découvre un décor lambrissé quelque peu défraîchi parsemé de commodes et de secrétaires. Des images country ornent les murs.

L'**Hotel Congress** *($; 311 East Congress Street, Tucson, ☎ 602-622-8848)* appartient à l'histoire de Tucson. Cet édifice classique de briques et de marbre, qui s'étend sur une rue entière, a été construit en 1919 pour répondre aux besoins d'hébergement des passagers de la ligne de chemin de fer Southern Pacific, et la bande de John Dillinger figure parmi ses clients d'autrefois. Des motifs indiens de forme géométrique donnent du caractère au hall d'entrée, où peuvent en outre s'asseoir les clients du Cup Café et des boîtes de nuit lorsqu'elles deviennent trop bondées. Les 40 chambres de l'hôtel, entièrement rénovées, présentent des têtes de lit de couleur noire, des murs saumon et des salles de bain toutes de noir et de blanc. Sept d'entre elles sont du même type que celles qu'on trouve dans les auberges de jeunesse, avec lits superposés ou lits simples et salles de bain privée. Aucune chambre ne possède un téléviseur, mais toutes jouissent d'un élément de plus en plus difficile à trouver de nos jours : des fenêtres qui s'ouvrent.

Situé au centre de tout, le **North Campbell Suites Hotel** *($-$$; ≈; 2925 North Campbell Avenue, Tucson, ☎ 602-323-7378)* propose 11 suites de quatre pièces avec cuisinette. Elles n'ont rien de très chic, mais se révèlent chaleureuses et fonctionnelles; leur mobilier est adéquat, et leur salle de séjour dispose d'un divan-lit pour loger une ou deux personnes de plus. La piscine et les arbres qui l'entourent contribuent à adoucir l'aspect du terrain de stationnement.

Construit en 1905, le **Peppertrees Bed and Breakfast Inn** *(chambres régulières $$, pavillons $$$$; 724 East University Boulevard, Tucson, ☎ 602-622-7167)* se présente comme une maison de style Territorial dominée par deux immenses faux-poivriers de Californie. On y dénombre trois chambres régulières, garnies de meubles anglais d'époque, et deux pavillons de deux chambres dans le style du Sud-Ouest. Des portes-fenêtres donnent sur un patio magnifiquement paysagé.

La Posada del Valle *($$; 1640 North Campbell Avenue, Tucson, ☎ 602-795-3840)* est une auberge de stuc et d'adobes datant de 1929. On y sert le thé en après-midi dans un salon meublé d'antiquités Art déco des années vingt et trente, un thème qui se reflète dans les cinq chambres de ce *Bed and Breakfast*, chacune portant le nom d'une femme célèbre de cette époque. La «Zelda», avec son grand lit et son ensemble de chambre à coucher en marqueterie des années vingt, compte parmi les favorites.

Le **Tanque Verde Inn** *($$ pdj; ≈; 7007 East Tanque Verde Road, Tucson, ☎ 602-298-2300)* est une auberge de 89 chambres de style hacienda surplombant un jardin verdoyant ponctué de fontaines mexicaines.

Immédiatement au nord de la ville, **The Triangle L Ranch** *($$; 2805 Triangle L Ranch Road, Oracle, ☎ 602-623-6732)* se présente comme un domaine de 32 ha datant des années 1880. Parmi ses quatre cottages individuels, il en est un d'adobes couvert de lierres avec baignoire sur pied et porche grillagé où l'on peut dormir, et un autre avec un foyer en pierre, une tonnelle couverte de roses et un patio privé. Un poêle à bois réchauffe la cuisine à l'heure du petit déjeuner, qui se compose d'œufs fermiers (le propriétaire élève des poules) et d'autres délices maison.

The Lodge on the Desert *($$-$$$; ≈, ℜ; 306 North Alvernon Way, Tucson, ☎ 602-325-3366)* est un complexe hôtelier de 40 villas couleur terre regroupées autour de patios donnant sur des pelouses et des jardins. Les chambres présentent des plafonds aux poutres apparentes, des carrelages mexicains peints à la main et des meubles de style Monterey, nombre d'entre elles possédant également un foyer en casque de Minerve embaumant le prosopis. De la piscine, on a vue sur la montagne.

Construit dans les années trente, l'**Arizona Inn** *($$$; ≈, ℜ, bar, tennis; 2200 East Elm Street, Tucson, ☎ 602-325-1541)* est un véritable joyau historique. Bien que cet établissement soit situé au cœur de la ville, on s'y sent comme dans une oasis verdoyante de 6 ha, assortie de pelouses et de jardins riches de nombreux orangers, de cyprès et de dattiers. Aucune des 80 chambres n'est semblable à une autre, quoique toutes arborent un décor des années trente et s'enorgueillissent de quelques antiquités. Le bar est orné de gravures Audubon du XIXe siècle.

Un des meilleurs complexes hôteliers de la ville est le **Westin La Paloma** *($$$$; 3800 East Sunrise Drive, Tucson, ☎ 602-742-6000)*. Ses 487 chambres dans le style du Sud-Ouest disposent de terrasse ou de balcon individuel, d'un petit salon, d'un immense placard et d'un réfrigérateur bien garni. Plusieurs des suites possèdent en outre un foyer et une baignoire à remous encastrée dans le sol. Une grande piscine avec bar, un terrain de golf dessiné par Jack Nicklaus, des courts de tennis et de racket-ball, un centre de conditionnement physique et, pour les parents qui ont besoin d'un répit, une garderie complètent les installations.

Situé dans les contreforts des monts Santa Catalina, le **Loews Ventura Canyon** *($$$$; 7000 North Resort Drive, Tucson, ☎ 602-299-2020)* est un autre grand complexe hôtelier, celui-là d'une superficie de 38 ha. Il se distingue, entre autres, par une chute de 24 m qui tombe en cascade dans un lac et des sentiers tranquilles bordés de prosopis, de *squawbush* et de *palo verdes*. Plusieurs des 398 chambres décorées à la mode du Sud-Ouest renferment des œuvres d'art originales, des meubles en pin bruni, des balcons individuels et des salles de bain au sol de marbre. Cinq restaurants et bars, tennis, golf, pistes de course à pied, piscines, centre de conditionnement physique et boutiques complètent le tout.

■ Hébergement à l'est de Tucson

La majorité des lieux d'hébergement de Sierra Vista se trouvent sur le Fry Boulevard, la principale artère commerciale de la ville, et sur la South Route 92.

Les **Sierra Suites** *($; ≈, bassin à remous; 391 East Fry Boulevard, Sierra Vista, ☎ 602-459-4221)* est un hôtel en brique rouge de deux étages qui attire des clients avec ses petits déjeuners et ses cocktails gratuits. Ses 100 chambres donnent sur des cours et présentent des placards à portes en miroir coulissantes, de petites tables de verre, une commode à tiroirs et un réfrigérateur. L'usage de la piscine et du bassin à remous sont inclus dans le prix de la chambre.

Le **Thunder Mountain Inn** *($; ≈; 1631 South Route 92, Sierra Vista, ☎ 602-458-7900)* se présente comme une construction en brique ocre de deux étages dotée de 102 chambres, d'une salle à manger et d'un bar. Les chambres du rez-de-chaussée donnant sur la piscine possèdent de grandes portes vitrées. Lit pour deux personnes et bureau dans la plupart des cas.

Construit en 1917, **The Bisbee Inn** *($ pdj; bc; 45 OK Street, Bisbee, ☎ 602-432-5131)* surplombe la Brewery Gulch, jadis une des rues les plus tapageuses du Sud-Ouest américain. Chacune des 18 chambres de cette auberge en brique rouge possède un édredon fait main, une armoire antique avec miroir, de même qu'un lavabo. Salle de bain commune dans le couloir. Petit déjeuner à volonté.

Le **Jonquil Motel** *($; 317 Tombstone Canyon, Bisbee, ☎ 602-432-7371)* est un petit établissement routier proposant sept chambres propres et confortables, pourvues de téléviseur mais pas de téléphone.

Le **Gadsden Hotel** *($; 1046 G Avenue, Douglas, ☎ 602-364-4481)* est un monument historique qui a ouvert ses portes en 1907, alors qu'il accueillait des éleveurs de bétail, des mineurs et des propriétaires de ranchs. Bien que ses 160 chambres soient ordinaires, le hall se révèle somptueux avec ses quatre colonnes de marbre à chapiteaux recouverts de feuille d'or 14 carats et ses lucarnes voûtées en verre teinté sur toute la longueur du hall. Plusieurs longs métrages de Hollywood ont été tournés ici. Un bar chic, une salle à manger et un café complètent le tout.

Le **School House Inn Bed & Breakfast** *($-$$; 818 Tombstone Canyon, Bisbee, ☎ 602-432-2996)* occupe une ancienne école de briques rouges construite en 1917 et entièrement restaurée, tout juste au-dessus du Garfield Playground. Ses neuf chambres sont passablement spacieuses, et chacune d'elles dispose d'une salle de bain privée, équipée d'une grande baignoire. Petit déjeuner complet servi sur place.

La Copper Queen Mining Co. a érigé le **Copper Queen Hotel** *($-$$; 11 Howell Avenue, Bisbee, ☎ 602-432-2216)* au tout début du siècle, époque à laquelle il accueillait des politiciens, des administrateurs de la mine et des voyageurs de tout horizon, y compris le jeune Theodore Roosevelt et John Wayne (la porte de la chambre où il a dormi arbore une plaque commémorative). L'hôtel subit actuellement des travaux de réfection, de sorte que vous feriez bien d'insister pour qu'on vous loge dans une des chambres déjà rénovées. Celles-ci sont en effet tapissées de papiers peints à motifs floraux victoriens et dotées de salles de bain carrelées. Le bâtiment de quatre étages renferme 45 chambres, une salle à manger et le Copper Queen Saloon.

Le **Tombstone Boarding House Bed and Breakfast** *($-$$; 108 North 4th Street, Tombstone, ☎ 602-457-3716)* occupe un bâtiment d'adobes construit vers 1879. Ses chambres sont décorées avec goût dans les teintes pastel et arborent des rideaux de dentelle ainsi que des meubles victoriens. Le petit déjeuner complet est servi dans la salle à manger, et les hôtes qui savent jouer du piano sont invités à divertir la galerie.

Le **Bisbee Grand Hotel** *($$; bc ou bp, ⊗; 61 Main Street, Bisbee, ☎ 602-432-5900)* occupe un emplacement idéal dans le principal quartier marchand de la ville. La structure d'origine date de 1906. On y dénombre trois suites et huit chambres, dont quatre avec salle de bain partagée. Toutes rappellent le début du siècle avec leur papier peint à motifs floraux, leur tapis rouge, leur lit en laiton et leurs antiquités, sans oublier les lavabos et les ventilateurs de plafond. Les chambres sont à l'étage, tandis que le saloon western, le Victorian Ladies Lounge et un théâtre où l'on présente des mélodrames se trouvent au rez-de-chaussée.

Pour un endroit retiré, songez au **Ramsey Canyon Inn** *($$-$$$; 31 Ramsey Canyon Road, Hereford, ☎ 602-378-3010)*, dans les monts Huachuca, en bordure d'un cours d'eau, près de la Nature Conservancy's Mile Hi/Ramsey Canyon Preserve et de la Coronado National Forest. On y trouve deux petits chalets et six chambres garnies d'antiquités country.

■ Hébergement au sud et à l'ouest de Tucson

Le **Stage Stop Inn** *($; ≈, ℜ; 303 McKeown Avenue, Patagonia, ☎ 602-394-2211)* est un hôtel de

43 chambres propres et confortables donnant sur une piscine centrale. Des équipes cinématographiques et des vedettes du grand écran logent souvent ici, lorsqu'elles sont en tournage dans la région. Le hall de style western révèle une tête de squelette d'orignal au-dessus de l'âtre, des marques de bétail sur le sol carrelé et des tableaux au goût de l'Ouest sur les murs.

Le **Santa Rita Lodge Nature Resort** *($$; Sahuarita, ☎ 602-625-8746)* du Madera Canyon est un rendez-vous incomparable pour les ornithologues amateurs. Suspendues à proximité des grandes fenêtres de chacune des 12 chambres de cet établissement, des mangeoires attirent diverses espèces d'oiseaux. À l'intérieur des chambres, des affiches permettent d'identifier plusieurs types d'oiseaux-mouches. Le chalet prodigue en outre des séances d'informations sur l'environnement autour du patio, et des ornithologues à demeure dirigent des promenades pour les hôtes.

Le **Rio Rico Resort & Country Club** *($$; ≈, ℜ, bar; 1069 Camino Caralampi, Rio Rico, ☎ 602-281-1901)* s'impose comme un magnifique complexe hôtelier au cœur du massif montagneux de Cayetano. De nombreuses chambres ont des plafonds aux poutres apparentes, de grandes portes vitrées coulissantes donnant sur la piscine ou sur les montagnes, et un décor du Sud-Ouest contemporain dans les teintes pastel. Un terrain de golf, des écuries, un bassin à remous et une salle d'exercice complètent les installations.

The Little House *($$ pdj; 341 Sonoita Avenue, Patagonia, ☎ 602-394-2493)*, une maison d'adobes avec deux chambres à louer, est un véritable petit bijou. Chaque chambre dispose d'un petit salon avec un foyer en angle, d'une salle de bain privée, d'une terrasse et d'un mobilier contemporain du Sud-Ouest. Petit déjeuner continental ou complet (œufs, saucisses, fruits et divers pains).

Le **Guest House Inn** *($$; 3 Guest House Road, Ajo, ☎ 602-387-6133)*, qu'on pourrait comparer à une maison de poupée, est une charmante auberge blanche, découpée de bleu et pourvue d'un long porche frontal, parsemé de meubles en rotin blanc invitant à la flânerie. On y recevait autrefois des dignitaires; aujourd'hui, le petit déjeuner y est servi sur une table en noyer de 6 m, autour de laquelle ces mêmes personnages mangeaient jadis. La conception intérieure est inhabituelle, un salon occupant le centre des lieux, tandis que les chambres s'alignent des deux côtés de la maison. Chacune des quatre chambres possède une salle de bain privée et présente un décor différent, tantôt victorien tantôt de style Santa Fe.

Le **Mine Manager's House Inn** *($$; 1 Greenway Drive, Ajo, ☎ 602-387-6505)*, situé au sommet de la plus haute colline d'Ajo, a été construit en 1919 pour la famille du directeur de la mine. On peut voir la mine de la maison et, à l'intérieur de celle-ci, de vieilles photos de la mine ornent les murs du salon intime. Plutôt que de refléter l'histoire de la maison, les chambres montrent un mobilier moderne, quoique le petit déjeuner soit servi à l'immense table en bois de pacanier utilisée par les occupants originaux. Dans vos temps libres, passez un moment dans la salle de lecture ou encore dans le bassin à remous extérieur.

Le **Best Western Space Age Lodge** *($$; ≈, café; 401 East Pima Street, Gila Bend, ☎ 602-683-2273)*, construit à l'époque de la course vers l'espace que se livraient les Américains et les Russes, affiche un décor de circonstance. On aperçoit des spoutniks sur le toit, et les chambres sont décorées d'images de lancements de fusées. Mobilier de bois blanchi, murs pastel et grands miroirs bien éclairés composent le décor.

La Fuente Inn *($$ pdj; 1513 East 16th Street, Yuma, ☎ 602-329-1814)* propose 96 chambres dans le style du Sud-Ouest, décorées dans les teintes pastel. Certaines chambres donnent sur la cour intérieure gazonnée et sur la piscine. Le petit déjeuner continental, les cocktails et l'usage de la salle de conditionnement physique sont inclus dans le prix de la chambre.

Bing Crosby a fondé le **Tubac Golf Resort** *($$-$$$; ≈, ℜ, bar; 1 Camino Otero, Tubac, ☎ 602-398-2211)* en 1959. Les 32 chambres et suites du complexe se distinguent par leur foyer, leurs meubles mexicains, leur salle de bain carrelée et leur patio donnant sur les montagnes. Un terrain de golf, un court de tennis, un centre de conditionnement physique et des sentiers de randonnée complètent les installations.

Restaurants

■ Les restaurants de Tucson

Vous trouverez un mélange varié de cuisines à Tucson, mais les mets du Sud-Ouest et les mets mexicains à la mode de Sonora demeurent les plus grandes spécialités. Les deux boulevards possédant la plus forte concentration de restaurants sont Broadway et Speedway; vous y trouverez à peu près tous les types de mets locaux et ethniques.

Le **Bentley's House of Coffee & Tea** *($; 121 East Congress Street, Tucson, ☎ 602-798-1715)* vous permet de choisir l'ambiance qui vous convient le mieux, une des deux salles à manger étant raffinée, avec tables et chaises noires, et œuvres d'art moderne, tandis que l'autre se révèle plus intime et se distingue par ses étagères pleines de livres. Nourriture habituelle de bistro (soupes, sandwichs, quiches...) et, au chapitre des boissons, café express, cafés gastronomiques et une grande variété de sodas mousse.

Les habitants de Tucson adorent également les mets mexicains, de sorte que le choix ne manque pas. Rosita Sinbres prépare tous les plats savoureux d'**El Arte de Rosita** *($; 1944 East Prince Road, Tucson, ☎ 602-881-5380)*. Les murs de l'établissement montrent des photos de Rosita en compagnie de feu l'artiste et son ami Ted De Grazia ainsi que certaines de ses gravures. Des rideaux crochetés à la main encadrent les fenêtres et, à l'extérieur, des ampoules de Noël éclairent le porche à longueur d'année tandis que des plantes poussent dans des baignoires sur pied. On pourrait qualifier l'atmosphère de «familiale éclectique».

Mi Nidito Café *($; 1813 South 4th Avenue, Tucson, ☎ 602-622-5081)* est un minuscule restaurant mexicain ringard et affairé qui sert néanmoins de l'excellente nourriture, des *enchiladas* au *menudo*. Les portions sont généreuses, et nombre de Tucsoniens y attendent en ligne pour se bourrer la panse. Les murs sont couverts de fleurs en plastique lumineuses et de murales représentant des palmiers.

Micha's *($; 2908 South 4th Avenue, Tucson, ☎ 602-623-5307)*, de taille plus respectable, appartient à la famille Mariscal, dont le portrait figure à l'entrée, depuis de nombreuses années. Les fins de semaine, des *mariachis* se déplacent de table en table. De plus, vous ne partirez pas d'ici l'estomac creux non plus, puisque même les tortillas mesurent près de 30 cm! Ne manquez pas les *chimichangas*, la salade de *topopo* et la *fantasia* de crevettes grillées.

En plein cœur du quartier des entrepôts, **Tooley's** *($; 299 South Park Avenue, Tucson, ☎ 602-798-3331)* n'est guère plus qu'un comptoir de *tacos* servant de la bonne nourriture. On y commande son repas à une fenêtre extérieure, après quoi l'on s'assoit à l'une des quelques tables disposées sur le trottoir ou carrément sur le bord du trottoir. Le menu prétend que Tooley's a donné naissance au *taco* à la dinde, et cette viande remplace le poulet dans tous les plats. Si vous surveillez de près votre budget voyage, vous ne trouverez pas mieux à Tucson.

Bien qu'on lui accorde quelques points pour l'ambiance qui y règne, **El Taco** *($; 2825 North Country Club Road, Tucson, ☎ 602-326-0580)* se démarque surtout par ses bons mets mexicains à bas prix. Les *burros* au piment vert et aux haricots se révèlent particulièrement savoureux, mais il ne faudrait pas oublier les *tacos* garnis de salade, les *enchiladas* et les autres grands favoris de cette cuisine. Comptoir extérieur de commandes à emporter et quatre banquettes à l'intérieur d'une structure en «A».

Le **Tork's Café** *($; 1701 North Country Club Road, Tucson, ☎ 602-325-3737)* se veut un minuscule établissement familial ne disposant que de quelques tables et proposant de délicieux mets du Moyen-Orient. L'assiette de *shawarma* au bœuf, au poulet ou à l'agneau contient des languettes de viande cuites avec des oignons et des poivrons. Il y a aussi une assiette végétarienne de *falafel*, de l'*hummus*, du taboulé et des brochettes.

Le **Buddy's Grill** *($; 4821 East Grant Road, Tucson, ☎ 602-795-2226)* est un rendez-vous des cols blancs de la ville. Sa salle étroite de bleu et de blanc renferme surtout des banquettes. Vous y trouverez des *fajitas* garnis de salade, des sandwichs, des hamburgers cuits sur bois de prosopis et une délicieuse soupe à l'oignon à la française. Jetez également un coup d'œil à la cuisine modèle.

Au **Delectables** *($; 533 North 4th Avenue, Tucson, ☎ 602-884-9289)*, les serveurs ont les cheveux en queue de cheval. À l'intérieur, le plafond laisse voir des poutres de bois, et les fenêtres arrondies donnent sur la 4th Avenue, tandis qu'à l'extérieur on a disposé des tables en métal vert quelque peu défraîchies et des chaises assorties. Salades et sandwichs (à la poitrine de dinde, au fromage havarti et à l'avocat, entre autres).

On accède au **Tohono Chul Tearoom** *($; 7633 North Paseo Del Norte, Tucson, ☎ 602-797-1711)*, à l'enseigne d'une maison rustique d'une cinquantaine d'années au cœur du Tohono Chul Park, par des portes à l'ancienne telles qu'on en trouvait dans les haciendas. À moins que la température ne vous en empêche, optez pour une table à la terrasse bordée de *palo verdes* et de cactus, et volontiers fréquentée par des oiseaux et d'autres créatures en quête de quelques miettes. Au déjeuner, on vous propose des sandwichs innovateurs sur croissant ou sur pain au levain. Vous pouvez aussi vous y rendre pour le petit déjeuner, le brunch du dimanche et le thé en après-midi, accompagné de petits sandwichs, de scones et de pâtisseries.

Le **Szechuan Omei Restaurant** *($; 2601 East Speedway Boulevard, Tucson, ☎ 602-325-7204)* est un restaurant chinois qui vous propose un choix de plus de 130 plats, dont les plats du jour. Le décor n'a rien pour impressionner et se limite à des nappes et des chaises rouges, et aux habituelles lanternes et gravures chinoises.

Au **Blue Willow Restaurant** *($; 2616 North Campbell Avenue, Tucson, ☎ 602-795-8736)*, vous pouvez manger à l'intérieur, dans une salle aux murs pêche clair tapissés d'affiches sophistiquées, ou dans le jardin entouré de murs de briques couverts de lierres. Dans un cas comme dans l'autre, vous serez ravi. Bien qu'on serve des sandwichs et des salades au déjeuner et au dîner, le petit déjeuner est sans conteste le repas le plus populaire de cet établissement, puisqu'on y propose 24 omelettes différentes, dont une aux épinards, aux tomates et aux oignons, et une autre aux avocats, au fromage *jack* et aux piments verts.

À deux minutes de là, chez **Coffee Etc.** *($; 2700 North Campbell Avenue, Tucson, ☎ 602-881-8070)*, mieux vaut laisser tomber le plat principal et passer directement au dessert et au café. Parmi les favoris, mentionnons le gâteau au fromage Snicker, servi avec une crème aux noix danoise, et le café amandine au cacao. Ce restaurant prend des allures de bistro en plein air avec ses tables surmontées de parasol et ses nuages peints au plafond.

Bien qu'il se trouve dans le hall du Picacho Motel, le **Picacho Restaurant** *($; 6698 Eisenhower Street, Picacho, ☎ 602-466-7500)* est un endroit intime aux plafonds et aux banquettes de bois sombre, imprégné de l'atmosphère du Sud-Ouest avec ses têtes de squelette de vache et ses tapis indiens accrochés aux murs. On y vient surtout pour les hamburgers géants, quoiqu'on y serve également des sandwichs, des steaks et des mets mexicains.

Le **Café Magritte** *($-$$; 254 East Congress Street, Tucson, ☎ 602-884-8004)* est un café artistique et intime situé en plein cœur du quartier des arts. Ce petit établissement de deux étages présente des planchers de bois et des murs de briques tendus d'œuvres signées par des artistes locaux. La nourriture y est pour le moins variée, mais toujours dans l'esprit du Sud-Ouest. Parmi les spécialités de la maison, retenons le poulet à l'ail cuit à feu doux et garni de fromage, de maïs et de piments verts et rouges.

Si vous préférez rester à l'écart de la nourriture mexicaine, riche en calories, essayez **The Good Earth** *($-$$; 6366 East Broadway Boulevard, Tucson, ☎ 602-745-6600)*, le restaurant santé par excellence de Tucson. Le vaste menu propose des salades, des sandwichs chauds et froids, des pâtes, des fruits de mer, du poulet, des plats végétariens et des petits déjeuners toute la journée. Bien que l'endroit soit spacieux, l'atmosphère y demeure intime; décor dans les teintes de terre, solides tables en bois, beaucoup de plantes suspendues et un jardin de cactus, fidèle au caractère du Sud-Ouest.

Pour une pizza hors de l'ordinaire, rendez-vous chez **Magpies Pizza** *($-$$;*

605 North 4th Avenue, Tucson, ☎ 602-628-1661). On y propose, entre autres, «La Grecque», aux épinards, au basilic, à l'ail, aux pignons de pin, au fromage *feta*, à la mozzarelle et aux tomates séchées au soleil, et la «Cathy's», à l'ail, aux tomates en ragoût, aux champignons, aux artichauts, aux poivrons rouges rôtis et au fromage Romano. Situé sur une petite artère commerciale, Magpies revêt une allure contemporaine avec ses sols carrelés de noir et de blanc, ses chaises rouges et ses tableaux modernes aux murs.

Pour des mets du Sud-Ouest, essayez le **Café Terra Cotta** *($$; 4310 North Campbell Avenue, Tucson, ☎ 602-577-8100).* La terrasse extérieure y est éclairée par des ampoules blanches miniatures le soir, tandis qu'à l'intérieur la salle est décorée dans les tons de turquoise et d'ocre brun. Au menu, de grosses crevettes farcies de fromage de chèvre aux fines herbes et arrosées d'un coulis de tomate à la mode du Sud-Ouest, des poivrons rouges et verts farcis, ainsi que des pizzas cuites au four à bois et garnies, entre autres, de chorizos, de mozzarelle aux fines herbes, de limette et de coriandre.

Bien que la tarte à la limette des Keys figure au menu, la majorité des autres plats apprêtés au **Presidio Grill** *($$; 3352 East Speedway Boulevard, Tucson, ☎ 602-327-4667)* demeurent fidèles à la tradition du Sud-Ouest. Dégustez en entrée une gousse d'ail rôtie au brie, suivie d'une quiche au *poblano* agrémentée d'achards aux haricots noirs et au maïs, d'un filet de saumon grillé garni de tomates séchées au soleil et de *salsa* à la tequila, ou d'une pizza innovatrice. Décor postmoderne dans les tons inhabituels de noir, de vert, d'orangé et de jaune. De plus, pour ceux qui aiment bien les banquettes, notez qu'il y en a ici davantage que de tables conventionnelles.

Dès votre entrée au **Café Poca Cosa** *($$; 88 East Broadway Boulevard, Tucson, ☎ 602-622-6400)*, vous serez bombardé de couleurs festives. Les plafonds sont verts, les murs sont émaillés de piments rouges, des arbres intérieurs s'illuminent d'ampoules suspendues, et les tables sont carrelées de violet, de vert et de rouge. Le menu peut changer jusqu'à deux ou trois fois par jour, et l'on vous le présentera à votre table écrit sur une ardoise. Nourriture mexicaine maison avec des spécialités, comme la poitrine de poulet sauce à la mangue, le *pollo* sauce pimentée et le porc mariné dans la bière.

Tel que son nom l'indique, le **Van Gogh's Ristorante Italiano** *($$; 7895 East Broadway Boulevard, Tucson, ☎ 602-722-5518)* propose des mets italiens dans un décor de reproductions d'œuvres de Van Gogh. Outre les plats traditionnels, vous pourrez y déguster des trouvailles plus originales, tel ce canard grillé farci d'huîtres fumées et de pignons de pin, le tout arrosé d'une sauce au Grand Marnier. Des formations de jazz se produisent au patio.

Ne vous laissez pas rebuter par le fait que le **Boccata** *($$; 5605 East River Road, Tucson, ☎ 602-577-9309)* se trouve dans un centre commercial. On y a une belle vue sur la ville, et l'on peut y déguster de bons mets du nord de l'Italie et du sud de la France. L'ambiance se veut à la fois simple et recherchée, les murs jaune et prune étant garnis d'œuvres d'art contemporaines. Essayez les *penne ciao bella* au poulet grillé, aux poivrons rôtis, aux cœurs d'artichaut et aux pignons de pin dans une sauce au vin blanc, ou les raviolis de veau sauce à la crème et au fromage de chèvre.

L'**Olympic Flame** *($$; 7970 East Broadway Boulevard, Tucson, ☎ 602-296-3399)* possède quelque chose de rare pour un restaurant grec : des nappes blanches en tissu garnies de fleurs fraîchement coupées. On vous y servira un *saganaki* flamboyant, mais aussi toute une variété de spécialités telles que le *pastitsio*, la *moussaka*, le *gyro*, les biftecks et les salades à la grecque.

Le **Jamaica Bay Café** *($$; 6330 East Speedway Boulevard, Tucson, ☎ 602-296-6111)* présente, comme on peut s'en douter, un décor tropical caractérisé par de hauts plafonds, une abondance de plantes et une moquette colorée. Parmi les délices de la maison, retenons le poulet à la *jerk* des Caraïbes, les *linguine* à la mode des Barbades et les filets de champignons sauvages.

Le **Webb's Old Spanish Trail Steak House** *($$; 5400 South Old Spanish Trail, Tucson, ☎ 602-885-7782)* se spécialise dans les côtes levées, le poulet grillé et les steaks, tous délicieux. L'ambiance y est on ne peut plus décontractée, puisqu'on y retrouve carrément des tables de pique-nique! Le soir, installez-vous près de la fenêtre panoramique; peut-être aurez-vous la chance d'apercevoir des *javelinas* en quête de nourriture.

À l'**Arizona Inn** *($$; 2200 East Elm Street, Tucson, ☎ 602-325-1541)*, vous avez le choix de l'ambiance, que vous préfériez une salle à manger classique, une terrasse sans prétention ou un jardin constellé de minuscules ampoules lumineuses accrochées aux arbres. Menu continental, mets du Sud-Ouest, nouvelle cuisine et plats traditionnels. Un des délices qu'on peut déguster ici est le poisson frais, cuit à la vapeur, rehaussé de gingembre et de poireaux, et servi dans un panier en bambou. À moins que vous ne préfériez essayer les *buffalo burgers*?

Vous aurez du mal à trouver mieux qu'**Antony's in the Cantina** *($$$; 6440 North Campbell Avenue, Tucson, ☎ 602-299-1771)* en ce qui a trait à la vue et à l'ambiance. Les fenêtres de ce bâtiment de style hacienda, qui s'étendent pratiquement du sol au plafond, permettent en effet d'admirer les lumières de la ville. Le dîner est servi dans une élégante porcelaine de Chine sur des nappes en tissu rose clair, des fleurs fraîchement coupées ornent chaque table, et le repas s'accompagne de musique classique. Des lustres pendent des plafonds voûtés aux poutres apparentes, et un grand foyer réchauffe la pièce en hiver. Parmi les spécialités continentales de la maison, mentionnons le veau Catalina aux artichauts, aux champignons et aux oignons verts, l'agneau Wellington et le poulet cordon-bleu. Arrosez le tout d'une bonne bouteille choisie parmi une sélection d'environ 1 300 crus.

Au **Daniel's Restaurant and Trattoria** *($$$-$$$$; 4340 North Campbell Avenue, Suite 107, Tucson, ☎ 602-742-3200)*, c'est la cuisine italienne qui est à l'honneur. Cet élégant restaurant Art déco a été louangé par toute la nation depuis son ouverture il y a déjà plusieurs années. Des entrées peu communes, comme ces *radicchios* grillés et ces *pancettas* au fromage de chèvre arrosées d'une vinaigrette au basilic, y ouvrent la voie à des plats de pâtes traditionnels et à une variété de plats d'agneau, de veau et de poisson frais. La carte des vins, des bières et des scotchs pur malt se veut également impressionnante.

Lorsqu'il s'agit de nouvelle cuisine américaine accommodée à la façon du Sud-Ouest, rien ne vaut le restaurant **Janos** *($$$$; 150 North Main Avenue, Tucson, ☎ 602-884-9426)*. La maison d'adobes qu'il occupe partage un jardin avec le musée des Beaux-Arts de Tucson, et son intérieur est décoré d'œuvres originales suspendues à des murs hauts de 6 m, surmontés de plafonds en *ocotillo*. Le menu varie avec les saisons, mais attendez-vous à quelque chose du genre homard aux papayes et au champagne, ou canard fumé à l'hickory accompagné d'une mousse aux châtaignes et de beurre aux canneberges.

■ Les restaurants à l'est de Tucson

Dans cette région, Bisbee possède un certain nombre de petits restaurants défiant toute description conventionnelle.

Le **Horseshoe Restaurant and Lounge** *($; 154 East 4th Street, Benson, ☎ 602-586-3303)* est un restaurant familial qui a pignon sur rue depuis plus d'un demi-siècle. Aux murs, on peut voir des pièces murales western de l'artiste Vern Parker, et les colonnes du café révèlent des marques de bétail du sud de l'Arizona. Un fer à cheval en néon accroché au plafond contribue à l'éclairage de la pièce. *Chili con carne*, sandwichs, omelettes, hamburgers, steaks et mets mexicains.

La **Peking Chinese Cuisine** *($; 1481 East Fry Boulevard, Sierra Vista, ☎ 602-459-0404)* se trouve sur une petite artère commerciale et se distingue par ses fenêtres garnies d'enseignes au néon. La meilleure affaire y est le buffet à volonté du midi. L'endroit se veut décontracté avec ses banquettes et ses tables rouges, et ses ventilateurs et ses lanternes chinoises accrochées au plafond.

18 Steps à la mode *($; 51 Main Street, Bisbee, ☎ 602-432-3447)* ressemble à un charmant café européen. Il n'y a que cinq tables et un comptoir dans ce minuscule restaurant. Le menu est affiché sur un tableau noir et propose de délicieuses spécialités maison, comme la truite à l'ail et aux pacanes grillées.

Le **Renaissance Café** *($; 10-A Lyric Plaza, Bisbee, ☎ 602-432-4020)* est un tout petit endroit sans prétention que fréquentent volontiers les habitants de la ville. Des œuvres d'artistes locaux ornent les murs, la devanture est tapissée de bulletins, et la radio contribue à l'atmosphère des lieux. On dénombre quelques tables à l'intérieur et quelques autres sur le trottoir. Menu de sandwichs, de *bagels* chauds et fondants, de quiches, de pizzas, de salades et de desserts, sans oublier le bon café maison, l'express et les infusions.

Au **Peking** *($; 15 Brewery Gulch, Bisbee, ☎ 602-432-5888)*, vous ferez une bonne affaire en prenant le buffet du midi, composé entre autres de crevettes aux légumes et de homard à la mode du Sichuan. Une fontaine rocailleuse, aménagée à l'arrière du restaurant, en complète le décor typiquement chinois.

Le **Nellie Cashman Restaurant** *($; 121 South 5th Street, Tombstone, ☎ 602-457-2212)* occupe un bâtiment de 1882 au décor d'époque : foyer en pierre, hauts plafonds de bois et photographies d'antan. Bien qu'il serve des sandwichs et des hamburgers, l'endroit est surtout réputé pour ses tartes maison aux petits fruits.

Si vous avez envie du plus gros hot dog du comté de Cochise, d'un poids de 225 g et d'une longueur de 30 cm, rendez-vous au **Longhorn Restaurant** *($; 501 East Allen Street, Tombstone, ☎ 602-457-3405)*, et commandez un Longhorn Dog. Sinon, laissez-vous tenter par le vaste choix de mets italiens, mexicains et américains. Décor western avec de longues cornes suspendues au-dessus de la porte et des affiches jaunies laminées à même les tables mettant à prix la tête de personnages comme Billy le Kid.

Toutes proportions gardées, le **Thunder Mountain Inn Restaurant** *($$; 1631 South Route 92, Sierra Vista, ☎ 602-458-7900)* compte parmi les restaurants les plus chers de Sierra Vista. On y sert de la côte de bœuf et des fruits de mer sur des nappes roses en tissu. Les banquettes sont séparées par des cloisons de verre gravées à l'eau forte.

Au **Touché Olé** *($$; 41 Main Street, Bisbee, ☎ 602-432-3447)*, vous pourrez prendre place dans la salle ouverte et ensoleillée du rez-de-chaussée ou dans la cave à vins, plus intime. Crevettes España (sautées dans du beurre à l'ail avec une crème au sherry, du fromage *feta*, des tomates, des oignons verts, des olives noires et diverses épices) et raviolis au piment rouge servis avec une *salsa* verte, du fromage *feta*, des graines de citrouille rôties et du parmesan.

Connu pour ses côtes levées, le **Lucky Cuss Restaurant** *($$; 414 East Allen Street, Tombstone, ☎ 602-457-3561)* fume ses viandes au-dessus d'un feu de prosopis pendant 14 heures avant de les servir. Les murs de l'établissement arborent des façades en trompe-l'œil des constructions historiques de Tombstone tels que le Bird Cage Theatre et l'Epitaph de Tombstone.

■ Les restaurants au sud et à l'ouest de Tucson

Ouvert dans les années quarante comme un simple café dans une résidence familiale, le **Wisdom's Café** *($; voie d'accès de la route 19, Tumacacori, ☎ 602-398-2397)* est aujourd'hui un restaurant truffé de vieilles photos, d'instruments de ferme, de peintures sur velours, de tapis en patchwork et d'autres curiosités. Vous le repérerez grâce aux deux gigantesques poulets qui agrémentent sa façade. Essayez aussi certains de ses mets mexicains.

Le **Home Plate** *($; 277 McKeown Avenue, Patagonia, ☎ 602-394-2344)* est une gargote où les gens du coin se retrouvent pour dévorer des hamburgers et des sandwichs chauds ou froids. Des bannières municipales couvrent partiellement les murs de briques de sa salle à manger.

Le **Stage Stop Inn** *($; 303 McKeown Avenue, Patagonia, ☎ 602-394-2211)* arbore un thème western avec ses marques de bétail au sol et son comptoir à salades installé dans une charrette de cow-boy. On y sert en outre des sandwichs chauds ou froids, des hamburgers, des biftecks grillés sur bois de prosopis, des mets mexicains et des desserts maison.

Quelque impression de raffinement qui puisse se dégager de son nom, le **Territorial House Restaurant & Deli** *($; 100 Estrella Street, Ajo, ☎ 602-387-7322)* n'est en fait qu'une charcuterie proposant des sandwichs acceptables (à la dinde, au rôti de bœuf, etc.).

Bien qu'il n'y ait pas grand-chose à Amado, prenez la peine de vous arrêter au **Cow Palace** *($-$$; 28802 South Nogales Road, Amado, ☎ 602-398-2201)*, une institution locale établie depuis les années vingt. Lorsqu'elles tournaient dans la région, les vedettes western du grand écran fréquentaient cet endroit, et leurs photos en honorent les murs. Le décor est rustique avec son lustre en roue de chariot, ses nappes en tissu et ses tapis et rideaux rouges. Menu également western, avec des suggestions comme le chateaubriand Trail Boss et le hamburger Chuck Wagon.

Si vous n'avez jamais mangé dans une écurie de 150 ans, faites-le au **Montura** *($$; 1 Camino Otero, Tubac Golf Resort, ☎ 602-398-2211)*, qui possède en fait beaucoup de charme. Vous y trouverez des fenêtres en arc, des sols pavés et des poteries mexicaines et amérindiennes. En y regardant de plus près, vous verrez même des têtes de flèches apaches logées dans les murs d'adobes du restaurant. Le menu porte essentiellement sur les steaks, les pâtes, les fruits de mer et les mets mexicains apprêtés à la mode du Sud-Ouest américain.

Le fait de trouver un restaurant allemand à Tubac en étonnera sans doute plus d'un, mais c'est pourtant bien le cas avec le **Johanna's** *($$; 255 Camino Otero, Tubac, ☎ 602-398-9336)*, chaleureux et aéré, pourvu de très nombreuses fenêtres habillées de dentelle et bercé par une musique allemande de fond. La propriétaire, Edith Bobbitt, a jadis exploité un restaurant réputé à Munich. Au menu, une *Schweine Kotelett*, ou côtelette de porc apprêtée comme un *schnitzel* (trempée dans un mélange d'œufs battus, panée puis frite), des crêpes aux pommes de terre, des *bratwursts* et du pain allemand.

La Cima *($$; 1069 Camino Caralampi, Rio Rico, ☎ 602-281-1901)* du Rio Rico Resort & Country Club propose des mets américains et mexicains, de même qu'un brunch au champagne le dimanche. Deux de ses murs possèdent des fenêtres qui s'étendent du sol au plafond et offrent une vue panoramique sur les montagnes voisines. L'intérieur se veut rustique, avec poutres apparentes, lanternes et chaises en osier.

Bien que l'extérieur du **Dago Joe's** *($$; 2055-A North Route 85, Ajo, ☎ 602-387-6904)* ne paie pas de mine, ses propriétaires en ont égayé l'intérieur en lui donnant un décor contemporain : affiches encadrées, plantes vertes, murs à dominante de pêche et nappes assorties. Le menu est varié, mais la maison est surtout reconnue pour ses steaks.

Une institution de Yuma depuis maintenant plus d'une décennie, le **Hensley's Beef Beans and Beer** *($$; 2855 South 4th Avenue, Yuma, ☎ 602-344-1345)* est l'endroit par excellence pour déguster de la côte de bœuf, du homard et des hamburgers. Les murs de la salle à manger sont couverts d'images de cow-boys, de cornes de vache et de couvertures amérindiennes.

Sorties

■ Les établissements de Tucson

Bars

Le **Bum Steer** *(1910 North Stone Avenue, Tucson, ☎ 602-884-7377)* est un bar décontracté installé dans un grand bâtiment ressemblant à une grange qui renferme un restaurant, plusieurs autres bars, une salle de jeux vidéos, un court de volley-ball et une petite piste de danse. À l'intérieur de cet établissement particulier, toutes sortes d'objets sont suspendus au plafond voûté, y compris des canons et des aéroplanes, et la clientèle se veut essentiellement estudiantine.

Même si vous n'avez pas l'intention d'y manger ou d'y boire, le **Solarium Restaurant and Lounge** *(6444 East Tanque Verde Road, Tucson, ☎ 602-886-8186)* mérite une visite pour son architecture unique. Aucune description ne saurait lui rendre justice, aussi nous contenterons-nous de dire que cette structure en bois de trois étages se présente comme une sorte de croisement entre un navire et une serre. Derrière les grandes portes en fer à motifs floraux, vous découvrirez une multitude de fenêtres, de plantes et d'agencements de planches. Un musicien jouant de la guitare acoustique s'y produit du jeudi au samedi.

Le **Chicago Bar** *(droits d'entrée; 5954 East Speedway Boulevard, Tucson, ☎ 602-748-8169)* vous propose un menu musical pour le moins étourdissant : rock-and-roll le lundi et le mardi, reggae le mercredi et le jeudi, blues le vendredi et le samedi, et *Mowtown* le dimanche. Des souvenirs de Chicago couvrent les murs, dont des bannières et des panneaux de stationnement dédiés aux White Sox.

Le **Berkey's Bar** *(droits d'entrée les fins de semaine; 5769 East Speedway Boulevard, Tucson, ☎ 602-296-1981)* conviendra aux amateurs de blues en direct (tous les soirs de la semaine). Les clients y sont plus âgés et peuvent aussi bien prendre un verre au bar en verre massif, danser ou faire une partie de billard.

La **Gentle Ben's Brewing Co.** *(droits d'entrée les fins de semaine; 841 North Tyndall Avenue, Tucson, ☎ 602-624-4177)* est une microbrasserie située à proximité du campus universitaire et servant de délicieuses bières à l'européenne. Si vous vous y rendez au bon moment, vous pourrez même voir les brasseurs à l'œuvre. Les planchers et les tables de bois de la salle de bar ont visiblement souffert du passage incessant des étudiants, et une grande terrasse extérieure permet d'observer les passants à loisir. Formations de reggae et de rock les vendredis et samedis.

Le **Laffs Comedy Café** *(droits d'entrée; 2900 East Broadway Boulevard, Tucson, ☎ 602-323-8669)* accueille aussi bien des humoristes locaux que des artistes réputés à l'échelle nationale. Micro libre le mardi, soirée des dames le mercredi, et soirée universitaire et militaire le jeudi.

On dit que l'argent n'a pas d'odeur et, pourtant, on le sent partout au **Board Room** *(5350 East Broadway Boulevard, Tucson, ☎ 602-750-7555)*, fréquenté par des avocats et d'autres gens de profession. Décor de chêne et de laiton rehaussé de nombreuses images de tribunaux.

Suivez les chapeaux de cow-boy et les enseignes au néon, et vous aboutirez au **Cactus Moon** *(droits d'entrée les fins de semaine; 5470 East Broadway Boulevard, Tucson, ☎ 602-748-0049)*, un immense bar consacré à la musique country. Des tableaux western pendent aux murs, et l'on présente des rodéos sur de grands écrans. La piste de danse, assez grande pour que personne ne se marche sur les pieds, baigne dans une lumière colorée et scintillante.

Si grand que soit le Cactus Moon, il devient minuscule lorsqu'on le compare au **Wild Wild West** *(droits d'entrée les fins de semaine; 4385 West Ina Road, Tucson, ☎ 602-744-7744)*, un rendez-vous musical qui s'étend sur près d'un demi-hectare. À l'intérieur, on trouve un bar country et un bar rock, chacun pourvu d'une piste de danse. En périphérie du Wild Wild West, des boutiques vendent toutes sortes d'articles, entre autres des photographies et des chapeaux de cow-boy, tandis qu'au centre s'étend la seule piste de danse «olympique» de Tucson. Musique enregistrée seulement.

Une enseigne au néon de couleur verte annonce le **Green Dolphin** *(95 North Park Avenue, Tucson, ☎ 602-622-6099)*, un rendez-vous de collégiens caractérisé par des murs verts, des graffitis au plafond, des affiches de bière en grand nombre, des miroirs publicitaires et divers autres objets. Bien que des formations musicales s'y produisent généralement les fins de semaine, on y vient surtout pour boire et jouer au billard.

Si vous désirez entendre des formations de salsa et de jazz traditionnel, faites une halte au **Café Sweetwater** *(340 East 6th Street, Tucson, ☎ 602-622-6464)*, un bar étroit, accolé au restaurant du même nom.

Vous ne trouverez pour tout décor que des graffitis sur les tables et les murs au **Bob Dobb's Bar & Grill** *(2501 East 6th Street, Tucson, ☎ 602-325-3767)*, où se rencontrent collégiens et personnes d'un âge déjà plus mûr. Il s'agit d'un endroit éclairé et bruyant où l'on peut aussi bien s'installer à l'intérieur qu'à l'extérieur. De nombreux postes de télévision permettent de regarder les événements sportifs de l'heure.

Si vous préférez la musique innovatrice et les marginaux qui s'en abreuvent, jetez un coup d'œil du côté du **Club Congress** *(droits d'entrée; 311 East Congress Street, Tucson, ☎ 602-622-8849)*, adjacent à l'hôtel Congress. Une clientèle d'originaux se mêle aux étudiants dans cet endroit caverneux au sol carrelé de rouge et de marron, et aux murs sombres.

Jadis une forge, un magasin et une boîte de nuit dans les années trente, le **Cushing Street Bar and Restaurant** *(droits d'entrée les fins de semaine; 343 South Meyer Avenue, Tucson, ☎ 602-622-7984)* est aujourd'hui un bar populaire où l'on peut entendre des formations de blues, de jazz, de rock et de reggae. On y mange à des tables du début du siècle entourées d'antiquités, telle cette bibliothèque murale des années 1880 et ce globe en verre taillé des environs de 1850, suspendu au-dessus du bar. Terrasse extérieure.

Le **Tucson McGraws** *(4110 South Houghton Road, Tucson, ☎ 602-885-3088)* se présente comme une cantine mexicaine dotée d'un bar et d'une salle à manger. En descendant l'escalier qui se trouve à l'extérieur de l'établissement, vous vous retrouverez à une terrasse couverte donnant sur les monts Santa Rita et permettant d'admirer les magnifiques couchers de soleil de Tucson. Un foyer extérieur réchauffe les clients par temps froid, et un guitariste égaye l'atmosphère les fins de semaine.

Théâtres

L'**Arizona Theater Company** *(330 South Scott Avenue, Tucson, ☎ 602-622-2823)* est officieusement désignée comme la troupe théâtrale d'État de l'Arizona, et elle présente six productions variées à Phoenix et à Tucson entre octobre et juin. Les pièces jouées par l'Arizona Theater Company et d'autres troupes ont lieu au **Temple of Music and Art** de Tucson, un bâtiment restauré de style néocolonial espagnol, et au **Herberger Theater Center** de Phoenix.

Le **Gaslight Theatre** *(7010 East Broadway Boulevard, Tucson, ☎ 602-886-9428)* met en scène des mélodrames musicaux à l'eau de rose. On y mange gratuitement du maïs soufflé tout en huant les méchants et en acclamant les héros et les héroïnes. Plusieurs des pièces présentées sont des œuvres originales, écrites spécialement pour ce théâtre.

L'**Invisible Theatre** *(1400 North 1st Avenue, Tucson, ☎ 602-882-9721)* propose des œuvres classiques, des comédies musicales et des pièces en marge de Broadway réalisées par des auteurs arizoniens et des dramaturges contemporains. Festivals «apportez votre lunch» à l'heure du déjeuner.

Opéra, musique symphonique et danse

Ballet Arizona *(☎ 602-882-5022)* est la troupe professionnelle de ballet de l'État, et elle se produit aussi bien à Phoenix qu'à Tucson. Répertoire d'œuvres classiques et modernes, et premières nationales, de même que mondiales.

La **Southern Arizona Light Opera Company** *(908 North Swan Road, Tucson, ☎ 602-323-7888)* présente chaque année quatre comédies musicales de Broadway au Tucson Convention Center Music Hall.

L'**Arizona Opera** *(3501 North Mountain Avenue, Tucson, ☎ 602-293-4336)* se produit aussi bien à Phoenix qu'à Tucson et présente du grand opéra. La saison s'étend d'octobre à mars et, parmi les œuvres à l'affiche par le passé, on retient *Don Giovanni*, *Otello* et *Madame Butterfly*.

Quant au **Tucson Symphony Orchestra** *(443 South Stone Avenue, Tucson, ☎ 602-792-9155)*, il présente des œuvres classiques, des pièces populaires et de la musique de chambre.

Le **Centennial Hall** *(University of Arizona, Building 29, Tucson, ☎ 602-621-3341)* accueille des artistes de niveau international, qu'il s'agisse d'acrobates chinois, de danseurs africains ou de comédiens de Broadway. On a déjà pu y entendre Itzhak Perlman, l'Orchestre symphonique de Prague et George Winston.

Tenth Street Danceworks *(3233 South Pinal Vista, Tucson, ☎ 602-795-6980)*, une troupe professionnelle de danse moderne, monte environ quatre spectacles par année et se spécialise dans les vidéographies multimédias (images projetées sur écran ou sur les danseurs).

■ Les établissements à l'est de Tucson

L'**Arena Bar & Rodeo Grounds** *(250 North Prickly Pear Street, Benson, ☎ 602-586-9983)* domine l'arène où sont présentés les rodéos, ce qui est intéressant lorsqu'il y a quelque chose à voir, mais ce n'est malheureusement pas souvent le cas. Décor western : un lasso pend à la porte, des têtes de squelette de vaches ornent les murs, et un grand foyer en pierre réchauffe la pièce. On y trouve aussi une table de billard et une piste de danse, de même que des bancs de pique-nique à l'extérieur.

Fondé en 1902, le **St. Elmo Bar and Grill** *(15 Brewery Avenue, Bisbee, ☎ 602-432-5578)* de l'historique Brewery Gulch fait figure de tradition par ici. Des objets du passé, dont de vieilles cartes géographiques, sont accrochés aux murs, et la majorité des sièges sont de simples tabourets disposés autour du comptoir. Formations musicales et danse les fins de semaine. En semaine, l'animation est assurée par le juke-box et les flippers.

Voisin du Copper Queen Hotel, le **Copper Queen Saloon** *(11 Howell Avenue, Bisbee, ☎ 602-432-2216)* se présente comme un petit établissement sombre et intime, agrémenté de quelques meubles du début du siècle et animé par des formations musicales les fins de semaine.

Au **Stock Exchange Bar** *(15 Brewery Avenue, Bisbee, ☎ 602-432-9924)*, un mur presque entier arbore un tableau original de la Bourse de New York. Ce bâtiment historique révèle un toit en étain moulé, des planchers de bois usés et des tables plaquées de cuivre.

Passez les portes battantes du **Big Nose Kate's Saloon** *(417 East Allen Street, Tombstone, ☎ 602-457-3107)*, et vous vous retrouverez d'emblée dans l'Ouest d'autrefois. Des serveuses vêtues comme leurs homologues d'antan font revivre l'époque où les Lily Langtry et Wyatt Earp y trinquaient. Des panneaux de verre colorés et éclairés reproduisent divers personnages célèbres de Tombstone, et de vieilles photos ornent les murs. Formations musicales country et mises en scène de bagarres les fins de semaine.

Le **Crystal Palace** *(420 East Allen Street, Tombstone, ☎ 602-457-3107)* a été restauré de manière à retrouver l'apparence qu'il avait au moment de sa construction dans les années 1880. La longue salle étroite s'enorgueillit de vieilles tables en bois et de tentures rouges, le tout sous un toit d'étain moulé. Orchestre tous les soirs sauf le lundi.

Le **Johnny Ringo's Saloon** *(404 Allen Street, Tombstone, ☎ 602-457-3961)* est un bar historique intime dont le principal attrait réside dans une collection de plus de 600 insignes militaires accrochés aux murs.

■ Les établissements au sud et à l'ouest de Tucson

La vue sur les montagnes à travers des fenêtres panoramiques en attire plus d'un à **La Cantina** *(1069 Camino Caralampi, Rio Rico, ☎ 602-281-1901)* du Rio Rico Resort & Country Club. Ce bar contemporain de style espagnol fait entendre les 40 plus grands succès du palmarès, du jazz et de la musique de danse les fins de semaine.

Le **Lutes Casino** *(221 Main Street, Yuma, ☎ 602-782-2192)* compte parmi les salles de billard et de dominos en activité depuis le plus longtemps dans cet État. Ouvert depuis 1920, l'endroit regorge de matériel agricole, de tableaux et de souvenirs d'autrefois.

$ Magasinage

■ Où magasiner à Tucson?

Si vous êtes à la recherche d'articles traduisant bien l'esprit du Sud-Ouest, c'est à Tucson que vous les trouverez.

Cette ville compte par ailleurs des boutiques qui sauront répondre à pratiquement tous vos autres besoins; la plupart des antiquaires et des galeries d'art ont pignon sur rue dans le centre-ville, tandis que diverses galeries commerciales occupent différents quartiers.

Pourquoi ne pas joindre l'utile à l'agréable en vous rendant dans le **Tucson Arts District** *(dans le centre-ville de Tucson, à l'intérieur du quadrilatère délimité par Congress Street, Cushing Street, Main Avenue et 4th Avenue, ☎ 602-624-9977)* le premier et le troisième samedi du mois? Les galeries, les restaurants et les magasins restent alors ouverts tard, des musiciens de rue égayent l'atmosphère, et le secteur tout entier devient le rendez-vous des amateurs de divertissements nocturnes et des mordus du magasinage. On y dénombre plus de 40 galeries, sans compter les antiquaires et les boutiques de nouveautés.

La **Huntington Trading Co.** *(111 East Congress Street, Tucson, ☎ 602-628-8578)* propose des objets d'art américains et mexicano-amérindiens (poteries, paniers, masques, sculptures et peintures). **Berta Wright Gallery Shops** *(260 East Congress Street, Tucson, ☎ 602-882-7043)* possède un large éventail de pièces artisanales ethniques et contemporaines, y compris des bijoux, des vêtements et des importations mexicaines de qualité. Pour les tout-petits, rendez-vous chez **Yikes!** *(302 East Congress Street, Tucson, ☎ 602-622-8807)*, un magasin de jouets où l'on trouve aussi des cadeaux insolités et des livres. **Periwinkles** *(266 East Congress Street, Tucson, ☎ 602-624-9941)* se spécialise dans les chaussures pour enfants; un mur entier y est consacré aux chaussettes les plus inhabituelles qui soient.

Tout près de là s'étire la **4th Avenue**, où vous trouverez environ 70 boutiques et restaurants. Les commerces de ce quartier plus ancien proposent des vêtements d'époque, des articles de mode exclusifs, des bijoux, des bouquins et des œuvres d'art. Ne vous étonnez pas si des effluves d'encens vous chatouillent les narines dans certaines boutiques.

Antigone Books *(600 North 4th Avenue, Tucson, ☎ 602-792-3715)* se spécialise dans les livres traitant des femmes. **The Jewel Thief** *(557 North 4th Avenue, Tucson, ☎ 602-623-7554)* expose un vaste choix de boucles d'oreille, la plupart accrochées à de grands panneaux autour de la boutique et plusieurs proposées à moins de 10 $. **Jasmine** *(423 North 4th Avenue, Tucson, ☎ 602-629-0706)* tient des vêtements faits de fibres naturelles, dont certains tissés à la main au Maroc, tandis que **Del Sol** *(435 North 4th Avenue, Tucson, ☎ 602-628-8765)* propose des vêtements du Sud-Ouest, des foulards, des bijoux et un choix enviable de tapis indiens. Pour les articles à saveur ancienne, songez au **Tucson Thrift Shop** *(319 North 4th Avenue, Tucson, ☎ 602-623-8736)*, spécialisé dans les vêtements des années soixante, ou à **Loose Change** *(417 North 4th Avenue, Tucson, ☎ 602-622-5579)*, une boutique originale vendant des vêtements de différentes époques que vous pouvez essayer dans des cabines munies de portes de réfrigérateur.

Dans le quartier historique du centre-ville qu'est El Presidio, vous trouverez **Old Town Artisans** *(186 North Meyer Avenue, Tucson, ☎ 602-623-6024)*, une construction d'adobes des années 1850 entièrement restaurée et entourée de boutiques qui garnissent tout un pâté de maisons. Dans la cour pendent des piments et des mangeoires pour oiseaux-mouches faites à la main, sans oublier divers foyers mexicains. À l'intérieur, 13 salles présentent des œuvres artisanales du Sud-Ouest réalisées par des artisans arizoniens, des pièces provenant de tribus amérindiennes et des importations d'Amérique latine. Arrêtez-vous également à la **boutique de souvenirs du Tucson Museum of Art** *(140 North Main Avenue, Tucson, ☎ 602-624-2333)*, qui mérite une visite pour ses poteries contemporaines et plusieurs autres cadeaux artistiques.

En ce qui a trait aux importations mexicaines, il faut se tourner du côté de ce qu'il est communément convenu d'appeler le Lost Warehouse District, un regroupement de boutiques aménagées dans de vieux entrepôts en brique rouge. **Rustica** *(200 South Park Avenue, Tucson, ☎ 602-623-4435)* vend des meubles et accessoires mexicains au prix de gros, tandis que la **Magellan Trading Company** *(228 South Park Avenue, Tucson, ☎ 602-622-4968)* propose des aubaines incroyables sur la verrerie et l'artisanat mexicains, mais aussi sur des pièces en provenance des îles du Pacifique, entre autres des meubles antiques, des sculptures sur bois et de l'artisanat. **African Arts Ltd.** *(☎ 602-791-2021)* présente, pour sa part, des objets africains traditionnels et contemporains, qu'il s'agisse de couvercles pour chopes ou de paniers en feuilles de bananier.

La **St. Philips Plaza** *(angle River Street et Campbell Avenue)* regroupe quelques commerces typiques du Sud-Ouest coiffés de tuiles rouges, parmi lesquels des galeries d'art, des boutiques de vêtements et des restaurants. **Bahti Indian Arts** *(☎ 602-577-0290)* vend de l'artisanat amérindien (tambours, bijoux, tapis, poteries et poupées *kachina*), alors qu'**El Presidio** *(☎ 602-529-1220)* s'impose comme une galerie d'art proposant des œuvres originales du Sud-Ouest, réalisées dans divers matériaux. Enfin, pour des chaussures italiennes coûteuses, rendez-vous chez **Espada Footwear** *(☎ 602-299-6650)*.

Un peu plus loin sur River Road, vous apercevrez le **River Center** *(angle River Street et Craycroft Road)*, une place marchande dans le style du Sud-Ouest. Les magasins entourent une cour en brique agrémentée d'une fontaine et d'un plan d'eau. **Totally Southwest** *(☎ 602-577-2295)* propose des cadeaux typiques de la région, tandis que **Gift Alternatives Inc.** *(☎ 602-299-8121)* vend des articles inusités, qu'il s'agisse de salsa ou de tortillas (croustilles) au chocolat enrobées de caramel. **The West** *(☎ 602-299-1044)* propose, quant à lui, des livres de cuisine, des cartes de vœux, des cadeaux pour enfants et des accessoires de couture, le produit des ventes étant versé à des œuvres de charité s'occupant de femmes et d'enfants.

Construit en 1932, le **Broadway Village** *(angle Broadway Boulevard et Country Club Road)* fut un des premiers centres commerciaux à voir le jour en Arizona. On y trouve une variété de boutiques installées dans des bâtiments de briques rouges blanchis à la chaux. Parmi les trouvailles que vous y ferez, mentionnons **The Footprints of a Gigantic Hound** *(16 Broadway Village, Tucson, ☎ 602-326-8533)*, une minuscule librairie vouée aux œuvres de mystère où un énorme chien-loup irlandais occupe le plus souvent la plus grande partie de l'espace au sol. Il y a en outre une chic (et chère) boutique de vêtements pour enfants du nom d'**Angel**

Threads *(☎ 602-326-1170)* et un magasin de jouets amusant et original appelé **Mrs. Tiggy-Winkle's** *(☎ 602-326-0188)*.

B&B Cactus Farm *(11550 East Speedway Boulevard, Tucson, ☎ 602-721-4687)* possède plus de 600 variétés de cactus et plantes grasses du monde entier.

Si vous êtes à la recherche d'antiquaires à l'extérieur du centre-ville, faites le tour d'**Unique Antique** *(5000 East Speedway Boulevard, Tucson, ☎ 602-323-0319)*, un regroupement de 90 antiquaires dont les propriétaires affirment qu'il est le plus important de tout le sud de l'Arizona, ou rendez-vous chez **Sandy's Antiques** *(4500 East Speedway Boulevard, Suite 78, Tucson, ☎ 602-327-0772)*, qui se spécialise dans les bijoux en or et en argent fabriqués par les tribus navajo et zuni, de même que dans les meubles, les objets de collection, les horloges et les poupées.

Le **Casas Adobes Shopping Center** *(7051 North Oracle Road)* est une autre place marchande réunissant une variété de boutiques spécialisées. Une des plus courues est **Antigua de Mexico** *(☎ 602-742-7114)*, une boutique d'importations latino-américaines proposant des meubles de style colonial du Mexique et du Sud-Ouest, de l'art populaire, de la poterie, de la verrerie, des objets en étain et en argent de bon aloi, de même que des bijoux de Taxco.

L'avenue North Campbell possède également un certain nombre de commerces susceptibles de vous intéresser. Un des favoris, si l'on en juge par le nombre de voitures qui encombrent son stationnement, est **Bookman's** *(1930 East Grant Road, Tucson, ☎ 602-325-5767)*, un vrai paradis pour les bibliophiles. Son propriétaire prétend offrir le plus vaste choix de livres usagés et de revues récentes de tout le Sud-Ouest. On trouve par ailleurs chez Bookman's une salle de livres rares, des revues usagées, des microsillons, des cassettes et des disques compacts.

■ Où magasiner à l'est de Tucson?

Le **Singing Wind Bookshop** *(Ocatillo Road, 3,6 km au nord de la route 10, Benson, ☎ 602-586-2425)* est vraiment tout ce qu'il y a de plus perdu dans la nature. Rien ne l'annonce, si ce n'est le nom inscrit sur la boîte aux lettres. Ne laissez pas la grille verte garnie de chaînes vous rebuter; ouvrez-la tout simplement et rendez-vous en voiture jusqu'à la maison du ranch. Deux immenses pièces y sont remplies de livres neufs sur le Sud-Ouest, le passé de l'Ouest américain et divers autres sujets. Avec un peu de chance, on vous offrira peut-être des rafraîchissements.

Dans le centre-ville de Benson, le **Zearings Mercantile Store** *(305 East 4th Street, Benson, ☎ 602-586-3196)* est un magasin étroit à haut plafond qui, de mémoire d'homme, a toujours existé. Vous y trouverez des armes à feu, des cadeaux, des bougies, des reliques et un bric-à-brac inimaginable.

Pour quelque chose de plus conventionnel, rendez-vous chez **Kiva Gifts** *(363 West 4th Street, Benson, à côté de la Chambre de commerce, ☎ 602-586-9706)*, où l'on vend des objets d'art, de l'artisanat et des vêtements amérindiens, mexicains et américains du Sud-Ouest.

En prenant vers le sud jusqu'à Sierra Vista, vous découvrirez la **Misty's Gift Gallery** *(228 West Fry Boulevard, Sierra*

Vista, ☎ *602-458-7208),* une des plus grandes galeries de collection de tout le Sud-Ouest, où sont exposées les œuvres d'artistes tels que Goebel, Hummel, Lladro, Gorham, De Grazia et Perillo. Il y a aussi une galerie de peintures, de lithographies et de bronzes originaux.

Bisbee se révèle être une véritable Mecque du magasinage, surtout pour les amateurs d'art. Procurez-vous un plan de visite des boutiques auprès de la Chambre de commerce pour vous aider à vous y retrouver. La majorité des magasins se trouvent sur Main Street, y compris **The One Book Bookstore** *(30 Main Street, Bisbee,* ☎ *602-432-5512),* où, tel que le nom l'indique, vous ne pouvez réellement acheter qu'un seul titre. Vous ne vous attendez tout de même pas à ce que nous vous disions lequel, mais voici un indice : l'auteur Walter Swan est assis à la fenêtre de sa librairie, vêtu d'une salopette et d'un chapeau de cow-boy noir, et fin prêt à vous raconter toutes sortes d'anecdotes sur le livre qui décrit son enfance dans le comté de Cochise. Puis, à la porte voisine, **The Other Books Bookstore** propose, vous l'aurez deviné, ses autres livres.

De l'autre côté de la rue, la **Johnson Gallery** *(69 Main Street, Bisbee,* ☎ *602-432-2126)* est un endroit immense où l'on vend une variété d'importations, y compris des sérigraphies, lithographies et eaux fortes amérindiennes, des masques autochtones, des objets fabriqués par les Indiens Tarahumaras, des œuvres d'art autochtones et des poteries Quezadas.

The Gold Shop *(9 Howell Avenue, Bisbee,* ☎ *602-432-4557)* expose des bijoux contemporains et innovateurs créés par une douzaine d'artisans de Bisbee et d'autres régions du Sud-Ouest.

L'Allen Street constitue l'artère commerciale par excellence à Tombstone. Vous y trouverez une foule de magasins de souvenirs entrecoupés de boutiques de vêtements et de bijoux de qualité.

Arlene's Southwest Silver & Gold *(404 Allen Street, Tombstone,* ☎ *602-457-3344)* propose, sur une vaste surface, des bijoux et des œuvres d'art amérindiens, y compris des poteries, des paniers, des poupées *kachina* et des tapis.

Le **Gabe's Victorian Shop and Doll Museum** *(droits d'entrée au musée; 312 Allen Street, Tombstone,* ☎ *602-457-3419)* compte parmi les plus vieux commerces de Tombstone. L'endroit est plein à craquer de poupées, d'accessoires pour maisons de poupées, de cartes victoriennes et d'objets de collection, sans oublier plus de 150 poupées en carton. Le musée de poupées qui se trouve derrière la boutique date des années 1830.

Êtes-vous à la recherche d'anciens disques africains en coquillage ou de perles pakistanaises taillées à la main dans des os de chameau ou de yack? Rendez-vous chez **Bovis Bead Co.** *(220 Est Fremont Street, Tombstone,* ☎ *602-457-3359),* où vous trouverez l'un des plus grands choix de perles de toute sorte au pays. Importations du monde entier et pièces fabriquées sur place.

Eagle's Nest Leathers *(509 Allen Street, Tombstone,* ☎ *602-457-3805)* vend des articles en cuir ainsi que des vêtements et accessoires western, y compris des ceintures faites à la main, des mocassins, des chapeaux, des boucles de ceinture et des couteaux.

Dans la toute petite ville morte de Gleeson, vous trouverez tous les objets qu'on peut fabriquer à partir d'un serpent à sonnette chez **John & Sandy's Rattlesnake Crafts** *(24 km à l'est de Tombstone sur Gleeson Road, ☎ 602-642-9207)*. Chapeaux et ceintures en peau de crotale et bijoux taillés à même les vertèbres du serpent ne sont que quelques-uns des articles créés dans cette petite boutique pour le moins inusitée. Les propriétaires chassent eux-mêmes les serpents dont ils ont besoin et fabriquent eux-mêmes toutes les pièces.

Le meilleur moment pour se rendre dans la région de Willcox est l'automne, lorsque les fermes et les kiosques routiers mettent en vente le produit des récoltes. La Chambre de commerce de Willcox diffuse une brochure où figure une liste de 27 vergers et moulins qui accueillent les visiteurs. L'un d'eux est le **Stout's Cider Mill** *(1510 North Circle I Road, ☎ 602-384-3696)*, où vous pourrez cueillir vos propres fruits et acheter des pommes, du cidre, des fruits secs, des noix, des pêches, des tartes aux pommes, des piments et des conserves du désert de l'Arizona.

■ Où magasiner au sud et à l'ouest de Tucson?

Environ 50 boutiques et restaurants forment le village de **Tubac**. Bien qu'on mette ici l'emphase sur le tourisme, on a réussi à échapper au syndrome du tomahawk en caoutchouc, et vous y trouverez des objets d'art de qualité. Tous les commerces se trouvent à distance de marche les uns des autres, mais la plupart se trouvent sur Tubac Road, qui s'étire sur la droite lorsque vous arrivez par la contre-allée qui longe la route 19.

Parmi les établissements les plus intéressants de ce secteur, retenons **Tortuga Books** *(190 Tubac Road, Tubac, ☎ 602-398-2807)*, réputé dans tout le Sud-Ouest pour ses ouvrages de philosophie et de psychologie, ses livres pour enfants, ses documents sur le Sud-Ouest, ses cartes de vœux, ses disques compacts et ses cassettes. La **Pot Shop Gallery** *(166 Tubac Road, Tubac, ☎ 602-398-2898)* propose des lithographies signées de R.C. Gorman, des gravures, des poteries et des céramiques réalisées par des artisans arizoniens. **Chile Pepper** et **Chile Pepper, Too!** *(201 Tubac Road, Tubac, ☎ 602-398-2921)* vendent des mets gastronomiques du Sud-Ouest, des produits à base de piment, des guirlandes de piment, des cafés et des thés, ainsi que des vêtements et des bijoux. La **Tubac House** *(☎ 602-398-9423)*, de style victorien, renferme des œuvres de plus de 50 artistes de l'Arizona. De plus, vous trouverez chez **Old Presidio Traders** *(27 Tubac Road, Tubac, ☎ 602-398-9333)* des bijoux amérindiens de fabrication artisanale, des *kachinas*, des peintures sur sable, des paniers et des poteries.

Si vous désirez magasiner dans la vieille ville, plus historique, rendez-vous sur la Calle Iglesia. Vous y trouverez les **Hugh Cabot Studios & Gallery** *(Calle Iglesia, Tubac, ☎ 602-398-2721)*, qui occupent un bâtiment d'adobes de 250 ans ayant jadis servi d'hostellerie aux troupes espagnoles. L'artiste de renom national qu'est Hugh Cabot crée des œuvres de styles western et autres au moyen de divers matériaux, et il a élu domicile à Tubac. Chez **VIDA de la TIERRA** *(Calle Iglesia, Tubac, ☎ 602-398-2936)*, on peut parfois voir à l'œuvre les artisans Penny et John Duncklee, qui créent des poteries et des meubles en bois de prosopis. Enfin, pour d'authentiques objets d'art réalisés par de vieux Indiens Navajos, Santo Domingos ou Hopis, faites une halte à la **Peck Gallery El Nido** *(Plaza de Anza, Tubac, ☎ 602-398-2683)*.

À Patagonia, à peine quelques boutiques bordent la rue principale, dont celle de **J. Nickerson Gold & Silver Smith** *(☎ 602-394-2033)*, spécialisée dans les bijoux en argent, comme ces boucles d'oreilles fabriquées d'une façon ou d'une autre à partir de flocons de neige! L'orfèvre utilise également des matériaux locaux, comme la turquoise, la malachite, l'azurite et le jaspe rouge de Patagonia.

Si vous passez par Sonoita, arrêtez-vous à **La Pradera** *(Route 82, ☎ 602-455-5612)*. Le propriétaire du cheval de course Secretariat a construit ce minicomplexe sur le modèle de sa grange, et le trophée original de la Triple Couronne remporté par Secretariat est exposé dans le hall d'entrée. On trouve ici cinq boutiques, dont le **Country Store** *(☎ 602-455-5612)*, qui vend tapis, paniers, poupées *kachina*, poteries et sculptures.

Le **Kliban's Variety Store Inc.** *(29 Plaza, Ajo, ☎ 602-387-6421)*, qui occupe un bâtiment long et étroit de 1916, propose un mélange hétéroclite d'articles de quincaillerie, d'articles pour bébés et d'objets anciens on ne peut plus variés. Arrêtez-vous également à l'**Ajo Art Gallery** *(671 North 2nd Avenue, Ajo, ☎ 602-387-7525)*, où sont exposées toutes sortes de peintures contemporaines signées par des artistes de différentes parties des États-Unis.

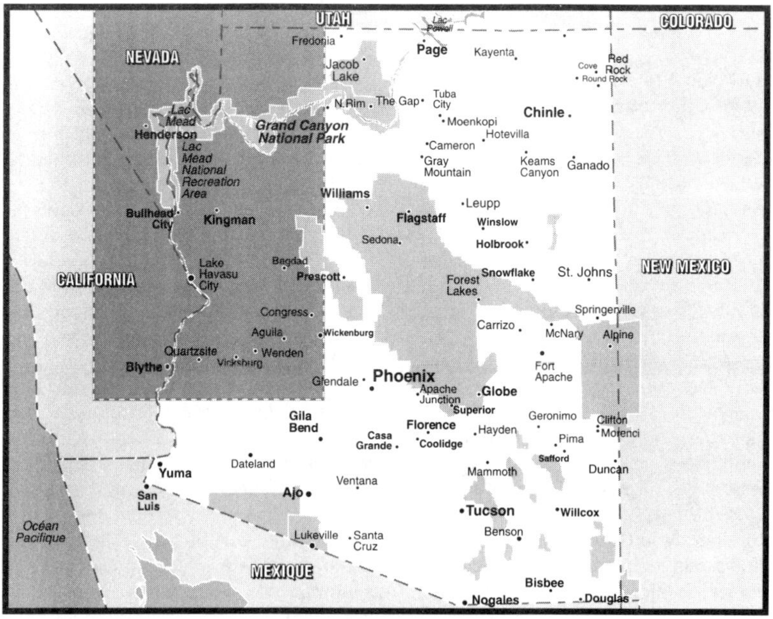

L'OUEST DE L'ARIZONA

Vers l'ouest, le puissant fleuve Colorado quitte le Grand Canyon, s'élargit pour former le lac Mead, poursuit sa course à travers une succession de lacs panoramiques, de stations estivales et de vallons encaissés, puis coule en direction du sud jusqu'au golfe de Californie. Dans son sillage, les visiteurs de la région découvrent nombre de points d'intérêts inusités et des possibilités récréatives sans pareilles, chaque fois dans un cadre unique. Vous trouverez ici de vastes étendues d'eaux cristallines, des brises estivales soulevant des moutons à la surface des flots, des amateurs de ski nautique fendant le miroir des lacs, des voiles multicolores gonflées au-dessus des catamarans et des kilomètres de plages sablonneuses, tout cela le long du fleuve Colorado, sur la «Côte Ouest» de l'Arizona.

Kingman constitue un bon point de départ pour explorer l'extrémité ouest de l'Arizona. Située à la jonction des routes 93 et 40, cette petite ville occupe en effet un emplacement privilégié lorsqu'il s'agit de faire des excursions vers le lac Mead et le barrage Hoover, Bullhead City/Laughlin et le lac Mohave, le lac Havasu et son London Bridge, ou la Parker Strip et Quartzsite. En cours de route, vous pourrez visiter des villes mortes, comme Oatman et Chloride, autrefois vouées à l'extraction de l'or et de l'argent, et survivant aujourd'hui tant bien que mal dans un décor somptueux. De Kingman, une route escarpée conduit également aux hauteurs verdoyantes du Hualapai

Mountain State Park, où vous pourrez pique-niquer et camper.

À environ 130 km au nord de Kingman, par la route 93, s'étend le lac Mead, aménagé par l'homme et partagé entre l'Arizona et le Nevada. Créé dans les années trente, lorsque le fleuve Colorado fut harnaché par le barrage Hoover, ce lac est devenu un lieu de récréation populaire.

Dans les collines rocheuses d'aspect rébarbatif du désert de Mohave, dans l'ouest de l'Arizona, les promoteurs immobiliers avaient l'habitude de vendre des terrains sur le site de futures communautés à des acheteurs crédules de la Côte Est qui n'y avaient jamais mis les pieds. La plupart de ces projets domiciliaires ne prirent jamais suffisamment d'ampleur pour qu'on songe seulement à les voir se concrétiser un jour, mais deux «villes» perdues au beau milieu de nulle part, sur les rives désolées du fleuve Colorado, sont tout de même sorties du sol pour devenir les pôles jumeaux d'un véritable phénomène.

Bullhead City, la ville qui connaît la plus forte croissance en Arizona, est une station estivale et une communauté de retraités regroupant environ 25 000 habitants. D'abord créée pour servir de camp de construction au barrage Davis, Bullhead City ne semble avoir aucune raison d'être autre que la présence constante du soleil, un climat chaud à longueur d'année, la navigation de plaisance et la pêche sur le Colorado, sans oublier les casinos en plein essor de Laughlin, située tout juste de l'autre côté du fleuve à l'extrême pointe méridionale du Nevada.

Plus improbable encore que Bullhead City, Lake Havasu City a été décrite par le *Los Angeles Times* comme «la plus prospère des villes nouvelles autonomes des États-Unis». Bien qu'elle jouisse d'un climat plus qu'agréable en hiver et d'un emplacement enviable sur la rive d'un lac de 72 km en plein désert, son existence défie vraiment toute logique, si ce n'est qu'au cours des années soixante le magnat de la tronçonneuse Bob McCulloch et son associé C.V. Wood Jr., planificateur et premier directeur général de Disneyland, ont décidé d'en faire une réalité. Étant donné que leur future communauté ne reposait sur aucune base économique, ils eurent tôt fait de conclure qu'il leur fallait un attrait touristique de taille, et c'est ainsi qu'ils imaginèrent d'y implanter le London Bridge. Oui, le véritable pont de Londres, acheté lors d'une vente aux enchères et transporté bloc de granit par bloc de granit au-delà de l'Atlantique pour être reconstruit sur un canal séparant une île de la rive du lac Havasu. Ce projet sans précédent et apparemment complètement farfelu fonctionna pourtant, et vous pouvez aujourd'hui en admirer le résultat.

Outre son pont légendaire, Lake Havasu City possède un «Village Anglais», destiné à le mettre en valeur et, non loin de là, les deux sections du Lake Havasu State Park se présentent comme des aires récréatives bien développées qui tirent pleinement parti des 72 km de rivage du lac. La Windsor Beach Unit, sur la partie supérieure du lac, dispose de rampes de mise à l'eau pour les bateaux, d'aires de pique-nique ombragées, de terrains de camping conventionnels et de zones de camping sauvage accessibles par bateau seulement. La Cattail Cove Unit possède des installations similaires, mais aussi une marina, un restaurant, un magasin et un service de location d'embarcations.

Près du barrage Parker, qui retient les eaux du lac Havasu, le Buckskin Mountain State Park attire les amateurs de ski nautique, de navigation de plaisance et de baignade sur chambre à air. Des sentiers parcourant les monts Buckskin offrent de beaux points de vue, et certains randonneurs plus fortunés pourront même y apercevoir des mouflons du désert.

Environ à mi-chemin de la «côte», tout juste au-dessus du barrage Parker, la rivière Bill Williams se jette dans le fleuve Colorado. En amont s'étend l'Alamo Lake State Park, un immense réservoir créé par l'homme aussi bien pour contrôler les crues du fleuve qu'à des fins récréatives. Pêche à l'achigan, baignade, navigation de plaisance, canot et observation d'animaux sauvages, dont l'aigle à tête blanche et l'aigle royal, sont au rendez-vous.

Alors que vous faites route vers ces communautés arizoniennes peu communes, vous aurez l'occasion de visiter deux réserves fauniques d'État, la Fort Mohave Reservation et le Havasu National Wildlife Refuge. Si vous gardez l'œil bien ouvert, vous pourriez y apercevoir un aigle à tête blanche, un faucon pèlerin ou un mouflon du désert, sans compter plusieurs autres espèces animales plus courantes.

En aval du barrage Parker, la petite ville de Parker et la Colorado River Reservation servent de centres de commerce et de tremplins vers d'autres activités récréatives. Plus au sud, la communauté de Quartzsite, davantage un immense parc pour véhicules récréatifs qu'une ville à proprement parler, accueille enfin des centaines de milliers de personnes à la fin de janvier et au début de février à l'occasion de ses «rencontres-expositions-marchés» minéralogiques.

Pour s'y retrouver sans mal

En avion

L'**aéroport de Bullhead City/Laughlin** est desservi par American West, Morris Airlines et United Express. L'**aéroport du Mohave County**, à Kingman, et l'**aéroport de Lake Havasu City** sont desservis par American West.

En autocar

Greyhound Bus Lines se rend à la gare routière de Kingman *(3264 East Route 66, ☎ 602-757-8400)* et à Bullhead City *(1000 Route 95, ☎ 602-754-4655)*.

En voiture

Sur la «Côte Ouest» de l'Arizona, le long du fleuve Colorado, vous atteindrez la région de **Bullhead City/Laughlin** en quittant la route 40 à Kingman et en parcourant 42 km sur la route 68 parmi les paysages les plus frappants du désert de Mohave, ou encore en quittant la route 40 à Topock, 12 km à l'est de Needles (Californie), pour ensuite franchir 56 km vers le nord sur la route 95.

L'autre grande station de vacances du fleuve Colorado, **Lake Havasu City**, se trouve à 34 km au sud de la route 40 sur la route 95. Une fascinante route secondaire reliant la route 95 à la route 40 à la hauteur de Kingman passe par la ville historique d'Oatman, alors qu'elle fait une ascension marquée par le col de Sitgreaves, un tronçon si exigeant qu'on ne croirait jamais que ce bout de chemin sans nom faisait jadis partie de l'ancienne route 66, la grande route principale qui traversait le Sud-Ouest pour se rendre à Los

Angeles avant que la route inter-États ne soit construite.

La location d'une voiture

Les agences de location possédant un comptoir à l'aéroport de Bullhead City/Laughlin sont **Avis Rent A Car** *(☎ 602-754-4686)*, **Budget Rent A Car** *(☎ 602-754-3361)* et **Hertz Rent A Car** *(☎ 602-754-4111)*.

Attraits touristiques

■ Quoi voir dans la région de Kingman?

Située à la croisée des routes 40 et 93, **Kingman** s'est taillé une réputation de halte confortable auprès des voyageurs se déplaçant à vive allure entre Phoenix et Las Vegas ou Los Angeles et Albuquerque. Mais il s'agit également d'un tremplin naturel pour ceux qui désirent se rendre en excursion aux villes mortes voisines, au barrage Hoover, au lac Mead ou aux autres stations touristiques du fleuve Colorado.

La ville fut ainsi baptisée en l'honneur de l'arpenteur géomètre Lewis Kingman, qui passa dans la région en 1892 alors qu'il traçait le parcours du chemin de fer devant relier Needles (Californie) à Albuquerque (Nouveau-Mexique). Le camp de construction subséquemment aménagé sur les lieux prit son nom, mais la localité ne devint guère prospère qu'au début du XXe siècle, lorsqu'on découvrit des gisements d'argent et de cuivre dans les collines avoisinantes. Les mines s'épuisèrent au cours des années quarante, mais la ville subsista en tant que halte importante pour les ouvriers du chemin de fer de Santa Fe et de l'ancienne route 66.

Avec plus de 1 700 chambres de motel et 50 restaurants, la Kingman d'aujourd'hui voit se perpétuer son rôle de centre d'approvisionnement. La majeure partie des activités commerciales s'est peu à peu concentrée autour de l'avenue des motels, East Andy Devine Avenue, et des centres commerciaux de banlieue, mais on trouve encore ici quelques joyaux historiques méritant une visite. Pour les connaître, arrêtez-vous au **Chamber of Commerce Visitor Center** *(333 West Andy Devine Avenue, Kingman, ☎ 602-753-6106)*, à même de vous fournir des plans, des brochures et une liste des nombreux festivals et événements annuels tenus dans la région, et n'oubliez pas de vous procurer un plan du circuit historique du centre-ville.

Une autre halte intéressante se fait au **Mohave Museum of History and Arts** *(droits d'entrée; 400 West Beale Street, Kingman, ☎ 602-753-3195)*, qui offre un aperçu de plusieurs attraits inusités de l'ouest de l'Arizona. La murale et les dioramas du hall d'entrée illustrent le peuplement de la région et montrent comment les chameaux étaient autrefois utilisés comme bêtes de somme dans ce coin de pays. C'est en outre de Kingman que provient une grande partie de la turquoise extraite des mines américaines, et le musée renferme une belle collection d'objets taillés dans cette pierre fine. Les salles d'exposition amérindiennes présentent, quant à elles, les modes de vie traditionnels des Indiens Hualapais et Mohaves. D'autres salles encore abritent une collection de portraits peints des présidents américains et de leur épouse, réalisés par l'artiste local Laurence Williams, et des souvenirs

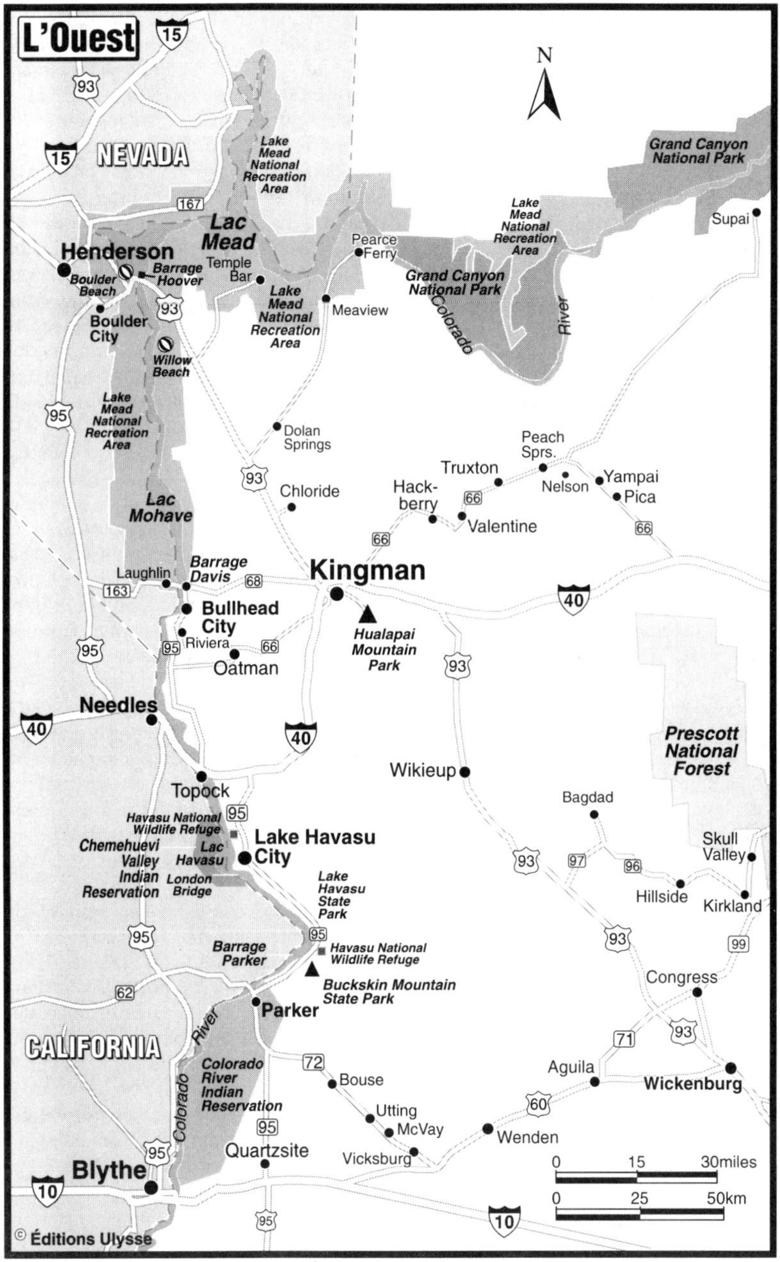
L'Ouest
NEVADA
CALIFORNIA
Lake Mead National Recreation Area
Lac Mead
Henderson
Boulder Beach
Barrage Hoover
Temple Bar
Pearce Ferry
Meaview
Boulder City
Willow Beach
Grand Canyon National Park
Supai
Colorado River
Dolan Springs
Peach Sprs.
Truxton
Nelson
Yampai
Pica
Hackberry
Valentine
Chloride
Lac Mohave
Laughlin
Barrage Davis
Kingman
Bullhead City
Riviera
Oatman
Hualapai Mountain Park
Needles
Prescott National Forest
Wikieup
Topock
Bagdad
Havasu National Wildlife Refuge
Chemehuevi Valley Indian Reservation
Lac Havasu
London Bridge
Lake Havasu City
Skull Valley
Hillside
Kirkland
Lake Havasu State Park
Barrage Parker
Buckskin Mountain State Park
Parker
Congress
Colorado River Indian Reservation
Aguila
Wickenburg
Bouse
Utting
McVay
Wenden
Vicksburg
Quartzsite
Blythe
0 15 30miles
0 25 50km
N
15
93
167
95
66
68
163
40
97
96
99
62
71
72
60
10
© Éditions Ulysse

du plus célèbre fils de la ville, le défunt comédien Andy Devine.

Pour voir comment vivait le gratin de Kingman au début du siècle, rendez-vous à la **Bonelli House** *(430 East Spring Street, Kingman, ☎ 602-753-1413)*, une imposante résidence à balcons de deux étages, construite en 1915 de tuf calcaire de la région. Cette demeure fut érigée par des mormons suisses qui avaient fait fortune dans la joaillerie. À l'intérieur, les pièces sont garnies de meubles et d'accessoires qui reflètent toute l'élégance de cette époque : lits en laiton victoriens, boîtes à musique richement gravées et ornées, horloges de parquet antiques, poêle à chemise d'eau peu commun...

En vous baladant dans le vieux Kingman, loin des grands magasins, des motels en série et des cafés sans nom, vous découvrirez un centre-ville du début du siècle sur le point de disparaître. Pour l'heure, toutefois, vous pouvez encore admirer la splendeur architecturale dont s'enorgueillissaient les édifices de ce quartier, des résidences victoriennes aux simples cabanes d'adobes. Certains des sites figurant sur le circuit de la Chambre de commerce comprennent le **Dépôt Ferroviaire de la Ligne de Santa Fe** *(angle Andy Devine Avenue et 4th Street)*, de style colonial espagnol, l'**Édifice IOOF** *(angle 5th Street et Beale Street)*, de style Renaissance, le **Palais de Justice du Comté de Mohave** *(angle Spring Street et 4th Street)*, un bâtiment en tuf calcaire de style classique au dôme de verre, et, immédiatement à l'est du musée, le **Locomotive Park**, qui abrite une collection d'anciennes locomotives, dont une *Baldwin* à vapeur de 1927 et un ancien wagon de queue d'un rouge éclatant.

Pour plonger davantage encore dans le passé de la région, rendez-vous en voiture jusqu'à l'ancienne ville minière d'**Oatman**, à environ 40 km au sud-ouest de Kingman par la route 66. Fondée en 1906 et presque entièrement abandonnée en 1942, Oatman réunit une collection hétéroclite de bâtiments délabrés de l'Ouest d'antan, dont certains semblent sur le point de s'écrouler alors que d'autres sont occupés par des boutiques de souvenirs et des comptoirs de yogourt glacé. Il s'agit là d'une des villes mortes les mieux préservées de l'Arizona, surtout parce qu'elle a servi au tournage de nombreux films. Une industrie touristique vigoureuse contribue également à sa subsistance. Les fins de semaine y sont animées, alors qu'on y présente de la musique country et qu'on y met en scène des règlements de compte à l'ancienne en pleine rue. Outre l'assortiment habituel de boutiques d'antiquités et de bibelots, l'**Oatman Hotel** possède à l'étage un musée où sont exposés des vêtements de pionniers, de l'équipement minier d'une autre époque et d'anciennes affiches de cinéma. En 1939, Carole Lombard et Clark Gable y ont passé leur nuit de noces après s'être mariés à Kingman; une des robes de l'actrice est exposée dans la suite «Lune de Miel».

Chloride, qui se trouve à environ 37 km au nord-ouest de Kingman par la route 93, constitue un exemple plus authentique de ville morte. Ainsi nommée en raison des gisements de sel des collines voisines, Chloride se présente comme un amas de constructions décrépites en planches, de cabanes de mineurs et d'usines de transformation. Ici aussi, on monte des mises en scène les fins de semaine, quoique de façon beaucoup moins professionnelle. Tout le monde semble cependant s'y amuser ferme, même si l'on verrait bien le tout accompagné d'airs de piano mécanique. On peut visiter sur les lieux nombre de galeries et boutiques, de même qu'une cabane de mineur remise en état à côté du Shelp's General Store. Si l'air saumâtre vous donne la soif, prenez la direction de l'**Old Tennessee Saloon**, qui fait partie du magasin général construit en 1928. Quelques kilomètres à peine à l'extérieur de la ville par Tennessee Avenue, vous verrez enfin des murales géantes peintes sur des parois rocheuses par l'artiste du Sud-Ouest Roy Purcell. Réalisées en 1966 et en 1975, ces murales comportent des scènes surréalistes du folklore amérindien.

■ Quoi voir dans la région du lac Mead?

En aval du Grand Canyon, le fleuve Colorado se transforme en une succession de lacs créés par l'érection des barrages du Colorado River Project, lequel fournit de l'électricité à la Californie du Sud, l'eau nécessaire à l'irrigation régulière de l'Imperial Valley à des fins agricoles, et un dispositif de contrôle des crues pour toutes les communautés implantées le long du fleuve, autrefois déchaîné. Le fleuve et ses lacs marquent en outre la frontière qui sépare l'Arizona du Nevada et de la Californie.

Le plus important de ces réservoirs est le **lac Mead**, qui s'étire sur 185 km, à environ 130 km au nord de Kingman par la route 93, non loin de Las Vegas. Créé à l'époque où le fleuve s'est vu refoulé par la construction du barrage Hoover, entre 1935 et 1938, le lac Mead est devenu une destination populaire pour les amateurs de pêche, de navigation de plaisance, de planche à voile, de ski nautique et de bains de soleil, sans compter ceux qui en explorent les anses et les criques en péniche. Les seules dimensions du lac, avec ses 1 323 km de rivage et ses 34 milliards de m^3 d'eau, ce qui en fait le plus grand réservoir créé par l'homme aux États-Unis, suffisent à en faire un endroit qu'on veut visiter, d'autant plus qu'il s'entoure de canyons déchiquetés et de dunes désertiques.

Il reste que ce lac est surtout fréquenté par les pêcheurs à la ligne, qui peuvent y capturer des achigans à grande bouche, des truites arc-en-ciel, des truites brunes, des truites fardées, des poissons-chats et des crapets noirs, sans oublier le bar rayé, qui peut peser jusqu'à 23 kg et qui constitue le poisson le plus prisé depuis quelques années.

Une bonne façon de se renseigner sur le lac Mead consiste à faire une halte à l'**Alan Bible Visitor Center** *(angle route 93 et Lakeshore Road, Boulder City, Nevada, ☎ 702-293-8906)*. Situé entre Boulder City et le barrage Hoover, ce centre possède un jardin botanique, renferme des vitrines d'exposition et présente périodiquement au cours de la journée un court métrage décrivant l'histoire et les attraits de la région. On y vend de plus des ouvrages sur l'histoire, la faune et la flore de ce coin de pays.

Du rivage désolé de l'Arizona, le point d'accès le plus facile au lac Mead est la **Temple Bar Marina** *(☎ 602-767-3211)*, qu'on atteint par une route revêtue et bien signalisée de 45 km qui se détache de la route 93 à un peu moins de 90 km au nord de Kingman. Vous y trouverez des chambres, un café et un magasin d'approvisionnement. Il s'agit d'ailleurs du dernier point de ravitaillement pour ceux qui projettent de naviguer au nord de Temple Bar.

Bien que plus éloignée, **South Cove/Pearce Ferry** est à recommander pour la vue qu'on y a sur le lac et sur les crêtes en dents de scie de l'Iceberg Canyon, à environ 74 km à l'est du barrage Hoover. Prenez la route 93 en direction du nord au départ de Kingman sur près de 65 km, jusqu'à la sortie de Dolan Springs, puis roulez vers l'est. Passé Dolan Springs, vous pénétrerez dans une forêt dense d'arbres de Josué avant d'arriver à Meadview, une communauté de retraités. Non loin de là, vous commencerez à apercevoir le lac Mead, encadré par les flèches escarpées de l'Iceberg Canyon. South Cove ne possède pour toutes installations qu'une descente de bateau et des toilettes, mais on y trouve le calme le plus absolu, accentué par les eaux d'un bleu profond du lac Mead et les sommets irréguliers qui l'entourent. Les six derniers kilomètres, qui mènent à Pearce Ferry par un chemin de terre, descendent à travers de hautes parois rocheuses et des buttes granitiques. Une fois au bord de l'eau, vous trouverez un terrain de camping, des rampes de mise à l'eau pour les bateaux et on ne peut plus de tranquillité. Si les corridors granitiques vous rappellent le Grand Canyon, c'est sans doute parce que la frontière occidentale du parc ne se trouve qu'à 1,5 km à l'est d'où vous êtes.

Une route panoramique longe en outre la rive du lac du côté du Nevada. On y dénombre davantage de marinas, un terrain de camping, une plage publique assez courue et quelques petites stations de vacances. Prenez la route 166 à partir de Boulder City à travers les terres érodées et les canyons qui surplombent le lac, jusqu'à ce que vous atteigniez la **Northshore Road** *(routes 147 et 167)*. Vous pouvez demeurer sur la grande route qui longe le rivage jusqu'au Valley of Fire State Park ou descendre vers le lac à Callville Bay, à Echo Bay ou à Overton Beach, où vous trouverez de quoi vous rassasier et diverses installations.

Lake Mead Cruises *(☎ 702-293-6180)* propose une **croisière au barrage Hoover** à bord d'un bateau à trois ponts, le *Desert Princess*. Ce bateau à roue arrière de 30 m est le plus gros à sillonner les eaux du lac, et il possède un casse-croûte, deux ponts couverts, un pont promenade, une salle à manger pouvant accueillir 80 personnes, un salon-bar et une piste de danse. La croisière inclut un dîner au coucher du soleil et offre des vues saisissantes sur le barrage Hoover entièrement illuminé. Les départs ont lieu plusieurs fois par jour de la Lake Mead Marina *(322 Lakeshore Road, Boulder City, Nevada, ☎ 702-293-3484)*.

Le **Barrage Hoover**, qui retient le lac Mead, comptait parmi les attraits de la région avant même que ne soit construit le tout premier casino de Las Vegas. Il s'élève à 221 m au-dessus du fleuve, et sa centrale produit quatre milliards de kWh d'électricité par année. Sa structure renferme près de 2 300 000 m^3 de béton et fut achevée en 1935. Le fait qu'il date de l'époque de la Grande Dépression est mis en évidence par les motifs Art déco qui ornent son sommet, y compris deux gigantesques personnages ailés représentant la République et un sol de mosaïque couverts de mystérieux symboles cosmiques. La visite guidée *(droits d'entrée; ☎ 702-293-8367)* entraîne les visiteurs dans les entrailles du barrage par un ascenseur.

■ Quoi voir dans la région de Bullhead City/Laughlin?

Bullhead City, qui se trouve à 56 km à l'ouest de Kingman par la route 68, est sans doute la ville arizonienne à la croissance la plus rapide, mais il faut savoir qu'elle doit sa prospérité à Laughlin (Nevada), située de l'autre côté du fleuve. La ville de Laughlin est une flamboyante station riveraine, aujourd'hui devenue le troisième plus grand centre de jeux de hasard du Nevada. Étant donné qu'elle possède peu de quartiers résidentiels et commerciaux en propre, la majorité des milliers d'employés qui y travaillent vivent, magasinent et font éduquer leurs enfants chez sa voisine de l'Arizona, Bullhead City. Laughlin, qui est la ville de jeu la plus rapprochée du Phoenix métropolitain, s'emplit au-delà de sa capacité toutes les fins de semaine. Le reste de la semaine, les casinos, les buffets, les bars et les salles d'exposition accueillent surtout des nomades voyageant en camping-car et heureux de pouvoir échapper à la dense circulation qui règne à Las Vegas, tout en ayant l'occasion de profiter gratuitement des grands parcs de véhicules récréatifs.

Le jeu ne constitue toutefois pas le seul attrait de la région de Bullhead City/Laughlin. Tout au long de l'année, le fleuve Colorado et le lac Mohave voisin attirent également nombre d'amateurs de sports nautiques tels que baignade, navigation de plaisance, pêche et ski nautique. Non loin de là se trouvent par ailleurs des villes mortes, des mines historiques et de fascinants canyons isolés ne demandant qu'à se laisser découvrir.

Les croisières commerciales constituent un autre attrait populaire. Avant que le pont enjambant le Colorado ne soit construit au milieu des années quatre-vingt, les visiteurs avaient l'habitude de garer leur voiture du côté arizonien pour ensuite prendre un traversier jusqu'aux casinos du Nevada. Aujourd'hui, les fins de semaine affairées, lorsque les terrains de stationnement de Laughlin sont bondés, les traversiers transportent encore les gens de l'autre côté du fleuve, leur offrant gratuitement une courte traversée sous le signe du plaisir. Plusieurs firmes proposent en outre des excursions de plus longue durée sur des bateaux qui arpentent le fleuve depuis les quais des casinos. Parmi elles, mentionnons **Blue River Safaris** *(☎ 702-298-0910)*, dont la vedette de 12 m sillonne les gorges du Colorado, et **Laughlin River Tours** *(☎ 702-298-1047)*, dont le *Little Belle*, un bateau à vapeur muni d'une roue à aubes, part du quai du casino Edgewater et organise même des mariages sur l'eau.

Bullhead City a été incorporée en 1984, mais sa fondation remonte à 1945, alors qu'elle n'était qu'un camp de construction pour le barrage Davis, à 5 km en amont. La ville, ainsi nommée en raison d'une formation rocheuse aujourd'hui submergée par les eaux du lac Mohave, regroupe des quartiers résidentiels peu élevés, des centres commerciaux et des parcs de maisons mobiles. Des projets domiciliaires et l'implantation de communautés de retraités le long du fleuve Colorado, comme Riviera, Fort Mohave et Golden Shores, ont contribué à repousser les limites de Bullhead City jusqu'à Topock, à la jonction de la route 40.

L'hiver et le printemps constituent les deux meilleures saisons pour visiter Bullhead City/Laughlin, la température y étant de 18 à 27 °C. En juillet et en août, le mercure peut atteindre la marque impressionnante de 50 °C et plus, ce qui en fait la région la plus chaude de tout le pays.

Il n'y a pas grand-chose à voir ou à faire à Bullhead City, à moins que vous ne soyez passionné de maisons préfabriquées et de centres commerciaux. Il n'y a donc rien d'étonnant à ce que le grand attrait de la région soit l'avenue bordée de 10 casinos qui s'étend sur la rive ouest du fleuve. Au contraire de leurs réputés, et plus volumineux, cousins de Las Vegas, les hôtels-casinos de Laughlin sont rapprochés les uns des autres et facilement accessibles par une bande de béton qui longe le fleuve. Le meilleur d'entre eux est le **Colorado Belle** *(2100 South Casino Drive, Laughlin, ☎ 702-298-4000)*, qui reproduit un bateau à vapeur du Mississippi long de 183 m, avec trois ponts et quatre cheminées crachant de la fumée noire. Le soir, le bateau à roue semble tourner sous l'effet des projecteurs stroboscopiques. À l'intérieur, on découvre un décor tel qu'on pouvait en voir à la Nouvelle-Orléans au début du siècle, avec d'épais tapis rouges, des lampes à globes de verre, des rampes en laiton et des appliques en fer forgé. Parmi les commerces regroupés sur la mezzanine, où des clowns qui égayent la foule, on compte plusieurs restaurants et une confiserie à l'ancienne.

Pour retrouver un peu de l'atmosphère de Dodge City, rendez-vous au **Pioneer Hotel** *(2200 South Casino Drive, Laughlin, ☎ 702-298-2442)*, qui se trouve à la porte voisine. Cet hôtel de deux étages ressemble à un fort en «U» revêtu de panneaux de bois à l'épreuve des intempéries. Quant à la façade du casino, elle fait penser à celle d'une pension de l'Ouest sauvage. Des portes battantes et un porche en bois donnent accès à un casino animé aux planchers de bois sombre et aux lambris fatigués. Du côté du fleuve, un cow-boy en néon, River Rick, salue les passants, imitant en quelque sorte sa contrepartie de Las Vegas, Vegas Vic. Sur le terrain qui fait face au fleuve, on retrouve un luxuriant jardin fleuri, des pelouses verdoyantes et des arbres offrant de l'ombre.

Le **Riverside Resort** *(1650 South Casino Drive, Laughlin, ☎ 702-298-2535)* mérite également une visite, tout comme l'antiquaire qui le jouxte. Sa collection, petite quoique intéressante, se compose de machines à sous, de juke-box, d'anciennes radios et d'une variété d'enseignes au néon d'une autre époque. On y expose aussi, sans toutefois les vendre, des machines à sous antiques provenant de la collection personnelle de Don Laughlin, y compris une *vest pocket* de 1938 et une autre, celle-là de 1931, qui payait les gagnants en balles de golf.

À environ 5 km au nord de Bullhead City se dressent le **Barrage Davis** et sa **Centrale Hydro-électrique** *(☎ 602-754-3628)*, construits en 1953 à des fins énergétiques, certes, mais aussi afin de régulariser le débit des eaux acheminées vers le Mexique. La centrale hydro-électrique, en aval de la digue du barrage sur la rive arizonienne du fleuve, est ouverte tous les jours au public (visite autoguidée avec commentaires enregistrés, plans illustrés et vues rapprochées sur les turbines).

Derrière le barrage s'étend le **lac Mohave**, qui remonte jusqu'au barrage Hoover, à 108 km en amont. Ce long lac étroit (seulement 6 km séparent les deux rives en son point le plus large) offre une multitude de possibilités récréatives, dont la pêche, la navigation de plaisance, le ski nautique et la planche à voile.

On ne peut accéder au lac Mohave qu'en deux endroits du côté arizonien : à Willow Beach *(en retrait de la route 93 à environ 97 km au nord de Kingman)* et à Katherine Landing *(à*

10 km au nord de Bullhead City et de Laughlin). Tout comme le **Willow Beach Resort** *(☎ 602-767-3311)*, le **Lake Mohave Resort** *(Katherine Landing, ☎ 602-754-3245)* loue des péniches et d'autres embarcations à utiliser sur le lac Mohave.

■ Quoi voir dans la région du lac Havasu?

Le **lac Havasu**, qui se trouve à environ 32 km en amont du barrage Parker, pourrait très bien être le plus joli lac endigué sur toute la longueur du fleuve Colorado. D'un bleu frais et clair au beau milieu du désert, cette nappe d'eau longue de 74 km est d'ailleurs devenue une zone récréative fort populaire, surtout réputée pour son **London Bridge** (pont de Londres) et **Lake Havasu City**. Exception faite du Grand Canyon, le London Bridge est le site touristique le plus visité de l'Arizona. L'audace et la futilité monumentale dont ont fait preuve les pères de la ville en transportant ici le pont de Londres à l'époque où la capitale britannique décida de le remplacer attirent en effet des foules innombrables de curieux. Il faut le voir pour le croire! Originellement construit en 1825 en remplacement d'un pont de Londres encore plus vieux qui subsista 625 ans, celui-ci fut vendu aux enchères en 1968, et les promoteurs de Lake Havasu City en firent l'acquisition pour la somme de 2 460 000 $US. La structure de granit de 9 000 tonnes fut démontée bloc par bloc, chacun d'eux pesant entre 450 kg et 7 700 kg, et transportée par bateau puis par camion sur une distance de 16 000 km pour être reconstruite sur les rives du lac Havasu alors que la ville était encore à peine naissante. On entreprit ensuite de creuser un canal pour permettre à l'eau du lac de couler sous le pont. Ce dernier est large de 11 m et long de 290 m, et vous pouvez aussi bien le traverser à pied qu'en voiture, ainsi que le font chaque année des millions de visiteurs. Le jeu en vaut-il la chandelle? Absolument! Il s'agit en effet d'une illustration démesurée de la frontière quasi imperceptible qui existe entre la folie et le génie, et aussi d'une des plus étranges visions qu'on puisse avoir en Arizona.

À Lake Havasu City, plusieurs bateaux partent en excursion du London Bridge, du premier du genre sur le lac, le mignon *Miss Havasupai*, appartenant à **Lake Havasu Boat Tours** *(☎ 602-855-7979)*, à l'imposant *Dixie Belle (☎ 602-453-6776)*, une réplique d'un de ces fameux bateaux à vapeur du Mississippi. **Bluewater Charters** *(☎ 602-855-7171)* propose, en outre, quotidiennement des excursions à la gorge de Topock et au Havasu National Wildlife Refuge à bord d'une vedette.

Dans la petite localité de **Topock**, située à mi-chemin entre Bullhead City et Lake Havasu City, à la jonction de la route 40 et de la route 95 Sud, **Jerkwater Canoe Co.** *(☎ 602-768-7753)* loue des canots vous permettant d'explorer des portions autrement inaccessibles du **Havasu National Wildlife Refuge**. La société en question peut également vous diriger vers la magnifique gorge de Topock, des sites pétroglyphiques anciens et le Topock Maze, où les Indiens Mohaves avaient l'habitude de purifier leur esprit après de longs voyages.

■ Quoi voir dans la région du barrage Parker?

En aval du barrage Parker, qui retient les eaux du lac Havasu, le fleuve Colorado traverse la Colorado River Reservation jusqu'à Parker, un centre de commerce comme tant d'autres, à environ 52 km au sud de Lake Havasu City. À seulement 3 km au nord de Parker, le barrage de Headgate Rock retient le Colorado pour former le lac Moovalya, une étendue récréative de 18 km mieux connue sous le nom de «Parker Strip».

Parker n'était qu'un simple comptoir postal avant que le chemin de fer n'atteigne cette région en 1908. La majeure partie du développement de la ville ne se fit toutefois qu'après l'érection des barrages sur le fleuve, lorsque les touristes commencèrent à affluer vers les lacs plus en amont. Les activités récréatives demeurent la principale raison d'être de Parker, sans compter que le climat doux attire chaque hiver des gens venus des régions plus froides du continent, surtout des retraités.

La ville en soi n'a pas grand-chose à offrir. Un bon nombre de ses 3 000 habitants vivent dans des parcs tapissés de véhicules récréatifs aménagés çà et là sur les flancs broussailleux des collines avoisinantes, où pointe à l'occasion une maison au toit de tuiles rouges. Malgré le peu de charme de Parker, la région n'en demeure pas moins envahie par les visiteurs, heureux de pouvoir y pratiquer à longueur d'année la navigation de plaisance, le ski nautique et la descente de rivières sur chambre à air (on organise même une course annuelle de chambres à air sur une distance de 11 km) le long de la Parker Strip.

Le principal attrait de la ville est le **Colorado River Indian Tribes Museum** *(à l'intersection de 2nd Avenue et de Mohave Road, ☎ 602-669-9211)*, une véritable mine d'objets fabriqués par les Amérindiens de la préhistoire, qu'il s'agisse des Anasazis, des Hohokams ou des membres d'autres tribus. On peut en outre y voir des dioramas de *pueblos* et d'autres types d'habitations, de l'artisanat et de l'art populaire signé par des artistes plus récents des tribus mohave, chemehuevi, navajo et hopi. La galerie de photographies sur la vie d'antan à l'intérieur des réserves et la bibliothèque d'archives contenant d'anciens manuscrits, livres et autres documents se révèlent particulièrement intéressantes. Visitez également la boutique de souvenirs avant de quitter les lieux, car on y trouve un bel assortiment de publications, de paniers, d'ouvrages en perles de couleur et d'autres pièces artisanales amérindiennes.

À environ 24 km en amont s'élève le **barrage Parker**, un sosie presque parfait du barrage Davis. Il s'en distingue toutefois par le fait qu'un tiers seulement de sa structure est visible, son assise rocheuse se trouvant à 72 m sous le lit du fleuve. Comme son cousin plus en amont, le barrage Parker ouvre ses portes au public (visite autoguidée). N'oubliez surtout pas de pénétrer dans la salle des turbines pour observer la rotation du gigantesque groupe turboalternateur; vous aurez l'impression de vous trouver dans la salle des machines d'un immense transatlantique.

Pour changer de rythme, empruntez la route 95 et franchissez les 55 km qui vous séparent du village de **Quartzsite**, le site d'une des rencontres annuelles les plus étranges de l'Arizona, et peut-être même du monde entier. Bien que cette minuscule localité broussailleuse ne compte que quelques motels, restaurants et parcs pour véhicules récréatifs, sa population passe chaque hiver de quelques centaines d'âmes à plusieurs centaines de milliers. La raison en est la tenue des **Quartzsite**

Gemborees, une succession de six événements comparables à des bazars orientaux où se retrouvent collectionneurs et vendeurs de minéraux et de pierres précieuses. Ces festivals monstres, organisés à la fin de janvier et au début de février, attirent des foules d'amateurs et de connaisseurs pour ce qui promet d'être une véritable orgie minérale. Outre les centaines de kiosques aménagés sur le site, où vous pouvez acheter de tout, des cristaux de guérison aux blocs de quartz de 2 300 kg, ces événements sont l'occasion de marchés aux puces, de salons d'antiquités et d'objets de collection divers, d'un rodéo, de courses de chameaux et d'autruches, de concerts de musique country et d'un Salon de l'automobile, le tout orchestré à la Hunter Thompson. L'événement original, imaginé en 1964 par une poignée de chasseurs de pierres invétérés, s'est transformé en une succession de six rencontres annuelles, qui constituent la principale raison d'être de Quartzsite. Pour de plus amples renseignements sur les Quartzsite Gemborees, adressez-vous à Howard Armstrong *(P.O. Box 2801, Quartzsite, AZ 85346, ☎ 602-927-5213).*

Parcs et plages

■ Les parcs de la région de Kingman

Hualapai Mountain Park

Cet îlot aux pentes boisées planté au beau milieu du désert de Mohave accueille nombre de pique-niqueurs, de campeurs et de randonneurs de la région. Ces montagnes faisaient autrefois partie du territoire ancestral des Indiens Hualapais, qui vivent maintenant plus au nord sur une réserve située à l'extrémité ouest du Grand Canyon. Géré par le Service des Parcs du Comté de Mohave, le parc offre un habitat frais et protégé à plusieurs espèces sauvages, dont le cerf, l'élan, le coyote et quelques pumas.

Installations et équipement : aires de pique-nique, toilettes, cabanes, terrain de balle molle, sentiers de randonnée, terrain de jeu hivernal; pour obtenir plus d'informations ou réserver une cabane, composez le ☎ 602-757-0915.

Camping : 70 emplacements pour tentes *(6 $)* et 11 pour véhicules récréatifs avec raccordements *(12 $).* On dénombre également 15 cabanes construites dans les années trente pour faire partie d'un camp du Civilian Conservation Corps, et qu'on loue aujourd'hui à la nuit pour un prix modique (réservation requise).

Comment s'y rendre : à 23 km au sud-est de Kingman sur la Hualapai Mountain Park Road (revêtue).

■ Les parcs et plages de la région du lac Mead

Boulder Beach

La plus grande partie du rivage du lac Mead s'avère rocailleuse, mais, à Boulder Beach, vous avez le loisir d'étendre votre serviette de plage. Cette plage sablonneuse de 3 km caressée par les eaux claires du lac Mead attire d'ailleurs bon nombre d'amateurs de bains de soleil tout au long de l'année. Les eaux limpides du lac, d'une température clémente, attirent en outre les plongeurs, qui peuvent explorer l'épave du *Tortuga*, un yacht qui a connu un destin tragique près des Boulder Islands, le *Cold Duck*, submergé à 11 m de profondeur, et les vestiges de l'usine d'asphalte du barrage Hoover, de même que l'ancienne colonie mormone de St. Thomas.

Installations et équipement : aires de pique-nique et toilettes; casse-croûte et épicerie de dépannage à proximité; pour de plus amples renseignements, composez le ☎ 602-293-8906.

Camping : 338 emplacements répartis sur deux terrains de camping pour tentes et véhicules récréatifs *(8 $; aucun raccordement)*.

Comment s'y rendre : la plage se trouve à quelques minutes de route au nord de l'Alan Bible Visitor Center.

■ Les parcs et plages de la région de Bullhead City/Laughlin

Le fleuve Colorado et le lac Mohave présentent une multitude de possibilités récréatives, dont la navigation de plaisance, la pêche, le ski nautique, la plongée sous-marine et la planche à voile. Les randonneurs qui préfèrent rester sur le plancher des vaches adoreront le désert et les canyons qui entourent Bullhead City/Laughlin. Au-dessus du barrage Davis, le lac Mohave ressemble beaucoup au fleuve qui coule à ses pieds, puisqu'il se présente comme une étendue de 108 km bordée de canyons déchiquetés et de sommets rocheux. En son point le plus large, seulement 6 km séparent ses deux rives.

Katherine Landing

Situé à seulement 213 m au-dessus du niveau de la mer en bordure du lac Mohave, Katherine Landing possède une faune et une flore caractéristiques de celles du désert de Mohave voisin. De courtes randonnées permettent d'admirer des arbustes du désert, des cactus et des coucous terrestres, sans oublier les monts Black et Newberry au loin.

Installations et équipement : toilettes, douches payantes, laverie automatique, marina complète avec location de bateaux, de matériel de pêche et de skis nautiques, descentes de bateaux, motel, restaurant, épicerie et centre d'accueil; pour de plus amples renseignements, composez le ☎ 602-754-3272. *Pêche* : bar rayé, crapet arlequin, poisson-chat des canaux et truite arc-en-ciel en abondance. *Baignade* : bonne à South Telephone Cove.

Camping : 150 emplacements secs, chacun équipé d'un gril au vent, d'une table de pique-nique et d'eau courante *(8 $)*.

Comment s'y rendre : situé immédiatement au nord de Bullhead City en retrait de la route 163.

Davis Camp County Park

Il s'agit de la seule et unique plage publique du fleuve Colorado. Vous y trouverez une étendue sablonneuse propre à la baignade, à la pêche et à la mise à l'eau de motos nautiques. À l'extrémité sud du parc, un marécage abrite une variété d'oiseaux et d'animaux de petite taille.

Installations et équipement : toilettes, douches, laverie automatique, grils au vent et tables de pique-nique abritées; pour de plus amples renseignements, composez le ☎ 602-754-4606. *Pêche* : bar rayé, poisson-chat et truite. *Baignade* : une bonne zone est réservée aux enfants.

Camping : 130 emplacements avec tous les raccordements *(15 $)*,

30 emplacements avec certains raccordements *(11 $)* et terrain dégagé pouvant accueillir des tentes *(8 $)*.

Comment s'y rendre : situé à environ 1,5 km au nord de Laughlin du côté arizonien du fleuve.

Willow Beach

Non loin de là, vous pourrez visiter la Willow Beach National Fish Hatchery (pisciculture), qui sert à approvisionner les lacs en poissons, et sa petite salle d'exposition consacrée à l'histoire du fleuve Colorado.

Installations et équipement : aires de pique-nique, toilettes, grils au vent, location d'embarcations, essence, petit marché flottant où l'on vend divers articles; pour de plus amples renseignements, composez le ☎ 602-767-3311. *Pêche* : bonne pour la truite et le bar rayé; appâts, matériel de pêche et permis disponibles au quai.

Comment s'y rendre : situé sur le lac Mohave à environ 23 km au sud du barrage Hoover, en retrait de la route 95.

■ Les parcs et plages de la région du lac Havasu

Lake Havasu State Park

Ce parc riverain aménagé en bordure de la ville même de Lake Havasu City et dans ses environs englobe la plus grande partie de la rive arizonienne du grand lac bleu entouré de collines désertiques et austères. On y dénombre plusieurs terrains de camping, des descentes de bateau et des plages rocailleuses propres à la baignade répartis entre trois zones développées : Windsor Beach et Crystal Beach, au nord du centre-ville, et Cattail Cove, située à environ 24 km au sud de la ville, cette dernière zone possédant une marina exploitée par l'État. Outre ces trois secteurs, le parc renferme également l'Aubrey Hills Natural Area, une portion sauvage du lac qu'on ne peut atteindre par la route.

Installations et équipement : aires de pique-nique, toilettes, douches, descentes de bateau, marina et sentiers de randonnée; restaurants, épiceries et lieux d'hébergement à proximité, à Lake Havasu City; pour de plus amples renseignements, composez le ☎ 602-855-2784. *Pêche* : bonne. *Baignade* : bonne.

Camping : 74 emplacements à Windsor Beach *(7 $; ☎ 602-855-2784)* et 40 avec raccordements à Cattail Cove *(12 $; ☎ 602-855-1223)*. On compte par ailleurs 150 emplacements primitifs accessibles par bateau sur le rivage de l'Audrey Hills Natural Area, au sud de Lake Havasu City; toilettes, tables de pique-nique et abris *(7 $ par bateau)*.

Comment s'y rendre : les principaux secteurs accessibles par la route se trouvent à Windsor Beach et à Crystal Beach (à Lake Havasu City), à Pittsburg Point (sur l'île qui se trouve de l'autre côté du London Bridge, en face de la ville) et à Cattail Cove (à 24 km au sud de Lake Havasu City sur la route 95). D'autres secteurs du parc, qui couvrent la plus grande partie de la rive est du lac Havasu, ne sont accessibles que par bateau.

Havasu National Wildlife Refuge

Les amants de la nature apprécieront grandement cette réserve faunique, qui chevauche le fleuve Colorado entre Topock, à 32 km au nord de Lake Havasu City, et Pittsburg Point, à environ 3 km au nord de la ville. Les randonneurs qui empruntent les sentiers marécageux ont souvent l'heureuse surprise d'apercevoir un aigle à tête blanche, un faucon pèlerin, un mouflon du désert et certains hôtes hivernaux, comme l'outarde, l'oie blanche du Canada et d'autres oiseaux aquatiques.

Installations et équipement : toilettes, douches, laverie automatique et centre d'accueil; pour de plus amples renseignements, composez le ☎ 602-326-3853. *Pêche* : autorisée, sauf aux endroits où des panneaux l'interdisent.

Camping : 40 emplacements *(7 $, 14,50 $ avec raccordements)*; pour informations, ☎ 602-768-2350.

Comment s'y rendre : le centre d'accueil des visiteurs se trouve au 1406 Bailey Avenue, Needles (Californie). Pour accéder au parc, parcourez 16 km vers l'est sur la route 40, puis empruntez la sortie bien identifiée du Mohave County 227 (route 95).

■ Les parcs et plages de la région du barrage Parker

La Paz County Park

Dans ce parc récréatif recouvert d'herbe, vous pourrez aussi bien étendre votre serviette de plage que votre couverture de pique-nique. Situé en bordure du fleuve Colorado, ce parc de 259 ha convient parfaitement aux excursions tranquilles en famille.

Installations et équipement : abris, grils au vent, tables de pique-nique, toilettes, douches, courts de tennis et descente de bateau; droits d'entrée; pour de plus amples renseignements, composez le ☎ 602-667-2069. *Pêche* : l'achigan, le poisson-chat, le crapet arlequin, le poisson-chat à tête plate et la perche constituent des prises communes. *Baignade* : bonne sur la plage sablonneuse.

Camping : environ un tiers du parc peut accueillir des tentes *(8 $)*. Il y a aussi 30 emplacements couverts *(10 $)* et 99 emplacements pour véhicules récréatifs avec tous les raccordements *(12 $)*. Une extension avec certains raccordements peut accueillir d'autres véhicules récréatifs *(10 $)*. Tous les prix indiqués valent pour deux personnes; ajoutez 2 $ par personne additionnelle.

Comment s'y rendre : situé à environ 13 km au nord de Parker par la route 95.

Buckskin Mountain State Park

Ce parc situé à proximité du barrage Parker attire les amateurs de navigation de plaisance, de ski nautique et de descente de rivières en chambre à air. Mais on peut tout aussi bien y parcourir les sentiers qui sillonnent les montagnes bordant l'extrémité est du parc. En plus des panoramas du fleuve Colorado, les randonneurs peuvent parfois apercevoir un mouflon du désert errant dans la région.

Installations et équipement : terrain de pique-nique, toilettes, quai d'approvisionnement en essence, descente de bateau, location de chambres à air et casse-croûte; pour de plus amples renseignements, composez le ☎ 602-667-3237. *Pêche* : bonne pour l'achigan, le crapet arlequin et le poisson-chat. *Baignade* : bonne, mais il n'y a pas de surveillant de plage.

Camping : Buckskin Point possède 89 emplacements *(eau et électricité 14 $,* cabañas *20 $)*. River Island propose pour sa part 37 emplacements *(eau seulement, 9 $)*. Toilettes et douches disponibles aux deux endroits.

Comment s'y rendre : Buckskin Point se trouve sur la route 95 à environ 18 km au nord de Parker. River Island se trouve 2,5 km plus au nord.

Activités de plein air

La pêche

La saison de la pêche se poursuit à longueur d'année au **lac Mead**, où vous trouverez en abondance du poisson-chat, du crapet commun et du crapet arlequin, de la truite et du bar rayé, qui peut souvent peser jusqu'à 15 kg. Le bras Overton du lac Mead est un des meilleurs endroits pour le bar rayé, dont les petits agitent souvent l'eau tellement ils mangent avec frénésie. Essayez aussi le Calico Basin, Hemenway Harbour, les Meadows, Stewart Point et Meat Hole.

Pour connaître d'autres sites privilégiés, informez-vous auprès de n'importe quel gardien de parc ou aux marinas suivantes, qui vendent par ailleurs des permis, des appâts et du matériel de pêche : **Lake Mead Marina** *(322 Lakeshore Road, ☎ 702-293-3484)*, **Las Vegas Boat Harbor** *(Lake Mead Drive, ☎ 702-565-9111)*, **Callville Bay Resort Marina** *(HCR 30, Box 100, en retrait de Northshore Road, ☎ 702-565-8958)*, **Echo Bay Resort and Marina** *(☎ 702-394-4000)* et **Temple Bar Marina** *(☎ 602-767-3211)*.

La pêche se révèle excellente le long du **fleuve Colorado** près de Bullhead City/Laughlin. On peut y emplir son panier de bar rayé, de truite arc-en-ciel, d'achigan, de crapet commun et arlequin. Les eaux froides au pied du barrage Davis sont un bon endroit. La pêche est bonne au-dessus du barrage sur le **lac Mohave**, réputé pour ses truites arc-en-ciel et ses achigans.

Navigation de plaisance et ski nautique

Sur la «Côte Ouest» de l'Arizona, vous pouvez fendre les flots du lac Mead à bord d'un bateau à moteur ou d'une moto nautique, simplement laisser le vent gonfler vos voiles ou encore prendre place sur le pont d'une péniche. Pour louer une embarcation, adressez-vous à la **Lake Mead Marina** *(322 Lakeshore Road, ☎ 702-293-3484)*, à la **Callville Bay Resort Marina** *(HCR 30, Box 100, en retrait de Northshore Road, ☎ 702-565-8958)*, à l'**Overton Beach Resort and Marina** *(à l'extrémité nord du lac Mead, ☎ 702-394-4040)* ou à l'**Echo Bay Resort and Marina** *(☎ 702-394-4000)*.

Dans la région de Bullhead City/Laughlin, le ski nautique est autorisé sur le fleuve Colorado à partir du barrage Davis jusqu'à Needles. La zone peu peuplée qui s'étend immédiatement au sud de Bullhead City constitue sans doute votre meilleur choix. Vous pouvez également faire du ski nautique sur le lac Mohave au nord du barrage Davis. Pour louer embarcation et équipement, adressez-vous au **Lake Mohave Resort** *(Katherine Landing, ☎ 602-754-3245)*.

La partie basse du fleuve Colorado et le lac Havasu sont des rendez-vous des amateurs de sports nautiques, et vous y trouverez toutes sortes d'embarcations à louer. À Lake Havasu City, on loue des pontons chez **Island Boat Rentals** *(1580 Dover Avenue,*

☎ 602-453-3260) et chez **Rick's Pontoon Boat Rentals & Sales** *(2460 Barranca Drive, ☎ 602-453-1922)*. Pour un bateau à moteur, aussi bien pour la pêche que pour le ski nautique, songez à **Rent A Boat** *(London Bridge Resort, ☎ 602-453-9613)*, à la **Lake Havasu Marina** *(1100 McCulloch Boulevard, ☎ 602-855-2159)* ou à **Resort Boat Rentals** *(English Village, ☎ 602-453-9613)*. Vingt et un kilomètres au sud de Lake Havasu City, la **Sand Point Marina** *(☎ 602-855-0549)* loue des bateaux de pêche, des pontons et des péniches. Enfin, la **Havasu Adventures Water Ski School** *(1425 McCulloch Boulevard, ☎ 602-855-6274)* dispense des cours de ski nautique.

La descente de rivières

La portion du fleuve Colorado qui s'étend entre le barrage Hoover et Willow Beach est ouverte à longueur d'année aux canots pneumatiques, aux canots conventionnels et aux kayaks, mais les meilleures saisons pour la descente du fleuve demeurent le printemps et l'automne. Il vous faut un permis du **Hoover Dam Police Department** *(P.O. Box 60400, Boulder City, NV 89006, ☎ 702-293-8204)*. Si vous désirez louer un canot ou un kayak, tentez votre chance chez **Boulder City Water Sports** *(1108 Nevada Highway, Boulder City, Nevada, ☎ 702-293-7256)*.

Vous ne chevaucherez pas vraiment des moutons, mais vous pourrez tout de même descendre le fleuve du barrage Hoover au Black Canyon et admirer des cascades, des sources chaudes et diverses formations géologiques. Pour plus de détails, adressez-vous à **Black Canyon, Inc.** *(1297 Nevada Highway, Boulder City, Nevada, ☎ 702-293-3776)*.

Le golf

Le **Boulder City Municipal Golf Course** *(1 Clubhouse Drive, Boulder City, Nevada, ☎ 702-293-9236)* dessert la région du lac Mead et du barrage Hoover.

Dans le secteur de Bullhead City/Laughlin, rendez-vous à l'**Emerald River Golf Course** *(1155 South Casino Drive, Laughlin, ☎ 702-298-0061)*, au **Riverview Golf Course** *(2000 East Ramar Road, Bullhead City, ☎ 602-763-1818)*, au **Chaparral Country Club** *(1260 East Mohave Drive, Bullhead City, ☎ 602-758-3939)* ou au **Desert Lakes Golf Course** *(5835 Desert Lakes Drive, Fort Mohave, ☎ 602-768-1000)*, environ 19 km au sud du pont de Laughlin/Bullhead City.

À la station de vacances du lac Havasu, essayez le **Queen's Bay Golf Course** *(1477 Queen's Bay Road, ☎ 602-855-4777)* ou le **London Bridge Golf Course** *(2400 Clubhouse Drive, ☎ 602-855-2719)*, tous deux excellents.

Quant aux visiteurs de Kingman, ils ne seront pas déçus par le **Valley Vista Country Club** *(9686 Concho Drive, ☎ 602-757-8744)* et le **Kingman Municipal Golf Course** *(1001 East Gates Road, ☎ 602-753-6593)*.

Pour de plus amples renseignements, adressez-vous à l'**Arizona Golf Association** *(11801 North Tatum Boulevard, Suite 247, Phoenix, AZ 85028, ☎ 602-953-5990)*.

La randonnée pédestre

Les sentiers de la région de Kingman

Le **Hualapai Mountain Park**, situé à 23 km au sud-est de Kingman, possède un vaste réseau de sentiers partant tous d'un même point et parcourant une forêt de pins pignons, de chênes, de trembles et de pins *ponderosa* grouillant d'oiseaux et d'animaux. Six sentiers reliés les uns aux autres se détachent de l'**Aspen Springs Trail** *(1,6 km)*, de sorte que vous pouvez organiser la randonnée qui vous sied le mieux. Vous aurez ainsi le loisir d'emprunter le sentier facile qui conduit au **Stonestep Lookout** (promontoire) *(0,8 km)* ou d'effectuer un parcours plus ambitieux jusqu'au sommet de l'**Aspen Peak** *(4 km sur 975 m de dénivellation)* ou du **Hayden Peak** *(4,5 km sur 1 036 m de dénivellation)*. L'Aspen Springs Trail peut se combiner à la **Potato Patch Loop** *(3,2 km)* pour former une boucle d'une longueur totale de 8 km.

Les sentiers de la région de Bullhead City/Laughlin

Une destination hivernale merveilleuse et peu connue est le **Grapevine Canyon** *(1,6 km)*. Il n'y a pas de sentier clairement défini, mais vous n'aurez aucun mal à suivre les traces des randonneurs qui vous ont précédé au fond du canyon. Notez que vous devrez faire un peu d'escalade. À l'entrée du canyon, vous verrez plusieurs pétroglyphes que des Amérindiens nomades ont gravés dans le grès au moyen d'*atl-atls*, ou «bâtons à lancer», il y a environ 1 200 ans. Plus loin, une mince cascade coule toute l'année, et la présence de l'eau attire les animaux la nuit, de sorte que vous pourriez apercevoir des blaireaux, des mouffettes, des mouflons du désert et même des pumas. Le canyon tire son nom des vignes sauvages qui y poussent. Le Grapevine Canyon se trouve dans le Nevada, à 21 km à l'ouest du pont reliant Laughlin à Bullhead City sur la route 163, puis à 2,4 km en direction du col de Christmas Tree sur une route revêtue clairement identifiée. Vous trouverez un terrain de stationnement près de l'entrée du canyon.

Les sentiers de la région du lac Havasu

La **Mohave Sunset Walking Trail** du Lake Havasu State Park serpente sur 3,2 km entre Windsor Beach et Crystal Beach à travers un relief varié, des basses terres densément boisées de cèdres aux crêtes offrant de somptueuses vues sur le lac. Des panneaux disposés le long de ce sentier accidenté par endroits identifient les principales espèces végétales du désert de Mohave.

Hébergement

Hébergement de la région de Kingman

Dans la ville morte d'Oatman, le vieil **Oatman Hotel** a rouvert ses portes en adoptant la formule du *Bed and Breakfast*. Sa structure d'adobes authentique sur deux étages, sa façade en arc et ses murs et plafonds de fer ondulé pourraient très bien vous inciter à y louer une chambre, comme l'ont fait Clark Gable et Carole Lombard lors de leur nuit de noces après une cérémonie improvisée à Kingman. À cette époque, Oatman se trouvait sur la route principale de Hollywood, la célèbre route 66, et un coup d'œil à la suite

«Lune de Miel», avec ses ampoules dénudées et ses murs décrépits, vous feront dire que Clark et Carole devaient vraiment être en amour par-dessus la tête. Bien que les ampoules aient certes été remplacées, les prix demeurent dans la catégorie petit budget *($)*.

Il semble que toutes les chaînes de motels soient représentées à Kingman. La plupart des établissements se trouvent le long d'East Andy Devine Avenue et de West Beale Street, et proposent un hébergement fiable. Parmi les mieux cotés, mentionnons le **Quality Inn** *($$; 1400 East Andy Devine Avenue, ☎ 602-753-4747)*, qui possède des chambres modernes, dont certaines équipées de cuisinette et de réfrigérateur. Les fervents d'une bonne condition physique apprécieront sa piscine, son sauna et sa salle d'exercice. Dans le centre-ville, le **Rodeway Inn** *($; 411 West Beale Street, ☎ 602-753-5521)* repose à distance de marche des sites historiques. Les chambres, confortables, sont garnies de meubles en bois foncé et décorées dans les teintes pastel.

■ Hébergement de la région du lac Mead

Le seul lieu d'hébergement de la rive arizonienne du lac Mead se trouve à la **Temple Bar Marina** *($-$$; ☎ 602-767-3211)*, où vous pourrez louer une chambre de motel moderne ou une des plus anciennes cabanes équipées de cuisinette. Il y a en outre un café, un bar chic, un terrain de camping, une descente de bateau, un quai de ravitaillement en essence et un magasin. Il s'agit d'ailleurs là du dernier point de ravitaillement pour ceux qui s'aventurent en bateau au nord de Temple Bar.

Sur la rive névadaise du lac, vous trouverez un motel à l'**Echo Bay Resort and Marina** *($$; ☎ 702-394-4000)*. Outre un restaurant, un café et un bar, l'établissement renferme des chambres modernes et possède un parc pour véhicules récréatifs, de même qu'une piste d'atterrissage où de petits appareils peuvent se poser (le jour seulement).

À environ 1,5 km au nord de Boulder Beach, la **Lake Mead Marina** *(322 Lakeshore Road, ☎ 702-293-3484)* possède des centaines d'espaces à quai où vous pourrez amarrer votre bateau.

Plus au nord, le **Las Vegas Boat Harbor** *(☎ 702-565-9111)* possède davantage d'espaces à quai, une aire de pique-nique et un terrain de camping. Vous pourrez également planter votre tente ou garer votre véhicule récréatif à la **Callville Bay Resort Marina** *(Star Route 10, en retrait de Northshore Road, ☎ 702-565-8958)*.

■ Hébergement de la région de Bullhead City/Laughlin

Du dimanche au jeudi soir, les chambres s'avèrent beaucoup moins coûteuses dans les hôtels-casinos de Laughlin (Nevada) qu'à Bullhead City (Arizona), de l'autre côté du fleuve Colorado. De fait, les soirs de semaine, vous pourrez louer à Laughlin une chambre moderne et spacieuse avec très grand lit, téléviseur équipé d'une commande à distance, gravures sur les murs et papier peint de luxe pour environ le même prix qu'une chambre ordinaire et quelque peu défraîchie dans un motel à l'ancienne sur le bord de la grand-route à Bullhead City.

La majorité des établissements de Laughlin pratiquent de petits prix *($)* en semaine et des prix modérés *($$)* la fin de semaine, mais les chambres peuvent venir à manquer. Il est essentiel de réserver pour la fin de semaine et recommandé de le faire les autres jours de la semaine. Laughlin possède au total 10 hôtels-casinos.

Le plus chic et le plus rapproché du pont qui enjambe le fleuve jusqu'à Bullhead City est le **Don Laughlin's Riverside Resort** *(1650 Casino Drive, Laughlin, ☎ 702-298-2535)*. Le propriétaire de ce complexe est celui qui a eu l'idée de développer une artère bordée de casinos en ces lieux, qui a fondé la ville qui porte aujourd'hui son nom et qui a converti en casino, en 1977, l'ancien Riverside Bait Shop, en faisant ainsi le premier établissement du genre à Laughlin.

Certains autres hôtels sont des rejetons d'établissements connus de Las Vegas et de Reno, comme le **Flamingo Hilton** *(1900 South Casino Drive, Laughlin, ☎ 702-298-5111)*, le plus gros de la ville avec ses 2 000 chambres, le **Golden Nugget** *(2900 South Casino Drive, Laughlin, ☎ 702-298-7111)* et le **Harrah's Laughlin** *(2300 South Casino Drive, Laughlin, ☎ 702-298-4600)*, un très bel hôtel dominant les autres du haut d'une colline à l'extrémité sud de l'artère où se trouvent tous les casinos. Le **Colorado Belle** *(2100 South Casino Drive, Laughlin, ☎ 6702-298-4000)*, un établissement tape-à-l'œil en forme de bateau à vapeur géant au milieu de l'avenue, a été créé par la société à laquelle appartiennent le Circus Circus et l'Excalibur de Las Vegas, tout comme d'ailleurs l'**Edgewater Hotel** *(2020 South Casino Drive, Laughlin, ☎ 702-298-2453)*, une tour de 1 450 chambres.

Ce n'est pas l'*Orient Express*, mais vous pourrez néanmoins prendre place à bord d'un petit train de passagers au **Ramada Express** *($-$$ la fin de semaine, $ le reste de la semaine; 2121 South Casino Drive, Laughlin, ☎ 702-298-4200)*. Il s'agit d'un mini-train sur rails étroits qui fait la navette entre le stationnement et le casino, au décor de gare victorienne. Les 400 chambres de l'hôtel tout en hauteur adossé contre le casino arborent des teintes de terre chaudes, des meubles de bois foncé ainsi que des lampes et des appliques murales en laiton.

Les visiteurs de Bullhead City/Laughlin n'ont sans doute pas grand intérêt à loger du côté arizonien du fleuve. La plupart des motels de Bullhead City sont propres et modernes, mais sans éclat, et leurs prix ont tendance à dépasser ceux des hôtels-casinos de Laughlin. Ils semblent en fait survivre grâce aux débordements des fins de semaine et de la haute saison. On a du mal à comprendre pourquoi les personnes cherchant à s'éloigner des établissements de jeu se donneraient la peine de loger à Bullhead City, alors qu'ils peuvent facilement piquer au sud et s'installer à Lake Havasu City, d'atmosphère beaucoup plus familiale. Mais ceux qui désirent tout de même le faire trouveront à Bullhead City des lieux d'hébergement de catégorie moyenne *($$)*, comme l'**Oasis Park Motel** *(angle 7th Street et Lee Avenue, Bullhead City, ☎ 602-754-4151)* et le **Bullhead Riverlodge Motel** *(455 Moser Avenue, Bullhead City, ☎ 602-754-2250)*, n'offrant tous deux que des suites complètes, idéales pour les familles. Le Riverlodge possède pour sa part un quai d'amarrage et un quai pour la pêche, gracieusement mis à la disposition de ses clients.

Hébergement de la région du lac Havasu

À un peu plus de 1 km du pont, vous trouverez des chambres de motel au **Windsor Inn** *($; 451 London Bridge Road, Lake Havasu City, ☎ 602-855-4135)* et au **Shakespeare Inn** *($; 2190 McCulloch Boulevard, Lake Havasu City, ☎ 602-855-4157)*.

Le **Sands Vacation Resort** *($$; 2040 Mesquite Avenue, Lake Havasu City, ☎ 602-855-1388)* propose des suites spacieuses d'une ou deux chambres à coucher aménagées autour d'une cour centrale et garnies de moquette. Des images du Sud-Ouest en ornent les murs pastel, et chaque suite renferme une salle de séjour, un coin salle à manger et une cuisinette.

Lake Havasu City recèle nombre de bons complexes hôteliers. Le **London Bridge Resort** *($$-$$$; 1477 Queen's Bay Road, Lake Havasu City, ☎ 602-855-0888)* présente un mélange de style Tudor et d'architecture de château médiéval. Ses chambres contemporaines sont magnifiques, il possède son propre terrain de golf, les pelouses sont merveilleusement bien paysagées, et il occupe un emplacement de choix, tout à côté du London Bridge et de l'Olde English Village.

De l'autre côté du pont, sur l'île, le **Nautical Inn** *($$$; 1000 McCulloch Boulevard, Lake Havasu City, ☎ 602-855-2141)* possède également un terrain de golf, de même qu'un quai privé et tout l'équipement nécessaire pour faire du ski nautique, de la voile, de la navigation de plaisance, de la moto nautique et de la planche à voile. Toutes les chambres donnent sur le fleuve, et chacune d'elles dispose de deux lits, d'une terrasse et d'un accès direct aux pelouses et à la plage. Les suites sont en outre dotées d'une cuisinette et d'un réfrigérateur.

Hébergement de la région du barrage Parker

Vous ne trouverez pas de service aux chambres dans ce coin de pays, mais il y a tout de même des chambres propres et économiques à l'**El Rancho Motel** *($; C, R, ≈; 709 California Avenue, Parker, ☎ 602-669-2231)*. Café dans les chambres.

Les familles apprécieront également le **Stardust Motel** *($$$ en haute saison, $ le reste de l'année; 700 California Avenue, Parker, ☎ 602-669-2278)* pour ses immenses chambres et ses mini-suites propres et bien entretenues, dont la plupart sont équipées d'un réfrigérateur et d'un four à micro-ondes.

Restaurants

Les restaurants de la région de Kingman

Des douzaines de cafés et d'établissements de chaînes de restauration bordent East Andy Devine Avenue, mais, pour mieux apprécier la couleur locale, essayez **The Kingman Deli** *($; 419 Beale Street, Kingman, ☎ 602-753-4151)*, où le *Chili con carne* est épais et épicé, sans parler des trois douzaines de sandwichs différents figurant au menu. Laissez-vous tenter, entre autres, par le «Sneaky Snake», au jambon, à la dinde, au rôti de bœuf et au fromage suisse, et par le «Tumbleweed», au concombre, à l'avocat, aux fèves germées, aux tomates et au fromage suisse.

■ Les restaurants de la région du lac Mead

Echo Bay Resort and Marina *(☎ 702-394-4000)*. Restaurant, café et bar.

À environ 1,5 km au nord de Boulder Beach, la **Lake Mead Marina** *(322 Lakeshore Road, ☎ 702-293-3484)* possède un restaurant flottant fort populaire, un café et un bar chic.

La **Callville Bay Resort Marina** *(Star Route 10, en retrait de Northshore Road, ☎ 702-565-8958)* compte pour sa part un café et un bar.

■ Les restaurants de la région de Bullhead City/Laughlin

À Laughlin, rendez-vous aux casinos pour manger à faible coût. Pratiquement chaque hôtel de l'avenue des casinos présente en effet un buffet à volonté où se retrouvent quelque 40 choix de plats *($ au dîner, prix ridiculement bas au petit déjeuner et au déjeuner)*. Pour rendre le tout encore plus attirant, des coupons «deux pour un» se trouvent dans les *fun books* distribués gratuitement dans les centres d'accueil des visiteurs et les haltes routières de Kingman et de la route 40. Le plus gros buffet en ville est celui de l'**Edgewater Hotel** *(☎ 702-298-2453)*.

Chaque casino possède également un café ouvert 24 heures par jour et proposant un service de restauration complet; la plupart servent des petits déjeuners dont le prix varie entre 0,99 $ et 1,99 $. Parmi ces cafés décontractés, retenons le **Lindy's** *(☎ 702-298-5111)* du Flamingo Hilton, un *deli* typiquement new-yorkais.

Plusieurs casinos possèdent par ailleurs de bons restaurants où dîner à prix modéré *($$)*. Le **Harrah's Laughlin** *(☎ 702-298-4600)* propose une atmosphère intime avec vue sur le fleuve dans son William Fisk's Steakhouse ou de la nourriture mexicaine authentique à La Hacienda. Au **Colorado Belle** *(☎ 702-298-4000)*, les fruits de mer sont la spécialité du chic, mais sans prétention, Orleans Room. Le **Sam's Town Gold River** *(☎ 702-298-2242)* sert de bons plats américains et continentaux dans son Lodge, au décor de chalet de chasse avec poutres apparentes et un énorme foyer en pierre, le tout étant si convaincant qu'on en oublie presque qu'on se trouve dans un casino.

Outre la magnifique vue sur le lac Mohave, le **Lake Mohave Resort Restaurant** *($$; Katherine Landing, juste au-dessus du barrage Davis, ☎ 602-754-3245)* propose un savoureux poisson-chat grillé et d'autres plats de poisson, mais aussi des biftecks et des côtelettes.

■ Les restaurants de la région du lac Havasu

À l'intérieur de l'English Village, du côté «continental» du pont, vous trouverez le **Mermaid Inn** *($; ☎ 602-855-3234)*, généralement affairé, où l'on sert du poisson frit et des frites, des languettes de palourde et des hamburgers.

Curieusement, Lake Havasu City ne propose pratiquement pas de haute cuisine, mais elle possède en revanche un bon choix de restaurants agréables et peu coûteux. Un bon établissement de catégorie moyenne pour des salades, des steaks et des fruits de mer est le **Shugrue's** *($$; 1425 McCulloch Boulevard, Lake Havasu City,*

☎ 602-453-1400). Situé à l'intérieur de l'Island Fashion Mall, il offre une vue incomparable sur le London Bridge à travers de très hautes fenêtres arrondies. Spécialité de pâtisseries et pains frais du jour.

Également sur l'île, le **Captain's Table** *($$; 1000 McCulloch Boulevard, Lake Havasu City, ☎ 602-855-2141)* du Nautical Inn sert une grande variété de plats américains traditionnels qu'on peut déguster en admirant la vue sur le lac et sur le quai privé du complexe hôtelier.

Plus loin de l'eau, le **Krystal's** *($$; 460 El Camino Way, Lake Havasu City, ☎ 602-453-2999)*, où l'on sert des spécialités telles que les pinces de crabe géant d'Alaska, les queues de homard et le *mahi mahi*, est un favori de la population locale.

Un autre favori de longue date est le **Nicolino's Italian Restaurant** *($$; 86 Smoketree Avenue, Lake Havasu City, ☎ 602-855-3484)*, qui propose 30 plats de pâtes différents.

■ Les restaurants de la région du barrage Parker

Pour des plats américains maison, essayez le **Paradise Café** *($; route 95, à l'angle de Casa del Rio Avenue, Parker, ☎ 602-667-2404)*, un petit restaurant familial aux tables en stratifié qui gave les gens du coin de poulet barbecue, de côtes levées, de galettes et de sauce brune, sans oublier les tartes maison.

À Quartzsite, c'est au **Main Event** *($; à l'intersection de la route 10 et de la route 95, ☎ 602-927-5213)* que ça se passe, à la fois restaurant, halte routière, magasin général, boutique de souvenirs et station-service. La partie salle à manger, plutôt formelle, est de style néo-café, avec banquettes en vinyle et tables en stratifié, mais de simples mets américains y sont servis en portions plus que généreuses, comme les filets de poulet frits, le foie de veau aux oignons et le gruau de maïs arrosé de sauce brune. Après vous être rassasié, jetez un coup d'œil à la boutique de souvenirs, qui possède une étrange collection d'animaux en bois sculptés.

Sorties

■ Les établissements de la région de Kingman

Au **Long Branch Saloon** *(2255 Airway Avenue, Kingman, ☎ 602-757-8756)*, vous pourrez danser tous les soirs au rythme de la musique country-western. À moins que vous ne préfériez voir un film au **The Movies** *(4055 Stockton Hill Road, Kingman, ☎ 602-757-7985)*.

■ Les établissements de la région de Bullhead City/Laughlin

La vie nocturne sur le fleuve se déroule presque entièrement à Laughlin, où chaque casino possède au moins un bar, sinon deux, présentant gratuitement des spectacles musicaux produits ici avant de prendre la direction de Las Vegas.

Un seul casino dispose d'une salle de spectacle accueillant de grands noms : le **Don's Celebrity Room** *(1650 Casino Drive, Laughlin, ☎ 702-298-2535)*, qui met en vedette les Gatlin Brothers, les Smothers Brothers, les Oakridge Boys, les McGuire Sisters et Willie Nelson, pour ne mentionner que ceux-là.

Le Golden Nugget *(2900 South Casino Drive, Laughlin, ☎ 702-298-7111)* a en outre son **Sandy Hackett's Comedy Club**, où trois comiques présentent deux spectacles tous les lundis soirs.

Les établissements de la région du lac Havasu

En plus des bars chic des hôtels de Lake Havasu City, vous pourrez organiser une rencontre intime au **London Arms Pub and Restaurant** *(422 Olde English Village, ☎ 602-855-8782)*, un pub à l'anglaise qui semble avoir été transporté directement de la capitale britannique. Outre une façade de briques usées, des fenêtres en verre incurvé, une clôture en fer forgé et d'imposantes lampes de coche, cet établissement arbore des banquettes en cuir bien isolées les unes des autres et un bar en bois foncé rehaussé d'accessoires en laiton.

$ Magasinage

Où magasiner dans la région de Kingman?

La majeure partie de l'activité commerciale de Kingman se déroule sur Beale Street et Andy Devine Avenue, deux rues parallèles à sens unique qui forment une boucle autour du centre-ville. Les deux artères se rencontrent à l'extrémité est, là où se trouvent deux grands centres commerciaux. Entre les deux, il n'y a pas grand-chose, si ce n'est une boutique country et une boutique de cadeaux à l'intérieur de l'historique **Kayser House** *(616 East Beale Street)*, un pittoresque bungalow des années vingt qu'on visite en faisant le tour du centre-ville. Vous pourrez vous y procurer des édredons faits à la main, de l'artisanat populaire, des paniers, des fleurs séchées et divers autres articles.

Où magasiner dans la région du lac Havasu?

La «Côte Ouest» de l'Arizona recèle de nombreux attraits, mais le magasinage n'est pas du nombre. Le secteur commercial le plus intéressant de la région est l'**Olde English Village**, du côté «continental» du London Bridge à Lake Havasu City, et son principal attrait, outre sa vaste pelouse d'un vert enivrant au beau milieu d'un des déserts les plus désolés d'Amérique, réside dans le fait que le terrain qu'il occupe appartient à la ville de Londres (Angleterre), de sorte que le London Bridge établit véritablement un lien symbolique entre Londres et Lake Havasu City.

Les bâtiments du vieux village anglais qui abritent les boutiques et les casse-croûte nous rappellent que la ville et le pont sont issus du cerveau d'un ancien directeur général de Disneyland. L'Olde English Village renferme environ deux douzaines de boutiques thématiques, dont le London Bridge Gift Shoppe, le Copper Shoppe, la Gallerie of Glasse et le Curiosity Shoppe, sans oublier la London Bridge Candle Factory, qui prétend être la plus grande fabrique de bougies au monde.

De l'autre côté du pont, l'**Island Fashion Mall** abrite une douzaine de boutiques de mode pour hommes et femmes, de vêtements de sport et de joaillerie fine.

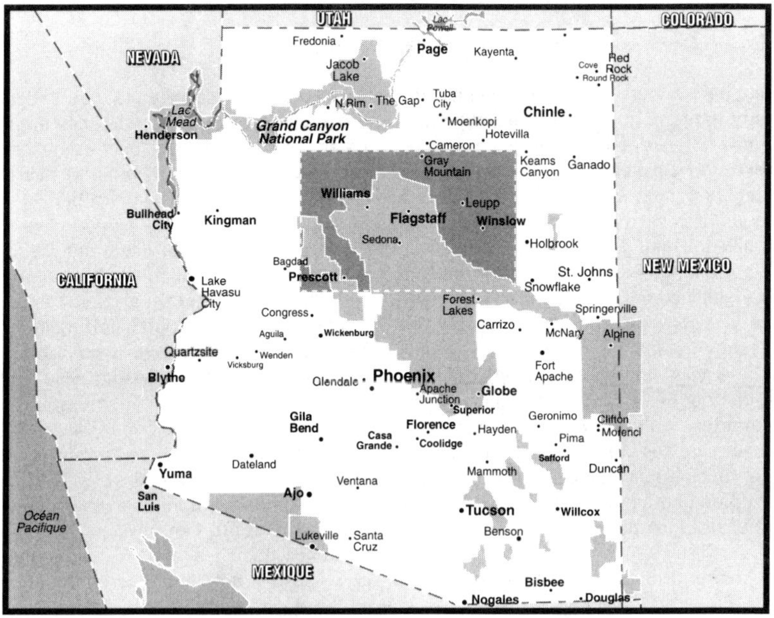

LES ENVIRONS DE FLAGSTAFF ET DE PRESCOTT

Les visiteurs du centre-nord de l'Arizona découvrent rapidement qu'il s'agit d'une région haute en contrastes. Les nombreux endroits inusités qu'on y trouve se démarquent en effet sur tous les plans, aussi bien en ce qui a trait à l'altitude qu'à l'attitude des gens, au climat ou à la culture. On y trouve des petites villes de l'Ouest d'autrefois, des communautés «nouvel-âgistes», des villes universitaires et des colonies d'artistes, mais aussi des cônes de lave, des flèches rocheuses rougeoyantes, des ruines amérindiennes, de vastes forêts de pins et même un cratère creusé par un météorite. Toutes ces merveilles n'attendent qu'à être explorées.

Établie en bordure d'un immense champ volcanique, Flagstaff s'est développée comme une ville ferroviaire au cœur de la plus importante forêt de pins *ponderosa* de notre planète. Fondée en 1881, moins d'un an avant le passage du premier train à vapeur, elle a d'abord prospéré grâce au bois d'œuvre et, plus tard, grâce au tourisme. Aujourd'hui, ce sont aussi bien des trains de passagers que des trains de marchandises qui y font escale. Flagstaff, qui s'impose comme la plus grande agglomération entre Albuquerque et la région métropolitaine de Los Angeles sur la route 40, une des artères du pays les plus fréquentées par les camions de transport, voit prospérer ses industries de la restauration et de l'hébergement à longueur d'année. De fait, les visiteurs d'occasion qui quittent temporairement l'autoroute inter-États pour faire le plein d'essence ou se restaurer sur la boucle commerciale de Flagstaff aux abords de la route 40 peuvent facilement avoir l'impression, d'ailleurs bien à tort, que la ville n'est qu'une longue succession de motels et d'établissements de restauration rapide. En y regardant d'un peu plus près, ils découvriraient rapidement qu'il s'agit d'une ville universitaire animée, riche d'un charme historique indéniable, sans compter qu'une courte balade en dehors de ses limites permet d'explorer de fascinantes ruines amérindiennes, les plus hautes montagnes de l'Arizona et d'étranges paysages volcaniques.

À moins d'une heure de route au sud de Flagstaff le long du magnifique canyon d'Oak Creek, Sedona se présente comme un curieux mélange de paysages spectaculaires, de complexes hôteliers d'un grand chic, d'expositions d'œuvres d'art western et de diverses manifestations reliées au «Nouvel Âge». Vous pourrez faire de la randonnée pédestre ou vous balader en véhicule tout-terrain dans l'incomparable Red Rock Country, ou «pays du roc rouge», vous ébattre sur certains des plus beaux terrains de golf du pays, courir les galeries d'art jusqu'à ce que vos acquisitions tapissent tous les murs de votre maison ou simplement vous asseoir en bordure de l'Oak Creek et vous imprégner de l'atmosphère des lieux. On aime Sedona ou on la déteste, mais le sentiment général est souvent un mélange des deux.

Vous aurez également l'occasion de visiter un des villages fantômes les mieux conservés de l'État. Jerome, une ville vouée à l'industrie du cuivre qui connut une grande prospérité il y a un siècle, fut abandonnée au cours des années cinquante, puis repeuplée dans les années soixante par des artistes et des hippies, jusqu'à devenir le havre touristique qu'elle est aujourd'hui.

Prescott est une petite ville tranquille et soucieuse de son histoire. Bien avant que Phoenix, Flagstaff et Sedona ne voient le jour, Prescott était déjà la capitale du Territoire d'Arizona. Aujourd'hui, il s'agit d'une ville de musées, de vestiges architecturaux du XIXe siècle et de saloons vieux de 100 ans. On ne progresse ici qu'avec lenteur et précaution, si bien qu'en vous promenant dans les rues vous aurez sans doute l'impression de vous retrouver dans les années cinquante, dans une de ces communautés américaines traditionnelles comme il ne s'en fait plus guère.

Pour s'y retrouver sans mal

En avion

Le **Flagstaff Pulliam Airport** est desservi par Skywest-Delta Airlines et Mesa-America West Airlines.

Air Sedona fait pour sa part la navette entre le **Sedona Airport** et Phoenix.

En train

Amtrak *(1 East Santa Fe Avenue, Flagstaff, ☎ 800-872-7245)* dessert quotidiennement Flagstaff et Kingman grâce à son *Southwest Chief*, le train qui relie Chicago à Los Angeles. Le train arrête à Flagstaff en fin de matinée. Amtrak offre à ses passagers pour Flagstaff un service de navette gratuit jusqu'au Grand Canyon.

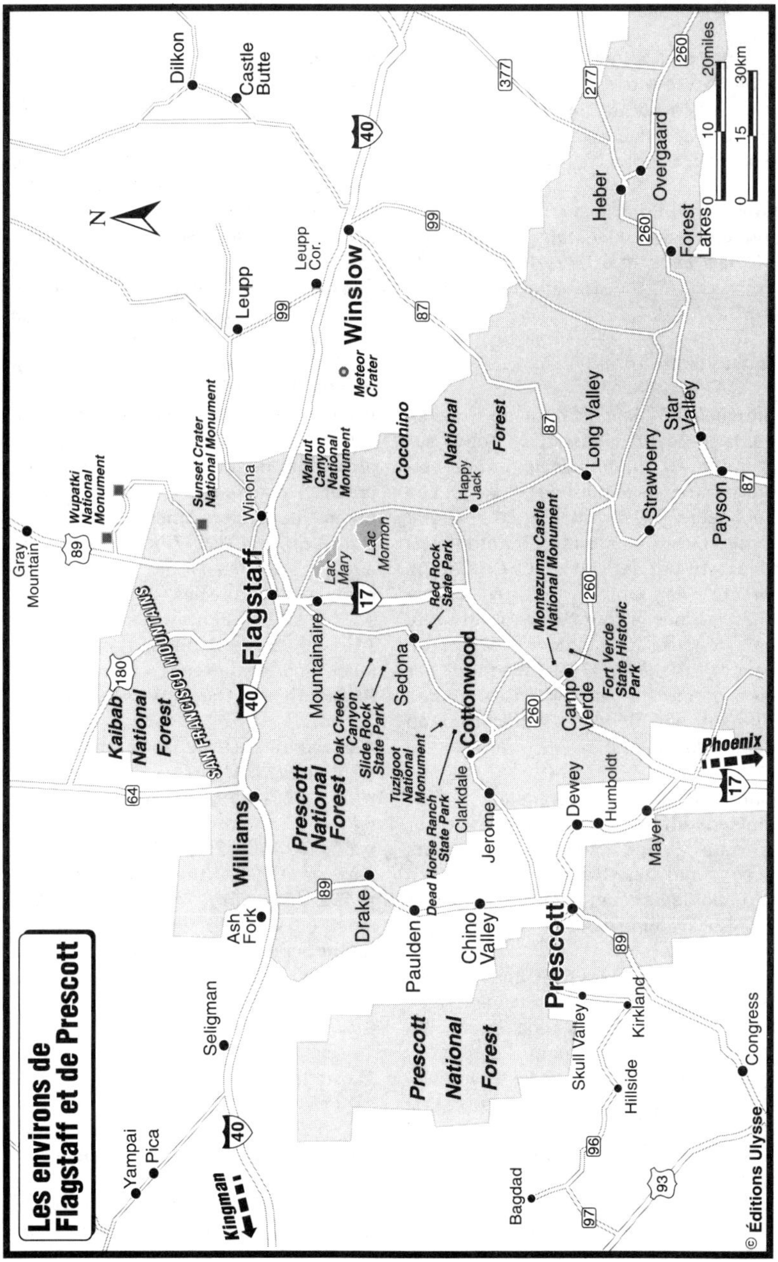
Les environs de Flagstaff et de Prescott
Kingman
Phoenix
N
Flagstaff
Winslow
Williams
Prescott
Cottonwood
Sedona
Camp Verde
Kaibab National Forest
Coconino National Forest
Prescott National Forest
SAN FRANCISCO MOUNTAINS
Sunset Crater National Monument
Wupatki National Monument
Walnut Canyon National Monument
Meteor Crater
Montezuma Castle National Monument
Fort Verde State Historic Park
Red Rock State Park
Oak Creek Canyon
Slide Rock State Park
Tuzigoot National Monument
Dead Horse Ranch State Park
Lac Mary
Lac Mormon
Gray Mountain
Winona
Leupp
Leupp Cor.
Dilkon
Castle Butte
Happy Jack
Long Valley
Strawberry
Star Valley
Payson
Heber
Overgaard
Forest Lakes
Mountainaire
Clarkdale
Jerome
Dewey
Humboldt
Mayer
Ash Fork
Drake
Paulden
Chino Valley
Seligman
Yampai
Pica
Skull Valley
Kirkland
Hillside
Congress
Bagdad
40
17
89
64
180
99
87
260
377
277
96
97
93
0 10 20miles
0 15 30km
© Éditions Ulysse

■ En autocar

Navajo-Hopi Xpress *(114 West Santa Fe Avenue, Flagstaff, ☎ 602-774-5003)* dessert le versant sud du Grand Canyon, de même que Flagstaff, Sedona, Williams et Phoenix.

Greyhound Bus Lines s'arrête à la gare routière de Flagstaff *(399 South Malpais Lane, ☎ 602-774-4573)* et de Prescott *(820 East Sheldon Street, ☎ 602-445-5470)*.

■ En voiture

Située à 222 km au nord de Phoenix par la route 17, **Flagstaff** se trouve sur la route 40, la principale artère est-ouest à travers le nord de l'Arizona. Les voyageurs à destination du **Grand Canyon** qui quittent l'autoroute à Flagstaff ont le choix entre la route directe de Grand Canyon Village (127 km par la route 180) ou la route plus longue qui longe le versant du canyon sur 40 km (169 km au total par les routes 89 et 64). Ces routes forment une boucle spectaculaire au départ de Flagstaff.

Une autre boucle panoramique partant de Flagstaff se dessine vers le sud sur la route 89A pour descendre à travers le canyon d'**Oak Creek** jusqu'à la ville à la mode de **Sedona**, dans le magnifique Red Rock Country (42 km plutôt lents).

De Sedona, la route 89A continue sur 93 km pour atteindre la ville minière de **Jerome**, puis, après une ascension plutôt raide du mont Cleopatra, **Prescott**, l'ancienne capitale territoriale. De là, en parcourant 82 km sur la route 89, vous rejoindrez l'autoroute 40 à Ash Fork, à environ 89 km à l'ouest de Flagstaff.

La location d'une voiture

Flagstaff compte environ une douzaine d'agences de location, la plupart d'entre elles se trouvant à l'aéroport, comme **Avis Rent A Car** *(☎ 602-774-8421)*, **Budget Rent A Car** *(☎ 602-779-0306)* et **Hertz Rent A Car** *(☎ 602-774-4452)*. Dans le centre-ville, à l'angle des rues Humphreys (route 180 Nord) et Aspen, ce qui conviendra davantage aux usagers du train ou de l'autocar, vous trouverez un autre comptoir de **Budget Rent A Car** *(☎ 602-774-2763)*. **Admiral Rent A Car** *(☎ 602-774-7394)*, dont le bureau se trouve dans le hall d'entrée de l'University Inn, accepte les dépôts en argent en lieu et place d'une carte de crédit. Toujours à Flagstaff, il y a un bureau de **Cruise America** *(824 West Route 66, ☎ 602-774-4797)*, une agence nationale de location de caravanes motorisées.

À l'aéroport de Sedona, vous pourrez louer une voiture par l'entremise de **Budget Rent A Car** *(☎ 602-282-4602)*.

À Prescott, essayez **Hertz Rent A Car** *(Prescott Municipal Airport, ☎ 602-776-1399)*, **Budget Rent A Car** *(1031 Commerce Drive, ☎ 602-778-4282)* ou **Toyota Rent A Car** *(1031 Commerce Drive, ☎ 602-778-3806)*. Si vous désirez louer un véhicule tout-terrain ou une fourgonnette pour une journée ou une semaine, adressez-vous à **York Motors** *(209 North Montezuma Street, ☎ 602-445-4970)*.

■ Les taxis

Flagstaff a plus que sa part d'entreprises de taxis, car plusieurs usagers des transports publics s'arrêtent ici en route vers le Grand Canyon. On peut ainsi vous conduire en n'importe quel point du centre de l'Arizona, et aussi bien le jour que la nuit. Vous désirez vous rendre à Sedona ou à Phoenix? Aucun problème. Appelez **A Friendly Cab** *(☎ 602-774-4444)*, **Alpine Taxi Cab Co.** *(☎ 602-526-4123)* ou **Dream V.I.P. Taxi** *(☎ 602-774-2934)*. Prenez le temps de magasiner et de comparer les prix, car les tarifs varient.

Les entreprises de taxis de Sedona sont **Bob's Sedona Taxi** *(☎ 602-282-1234)* et **Red Rock Taxi** *(☎ 602-282-3600)*.

Prescott en possède quant à elle trois : **Ace City Cab** *(☎ 602-445-1616)*, **Prescott City Cab** *(☎ 602-445-1551)* et **Prescott Valley Taxi Service** *(☎ 602-772-9770)*.

Attraits touristiques

Quoi voir dans la région de Flagstaff?

Les visiteurs qui aperçoivent Flagstaff du haut des montagnes qui se dressent au nord de la ville découvrent d'emblée sa caractéristique la plus frappante : il s'agit d'une île perdue dans un océan de pins *ponderosa* s'étendant à perte de vue. Perchée à une altitude de plus de 2 100 m, Flagstaff possède le climat le plus frais de toutes les villes arizoniennes. L'hiver venu, sa proximité des monts San Francisco en fait par ailleurs le principal centre de ski de l'État. Enfin, c'est une ville universitaire animée, dont près de 20 % de la population se compose d'étudiants.

Un bon endroit pour entreprendre l'exploration de la région de Flagstaff est son centre-ville, situé vers l'extrémité ouest de Santa Fe Avenue (la boucle commerciale de la route 40) et encore fier de son architecture de ville frontière du début du siècle. Ni délabré ni embourgeoisé, ce quartier historique renferme nombre de boutiques répondant spécifiquement aux besoins des étudiants de la Northern Arizona University, qui se trouve de l'autre côté de l'autoroute et des voies ferrées. L'Arizona Historical Society – Pioneer Museum *(2340 North Fort Valley Road, Flagstaff, ☎ 602-774-6272)* et la Main Street Foundation *(323 West Aspen Avenue, Flagstaff, ☎ 602-774-1330)* distribuent une brochure *(walking tour brochure)* permettant de visiter à pied, bâtiment par bâtiment, le centre-ville historique de la ville. Le **Flagstaff Visitor Center** *(101 Route 66, Flagstaff, ☎ 602-774-9541)* met en outre à votre disposition une foule de renseignements sur la région de Flagstaff. Prenez également le temps de parcourir le vieux quartier résidentiel, qui s'étend immédiatement au nord du centre des affaires; d'attrayantes maisons victoriennes, dont plusieurs ont été construites à la main avec de la roche volcanique, lui confèrent un caractère tout à fait unique.

Au sommet d'une montagne, à seulement 1,5 km du centre-ville, se dresse le **Lowell Observatory** *(droits d'entrée; 1400 West Mars Hill, Flagstaff, ☎ 602-774-3358; renseignements préenregistrés sur les heures d'ouverture : ☎ 602-774-2096)*. Il fut érigé par le riche astronome Percival Lowell en 1894, afin de tirer parti de l'exceptionnelle visibilité dont jouit Flagstaff grâce à son altitude et à la pureté de son air. Sa réalisation la plus notoire, au cours des 22 années qu'il y œuvra, fut la «découverte» d'un réseau de canaux à la surface de Mars, qu'il présenta à la communauté scientifique comme une preuve irréfutable de vie extraterrestre. Mais la construction même de l'observatoire constitue une tâche remarquable en soi. La planète Pluton fut d'ailleurs découverte par des astronomes d'ici, 14 ans après la mort du Dr Lowell, et les installations de l'observatoire demeurent au centre de l'étude du système solaire. Faites une visite guidée de l'observatoire, et admirez le télescope original du Dr Lowell, datant de l'ère victorienne. Certains soir d'été, les astronomes présentent des exposés sur les étoiles et permettent aux visiteurs de se livrer à l'observation du ciel grâce à un des télescopes secondaires du centre.

Occulté par l'observatoire Lowell, le **Northern Arizona University Campus Observatory** *(du côté ouest de San Francisco Street sur le campus, ☎ 602-523-7170)* offre en fait une meilleure occasion aux visiteurs d'utiliser un plus grand télescope. Des soirées d'observation sont organisées tous les jeudis, lorsque le ciel est suffisamment clair. L'observatoire de l'université se spécialise dans l'étude des étoiles doubles et variables.

Un autre attrait majeur du secteur de l'université est le **Riordan Mansion State Historic Park** *(droits d'entrée; 1300 Riordan Ranch Road, Flagstaff, ☎ 602-779-4395)*, une rue en retrait de Milton Road au nord du point d'intersection de la route 40 et de la route 17. Ce manoir à l'ancienne, le plus gros de Flagstaff, a été construit en 1904 par deux frères, alors magnats de l'industrie du bois d'œuvre dans la région. Aménagé en duplex, avec 40 pièces et plus de 1 200 m^2 d'espace vital, il arbore tout à la fois le style rustique en bois équarri et en pierre volcanique, l'opulence, l'abondance et la créativité du début du siècle. Des guides accompagnent les visiteurs d'une pièce à l'autre pour les aider à mieux apprécier le mobilier d'origine et les différents souvenirs de famille.

Immédiatement au nord de la ville, sur la route 180, le **Museum of Northern Arizona** *(droits d'entrée; 3001 North Fort Valley Road, Flagstaff, ☎ 602-774-5211)* est mondialement réputé pour ses expositions sur la vie quotidienne des Amérindiens, la géologie, la biologie et les beaux-arts de la région du Grand Canyon. Au cours de l'été, le musée présente à tour de rôle des œuvres d'artistes navajos, hopis et zunis.

Tout près, le **Coconito Center for the Arts** *(2300 North Fort Valley Road, Flagstaff, ☎ 602-779-6921)* présente des expositions d'œuvres d'art, des concerts et des récitals, divers ateliers et un programme folklorique. En été, alors que le Museum of Northern Arizona présente ses expositions sur l'art amérindien, le Center for the Arts organise un festival de deux mois connu sous le nom de Festival of Native American Arts.

Toujours dans le même secteur, l'**Arizona Historical Society – Pioneer Museum** *(2340 North Fort Valley Road, Flagstaff, ☎ 602-774-6272)* expose des souvenirs et des curiosités du passé de Flagstaff, y compris un ours empaillé, l'ordinateur mécanique de Percival Lowell (1912) et d'anciennes photographies du Grand Canyon.

Non loin du musée de l'Arizona, sur la route 180, se trouve le croisement de la Schultz Pass Road, une route panoramique non revêtue qui offre une vue rapprochée sur les spectaculaires monts San Francisco, dominant Flagstaff. Longue d'environ 23 km, cette route débouche sur la route 89, quelque peu au nord de la voie d'accès au **Sunset Crater National Monument** *(droits d'entrée; ☎ 602-556-7042)*. Le Sunset Crater, un cône volcanique de couleur vive s'élevant à 300 m dans le champ volcanique de San Francisco, est de formation relativement récente. Sa première éruption remonte à l'hiver 1064-65, et il n'a cessé de cracher roc en fusion et cendres jusqu'en 1250. Un sentier d'interprétation de 1,5 km traverse les champs de lave et de cendre depuis le centre d'accueil des visiteurs. La grotte glaciaire qui borde le sentier a été fermée au public du fait de son instabilité depuis un effondrement survenu en 1984. Les randonnées ne sont plus permises non plus sur les pentes du Sunset Crater, car les empreintes de pas créent des marques visibles à grande distance et ternissent la beauté naturelle du cône parfait; mais plusieurs autres cratères volcaniques de la forêt nationale demeurent accessibles aux randonneurs et aux véhicules tout-terrain.

Près du Sunset Crater National Monument, le **Wupatki National Monument** *(droits d'entrée; ☎ 602-556-7040)* préserve de nombreuses ruines de *pueblos* en périphérie du champ volcanique. Ces villages étaient habités aux XIIe et XIIIe siècles, à l'époque même où l'activité volcanique était à son paroxysme. C'est à coups répétés que de violentes éruptions volcaniques chassèrent les autochtones de la région, les terres fertilisées par les cendres les attirant de nouveau par la suite. Par voie de conséquence, les communautés wupatkis étaient petites, d'architecture variée et souvent conçues pour se défendre contre tout assaillant éventuel, puisque différents groupes se disputaient les riches terres arables de la région. Une boucle revêtue de 58 km entraîne les visiteurs à travers les monuments nationaux du Sunset Crater et de Wupatki, avant de rejoindre la route 89 à environ 24 km de son point de départ.

Les Indiens Sinaguas (mot espagnol signifiant «sans eau», en référence à leurs méthodes de culture) vivaient dans le Grand Canyon et dans toute la région qui s'étend au sud de celui-ci jusqu'au centre de l'Arizona, et l'on croit qu'ils étaient les ancêtres des Hopis. Un des sites sinaguas les plus intéressants se trouve au **Walnut Canyon National Monument** *(droits d'entrée; ☎ 602-526-3367)*. Empruntez la sortie 204 de la route 40, immédiatement à l'est de Flagstaff; les Indiens ont construit à cet endroit plus de 300 habitations à flanc de falaise dans les murailles d'une gorge profonde de 120 m. Un sentier revêtu vous fera faire le tour de cette «île céleste» et vous permettra de mieux apprécier la forte concentration des habitations aménagées dans le roc, alors qu'un second sentier longe la crête de ce magnifique canyon.

Un autre exemple de l'exubérante géologie du centre-nord de l'Arizona est le **Meteor Crater** *(droits d'entrée; ☎ 602-289-2362)*, environ 48 km à l'est de Flagstaff (à 8 km de la route 40 par la sortie 233). Une étoile filante d'un diamètre de 24 m se déplaçant à une vitesse vertigineuse frappa ici la terre il y a de cela 49 000 ans, et l'impact produisit un cratère de 174 m de profondeur sur 1,5 km de diamètre. Au siècle dernier, le géologue Daniel Barringer avait formulé la théorie qu'il s'agissait là d'un cratère météorique, mais les spécialistes s'étaient alors ri de lui, d'autant plus que la présence de cratères volcaniques, si communs à l'est de Flagstaff, suggéraient une explication plus rationnelle au phénomène observé. Barringer fit la demande d'un droit d'exploitation minière afin de chercher l'énorme et précieuse masse de fer et de nickel qui, selon lui, reposait indiscutablement sous le cratère. Son ambitieuse entreprise de forage ne lui permit pas de découvrir la masse tant convoitée, mais mit néanmoins à jour des fragments de minéraux confirmant sa théorie, et ses descendants ont depuis lors transformé le site en attrait touristique. La visite vaut bien les droits d'entrée assez élevés, si vous prenez le temps de parcourir le spectaculaire sentier de 5 km qui longe tout le pourtour du cratère.

■ Quoi voir dans la région de Sedona?

Les esprits créatifs et mystiques ont toujours été fascinés par Sedona. Les Indiens y venaient autrefois célébrer leurs cultes, les adeptes du «Nouvel Âge» viennent s'imprégner des «vibrations» des lieux, et les artistes s'efforcent d'en capturer toute la beauté. Mais peu importe le nombre de ses inconditionnels, personne ne sait exactement pourquoi cet endroit est aussi attirant, et son essence demeure évanescente. Peut-être la couleur y est-elle pour quelque chose, avec ces sommets rocheux rougeoyants qui s'élèvent contre un ciel d'un bleu éclatant. Le paysage se présente quant à lui comme un mélange rêvé de cheminées des fées aux formes étranges, de buttes et d'aiguilles perçant au-dessus des *piñons* verts et des genévriers, de petits arbustes et de masses de roc rouge dénudées. Voisin de Sedona, le spectaculaire canyon d'Oak Creek porte quant à lui le nom du cours d'eau qui l'a formé en sculptant la bordure méridionale du plateau du Colorado. De plus, tous ces éléments naturels se trouvent rehaussés par un soleil intense qui en accentue les contrastes et les couleurs.

Sedona repose environ à mi-chemin entre Phoenix et le Grand Canyon. Les premiers à découvrir cet endroit exceptionnel furent les Amérindiens. Il y a environ 800 ans, les Indiens Sinaguas du Sud s'y établirent et laissèrent derrière eux les ruines d'un complexe d'habitation de 200 pièces à flanc de falaise connu sous le nom de Honaki, maintenant inscrit au registre national des lieux historiques. Si vous faites de la randonnée pédestre dans la région, prenez la peine de faire un détour pour découvrir ces ruines qui se trouvent sur une alcôve du côté ouest de la butte Loy, à côté du canyon Lincoln.

D'autres colons firent leur apparition au début du siècle. À cette époque, l'économie locale reposait essentiellement sur l'élevage et l'agriculture, et les pommeraies émaillaient la région. L'écrivain Zane Grey fut également conquis par l'endroit et le fit connaître à travers un ouvrage publié dans les années vingt et intitulé *Call of the Canyon*, dont la version cinématographique, filmée sur les lieux, ne pouvait qu'accroître la publicité dont il jouissait déjà.

Avec toute cette attention, il fallait s'attendre à ce que le tourisme devienne tôt ou tard la principale industrie locale. Aujourd'hui, environ 2,5 millions de personnes visitent Sedona chaque année. Ils magasinent dans les nombreuses galeries d'art, ressourcent leur esprit et se détendent à volonté dans un paysage de roc rouge sorti tout droit d'un conte de fées.

L'**Old Creek Canyon** est le plus accessible des nombreux canyons fabuleux qui plongent des hautes forêts du nord de l'Arizona vers les déserts du Sud. Une autoroute principale, à savoir la route 89A au départ de Flagstaff, traverse le canyon d'Oak Creek sur toute sa longueur, ce qui en fait une route somptueusement panoramique, quoique souvent très encombrée. Après une longue descente enivrante depuis Flagstaff jusqu'au fond du canyon, là où les rives du ruisseau sont bordées d'une abondante végétation, la route croise plusieurs aires de pique-nique, de camping et de pêche. À mi-chemin entre le haut et le bas du canyon, se trouve un des parcs d'État les plus populaires de l'Arizona, le **Slide Rock State Park** *(voir «Les parcs de la région de Sedona», p 163)*. Tout en bas du canyon, vous vous retrouverez en plein Red Rock Country, ce labyrinthe de buttes et de mesas de grès et de canyons secondaires verdoyants qui entoure Sedona. La dénivellation entre Flagstaff et Sedona est de 760 m, et la température de Sedona est souvent supérieure de 7 °C à celle de Flagstaff.

Sedona est une ville où l'on magasine, où l'on pratique divers sports et où l'on se la coule douce dans un décor spectaculaire. Il ne s'agit toutefois pas du genre d'endroit où l'on trouve des attraits touristiques au sens propre du terme. À part l'Oak Creek Canyon, les sites les plus courus de Sedona sont en effet de nature spirituelle. La **Chapel of the Holy Cross**, par exemple, située au sud de la ville sur la route 179, est une «église-sculpture» catholique construite entre deux formations de grès rouge; elle est ouverte au public tous les jours de la semaine. Le **Shrine of the Red Rocks** du Table Top Mesa, à 3 km en retrait de la route 89A sur Airport Road, arbore quant à lui une grande croix en bois et offre une vue superbe sur le Red Rock Country. Puis, il y a les fameux «**Vortex**» de Sedona. La notion de «vortex» a vu le jour parmi les membres de la communauté «nouvel-âgiste» hautement visible de Sedona il y a de cela plusieurs années, et elle ne cesse d'évoluer. En deux mots, il s'agirait d'endroits où l'énergie terrestre connaît des concentrations particulières, tantôt positives, tantôt négatives. À vous de vérifier!

Les visiteurs de Sedona qui désirent explorer le Red Rock Country avoisinant peuvent s'adresser à un nombre incroyable d'agences de voyages et d'excursionnistes. **Pink Jeep Tours** *(204 North Route 89A, Flagstaff, Sedona, ☎ 602-282-5000)*, **Sedona Adventures Jeep Tours** *(Uptown Mall, ☎ 602-282-3500)*, **Time Expeditions** *(276 North Route 89A, ☎ 602-282-2137)* et **Sedona Red Rock Jeep Tours** *(270 North Route 89A, ☎ 602-282-6826)* proposent tous des excursions dans l'arrière-pays en véhicule tout-terrain, leur durée pouvant varier d'une heure à une journée complète; ils vous cueilleront dans n'importe quel hôtel de Sedona. Bien que toutes ces agences proposent également des excursions vers tous les «lieux sacrés» dont on parle tellement ici, deux autres firmes se spécialisent ouvertement dans les excursions «nouvel-âgistes» à destination des fameux «Vortex» de la région, accompagnées de guides qui partageront avec vous les secrets de la Roue Guérisseuse, des plantes magiques, des propriétés énergétiques des cristaux et de toute cette panoplie. Il s'agit de **Sacred Earth Tours** *(270 North Route 89A, ☎ 602-282-6826)* et d'**Earth Wisdom Tours** *(293 North Route 89A, ☎ 602-282-4714)*.

À une demi-heure de route au sud de Sedona par la route 179 et la route 17, le **Montezuma Castle National**

Monument *(droits d'entrée; Camp Verde, ☎ 602-567-3322)* protège des habitations à flanc de falaise construites par les Indiens Sinaguas (les ancêtres des Hopis) et vieilles de 800 ans. Les ruines tirent leur nom de la croyance non fondée des premiers explorateurs de la région voulant que les Aztèques se soient réfugiés ici et aient construit ces structures après la conquête du Mexique par les Espagnols. Bien qu'il n'y ait aucune vérité dans cette vieille théorie, les archéologues savent maintenant que, plusieurs siècles avant l'arrivée des Espagnols, des marchands toltèques avaient l'habitude de se rendre dans le Sud-Ouest américain et faisaient connaître ici les traditions architecturales du centre du Mexique. Le principal «château» se présente comme une structure résidentielle de cinq étages perchée bien haut sur la falaise. Bien que les visiteurs ne puissent escalader la falaise jusqu'aux ruines, la vue qu'ils en ont à partir du sentier en contrebas suffit à stimuler leur imagination. Le centre d'accueil expose des objets issus des cultures sinagua et hohokam.

Au sud du Montezuma Castle sur la route 17, dans la petite localité de Camp Verde, on a préservé les vestiges d'un ancien fort de cavalerie datant des guerres apaches, survenues dans les années 1870 et au début des années 1880, au **Fort Verde State Historic Park** *(droits d'entrée; Hollamon Street, Camp Verde, ☎ 602-567-3275)*. Vous pourrez y visiter les anciens quartiers du chirurgien et des officiers, de même qu'un musée consacré aux Amérindiens, aux pionniers et à la vie militaire de l'époque. Les fortifications marquaient la fin de la General Crook Trail, la principale voie de patrouille et d'approvisionnement au cours des guerres apaches, longeant le Mogollon Rim vers l'ouest sur plus de 160 km depuis le Fort Apache. On peut y faire de la randonnée pédestre et équestre.

Près de la petite ville de Cottonwood, sur la route 89A entre Sedona et Prescott, quelques kilomètres au sud de Jerome, le **Tuzigoot National Monument** *(droits d'entrée; ☎ 602-634-5564)* est le site d'un *pueblo* sinagua étonnamment étendu. Jadis le lieu de résidence d'environ 255 personnes, ce *pueblo* en pierre des champs s'élevaient sur deux étages et comptait 97 pièces. Aujourd'hui, ses murs blancs se dressent encore au sommet de la montagne et offrent une vue imprenable sur la vallée. Bien que le panorama soit quelque peu terni par les champs de scories d'une raffinerie qui traitait jadis le cuivre de Jerome, le musée du monument national n'en présente pas moins un regard intéressant sur la culture préhistorique du peuple sinagua.

Un des plus beaux canyons de la région est le **Sycamore Canyon**, parallèle à celui d'Oak Creek. Effectuez un virage au Tuzigoot National Monument, et suivez sur environ 12 km le chemin de terre bien entretenu qui longe le terrain de golf jusqu'à la piste qui débute tout au bout du chemin. Le Sycamore Canyon est désigné zone sauvage, ce qui veut dire qu'aucun véhicule sur roues, motorisé ou non, n'y est admis. La Parsons Trail vous permet de remonter le canyon densément boisé sur la presque totalité de sa longueur (34 km), croisant au passage plusieurs petites habitations à flanc de falaise. Notez qu'il n'est pas permis de camper dans la partie inférieure du canyon.

■ Quoi voir à Jerome?

Jerome est une des villes mortes les plus fascinantes de l'Arizona. Après avoir été complètement abandonnée au cours des années cinquante, elle fut repeuplée par des hippies vers la fin des années soixante et compte aujourd'hui environ 500 âmes, ce qui est bien peu en comparaison des 15 000 habitants qu'elle possédait dans les premières décennies du XXe siècle, alors qu'on y trouvait de riches gisements d'argent et qu'elle était la cinquième ville en importance de l'Arizona.

L'histoire minière de Jerome revit dans trois musées. Le vieux Manoir Douglas du **Jerome State Historic Park** *(droits d'entrée; ☎ 602-634-5381)*, à l'extrémité inférieure de la ville, présente un vidéo instructif de 25 min intitulé *Ghost Town of Jerome*, une maquette tridimensionnelle de Jerome montrant les couloirs et les tunnels souterrains, de même qu'une exposition sur les minéraux. Pour voir des outils miniers, de vieilles photos et d'autres pièces d'exposition sur les exploitations d'autrefois, rendez-vous au **Jerome Historical Society Mine Museum** *(droits d'entrée; ☎ 602-634-5477)*, sur Main Street. Quant au **Gold King Mine Museum** *(droits d'entrée; ☎ 602-634-0053)*, sur Perkinsville Road, il renferme un laboratoire d'essais reconstitué, une reproduction d'un couloir de mine et une petite ménagerie.

À Jerome, le véritable plaisir consiste à se promener dans les rues qui zigzaguent le long du mont Cleopatra, à faire le tour des boutiques en cours de route et à contempler l'architecture bien conservée du début du siècle. Plusieurs des bâtiments de la ville furent construits de blocs massifs de pierre de taille, afin de résister aux violentes secousses qui ébranlaient fréquemment le sol à l'époque où l'on exploitait la mine voisine. La ville tout entière constitue un lieu historique d'intérêt national.

Le ***Verde River Canyon Excursion Train*** *(droits de passage; 300 North Broadway Street, Clarkdale, ☎ 602-639-0010)* est un train historique qui transporte les touristes à travers certains des paysages les plus spectaculaires de l'Arizona. Remis en service en novembre 1990, il connut aussitôt une grande popularité et devint un attrait majeur dans la région. En partant de Clarkdale, juste au sud de Jerome, il décrit une boucle de 64 km. Tiré par une locomotive diesel, il longe, courbe après courbe, des falaises escarpées de calcaire rouge bien au-dessus de la rivière Verde, traverse un long tunnel sombre, emprunte des ponts, croise des mines d'or et des ruines amérindiennes, se rend jusqu'à Perkinsville et fait enfin demi-tour.

■ Quoi voir à Prescott?

De l'autre côté de la montagne qu'occupe Jerome, dans la vallée suivante, s'étend la ville de Prescott, la première capitale territoriale de l'Arizona entre 1864 et 1867. Le président Abraham Lincoln avait décidé d'en faire la capitale, parce que la seule autre communauté de taille respectable de tout le Territoire d'Arizona, Tucson, comptait un grand nombre de sympathisants des troupes confédérées. De nos jours, Prescott n'est plus qu'une modeste ville typiquement américaine parmi tant d'autres, imprégnée d'un certain charme paisible et peu ouverte au tourisme. Soit dit en passant, Prescott se trouve en plein centre géographique de l'actuel État de l'Arizona.

Érigé en 1926, le **Yavapai County Courthouse** (Palais de justice) repose au cœur de Prescott, entouré d'une place verte où les résidants passent le temps en jouant aux cartes et en bavardant, tandis que les touristes se reposent un moment sur des bancs de parc. Plusieurs des commerces de la ville se sont établis autour de cette place, sans oublier l'historique Whiskey Row, où quelque 20 saloons demeuraient jadis ouverts jour et nuit.

Le principal attrait de Prescott est le **Sharlot Hall Museum** *(415 West Gurley Street, Prescott, ☎ 602-445-3122)*, riche d'une imposante collection de vestiges de la période territoriale, y compris plusieurs maisons complètement meublées et un superbe assortiment de diligences et de carrioles. Sharlot Mabridth Hall était une essayiste, une poétesse et une voyageuse connue ayant exploré les régions sauvages du Territoire d'Arizona au tournant du siècle. En 1909, elle devint l'historienne officielle du territoire, un poste qu'elle occupa jusqu'à ce que l'Arizona devienne un État. Constatant que les vestiges historiques et préhistoriques de la région quittaient rapidement l'État, madame Hall entreprit d'en constituer une collection personnelle qui prit passablement d'ampleur au cours des trois décennies qui suivirent, pour enfin former le noyau de ce vaste musée historique. La collection se trouve aujourd'hui répartie à travers plusieurs bâtiments territoriaux amenés ici de divers points du comté, y compris deux manoirs de gouverneur, et regroupés dans un grand parc du centre-ville de Prescott.

L'ancienne capitale s'enorgueillit également de quelques autres musées dignes de mention. Par exemple, le **Phippen Museum of Western Art** *(droits d'entrée; Route 89, Prescott, ☎ 602-778-1385)*, situé à 10 km au nord de la ville, rend hommage à l'artiste «cow-boy» George Phippen et présente des expositions temporaires portant sur les œuvres d'autres artistes «cow-boys». On le tient généralement pour un des meilleurs musées consacrés à cette forme d'art au pays.

Le **Smoki Museum** *(droits d'entrée; 124 North Arizona Street, Prescott, ☎ 602-445-1230)* abrite une importante collection d'objets indiens provenant de tout le Sud-Ouest, de même que quelques objets pseudo-indiens. La «tribu» smoki est en fait une société secrète de résidants non amérindiens de Prescott, dont la création remonte aux années vingt, et qui se livre encore annuellement, en août, à des cérémonies spectaculaires malgré les objections répétées des véritables tribus amérindiennes.

Sans doute le plus étrange des musées de Prescott est-il cependant le **Bead Museum** *(140 South Montezuma Street, Prescott, ☎ 602-445-2431)*, qui expose une étonnante collection de perles colorées, de bijoux et d'autres ornements du monde entier, et explique leur usage en tant que marchandise d'échange, que monnaie, qu'objets religieux et que marques de prestige. Les visiteurs de ce musée unique à but non lucratif auront tôt fait de découvrir que les perles de bois et de verre en ont beaucoup plus à raconter qu'ils ne l'ont jamais imaginé.

À 55 km au sud de Prescott, vous trouverez **Arcosanti** *(droits d'entrée; Route 17, sortie 262 à Cordes Junction, ☎ 602-632-7135)*, une ville modèle qui devrait un jour accueillir 5 000 habitants. Conçue par le célèbre dessinateur italien Paolo Soleri en vue de concrétiser le mariage de l'architecture et de l'écologie, Arcosanti est d'abord et avant tout piétonnière, et ses structures inusitées, surmontées de dômes, percées d'arches et d'ouvertures diverses, et ponctuées d'excroissances cubiques, maximisent la récupération de l'énergie solaire passive. On organise quotidiennement des visites des lieux. La construction, qui n'est pas encore achevée, se poursuit en partie grâce à la vente de souvenirs artisanaux, comme ces carillons éoliens «Cosanti».

Parcs

■ Les parcs de la région de Flagstaff

Lake Mary

Deux longs réservoirs, l'Upper et le Lower Lake Mary, approvisionnent Flagstaff en eau. Ils furent créés en érigeant un barrage sur le Walnut Creek, ce qui explique qu'il n'y a plus d'eau au fond du Walnut Canyon National Monument. Le Service National des Forêts a aménagé des aires de pique-nique sur les rives boisées du lac, et le petit Lakeview Campground domine la partie supérieure de ce dernier. Les deux lacs attirent de nombreux amateurs de pêche et regorgent de brochets nordiques, de brochets vairons et de poissons-chats. Le haut lac est aussi utilisé pour la navigation de plaisance et le ski nautique.

Installations et équipements : aires de pique-nique et descentes de bateaux; pour de plus amples renseignements, ☎ 602-556-7474. *Pêche* : bonne.

Camping : le Lakeview Campground possède 30 emplacements à 6 $ par nuit. Le Pinegrove Campground possède 46 emplacements à 8 $ par nuit.

Comment s'y rendre : le lac se trouve à 13 km au sud de Flagstaff sur Lake Mary Road. De la route 40, empruntez la sortie 195-B et suivez les indications.

Mormon Lake

Il s'agit du plus grand bassin naturel de l'Arizona, d'une superficie totale de 800 ha lorsqu'il est plein. Il est très peu profond (3 m en moyenne), et il peut se dessécher presque entièrement en période de chaleur intense. Comme le relief de ses rives se modifie constamment, aucune rampe de mise à l'eau n'y a été aménagée, et les pêcheurs doivent transporter leur embarcation à bout de bras jusqu'à l'eau. Il n'en s'agit pas moins d'un excellent endroit pour la pêche au brochet et au poisson-chat. Plusieurs sentiers de randonnée longent en outre les berges du lac et la forêt voisine.

Installations et équipements : sentier, chalet, restaurant, épiceries et sports d'hiver; pour de plus amples renseignements, ☎ 602-556-7474.

Camping : 27 emplacements à Dairy Springs et 15 à Double Springs; 6 $ par nuit.

Comment s'y rendre : 32 km au sud-est de Flagstaff par Lake Mary Road.

■ Les parcs de la région de Sedona

Slide Rock State Park

Très populaire auprès des étudiants de l'Université du Nord de l'Arizona, ce lieu de baignade situé à mi-chemin entre Flagstaff et Sedona, en plein cœur du canyon d'Oak Creek, est pratiquement toujours bondé au cours des chauds mois d'été. Il s'agit en quelque sorte d'un parc aquatique naturel, avec des bassins calmes, des cascades rapides et un long rivage large et plat de grès rouge où l'on peut s'étendre au soleil. Ce parc d'État abrite également le domaine Pendley, inscrit au registre national des lieux historiques, et des hectares de pommeraies. On ne permet pas aux visiteurs de cueillir les pommes, mais le cidre qu'elles servent à fabriquer est vendu dans un kiosque qui se trouve sur le sentier conduisant à l'aire de baignade. Lorsque les gardes forestiers en ont le temps, ils organisent des promenades à caractère naturel et historique le samedi.

Installations et équipements : aire de pique-nique, toilettes, terrain de volley-ball, sentier pédestre et casse-croûte; pour de plus amples renseignements, ☎ 602-282-3034. *Baignade* : excellente.

Comment s'y rendre : à 11 km au nord de Sedona par la route 89A, à l'intérieur du canyon d'Oak Creek.

Red Rock State Park

Le magnifique Oak Creek serpente à travers ce parc de 116 ha situé en plein cœur du Red Rock Country. Des naturalistes proposent des promenades guidées le long d'un réseau de sentiers de 10 km émaillé de sycomores et de cotonniers. Un des chemins conduit à une maison de 1948 qui ressemble à un *pueblo* indien et qui, du haut de sa colline, dévoile un panorama saisissant de la région. Le centre d'accueil des visiteurs propose des vitrines d'exposition et des vidéos sur l'histoire locale.

Installations et équipements : aires de pique-nique, toilettes et centre d'accueil; pour de plus amples renseignements, ☎ 602-282-6907. *Pêche* : permise sur l'Oak Creek; poisson-chat et poisson-lune.

Comment s'y rendre : parcourez 6 km au sud-ouest de Sedona sur la route 89A, puis prenez au sud sur Lower Red Rock Loop Road; le parc se trouve 5 km plus loin.

Dead Horse Ranch State Park

Ce parc de 132 ha, situé en bordure de la rivière Verde, réunit des étendues désertiques et verdoyantes dont on peut profiter pleinement en sillonnant un vaste réseau de sentiers.

Installations et équipements : tables de pique-nique, toilettes et douches; pour de plus amples renseignements, ☎ 602-634-5283. *Pêche* : permise sur la rivière Verde et dans un lagon de 1,6 ha, alimenté en poisson à friture, en poisson-chat, en achigan et en truite.

Camping : 45 emplacements; 8 $ par nuit sans raccordement, 11 $ par nuit avec raccordements.

Comment s'y rendre : de Cottonwood, suivez Main Street jusqu'à 5th Street, puis prenez au sud sur environ 1,5 km.

■ Les parcs de Prescott

Watson Lake and Granite Dells

Un labyrinthe de formations granitiques, situé en bordure de la route 89 aux abords immédiats de Prescott, entoure le joli petit lac Watson, un réservoir artificiel utilisé pour la baignade et la pêche par les gens du coin. Cet endroit servait autrefois de place forte aux Apaches. Plus récemment, des années vingt aux années cinquante, il y avait un important complexe hôtelier à Granite Dells, et certains vestiges de cette époque subsistent encore.

Installations et équipements : aire de pique-nique, toilettes, douches, randonnée pédestre et escalade; pour de plus amples renseignements, ☎ 602-778-4338. *Pêche* : bonne.

Camping : 50 emplacements, dont 25 avec raccordement électrique; 11 $ par nuit avec l'électricité, 8 $ par nuit sans électricité.

Comment s'y rendre : à 6 km au nord-est de Prescott sur la route 89.

Activités de plein air

Le ski alpin

Le principal centre de ski alpin de l'Arizona est l'**Arizona Snowbowl** *(Snowbowl Road, ☎ 602-779-1951; conditions de ski : ☎ 602-779-4577)*, situé à 26 km au nord de Flagstaff sur les pentes des monts San Francisco. La saison de ski s'étend de la mi-décembre à la mi-avril. Le plus petit, **Williams Ski Area** *(☎ 602-635-9330)*, se trouve sur le mont Bill Williams, à environ 6 km au sud de la ville de Williams.

Le ski de fond

Les amateurs de ski de fond seront heureux d'apprendre que le **Flagstaff Nordic Center** *(Route 180, ☎ 602-774-6216)*, à 26 km au nord de Flagstaff dans la forêt nationale de Coconimo, entretient un important réseau de pistes de la mi-novembre à la mi-mars. Le centre propose la location d'équipement, des excursions guidées et des cours. Le **Mormon Lake Ski Touring Center** *(Mormon Lake Village, ☎ 602-354-2240)*, situé à 45 km au sud-est de Flagstaff en retrait de Lake Mary Road, possède également d'excellentes installations pour le ski de fond.

Montgolfière

Pour la visite la plus spectaculaire qui soit dans la région, à savoir celle du Red Rock Country du haut des airs, envolez-vous avec **Red Rock Balloon Adventure** *(3230 Valley Vista Drive, ☎ 602-284-0040)* ou **Northern Light Balloon Expeditions** *(P.O. Box 1695, Sedona, AZ 86339, ☎ 602-282-2274)*.

L'équitation

Certaines écuries de Sedona proposent des randonnées «Indian Sacred Ceremonial». Essayez également les **Hitchin' Post Stables** *(448 Lake Mary Road, Flagstaff, ☎ 602-774-1719)*, les **Ski Lift Lodge Stables** *(Route 180, à la jonction de Snow Bowl Road, Flagstaff, ☎ 602-774-0729)*, les **Perkins Wilderness Trail Rides** *(Route 40, sortie 171, Williams, ☎ 602-635-9349)* et les **Kachina Stables** *(Lower Red Rock Loop Road, Sedona, ☎ 602-282-7252)*.

Le golf

Ce coin de l'Arizona est un véritable paradis pour les golfeurs. Songez au **Elden Hills Golf Resort** *(2380 North Oakmont Drive, Flagstaff, ☎ 602-527-7997)*, au **Sedona Golf Resort** *(7256 Route 179, Sedona, ☎ 602-284-9355)*, au **Village of Oak Creek Country Club** *(690 Bell Rock Boulevard, Sedona, ☎ 602-284-1660)*, au **Canyon Mesa Country Club** *(500 Jacks Canyon Road, Sedona, ☎ 602-284-2176)*, au **Poco Diablo Resort** *(1752 Route 179, Sedona,*

Golf Course *(19 Club House Drive, Prescott, ☎ 602-445-0583).*

Le vélo

Flagstaff dispose d'environ 13 km de pistes revêtues, grâce à son **Urban Trail System and Bikeways System**, qui relie le campus de la Northern Arizona University, le centre-ville et l'observatoire Lowell. Vous pouvez vous procurer plans et renseignements sur ce réseau auprès du **City Planning Office** *(211 West Aspen Street, Flagstaff, ☎ 602-779-7632).*

À l'extérieur de la ville, une route populaire est la boucle revêtue de 58 km qui traverse le Sunset Crater National Monument et le Wupatki National Monument en partant de l'embranchement de la route 89, à environ 16 km au nord-est de la ville.

Les amateurs de vélo de montagne découvriront dans la **Coconimo National Forest** plusieurs sentiers primitifs non revêtus permettant d'explorer plus à fond le champ volcanique de San Francisco. Essayez, entre autres, le chemin forestier qui mène au pied des cratères Colton et SP. Pour de plus amples renseignements, adressez-vous à la **Peaks Ranger Station** *(5075 North Route 89, ☎ 602-526-0866).*

Le **Flagstaff Nordic Center** *(Route 180, ☎ 602-774-6216)*, situé dans la forêt nationale de Coconimo, à 26 km au nord de Flagstaff, ouvre son important réseau de pistes aux cyclistes de la fin mai à octobre et loue aussi bien des vélos de montagne que des casques protecteurs.

Le réseau de routes secondaires qui, aux environs de Sedona, a rendu le **Red Rock Country** populaire auprès des amateurs de véhicules tout-terrain se prête tout aussi bien au vélo de montagne. Procurez-vous un plan dans une boutique de vélos locale, et empruntez, par exemple, les chemins de terre qui mènent de Soldier Pass Road aux Seven Sacred Pools ou à la Devil's Kitchen, à moins que vous ne préfériez longer la Broken Arrow Jeep Trail, à l'est de la route 179, jusqu'au Submarine Rock. La route de Schnebly Hill grimpe constamment au nord de Flagstaff, selon un tracé parallèle à celui de l'autoroute du canyon d'Oak Creek; la partie supérieure de cette route est abrupte, sinueuse et très exigeante, mais la portion inférieure, qui traverse le Bear Wallow Canyon, se veut l'occasion d'une très belle randonnée en vélo de montagne.

La location d'une bicyclette

À Flagstaff, vous pouvez louer un vélo de montagne et obtenir de l'information sur les pistes chez **Absolute Bikes** *(18 North San Francisco Street, ☎ 602-779-5969)*, **Cosmic Cycles** *(113 South San Francisco Street, ☎ 602-779-1092)* ou **Mountain Sports** *(1800 South Milton Road, ☎ 602-779-5156).*

À Sedona, vous trouverez les mêmes services chez **Mountain Bike Heaven** *(1449 West Route 89A, ☎ 602-282-1312)* et **Sedona Sports** *(245 North Route 89A, ☎ 602-282-1317).*

La randonnée pédestre

Les sentiers de la région de Flagstaff

Immédiatement au nord de Flagstaff se dressent les San Francisco Peaks, les plus hauts sommets de l'Arizona. Plusieurs sentiers partent des routes du mont Elden et du col de Schultz, qui se détachent de la route 180 sur la droite, peu après le Museum of Northern Arizona. D'autres sentiers partent du parc Buffalo, sur l'avenue Cedar, de même qu'aux environs de la Peaks Ranger Station, sur la route 89.

Du poste des gardes forestiers, l'**Elden Lookout Trail** *(3,2 km)* grimpe en zigzag sur le flanc est du mont Elden (2 834 m), pour une dénivellation de 732 m. Au sommet, une vue spectaculaire sur la ville et sur les champs volcaniques qui entourent le Sunset Crater vous attend en guise de récompense.

La **Fatman's Loop Trail** *(1,6 km)*, qui se détache de l'Elden Lookout Trail pour une randonnée plus courte (dénivellation de 183 m), offre également une belle vue sur Flagstaff.

Du point de départ du sentier de Buffalo Park, l'**Oldham Trail** *(8,7 km)* gravit la pente ouest du mont Elden jusqu'à son sommet. Il s'agit du plus long sentier sur cette montagne, mais l'ascension n'est pas aussi raide que par les autres sentiers. L'Oldham Trail croise la Mount Elden Road à trois reprises, ce qui vous permet de raccourcir votre randonnée en demeurant sur la portion supérieure du sentier. La **Pipeline Trail** *(4,5 km)* relie quant à elle les tronçons inférieurs de l'Oldham Trail et de l'Elden Lookout Trail aux limites nord de la ville de Flagstaff, ce qui vous donne la possibilité de faire soit une courte randonnée en bordure de la ville, soit une boucle d'une journée en grimpant un versant de la montagne pour ensuite redescendre de l'autre côté.

Peut-être la plus étrange des nombreuses possibilités de randonnée à travers le paysage volcanique qui entoure la base des San Francisco Peaks est-elle celle qui vous entraîne sur la **Red Mountain**, à 53 km au nord de Flagstaff par la route 180. Une ouverture dans la base de ce cône volcanique de 305 m vous permet en effet de suivre la **Red Mountain Trail** *(1,6 km)* de l'extrémité de la route d'accès à la forêt nationale jusqu'au cratère sans avoir à grimper! Peu fréquenté par les touristes, cet endroit est très agréable à explorer avec des enfants d'un certain âge.

Pour obtenir plans et renseignements détaillés sur ces sentiers et de nombreux autres de la Coconimo National Forest, adressez-vous à la **Peaks Ranger Station** *(5075 North Route 89, ☎ 602-526-0866)*.

Les sentiers de la région de Sedona

Tandis que tous les visiteurs de Flagstaff et de Sedona explorent en voiture la route souvent encombrée du canyon d'Oak Creek, un des attraits incontournables du centre de l'Arizona, rares sont ceux qui s'arrêtent pour découvrir la partie occidentale du canyon, un canyon secondaire et étroit avec des murailles verticales de plus de 100 m par endroits, et accessible seulement à pied. Pour de plus amples renseignements sur les sentiers de ce secteur, composez le ☎ 602-282-4119. Le point de départ de la **West Fork Trail** *(22,5 km)* se trouve dans l'angle sud-ouest de l'entrée du canyon, du côté ouest de la route 89A à 16 km au nord de Sedona. Il y a un petit terrain de stationnement à proximité, mais il est souvent plein. Les quelque cinq premiers kilomètres s'effectuent en terrain relativement plat et traversent une zone de recherche naturelle protégée, lourdement fréquentée et facile d'accès. Plus haut, le sentier se fait moins net, enjambe plusieurs fois le cours d'eau et débouche dans le Red Rock Secret Mountain Wilderness.

Un lieu de randonnée très populaire du Red Rock Country est le Boynton Canyon, un des quatre «Vortex» de Sedona. Au dire de la communauté «nouvel-âgiste» de Sedona, le Boynton Canyon est le plus puissant des «Vortex», et il s'en dégage un flux d'énergie électromagnétique «yin-yang» qu'on peut ressentir à des kilomètres à la ronde. Que vous croyiez ou non à ce genre de phénomène, l'endroit est indéniablement magnifique. Du point de départ du sentier sur Boynton Pass Road (un prolongement de Dry Creek Road qui se détache de la route 89A à West Sedona), la **Boynton Canyon Trail** *(2,4 km)*, presque entièrement plane, remonte le canyon à travers bois et formations rocheuses. On trouve plusieurs petites habitations sinaguas à flanc de falaise à l'intérieur du canyon.

En tournant à droite sur Dry Creek Road en route vers le col de Boynton, vous emprunterez la Sterling Canyon Road, non revêtue et suffisamment accidentée pour que les conducteurs de véhicules bas sur roues y pensent deux fois avant de s'y engager. De cette route, la **Devil's Bridge Trail** *(1,6 km)* grimpe graduellement à travers les *piñons* et les genévriers jusqu'à une longue arche de grès rouge d'où l'on a une vue renversante sur les canyons avoisinants. Vous pouvez d'ailleurs grimper sur l'arche. Environ 5 km plus loin, au bout de Dry Creek Road, se dessine l'entrée de la **Vultee Arch Trail** *(3,2 km)*, qui longe le canyon Sterling jusqu'à un autre pont naturel.

Les sentiers de la région de Prescott

On dénombre plusieurs sentiers de randonnée dans la forêt nationale autour de Prescott. Un des plus appréciés est la **Thumb Butte Trail** *(2,7 km)*, une boucle qui gravit un col à l'ouest de la ville, traverse des bois de chênes et de *piñons*, et offre de belles vues sur Prescott et sur Granite Dells. Le sentier part du Thumb Butte Park; pour vous y rendre, prenez Thumb Butte Road vers l'ouest dans le prolongement de Gurley Street.

Les randonneurs plus ambitieux voudront peut-être explorer le **Granite Mountain Wilderness**. De ses nombreux sentiers, celui qui mène au sommet de cette montagne de 2 172 m a nom **Little Granite Mountain Trail** *(6 km)* et permet une magnifique randonnée d'une journée avec une dénivellation de 457 m. Pour de plus amples renseignements sur ce sentier et sur les autres pistes de la région, adressez-vous au poste de garde forestier de la Prescott National Forest – Bradshaw District, immédiatement à l'est de Prescott *(2230 East Route 69, ☎ 602-445-7253)*.

Hébergement

Pour tout renseignement sur les *Bed and Breakfasts* de l'Arizona, adressez-vous à l'**Arizona Association of Bed & Breakfast Inns** *(3101 North Central Avenue, Suite 560, Phoenix, AZ 85012, ☎ 602-277-0775)*.

■ Hébergement de la région de Flagstaff

Un des deux hôtels historiques du centre-ville, le **Weatherford Hotel** *($; 23 North Leroux Street, Flagstaff, ☎ 602-774-2731)*, est exploité comme une auberge de jeunesse et propose en location quelques chambres individuelles tout à fait rudimentaires.

Flagstaff possède en outre deux autres auberges de jeunesse, le **Downtowner Independent Youth Hostel** *(19 South San Francisco Street, Flagstaff, ☎ 602-774-8461)* et le **Motel Du Beau International Hostel** *(19 West Phoenix Avenue, Flagstaff, ☎ 602-774-6731)*. En été, en particulier, ces trois auberges accueillent des gens de tous âges venus des quatre coins du monde et voyageant sac au dos, mais aussi des voyageurs solitaires, assurés de se faire des amis rapidement dans ces établissements.

Flagstaff propose un bon choix de *Bed and Breakfasts*. Parmi les lieux d'hébergement à l'ancienne meublés d'antiquités que vous trouverez dans les environs du centre-ville, il y a **The Inn at Four Ten** *($$; 410 North Leroux Street, Flagstaff, ☎ 602-774-0088)*, une résidence de 1907 magnifiquement rénovée qui dispose de sept suites et de deux chambres au décor d'époque. Un autre *Bed and Breakfast* particulièrement chaleureux du quartier historique est le **Birch Tree Inn** *($$; 824 West Birch Avenue, Flagstaff, ☎ 602-774-1042)*, sans oublier la **Dirker House** *($; 423 West Cherry Street, Flagstaff, ☎ 602-774-3249)*, dont les trois chambres d'hôte sont équipées d'un très grand lit et d'un édredon en plumes d'oie; elles partagent un petit salon commun.

L'autre hôtel historique du centre-ville, construit en 1927, le **Monte Vista Hotel** *($$; 100 North San Francisco Street, Flagstaff, ☎ 602-779-6971)*, est désormais inscrit au registre des bâtiments historiques et renferme des chambres spacieuses aux meubles en chêne, au lit en laiton, aux tentures en velours et aux accessoires de salle de bain dorés, le tout créant une ambiance de faste à l'ancienne. Des vedettes de cinéma avaient l'habitude de loger ici à la belle époque, et certaines chambres arborent des plaques commémorant le séjour de telle ou telle personnalité, tel Humphrey Bogart, Cornell Wilde et Walter Brennan, pour n'en nommer que quelques-unes.

Parmi les pins à 5 min à peine de la ville, l'**Arizona Mountain Inn** *($$; 685 Lake Mary Road, ☎ 602-774-8959)* propose des chambres de style *Bed and Breakfast* dans son pavillon principal, de même que des chalets de une à cinq chambres avec foyer et cuisine. Les installations permettent de pratiquer le volley-ball, le basket-ball, le jeu de fers à cheval, la randonnée pédestre et le ski de fond.

Quant au **Woodlands Plaza Hotel** *($$-$$$; 1175 West Route 66, Flagstaff, ☎ 602-773-8888)*, il se veut grand, moderne et assez chic. Les chambres sont spacieuses, décorées dans les tons pastel et équipées de très grands lits. Parmi les installations mises à disposition des clients, mentionnons les bassins à remous intérieur et extérieur, le bain de vapeur, le sauna, le centre de conditionnement physique et la piscine chauffée. Le service aux chambres, un service de buanderie et un service de limousine gratuit complètent le tout.

■ Hébergement de la région de Sedona

En descendant le canyon d'Oak Creek entre Flagstaff et Sedona, vous remarquerez au passage plusieurs auberges et regroupements de chalets privés, plantés en plein cœur de la spectaculaire forêt nationale. Vous pouvez réserver des chambres à ces endroits et ainsi profiter de la fraîcheur du canyon le soir et en début de matinée tout en évitant la cohue et la dense circulation qui envahit ce territoire en haute saison et les fins de semaine. Plusieurs de ces établissements se trouvent juste en dessous du Slide Rock State Park.

Le **White House Inn** *($; 2986 West Route 89A, West Sedona, ☎ 602-282-6680)*, à la jonction de Dry Creek Road, dispose de chambres de motel rudimentaires avec télévision par câble et téléphone. Près de la haute-ville, le **Star Motel** *($$; 295 Jordan Road, Sedona, ☎ 602-282-3641)* propose également en location des chambres tout à fait conventionnelles.

Les **Don Hoel's Cabins** *($$; Oak Creek Canyon, ☎ 602-282-3560)* proposent un hébergement somme toute modeste, tout comme les **Forest Houses** *($$; Oak Creek Canyon, ☎ 602-282-2999)*, qui sont toutefois équipées de foyer et de cuisine complète.

Vous trouverez à vous loger à prix raisonnable au **Rose Tree Inn** *($$; ⊛; 376 Cedar Street, Sedona, ☎ 602-282-2065)*, qui s'efforce de se donner des allures de jardin à l'anglaise à proximité de la haute-ville. Terrasses et baignoires à remous.

La **Greyfire Farm** *($$; 1240 Jacks Canyon Road, Sedona, ☎ 602-284-2340)* compte parmi les *Bed and Breakfasts* les plus inusités de la région. Nichée entre les pins dans une vallée champêtre entre le Red Rock Country et le Wild Horse Mesa, à proximité des sentiers de randonnée pédestre et d'équitation de la forêt nationale, cette «ferme» peut accueillir deux chevaux de passage, mais elle fournit également le gîte et le couvert aux humains qui désirent s'en prévaloir. Les chambres sont claires, équipées d'édredons et dotées d'une salle de bain privée.

Les visiteurs désireux de changer de vie à Sedona voudront peut-être songer au **Healing Center of Arizona** *($$; 25 Wilson Canyon Road, Sedona, ☎ 602-282-7710)*, un complexe en forme de dôme où l'on sert également des repas végétariens gastronomiques pour deux fois rien. Divers services, proposés à des prix raisonnables, comprennent un sauna, un centre de détente et un bassin de flottaison. De plus, entre autres thérapies holistiques suggérées aux clients du centre, retenons les traitements par acupression, les cures par les plantes, le *rebirth*, la guérison par les cristaux et le *channelling* psychique.

A Touch of Sedona Bed and Breakfast *($$-$$$; 595 Jordan Road, Sedona, ☎ 602-282-6462)*, tout au haut de la colline du quartier huppé, propose des chambres au décor individuel portant chacun sur un thème particulier : la «Contemporary Eagle», la «Hummingbird», la «Kachina», la «Roadrunner» et la «Wolf's Den».

L'**Oak Creek Terrace** *($$-$$$$; Route 89A, Oak Creek Canyon, ☎ 602-282-3562)* est un complexe renfermant aussi bien des chambres de style motel avec très grand lit, téléviseur couleur et foyer que des suites de deux chambres avec baignoire à remous en forme de cœur.

Les **Slide Rock Cabins** *($$$; Route 89A, Oak Creek Canyon, ☎ 602-282-6900)* regroupent des cabanes en rondins et trois chalets dotés de grandes chambres à distance de marche des points de baignade, des sites de pêche et des sentiers de randonnée.

Au sommet de la gamme, le **Junipine Resort** *($$$$; Route 89A, Oak Creek Canyon, ☎ 602-282-3375)* propose des suites modernes et des chalets *(creekhouses)* à une ou deux chambres à coucher. Ces constructions à un ou deux étages décorées de façon individuelle sont toutes de bois et de pierres. Chacune d'elle, d'une superficie pouvant varier entre 120 et 140 m^2, donne sur la montagne, la forêt ou la rivière et possède une cuisine, de même qu'une terrasse surplombant le canyon.

Sedona se spécialise dans les complexes hôteliers de luxe. Parmi les plus chic en ville, il faut retenir **Los Abrigados** *($$$$; 160 Portal Lane, Sedona, ☎ 602-282-1777)*. Situé près du centre commercial aéré de Tlaquepaque, il révèle une architecture moderne fantaisiste inspirée des traditions mexicaines, de même que des suites fort élégantes avec cuisine, foyer et terrasse ou balcon. Courts de tennis, piscine, salle de culturisme et centre de détente complètent les installations.

Un autre haut lieu de l'hôtellerie sédonienne est **L'Auberge de Sedona** *($$$$; 301 L'Auberge Lane, Sedona, ☎ 602-282-1661)*. Ses chambres et cottages de conception individuelle sont garnis de meubles importés de Provence afin de recréer une atmosphère d'auberge campagnarde française sur un terrain de 4 ha en bordure de la rivière, à distance de marche de la haute-ville.

■ Hébergement de Jerome

Le **Ghost City Inn** *($$; ⊛; 541 North Main Street, Jerome, ☎ 602-634-4678)*, un *Bed and Breakfast* victorien établi en 1898, propose six chambres avec salle de bain partagée. Plongez-vous dans l'atmosphère de l'Old West dans la «Satin and Spurs», ou laissez-vous flotter dans le confort douillet de la «Champagne and Propane». Une baignoire à remous est également mise à votre disposition.

■ Hébergement de Prescott

Prescott propose plus de lieux d'hébergement rudimentaires qu'elle n'en a besoin, d'où vous pourrez explorer à loisir les canyons et les forêts sauvages des environs. L'**American Motel** *($; 1211 East Gurley Street, Prescott, ☎ 602-778-0787)*, un établissement de style méditerranéen jadis charmant mais aujourd'hui quelque peu délabré, affiche des prix imbattables. Il y a un téléphone dans chaque chambre, et les murs sont recouverts d'anciennes murales exceptionnelles.

L'**Hotel St. Michael** *($; 205 West Gurley Street, Prescott, ☎ 602-776-1999)* propose également des chambres modestes, mais pourtant dotées de salle de bain privée. Son emplacement conviendra on ne peut mieux à ceux qui désirent profiter pleinement de la vie nocturne de la Whiskey Row, située dans le même quadrilatère.

Le centre-ville de Prescott renferme plusieurs hôtels historiques. Le **Prescott Pines Inn** *($$; 901 White Spar Road, Prescott, ☎ 602-445-7270)*, par exemple, regroupe quatre maisons, dont la principale date de 1902. Ce *Bed and Breakfast* douillet propose 13 chambres victoriennes magnifiquement décorées dans un savant mélange de teintes discrètes. Certaines disposent d'un foyer, alors que d'autres bénéficient d'une cuisine. De somptueux petits déjeuners complets sont servis dans de la porcelaine de Chine rose. Nous vous recommandons de réserver jusqu'à un an à l'avance, si vous comptez vous y rendre en haute saison.

L'**Hotel Vendome** *($$; 230 South Cortez Street, Prescott, ☎ 602-776-0900)* est un petit hôtel situé sur une rue secondaire paisible. Les chambres de cet établissement de 1917 ont été soigneusement rénovées et habillées de bleu. Certaines possèdent une salle de bain moderne, alors que d'autres révèlent des salles d'eau victoriennes restaurées.

The Marks House *($$-$$$; 203 East Union Street, Prescott, ☎ 602-778-4632)*, un *Bed and Breakfast* victorien de style Reine-Anne dans les tons de jaune, niche au sommet du mont Nob et domine le Courthouse Square. Construites en 1894, la maison et ses quatre chambres d'hôte sont meublées d'antiquités, telle cette baignoire en cuivre du XIXe siècle. Toutes les chambres jouissent d'édredon en plumes et de salle de bain privée, et l'on sert un petit déjeuner familial complet.

Le plus élégant de tous demeure cependant le **Hassayampa Inn** *($$-$$$, certaines suites $$$$; 122 East Gurley Street, Prescott, ☎ 602-778-9434)*, un hôtel de 1927 inscrit au registre national des bâtiments historiques. Le hall d'entrée et les salles communes ont retrouvé leur gloire d'antan et regorgent d'antiquités. Quant aux chambres, elles ont été joliment rénovées et disposent toutes d'une salle de bain privée, d'un téléphone et d'un téléviseur couleur.

Restaurants

■ Les restaurants de la région de Flagstaff

Deux remarquables petits restaurants contemporains du centre-ville dont le menu met l'accent sur les mets santé gastronomiques sont **Charly's** *($; 23 North Leroux Street, Flagstaff, ☎ 602-779-1919)*, au rez-de-chaussée de l'auberge de jeunesse du Weatherford Hotel, et le **Café Express** *($; 16 North San Francisco Street, Flagstaff, ☎ 602-774-0541)*.

Comme toute ville universitaire digne de ce nom, Flagstaff possède une pléthore de pizzerias petit budget, 18 en tout aux dernières nouvelles. Nous vous recommandons **NiMarco Pizza** *($; 101 South Beaver Street, Flagstaff, ☎ 602-779-2691)*, qui, outre le plus vaste choix de pizzas en pointes, propose des sandwichs au four garnis à l'italienne, y compris un exceptionnel *stromboli*.

Le **Main Street Bar and Grill** *($-$$; 4 South San Francisco Street, Flagstaff, ☎ 602-774-1519)* attire de nombreux résidants avec ses *fajitas*, ses steaks au fromage Philadelphie, ses quiches Lorraine et ses côtes levées sauce barbecue.

Pour un dîner raffiné à Flagstaff, le **Cottage Place Restaurant** *($$; 126 West Cottage Avenue, Flagstaff, ☎ 602-774-8431)*, petit mais chaleureux, constitue un bon choix. Parmi les spécialités au menu, retenons le chateaubriand et le canard grillé à l'orange, sans oublier les pâtes végétariennes au *pesto*. Il est recommandé de réserver.

Un autre bon endroit pour un dîner romantique est le **Woodlands Café** *($$; 1175 West Route 66, Flagstaff, ☎ 602-773-9118)*. Cette salle à manger à la mode du Sud-Ouest s'entoure de baies vitrées donnant sur la forêt et renferme aussi bien des banquettes que des tables conventionnelles. Les murs blancs sont tendus de tapis navajos entrecoupés de paniers, et le lustre est fait de bois de cerf. Vous pourrez y savourer, entre autres, du saumon de l'Atlantique sauce béarnaise et des poitrines de poulet arrosés d'une sauce à la crème et au gouda fumé. Il est recommandé de réserver.

Un autre excellent restaurant de Flagstaff, **Chez Marc Bistro** *($$; 503 Humphreys Street, Flagstaff, ☎ 602-774-1343)*, est un petit établissement intime qui occupe une maison inscrite au registre national des bâtiments historiques. Un dîner typique pourrait se composer de pâté de canard accompagné de pistaches, de légumes nains agrémentés d'une vinaigrette à la moutarde de Dijon et de chèvre tiède, puis de fettucine noirs garnis de pétoncles, de légumes frais et de sauce au safran.

Pour dîner dans un cadre inusité, sortez de la ville et rendez-vous au **Mormon Lake Lodge Steak House & Saloon** *($$-$$$; Mormon Lake Road, ☎ 602-354-2227)*, en affaires depuis 1924 et réputé comme une des meilleures grilladeries de l'Ouest. Outre les steaks, on y sert des côtes levées, du poulet et de la truite, tous cuits sur un lit de braises de chêne de montagne. Les marques authentiques de divers ranchs d'Arizona incrustées dans les panneaux de bois qui recouvrent les murs du restaurant seraient le résultat d'une des fêtes d'éleveurs les plus folles qui aient jamais eu lieu.

■ Les restaurants de la région de Sedona

Le **Phil and Eddie's Diner** *($; 1655 West Route 89A, Sedona, ☎ 602-282-6070)* sert de bons petits déjeuners toute la journée, des hamburgers et des frites, des plats du jour et diverses spécialités de son comptoir à glaces dans une ambiance nostalgique des années cinquante.

Si vous affectionnez les mets thaïlandais tout en vous souciant de votre santé, essayez le **Thai Spices Natural** *($-$$; 2986 West Route 89A, West Sedona, ☎ 602-282-0599)*, où l'on ne cuisine qu'avec des ingrédients frais et organiques. Il s'agit du restaurant du motel White House Inn.

Pour de la bonne cuisine familiale sans artifices, il faut aller au **Irene's Restaurant** *($-$$; Castle Rock Plaza, Sedona, ☎ 602-284-2240)*, près de l'intersection de la route 179 et de Verde Valley School Road. Ses desserts maison sont d'ailleurs réputés, comme cette épaisse tarte aux pommes, cette tourte aux pêches ou ces brioches géantes à la cannelle.

Un bon restaurant mexicain est l'**Oaxaca** *($$; 231 Route 89A, Sedona, ☎ 602-282-4179)*, dont la terrasse permet de dîner à la belle étoile tout en admirant la haute-ville de Sedona.

Le **Hideway** *($$; Country Square, Sedona, ☎ 602-282-4204)*, dont les tables sont disposées sur un balcon dominant la rivière en bordure d'un massif de sycomores, sert essentiellement des mets italiens.

Pour une synthèse de toutes les cuisines ethniques, rendez-vous au **Heartline Café** *($$-$$$; 1610 West Route 89A, Sedona, ☎ 602-282-0785)*, où les techniques culinaires européennes, méditerranéennes et asiatiques se mêlent pour créer des plats sains et d'une grande originalité, comme le chou rouge au fromage de chèvre, aux noisettes et aux pommes, ou le poisson à la cajun glacé aux concombres et aux framboises.

Les amateurs de cuisine continentale américaine peuvent se rendre chez **Tray's** *($$$; 2370 West Route 89A, #10, Sedona, ☎ 602-282-3532)*. Bien que situé dans un centre commercial, ce restaurant est habilement aménagé de manière à ressembler à un jardin méditerranéen. Au menu, poitrine de bœuf, canard et poule sauvage de Cornouailles, de même que divers plats végétariens, telle la tourte aux champignons.

Un autre excellent restaurant de cuisine continentale est le **Rene at Tlaquepaque** *($$$; Route 179, à Tlaquepaque, ☎ 602-282-9225)*, qui se spécialise dans le carré d'agneau coupé à votre table. Son décor provincial français, le plus recherché de tout le Sud-Ouest, en fait un lieu exceptionnel. Possibilité de manger à la terrasse extérieure.

L'Auberge de Sedona *($$$$; 301 L'Auberge Lane, Sedona, ☎ 602-282-1661)* possède un remarquable restaurant français proposant des dîners mémorables à prix fixes avec vue sur l'Oak Creek. Le menu de six services, qui change tous les soirs, peut comprendre un pâté, un potage, une petite salade de légumes nains et du saumon poché, de l'agneau grillé ou du poulet.

■ Les restaurants de Jerome

Pour un petit déjeuner ou un déjeuner sans façon, essayez le **Flat Iron Café** *($; 416 Main Street, Jerome, ☎ 602-634-2733)*, où l'on sert des scones, des pâtisseries, des plats végétariens et des sandwichs *panini* arrosés de cafés gastronomiques et de thés dans un décor historique.

L'endroit chic où dîner à Jerome est le **House of Joy** *($$-$$$; dîner ven-dim seulement; Hull Avenue, Jerome, ☎ 602-634-5339)*, qui occupe une maison dont le décor témoigne du passé malfamé : lampes rouges, chandelles rouges, fleurs rouges, napperons rouges..., bref, du rouge partout. Le menu d'agneau, de mouton et de volaille demeure somme toute limité.

■ Les restaurants de Prescott

Le **Dinner Bell Café** *($; 321 West Gurley Street, Prescott, ☎ 602-445-9888)* sert une des meilleures cuisines familiales de la ville. Sans doute son apparence extérieure n'est-elle pas très invitante, mais prenez la peine d'entrer, et vous aurez tôt fait de découvrir pourquoi il s'agit là d'un des restaurants les plus populaires du centre de l'Arizona. Au petit déjeuner, essayez les crêpes géantes ou les omelettes à trois œufs. Au déjeuner, les côtelettes de porc, le poulet frit, le *Chili con carne*, le bifteck de ronde haché et le rôti de bœuf feront votre bonheur. Et n'oubliez pas de goûter la *salsa* maison!

Que ce soit pour le petit déjeuner ou le déjeuner, vous ne vous tromperez pas en vous rendant comme tant d'autres au **Greens and Things** *($; 106 West Gurley Street, Prescott, ☎ 602-445-3234)*, où l'on sert des gaufres belges faites sur place, des omelettes au goût du client et des soupes maison.

Le **Prescott Pantry** *($; 1201 Iron Springs Road, Prescott, ☎ 602-778-4280)*, qui se trouve au centre commercial d'Iron Springs Plaza, est également très bon. Cette boulangerie-épicerie fine et comptoir à vins fait aussi office de restaurant. Plats du jour, sandwichs copieux, pâtisseries fraîches, café express et cappucino.

Envahi de plantes et jouissant d'une belle vue sur la rivière, le **Prescott Mining Company** *($$-$$$; 155 Plaza Drive, Prescott, ☎ 602-445-1991)* se présente comme un grand restaurant moderne dont l'entrée ressemble à celle d'un puits de mine. Au menu, steaks et fruits de mer.

Parmi les meilleurs restaurants de Prescott, il ne faudrait pas oublier le **Peacock Room** *($$-$$$; 122 East Gurley Street, Prescott, ☎ 602-778-9434)* du Hassayampa Inn. Vous y trouverez un menu complet de mets continentaux et américains proposés dans un élégant décor à l'ancienne. Une eau forte à l'image d'un paon agrémente la porte d'entrée de cette salle à manger Art déco, où vous pouvez prendre place à une banquette semi-circulaire ou à une table conventionnelle. Des lampes de style Tiffany ajoutent au pittoresque de ces lieux au plafond élevé.

Murphy's *($$-$$$; 201 North Cortez Street, Prescott, ☎ 602-445-4044)*, un magasin général vieux de 100 ans aujourd'hui devenu un restaurant populaire, constitue un véritable voyage dans le temps. Une cloison de verre plombé sépare le bar du restaurant, tous deux tapissés de photos de l'époque où Prescott était une ville minière prospère. Des banquettes en acajou et un tapis bordeaux ajoutent au charme de l'établissement. Vous pouvez également prendre un verre au salon, qui donne sur la butte Thumb. Parmi les spécialités de la maison, retenons les fruits de mer grillés sur bois de prosopis et la côte de bœuf accompagnée de pain fraîchement sorti du four.

Sorties

■ Les établissements de la région de Flagstaff

La présence de l'université enrichit Flagstaff d'un calendrier culturel chargé et de nombreuses boîtes de nuit animées. Sur le plan culturel, il faut mentionner le **Flagstaff Symphony Orchestra** *(☎ 602-774-5107)*, le **Coconimo Chamber Ensemble** *(☎ 602-523-3879)*, le **Master Chorale of Flagstaff** *(☎ 602-523-2642)*, le **Flagstaff Oratorio Chorus** *(☎ 602-523-4760)* et le **NAU Opera Theatre** *(☎ 602-523-3731)*. La majorité des représentations ont lieu au **Coconimo Center for the Arts** *(2300 North Fort Valley Road, Flagstaff, ☎ 602-779-6921)* ou à la **Northern Arizona University School of Performing Arts** *(☎ 602-523-3731)*.

Le **Theatrikos Community Theatre Group** se produit, quant à lui, au Flagstaff Playhouse *(11 West Cherry Street, Flagstaff, ☎ 602-774-1662)*. Pour tout renseignement sur les spectacles présentés au cours de votre séjour, adressez-vous au **Flagstaff Visitor Center** *(101 Route 66, Flagstaff, ☎ 602-774-9541)* ou syntonisez la National Public Radio de l'université (KNAU : 88,7 sur la bande FM).

En ce qui concerne les boîtes de nuit, un des endroits les plus courus est **The Monsoons** *(droits d'entrée; 22 East Santa Fe Avenue, Flagstaff, ☎ 602-774-7929)*, une boîte rock rattachée à une grilladerie. **Charly's** *(23 North Leroux Street, Flagstaff, ☎ 602-779-1919)*, au rez-de-chaussée de l'auberge de jeunesse du

Weatherford Hotel, verse, pour sa part, dans le jazz et le blues.

Si vous êtes à la recherche d'une atmosphère plus intime, rendez-vous au **Granny's Closet** *(218 Milton Road, Flagstaff, ☎ 602-774-8331)* ou au **Mad Italian** *(101 South San Francisco Street, Flagstaff, ☎ 602-779-1820)*, communément appelé «Mad I».

Parfois tapageur, le **Museum Club** *(droits d'entrée lorsqu'il y a un spectacle; 3404 East Route 66, Flagstaff, ☎ 602-526-9434)*, mieux connu par les gens du coin sous le nom de «Zoo Club», est un des meilleurs exemples d'authentique boîte western de tout l'Ouest. L'énorme structure en rondins qui l'abrite fut d'abord un poste de traite doublé d'une boutique de taxidermie en 1918, avant de devenir une boîte de nuit en 1936. Un bar en acajou sculpté de 1880 et une étonnante collection de trophées de chasse rehaussent le décor. Parmi les artistes country-western légendaires qui se sont produits ici, mentionnons Willie Nelson, Bob Wills et ses Texas Playboys, Commander Cody et les Lost Planet Airmen.

■ Les établissements de la région de Sedona

Aussi surprenant que cela puisse être, Sedona n'a que peu à offrir en matière de vie nocturne. Mis à part les bars des grands hôtels, votre meilleur choix sera sans doute le **Sedona Arts Center** *(Route 89A, à l'intersection d'Art Barn Road, ☎ 602-282-3809)*. Informez-vous de son programme théâtral et musical.

■ Les établissements de Jerome

La tradition des saloons de l'Ouest se perpétue à Jerome, dont la boîte la plus populaire est le **Spirit Room** *(droits d'entrée; angle Main Street et Jerome Avenue, ☎ 602-634-8809)* du vieil hôtel Conner. Des formations musicales s'y produisent les après-midis et soirs de fin de semaine, et l'atmosphère y est on ne peut plus authentique.

■ Les établissements de Prescott

Si les saloons à l'ancienne vous attirent, ne manquez pas la **Whiskey Row** (l'allée du whisky) de Prescott, directement en face du Yavapai County Courthouse (Palais de justice) sur Montezuma Street, en plein centre-ville. La majorité des bars qui s'y trouvent existent depuis la fin du XIXe siècle, alors qu'ils servaient leur whisky maison, et il s'agit là d'une des artères du péché les plus notoires de l'Ouest américain. De nos jours, ces saloons demeurent authentiquement western, tout comme d'ailleurs une bonne partie de leurs clients.

Le plus raffiné du lot est le **Palace** *(120 South Montezuma Street, Prescott, ☎ 602-778-4227)*, au centre de la rue. Parmi les autres établissements typiques du même genre, mentionnons le **Bird Cage Saloon** *(148 South Montezuma Street)* et le **Billy's Western Bar and Grill** *(droits d'entrée la fin de semaine; 144 South Montezuma Street, ☎ 602-445-1244)*, qui présente des formations country-western les vendredis et samedis.

Magasinage

■ Où magasiner dans la région de Flagstaff?

L'**Art Barn** *(2320 North Fort Valley Road, Flagstaff, ☎ 602-774-0822)*, située à côté du Coconito Center for the Arts, met en vente des œuvres d'artistes locaux ou vivant sur les réserves avoisinantes. Il s'agit d'une organisation à but non lucratif financée par ses membres et proposant divers services aux artistes, tels que cours, espace d'exposition et fonderie (pour les œuvres en bronze).

Flagstaff est également fière de posséder un nombre respectable de galeries d'artisanat régionales, la plupart d'entre elles exposant des œuvres traditionnelles et contemporaines d'artistes navajos et hopis. Une des plus importantes a pour nom **Four Winds Traders** *(118 Route 66, Flagstaff, ☎ 602-774-1067)*. En vous promenant dans les environs du centre-ville, vous en découvrirez plusieurs autres. À l'est du centre-ville, par exemple, s'impose **Jay's Indian Arts** *(2227 East 7th Avenue, Flagstaff, ☎ 602-526-2439)*, en activité depuis 1953. La maison dépêche des unités mobiles sur toutes les routes du Sud-Ouest pour acheter tapis, bijoux, poteries, *kachinas* et autres objets artisanaux directement des artistes navajos, hopis, papagos, apaches et pueblos vivant sur les réserves.

■ Où magasiner dans la région de Sedona?

Le quartier commercial de Sedona figure parmi les trois ou quatre meilleurs de l'Arizona. Plusieurs de ses galeries, boutiques et magasins spécialisés sont de véritables joyaux, le résultat de plusieurs années de création inspirée de la part de personnes qui ont longtemps rêvé d'ouvrir un joli commerce à Sedona. La ville compte plus de 60 galeries d'art, la plupart d'entre elles se consacrant aux arts amérindiens traditionnels et contemporains, à l'art «cow-boy» et aux tableaux représentant des paysages. La qualité se veut relativement élevée au sein de ce marché hautement compétitif, et vous pourriez très bien passer toute une journée à arpenter les artères principales pour vous retrouver avec les pieds meurtris et la bourse dégarnie.

La majorité des galeries et des boutiques, de même que les commerces à vocation touristique, se trouvent dans le haut Sedona, sur la route 89A au-delà du «Y» (la jonction où la route 89A bifurque vers la droite en direction de West Sedona, tandis que la route continuant tout droit devient la 179). Quant aux supermarchés, centres commerciaux et magasins d'articles courants, ils se trouvent pratiquement tous à West Sedona.

L'endroit le plus reposant et le plus agréable à parcourir à Sedona est le **Tlaquepaque**, un grand complexe de deux étages qui ne manque pas d'attirer l'attention et qui regroupe des boutiques spécialisées ainsi que des restaurants sur la route 179, sous le «Y». Construit selon le style colonial espagnol, avec des murs d'apparence ancienne, des patios, des toits de tuiles et des fleurs à profusion, le Tlaquepaque fait davantage songer au Vieux Mexique qu'à ce qu'il est vraiment. Plusieurs commerces, représentatifs des autres, mettent ici l'accent sur les animaux : **Aguajito del Sol** *(☎ 602-282-5258)* expose des sculptures d'animaux; **Mother Nature's Trading Company** *(☎ 602-282-5932)* propose des jouets et des jeux éducatifs, mais aussi des pierres et des minéraux; **Cuddly Coyote** *(☎ 602-282-4480)* présente un vaste choix d'animaux en peluche, de livres et de vêtements pour enfants; et **Geoffrey Roth Ltd.** *(☎ 602-282-7756)* a en montre de beaux bijoux, des articles en cuir et des objets en bois, de même que des couteaux de collection.

De l'autre côté de l'autoroute, en face du Tlaquepaque, vous trouverez le **Crystal Castle** *(313 Route 179, ☎ 602-282-5910)*, un des plus grands magasins «Nouvel Âge» de cette ville qui, au dire de plusieurs, serait la capitale du «Nouvel Âge» du cosmos tout entier, du moins tel que nous le connaissons. On y vend des livres inusités, de l'encens, des runes, des œuvres d'art visionnaires et, bien entendu, des cristaux. Devant le magasin, un babillard vous permet de consulter la liste de tous les services professionnels alternatifs de la ville : *channellers*, chirurgiens de l'esprit, clairvoyants, kinésiologues, numérologues et bien d'autres encore. Il existe d'autres commerces dans la même veine, dont **Angels, Art & Crystals** *(3006 West Route 89A, ☎ 602-282-7089)*, le **Golden Word Book Centre** *(3150 Route 89A, ☎ 602-282-2688)* et **Crystal Magic** *(2978 West Route 89A, ☎ 602-282-1622)*. Ce n'est pas encore assez? Le **Center for the New Age** *(2445 West Route 89A, ☎ 602-282-1949)* vous renseigne sur les «Vortex», vous met en contact avec un réseau d'activités «nouvel-âgistes» et organise quotidiennement des séances de psychisme, de même qu'une foire de l'esprit *(Psychic Fair)* tous les samedis.

Les fervents du magasinage voudront aussi visiter l'**Oak Creek Factory Outlet**, un centre commercial situé au sud de la ville sur la route 179 dans le village même d'Oak Creek. Il s'agit bien d'un magasin d'usine, mais pas tout à fait comme les autres. Les usines représentées ici comprennent en effet **Capezio** *(☎ 602-284-1910)*, **Jones of New York** *(☎ 602-284-1919)*, **Mikasa** *(☎ 602-284-9505)*, **Izod/Gant** *(☎ 602-284-9844)* et **Anne Klein** *(☎ 602-284-0407)*, qui sont autant de grands concepteurs de mode proposant ici leur marchandise à rabais.

■ Où magasiner à Jerome?

Plusieurs habitants de Jerome sont des artisans, et une simple promenade le long de la tortueuse rue principale vous fera découvrir nombre de boutiques invitantes où s'entassent poteries, bijoux, vêtements faits à la main, verre coloré et autres réalisations artisanales.

Chez **Aurum Jewelry** *(369 Main Street, Jerome, ☎ 602-634-3330)*, vous pourrez admirer le travail de créateurs de bijoux contemporains. Entre 20 et 30 artisans locaux exposent ici leurs œuvres, qu'il s'agisse d'une cuillère et d'une fourchette sculptées dans le fer, de boucles de ceinture, de couteaux originaux ou de bijoux.

The Copper Shop *(Main Street, Jerome, ☎ 602-634-7754)* est un bon endroit pour dénicher un souvenir rappelant les origines minières de Jerome.

À la **Raku Gallery** *(250 Hull Avenue, Jerome, ☎ 602-639-0239)*, environ 30 artistes vendent des œuvres d'art *rakus* et contemporaines. Faites-y une halte à tout prix, ne serait-ce que pour son mur vitré donnant sur la Verde Valley et le Boynton Canyon.

Ces dernières années, le mouvement artistique de la ville s'est donné comme principal centre d'activité l'**Old Mingus High School** *(Route 89A, Jerome)*, si bien que l'ancien collège regroupe désormais une multitude de studios et de galeries proposant à peu près de tout, des tableaux aux pièces en verre soufflé. Le plus vaste est l'**Anderson/Mandette Art Studios**

(☎ 602-634-3438), un des plus grands studios d'art privé au pays, à tel point qu'on s'y sent volontiers comme dans un musée. Le rez-de-chaussée abrite des ateliers et une toile de 2,75 m sur 5,20 m intitulée *Arizona*; à l'étage, vous pourrez admirer des tableaux de Robin Anderson et de Margo Mandette.

■ Où magasiner à Prescott?

Parce qu'il s'agit d'une ville ancienne, du moins en Arizona, et peut-être aussi parce que Sharlot Hall insistait tant sur l'importance de conserver le moindre objet de l'Arizona du XIXe siècle, Prescott se révèle être un bon endroit pour faire l'acquisition d'antiquités. Comme dans la plupart des autres endroits où l'on se livre à la chasse aux antiquités, certains articles ne viennent pas de la région même de Prescott, mais plutôt d'autres coins moins visités du pays. Il s'agit néanmoins, dans la majorité des cas, d'objets authentiques, et les amateurs trouveront amplement de boutiques remarquables à distance de marche les unes des autres dans le secteur du centre-ville, surtout sur Cortez Street entre Gurley et Sheldon.

Certains des meilleurs endroits pour admirer la marchandise sont de mini-marchés intérieurs où des groupes choisis de marchands et de collectionneurs font affaire, tel le **Merchandise Mart Antique Mall** *(205 North Cortez Street, Prescott, ☎ 602-776-1728)*, le **Prescott Antique & Craft Market** *(115 North Cortez Street, ☎ 602-445-7156)* et le **Deja Vu Antique Mall** *(134 North Cortez Street, ☎ 602-445-6732)*, qui possède en outre une buvette.

Sun West *(152 South Montezuma Street, Prescott, ☎ 602-778-1204)* s'impose comme une des meilleures galeries d'art de la ville. Des artistes locaux et du reste de l'Arizona y vendent sculptures, poteries, meubles, tableaux et bijoux, et l'on y trouve même des tapis tissés par les Indiens Zapotèques.

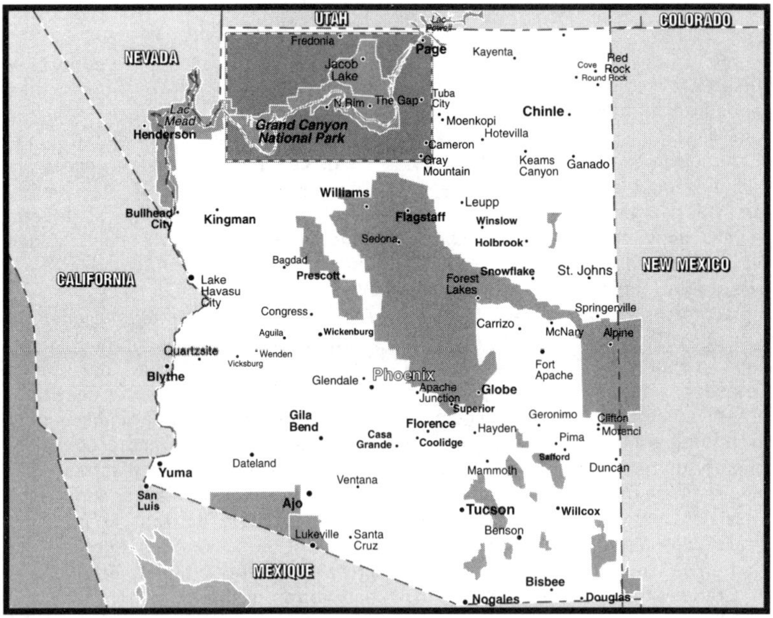

LE GRAND CANYON

Magnifique, splendide, renversant... Aucune hyperbole ne semble trop forte pour décrire le Grand Canyon, et pour cause. Aussi exceptionnels qu'aient pu être les plus beaux paysages que vous avez vus au cours de votre existence, aucun ne se compare à l'incroyable gouffre qui couvre tout le nord-ouest de l'Arizona.

Le Grand Canyon surgit comme une surprise. Que vous l'approchiez par le sud (South Rim) ou par le nord (North Rim), aucun indice ne vous permet de deviner sa présence jusqu'à ce que vous vous retrouviez soudainement au bord de l'abîme, large d'une vingtaine de kilomètres entre ses deux versants et profond d'environ 1,5 km jusqu'au fleuve Colorado, ce filet d'argent qui serpente dans les profondeurs du gouffre. Où que vous soyez sur le bord de la falaise, vous serez saisi par l'immense vacuité silencieuse du canyon, et vous vous émerveillerez devant la masse imposante de ses parois striées de couches colorées de grès, de calcaire et de schiste.

Il y a maintenant de cela plus de cinq millions d'années, le fleuve Colorado commençait à creuser ce canyon, qui offre aujourd'hui une vue panoramique sur l'histoire géologique du Sud-Ouest. Emportant avec lui sédiments, fossiles et débris de grès et de calcaire, le fleuve s'est lentement frayé un chemin à travers les formations paléozoïques et précambriennes, et lorsque l'homme a enfin fait son apparition, le canyon s'enfonçait déjà presque jusqu'à la couche basale, formée de schiste.

Le Grand Canyon porte bien son nom, puisqu'il s'agit sans doute de la plus imposante formation géologique qui soit. Il est aussi long que n'importe quelle chaîne montagneuse des Rocheuses, et aussi profond que les plus hauts sommets de ces mêmes chaînes peuvent être élevés. Pendant des siècles, il a constitué le plus redoutable obstacle naturel aux déplacements à travers les territoires de l'Ouest et, à ce jour, aucune route n'a jamais pénétré les régions sauvages qui s'étendent sous les arêtes supérieures de ses versants. Peu importe le nombre de photographies que vous puissiez prendre, de tableaux que vous puissiez peindre ou de cartes postales que vous puissiez acheter, vous ne capturerez jamais réellement la vue qu'on peut avoir en se tenant n'importe où au bord du Grand Canyon. L'esprit même ne peut le concevoir pleinement et, même si vous l'avez déjà vu cent fois, son spectacle vous inspirera toujours la même fascination que la première fois où vous avez eu la chance de le contempler dans toute sa grandeur.

Le Grand Canyon s'étend d'est en ouest sur quelque 450 km entre la frontière occidentale de la réserve Navajo et les environs du lac Mead, à la frontière du Nevada. Seule la plus haute section de chaque versant est accessible en véhicule motorisé, et la plus grande partie du Grand Canyon National Park, aussi bien au-dessus qu'au-dessous des replats comme tels, constitue une région sauvage qu'on ne peut explorer qu'à pied ou en radeau pneumatique.

Le South Rim (versant sud) et le North Rim (versant nord) forment à vrai dire deux destinations distinctes, séparées l'une de l'autre par 350 km de route. Ce chapitre couvre la partie développée du parc national en marge des deux versants. Les plus aventureux y trouveront en outre différentes possibilités de randonnée dans le canyon même, ainsi que deux régions moins connues et difficiles d'accès : le Toroweap Point, sur la bande arizonienne du North Rim, et la zone panoramique qui s'étend sous le village indien de Supai, sur le South Rim.

Avec plus de quatre millions de visiteurs par année, le Grand Canyon est sans contredit un des parcs nationaux les plus fréquentés des États-Unis. Certains viennent simplement y embrasser les panoramas à couper le souffle, alors que d'autres s'y attaquent aux pistes de randonnée les plus exigeantes de tout le pays ou explorent les étroites gorges et crevasses à dot de mulet. Or, quel que soit votre objectif en visitant le Grand Canyon, vous ne le regretterez pas, soyez-en assuré.

Pour s'y retrouver sans mal

■ En voiture

Le **North Rim** du Grand Canyon se trouve au bout de la route 67, qui se détache de la route 89A au village touristique de **Jacob Lake**. Il est à près de 250 km de l'autoroute inter-États la plus proche, la **route 15** (sortie 15 au nord de St. George, Utah).

Bien que seulement 19 km séparent le North Rim du South Rim à vol d'oiseau, la distance la plus courte entre les zones accessibles aux visiteurs des deux versants du Grand Canyon est de 348 km en passant par l'extrémité est du canyon via les routes 67, 89A, 89 et 64, et en traversant le fleuve Colorado sur le **Navajo Bridge**. Le seul

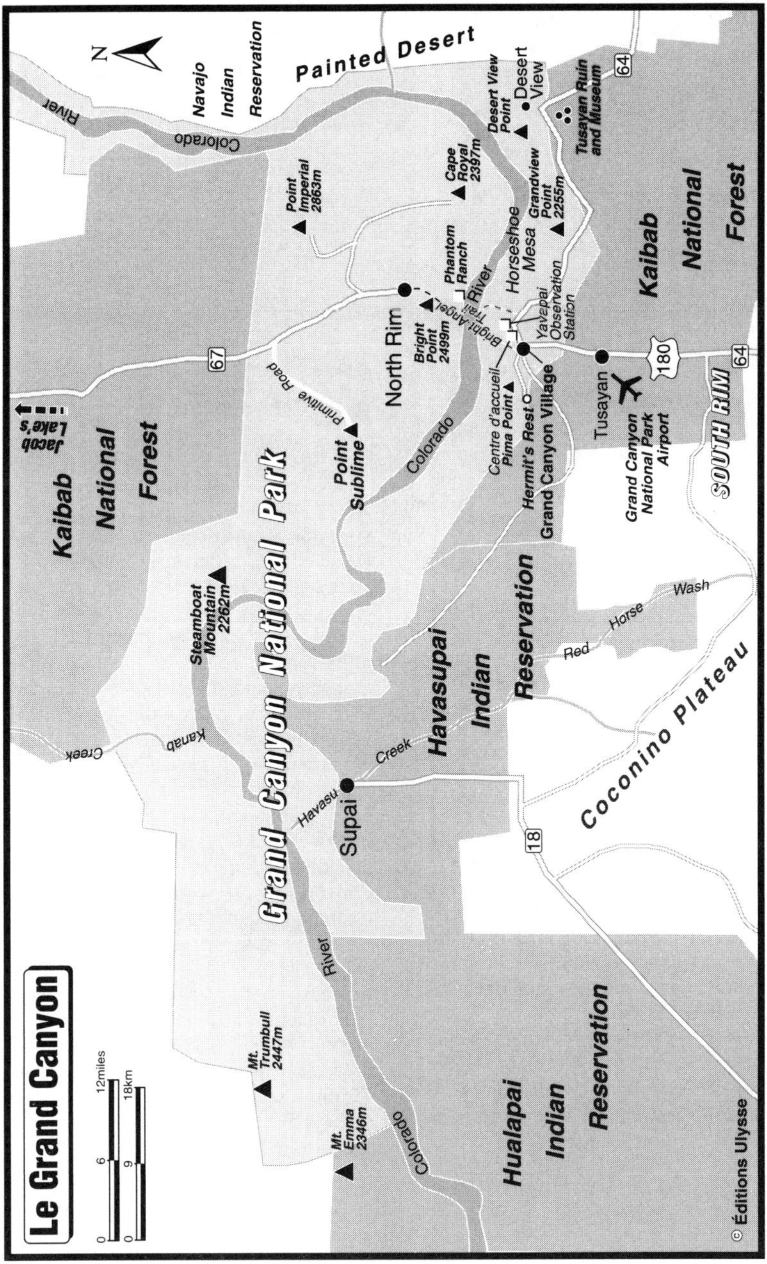
Le Grand Canyon
0 6 12miles
0 9 18km
N
Navajo Indian Reservation
Painted Desert
Colorado River
Kaibab National Forest
Jacob Lake's
67
Grand Canyon National Park
Point Imperial 2863m
Cape Royal 2397m
Desert View Point
Desert View
Tusayan Ruin and Museum
64
Grandview Point 2255m
Horseshoe Mesa
Phantom Ranch
Bright Angel Trail
Bright Point 2499m
North Rim
Primitive Road
Point Sublime
Yavepai Observation Station
Centre d'accueil
Pima Point
Hermit's Rest
Grand Canyon Village
Tusayan
180
Grand Canyon National Park Airport
SOUTH RIM
Steamboat Mountain 2262m
Havasupai Indian Reservation
Red Horse Wash
Coconino Plateau
Kanab Creek
Havasu Creek
Supai
18
Mt. Trumbull 2447m
Mt. Emma 2346m
Hualapai Indian Reservation
© Éditions Ulysse

autre moyen pour aller d'un versant à l'autre en voiture consiste à passer par **Las Vegas** (Nevada), un trajet de plus de 800 km!

De la route 40, les automobilistes roulant vers l'est peuvent atteindre **Grand Canyon Village**, sur le **South Rim**, en sortant à **Williams** et en franchissant 92 km vers le nord sur la route 64, puis la route 180. Les automobilistes roulant vers l'ouest quitteront la route inter-États à **Flagstaff** et auront alors le choix entre le chemin le plus court, via **Grand Canyon Village** (127 km par la route 180), ou le chemin le plus long, qui longe la bordure du canyon sur 40 km (169 km par la route 89, puis la route 64). Ces deux parcours forment une boucle spectaculaire au départ de Flagstaff.

La location d'une voiture

Vous pouvez louer une voiture au Grand Canyon Airport par l'entremise de **Budget Rent A Car** *(☎ 602-638-9360)* ou de **Dollar Rent A Car** *(☎ 602-638-2625)*.

■ En avion

Au départ de presque toutes les grandes villes, vous pouvez vous envoler vers le **Grand Canyon Airport**, situé à Tusayan, tout près de l'entrée sud du parc national. Parmi les compagnies aériennes qui desservent cet aéroport, mentionnons Air Nevada, Air Vegas, Alpha Air, Argosy Airlines, Arizona Pacific, Eagle Canyon, National Park Airways et Scenic Airlines. Une navette relie chaque heure l'aéroport à Grand Canyon Village.

■ En autocar

Navajo-Hopi Xpress *(114 West Santa Fe Avenue, Flagstaff, ☎ 602-774-5003)* dessert le South Rim du Grand Canyon, de même que Flagstaff, Sedona, Williams et Phoenix.

Trans Canyon Shuttle *(Tusayan, ☎ 602-638-2820)* relie chaque jour les deux versants du Grand Canyon National Park.

Renseignements pratiques

Le **Grand Canyon Visitor Center** *(☎ 602-638-7888)* se trouve à environ 1,5 km de Grand Canyon Village. Nous vous suggérons de laisser votre voiture au village et de vous rendre à pied au centre d'accueil des visiteurs en empruntant la Rim Trail, revêtue et somptueusement panoramique. (Si vous ne logez pas dans les établissements du parc, vous pouvez faire l'inverse, c'est-à-dire garer votre voiture au centre d'accueil des visiteurs et marcher jusqu'au village.) La section la plus intéressante du centre d'accueil est l'exposition, sur la place centrale extérieure, des embarcations qui ont été utilisées pour explorer le Grand Canyon par la voie des eaux. Un fragment de bois brûlé est tout ce qui reste d'un des premiers bateaux utilisés par le major Powell en 1869. D'autres bateaux en bois sont de fabrication plus récente, et l'on peut aussi voir le premier radeau pneumatique gonflable utilisé par la femme qui a inventé, en 1955, la descente de rapides telle que nous la connaissons aujourd'hui.

Attraits touristiques

Quoi voir sur le South Rim?

Le South Rim du Grand Canyon constitue la zone la plus fréquentée du parc. De **Grand Canyon Village**, le vaste complexe d'hôtels, de restaurants et de boutiques situé sur le bord même du canyon près de l'entrée sud du parc, deux routes revêtues partent dans des directions opposées. L'**East Rim Drive** parcourt 40 km vers l'est, jusqu'à l'entrée est du parc, celle-là même où vous arriverez si vous venez du North Rim, du lac Powell ou de la réserve Navajo. Le premier attrait que vous croiserez en entrant dans le parc par l'East Rim Drive est la **Desert View Watchtower**, une tour d'observation construite au cours des années trente à l'image d'une ancienne structure hopi. Elle vous offre la première vue panoramique sur le canyon. En poursuivant votre route sur l'East Rim Drive en direction de Grand Canyon Village, d'autres postes d'observation se présenteront à vous (**Lipan Point**, **Zuni Point**, **Grandview Point**, **Yaki Point**...), révélant chacun un aspect différent de l'immensité du canyon.

Un musée intéressant mérite d'être visité sur l'East Rim Drive. Le **Tusayan Museum** *(☎ 602-638-2305)*, situé 5 km à l'ouest de l'entrée est du parc, propose une exposition sur les Indiens Hopis et leurs ancêtres, les Anasazis, qui vivaient jadis en bordure du canyon. Selon la croyance des Hopis, le canyon serait le *sipapu*, ou le trou par lequel les premiers habitants de la Terre seraient passés du sommet de la plus haute montagne de leur monde précédent à notre monde.

La **Yavapai Observation Station** *(☎ 602-638-7888)*, située environ 800 m à l'est du centre d'accueil des visiteurs, offre une vue spectaculaire sur le Grand Canyon; de là, vous pourrez voir le Phantom Ranch, le fleuve Colorado et le pont noir de la Kaibab Trail qu'empruntent les randonneurs pour franchir le fleuve. On y présente chaque jour plusieurs activités d'interprétation, y compris des promenades guidées le long du canyon et des exposés sur la géologie des lieux.

La **West Rim Drive**, qui borde le canyon sur 13 km à l'ouest de Grand Canyon Village, est fermée aux véhicules privés durant les mois d'été. Les visiteurs peuvent la parcourir gratuitement à bord de la navette du parc ou à bicyclette. On y croise, entre autres, le **Powell Memorial**, honorant la mémoire du major John Wesley Powell, l'aventurier privé d'un bras qui explora le premier le Grand Canyon pour le compte du gouvernement américain à bord d'un bateau en bois en 1869. La route épouse les contours du canyon et vous entraîne de point d'observation en point d'observation, tous plus spectaculaires les uns que les autres. Le **Pima Point**, plus particulièrement, présente sans doute la plus belle vue qui soit sur cette merveille de la nature. Le tracé de la West Rim Drive prend fin à un endroit connu sous le nom de **Hermit's Rest**, un ancien campement pour touristes où l'on trouve encore un casse-croûte et le point de départ d'une piste de randonnée.

Vous pouvez faire un voyage romantique dans le passé sur le ***Grand Canyon Railway*** *(route 40, Williams, ☎ 1-800-843-8724)*. Ce train à vapeur du début du siècle quitte Williams le matin pour une balade de deux heures et demie à travers la Kaibab National

Forest, en empruntant le tracé qui amenait les premiers touristes dans le parc national; arrivée autour de midi à la gare historique du Santa Fe Railroad de Grand Canyon Village, datant de 1908. Le trajet de retour en direction de Williams s'effectue en fin d'après-midi. Le train circule chaque jour d'avril à octobre, et un peu moins souvent le reste de l'année.

Tout juste avant l'entrée sud du parc, la petite ville de Tusayan possède un **Cinéma IMAX** *(☎ 602-638-2203)*, où l'on présente des films sur le Grand Canyon sur un écran semi-circulaire large de 25 m et aussi haut qu'un édifice de sept étages (son Dolby stéréo enregistré sur une bande six pistes). L'**Over the Edge Theatre** *(☎ 602-638-2229)* présente lui aussi des films sur le Grand Canyon. Certains s'interrogeront sur l'intérêt de voir des films du Grand Canyon alors qu'il ne se trouve qu'à quelques minutes de route, mais ces projections permettent d'apprécier d'autres dimensions de cette merveille naturelle en offrant des prises de vue aériennes, d'autres capturées à bord de radeaux pneumatiques, et d'autres encore de certaines parties du canyon auxquelles on n'accède que très difficilement.

Les plus aventureux connaîtront une expérience fascinante en parcourant à pied une certaine zone du fleuve près de l'extrémité ouest du canyon, qu'aucun autre moyen ne permet d'explorer. La **Havasu Canyon Trail** *(26 km)*, entièrement sur le territoire de la réserve indienne havasupai, peut être atteinte en quittant la route inter-États à Seligman (direction ouest) ou à Kingman (direction est) et en poursuivant jusqu'à l'embranchement de Supai, près de Peach Springs. De là, la route de Supai défile sur 100 km avant que le revêtement ne prenne fin. Dix-huit kilomètres plus loin, la route se termine en cul-de-sac, et un sentier pédestre descend de plus de 600 m en l'espace de 13 km jusqu'au village indien de **Supai**, qui compte environ 500 habitants. Tous les randonneurs doivent d'abord s'enregistrer auprès des autorités tribales. Ensuite, la piste s'enfonce sur environ 6 km dans le Havasu Canyon, un canyon auxiliaire du Grand Canyon où l'on trouve trois grandes chutes d'eau au pied desquelles s'étendent de grands bassins idéals pour la baignade : les Navajo Falls (23 m), Havasu Falls (30 m) et Mooney Falls (61 m). Vous trouverez un terrain de camping près de Mooney Falls, après quoi la piste continue à descendre le fleuve Colorado au fond du Grand Canyon, alors qu'un autre sentier bifurque vers le Beaver Canyon, où se trouve une autre chute. Que vous ayez l'intention de dormir au camping ou au chalet moderne de Supai, il est essentiel de réserver. Pour le camping, adressez-vous à la Havasupai Tourist Enterprise *(Supai, AZ 86435, ☎ 602-448-2121)*; pour le chalet, consultez la section «Hébergement du South Rim», p 194.

■ Quoi voir sur le North Rim?

Le North Rim du Grand Canyon reçoit environ 10 fois moins de visiteurs que le South Rim. Complètement enneigé en hiver du fait de son élévation supérieure de 365 m à celle du South Rim, le North Rim n'est ouvert au public que de la mi-mai à octobre, tandis que le South Rim demeure accessible toute l'année. Qui plus est, le South Rim présente l'avantage marqué de se trouver beaucoup plus près d'une autoroute inter-États et des grands centres urbains du sud de l'Arizona et de la Californie. Mais si votre visite du Sud-Ouest inclut des destinations comme la réserve Navajo, le lac Powell et les parcs nationaux du Bryce Canyon et de Zion, ou même Las Vegas, vous vous trouverez beaucoup plus près du North Rim et aurez ainsi l'occasion d'explorer cette partie plus fraîche et plus paisible du canyon.

Le North Rim ne dispose pas de longs circuits panoramiques encombrés comme le South Rim. La route principale qui traverse le parc se termine en cul-de-sac au chalet de **Bright Angel Point**, qui constitue un des postes d'observation les plus prisés de ce côté du Grand Canyon et qui possède diverses autres installations à l'intention des touristes. La seule autre route revêtue est la **Cape Royal Scenic Drive**, un ruban de 37 km à travers une imposante forêt de pins *ponderosa* qui vous entraîne vers d'autres points de vue particulièrement impressionnants : **Point Imperial**, **Vista Encantadora**, **Walhalla Overlook** et **Cape Royal**. Une autre route, non revêtue et carrossable seulement pour les véhicules assez hauts sur roues, défile sur 27 km jusqu'au **Point Sublime**. D'autres postes d'observation du North Rim ne s'atteignent qu'à pied *(pour de plus amples renseignements sur les sentiers existants, consultez la rubrique «La randonnée pédestre» de ce chapitre, p 191)*.

Les automobilistes les plus aventureux peuvent visiter une autre section du North Rim, le **Toroweap Point**, en quittant la route 89A à Fredonia, environ 120 km au nord de l'entrée du parc sur le North Rim. N'oubliez pas de faire le plein à Fredonia avant de vous engager sur cette route, car vous ne croiserez aucune station-service sur près de 350 km! Parcourez ensuite 24 km sur la route 389, jusqu'au **Pipe Springs National Monument** *(droits d'entrée; ☎ 602-643-7105)*, et prenez le temps de visiter le monument. Cet ancien avant-poste d'élevage mormon aux allures de forteresse complètement isolée, qui possédait jadis la seule station télégraphique du Territoire de l'Arizona au nord du Grand Canyon, était la demeure de la famille Windsor et de ses employés, d'où son surnom historique de Windsor Castle. Les bâtiments et les équipements du ranch sont bien conservés, et la mare aux canards constitue une oasis de fraîcheur en ces lieux désertiques. Des employés du parc en costume d'époque recréent ici le mode de vie des pionniers au cours des mois d'été.

En revenant sur vos pas, à 14,5 km de l'embranchement de Fredonia et à 10 km de Pipe Springs, une route non revêtue bifurque vers le sud et défile sur 108 km jusqu'au point le plus éloigné qu'on puisse atteindre en véhicule motorisé sur le bord du Grand Canyon. La route est large, bien entretenue et facilement carrossable, mais très éloignée de tout. Vous n'y trouverez ni téléphone, ni la moindre habitation, ni même peut-être une autre voiture de toute la journée. Plusieurs autres chemins de terre s'en détachent le long du parcours, mais si vous suivez toujours la route principale en observant les indications pour Toroweap et le Grand Canyon National Monument, vous ne risquez guère de vous perdre. Vous ferez ici l'expérience d'une vaste région sauvage, aussi déserte que l'ensemble de l'Arizona pouvait l'être autrefois.

Il y a un petit terrain de camping rudimentaire au **Toroweap Point**, mais pas d'eau courante, et il se pourrait bien que vous soyez seul à y passer la nuit. Vous êtes ici 600 m plus bas que la zone touristique du North Rim, de sorte que les forêts de pins sont remplacées par de maigres broussailles. Étant plus près du fleuve, quelque

900 m plus bas, vous pourrez en outre voir au passage les nombreux radeaux pneumatiques qui descendent le courant, et parfois même entendre les conversations de leurs occupants.

Parcs

Les parcs du North Rim

Kaibab National Forest

Cette zone boisée de pins, de sapins, d'épinettes et de peupliers trembles s'étend sur 600 000 ha de part et d'autre du Grand Canyon, à l'extérieur des limites du parc national. La plupart des installations récréatives se trouvent près du North Rim, où elles complètent celles, plutôt limitées, du camping du parc. Parmi les habitants de cette forêt, il faut mentionner le cerf à queue noire, le dindon sauvage, plusieurs autres espèces de volatiles et même quelques bisons.

Installations et équipements : aires de pique-nique, toilettes et centre d'accueil des visiteurs; pour de plus amples renseignements, ☎ 602-635-2681.

Camping : le Demotte Campground possède 22 emplacements *(10 $ par nuit)*, alors que le Jacob Lake Campground en compte 53 *(10 $ par nuit)*; pour informations, ☎ 602-643-7395. Raccordements habituels pour véhicules récréatifs au terrain privé de Jacob Lake RV Park *(16-18 $ par nuit; ☎ 602-643-7804)*.

Comment s'y rendre : le centre d'accueil des visiteurs se trouve à Jacob Lake, à l'intersection des routes 89A et 67. Le Jacob Lake Campground est au même endroit, tandis que le Demotte Campground se situe 48 km plus au sud sur la route 67, à environ 8 km de l'entrée du parc national.

Lee's Ferry, Glen Canyon National Recreation Area

À mi-chemin du trajet le plus direct entre le North Rim et le South Rim du Grand Canyon, ce secteur de plage au pied du barrage du Glen Canyon convient également aux pique-niques et au camping. L'endroit se trouve au confluent du fleuve Colorado et de la rivière Paria, dont les eaux de couleurs souvent très différentes créent ici une sorte d'agencement à deux tons. D'un point de vue historique, Lee's Ferry fut le premier point de traversée du fleuve Colorado, établi en 1871 par un dénommé John D. Lee. Ce dernier, un mormon en fuite, était recherché par les autorités fédérales pour avoir organisé le massacre d'un train de l'Arkansas, à bord duquel avaient pris place des non-mormons. Il vécut en ces lieux pendant plusieurs années avec une de ses 17 épouses, avant que la police fédérale ne s'empare de lui et ne l'exécute. Aujourd'hui, Lee's Ferry sert de point de départ à des excursions en radeau pneumatique à l'intérieur du Grand Canyon.

Installations et équipements : tables de pique-nique ombragées et toilettes; pour de plus amples renseignements, ☎ 602-645-2471. *Pêche* : bonne.

Camping : on trouve ici quatre terrains de camping à 8,50 $ par nuit.

Comment s'y rendre : l'endroit se trouve dans le Marble Canyon, environ 8 km en retrait de la route 89A, à 137 km de l'entrée du parc national du Grand Canyon sur le North Rim, et à 167 km de l'entrée est du South Rim.

Activités de plein air

L'équitation

Les **écuries du Moqui Lodge** *(Tusayan, ☎ 602-638-2891)*, près de l'entrée sud du parc national, proposent toute une gamme de randonnées guidées vers différents points du South Rim. La plus populaire est l'East Rim Ride *(quatre heures)*, qui serpente à travers le Long Jim Canyon jusqu'à un poste d'observation dominant le Grand Canyon. Des balades d'une et deux heures sont également proposées. Aucun circuit ne descend toutefois sous la bordure du canyon comme telle; pour de plus amples renseignements sur les excursions à dos de mulet dans le canyon même, consultez l'encadré intitulé *«L'exploration du Grand Canyon»*.

Le vélo

La **West Rim Drive**, une des deux routes panoramiques du South Rim, est fermée aux automobilistes durant les mois d'été, mais ouverte aux cyclistes. Ce tracé relativement plat de 26 km aller-retour est l'occasion d'une promenade spectaculaire.

Bien que les sentiers de randonnée du parc national du Grand Canyon soient fermés aux cyclistes, la **Kaibab National Forest** entourant le parc aussi bien sur le North Rim que sur le South Rim offre d'innombrables possibilités aux amateurs de vélo de montagne. Cette forêt est en effet sillonnée par plusieurs anciens chemins de bûcherons, et le relief plutôt plat vous assure des balades peu exigeantes. Un des circuits recommandés par le National Forest Service aux abords du South Rim est la **Coconino Rim Trail** *(15 km)*, une boucle qui débute près du Grandview Point et se dessine en direction du sud-est à travers des forêts de pins *ponderosa*. Pour d'autres suggestions, arrêtez-vous à la station des rangers de Tusayan, tout juste à l'extérieur de l'entrée du South Rim, ou au kiosque d'informations de la forêt nationale à Jacob Lake, à moins que vous ne préfériez prendre contact avec le Kaibab National Forest Headquarter *(800 South 6th Street, Williams, AZ 86046, ☎ 602-635-2681)*.

Vers l'extrémité ouest du Grand Canyon, sur le North Rim, les visiteurs du **Toroweap Point** trouveront mille et une occasions de randonnées à vélo de montagne sur des centaines de kilomètres de routes isolées et non revêtues de l'Arizona Strip.

La randonnée pédestre

L'expérience ultime à ce chapitre dans le parc national du Grand Canyon, et peut-être même dans tout le Sud-Ouest américain, consiste à partir en expédition vers le fond du canyon, que ce soit au départ du South Rim ou du North Rim. Avec une dénivellation de 1 465 m entre les hauteurs du South Rim et le fleuve Colorado, ou de 1 770 m dans le cas du North Rim, ce type de randonnée s'avère aussi exigeant que l'escalade des plus hauts sommets des Rocheuses, si ce n'est que les plus grands efforts doivent être déployés dans les derniers kilomètres du trajet de retour, alors que les muscles des jambes ont déjà été sérieusement éprouvés par la longue descente au fond du canyon. Néanmoins, quelque difficile qu'elle puisse être, une telle randonnée dans le

Grand Canyon ne manquera pas de vous laisser des souvenirs indélébiles.

Bien que certains marcheurs prétendent l'avoir réalisé, la descente jusqu'au fleuve et la remontée jusqu'au bord supérieur du canyon à l'intérieur d'une même journée constituent un exploit ne demandant pas moins de 16 à 18 heures d'efforts! La plupart de ceux qui envisagent de faire ce genre de périple voudront donc y consacrer au moins deux, sinon trois jours entiers. Un permis de séjour en région sauvage, requis de ceux qui prévoient passer la nuit dans les zones sauvages du parc, peut être obtenu gratuitement au centre d'accueil des visiteurs d'un des deux versants du canyon.

Les pistes du South Rim

La **Bright Angel Trail** *(12,5 km jusqu'au fleuve et 15 km jusqu'au Phantom Ranch)*, la plus populaire de toutes les pistes du canyon, débute à Grand Canyon Village, sur le South Rim, près de l'enclos des mulets. Elle possède les installations les plus complètes, y compris des pavillons de repos avec téléphones d'urgence sur le tronçon supérieur du parcours, de même qu'une station de rangers, de l'eau potable et un terrain de camping à mi-chemin, à Indian Garden, là où les Indiens Havasupais cultivaient autrefois la terre. Une boucle d'une journée vous permettra de longer une crête jusqu'au Plateau Point, qui domine le fleuve Colorado d'une hauteur de 400 m, avant d'entreprendre la descente finale, d'ailleurs assez raide. Comptez environ cinq heures pour vous rendre de la bordure supérieure du canyon au fleuve, et environ 10 heures pour faire le trajet inverse. Compte tenu de la longueur du trajet, il est sans doute préférable de camper en bas pour n'entreprendre l'ascension de retour que le lendemain. Rappelez-vous que vous devez posséder un permis pour passer la nuit dans le parc. Sachez par ailleurs que la piste est très fréquentée, aussi bien par les randonneurs que par ceux qui font le voyage à dos de mulet; il ne s'agit donc pas du circuit rêvé si vous êtes en quête de solitude.

Une autre piste importante du South Rim est la **South Kaibab Trail** *(11,25 km jusqu'au Phantom Ranch)*, qui part de l'entrée de l'East Rim Drive, à 7,25 km de Grand Canyon Village. La plus courte des grandes pistes conduisant au fond du canyon, et aussi la plus raide, et le manque d'eau et d'ombre en cours de route n'en font pas un circuit recommandable pendant les mois d'été.

Plusieurs pistes moins fréquentées descendent également jusqu'au fleuve au départ du South Rim, qui toutes croisent la **Tonto Trail** *(148 km)*, courant le long de la crête de la gorge interne, environ 400 m au-dessus du fleuve comme tel, sur toute la longueur du Grand Canyon.

La **Grandview Trail** *(5 km)*, une ancienne route minière partant du Grandview Point, sur l'East Rim Drive, descend jusqu'au Horseshoe Mesa, où elle rejoint une des boucles de la Tonto Trail faisant le tour du plateau en passant par les ruines d'une ancienne mine de cuivre. Un terrain de camping rudimentaire se trouve sur le plateau.

La **Hermit Trail** *(13,7 km)* débute au Hermit's Rest à l'extrémité de la West Rim Drive et va jusqu'à la Tonto Trail.

La **Boucher Trail** *(17,7 km)*, qui se détache de la Dripping Springs Trail (partant également du Hermit's Rest), descend aussi jusqu'à la Tonto Trail, et on la considère comme une des pistes les plus difficiles du parc. Pour plus de détails, adressez-vous au comptoir des rangers du centre d'accueil des visiteurs du South Rim.

La **Rim Trail** *(2,4 km)*, revêtue et accessible aux fauteuils roulants, relie le Kolb Studio, dans la partie ouest de Grand Canyon Village, à la Yavapai Observation Station. Un tronçon de 500 m sépare par ailleurs la Rim Trail du centre d'accueil des visiteurs. À chaque extrémité du tracé de la Rim Trail, le revêtement prend fin, alors que d'autres pistes non répertoriées s'étendent encore sur plusieurs kilomètres pour rejoindre le Hopi Point, près du Powell Memorial (West Rim Drive), ou le Yaki Point (East Rim Drive), point de départ de la South Kaibab Trail.

Les pistes du North Rim

La principale piste qui permet de descendre dans le canyon à partir du North Rim est la **Kaibab Trail** *(23 km)*, qui débute 3,2 km au nord du Grand Canyon Lodge et plonge abruptement dans le Roaring Springs Canyon sur près de 8 km avant d'atteindre la Bright Angel Creek. Il s'agit là de la partie la plus raide du parcours. Une fois à la crique, vous trouverez plusieurs endroits pour vous baigner, ce qui en fait une excellente destination pour une excursion d'une journée. La piste longe ensuite la crique jusqu'au Phantom Ranch, au pied du canyon. Les gardes du parc recommandent aux randonneurs de prévoir une journée entière pour atteindre le ranch à partir de la bordure du canyon, et deux jours pour remonter; on peut passer la nuit au Cottonwood Camp, situé à mi-chemin. Du fait des neiges abondantes qui recouvrent ce versant du canyon, la piste n'est ouverte que de la mi-mai à la mi-octobre.

Sans même descendre sous la bordure du canyon, vous avez le choix entre plusieurs circuits, de la simple promenade panoramique aux randonnées d'une journée. La **Transept Trail** *(3,2 km)*, facile, revêtue et accessible aux fauteuils roulants, relie le terrain de camping au chalet avant de descendre graduellement vers le Bright Angel Point, qui offre la plus belle vue sur la Bright Angel Trail, descendant jusqu'au fond du canyon.

L'**Uncle Jim Trail** *(4 km)* part du même point que la section Roaring Springs Canyon de la Bright Angel Trail, 3,2 km au nord du chalet. Elle décrit une boucle à travers des forêts de pins *ponderosa* jusqu'au poste d'observation de l'Uncle Jim Point.

La **Ken Patrick Trail** *(16 km)* se détache de l'Uncle Jim Trail, continuant tout droit, là où la piste la plus courte bifurque vers le sud et rejoint finalement un point reculé de la bordure du canyon où elle descend le long de la Bright Angel Creek avant d'atteindre la Bright Angel Trail. Il est possible, quoique difficile, de couvrir en une journée la boucle de 24 km que forment la Ken Patrick Trail et la partie supérieure de la Bright Angel Trail.

Une piste paisible du North Rim qui traverse une forêt jusqu'à un poste d'observation éloigné est la **Widforss Trail** *(8 km)*, ainsi nommée en l'honneur de l'artiste Gunnar Widforss, qui peignit des paysages des parcs nationaux au cours des années vingt. Elle serpente sur le rebord du plateau à travers des chênes rabougris, des pins pignons, des pins *ponderosa* et des genévriers. Le poste d'observation surplombe une partie du canyon connue sous le nom de Haunted Canyon.

L'exploration du Grand Canyon

On peut dire sans risquer de se tromper qu'il existe plus de façons d'explorer le Grand Canyon qu'il n'y a de routes et de sentiers le long de ses parois. Les amateurs de randonnée pédestre, de voyage à dos de mulet, de vol plané et de descente de rapides ont en effet découvert depuis longtemps les innombrables possibilités qu'il offre à ce chapitre.

Cela va sans dire, la façon la plus rigoureuse d'explorer le célèbre gouffre demeure la **randonnée pédestre** et, si vous en avez le temps, n'hésitez pas à descendre au fond des gorges par les nombreux sentiers aménagés à cet effet, car il s'agit d'une expérience inoubliable. Soyez toutefois prévenu qu'il est à toutes fins utiles impossible de descendre jusqu'au fleuve pour ensuite remonter au sommet du plateau à l'intérieur d'une même journée; nombreux sont en effet ceux qu'on doit secourir par la voie des airs pour avoir fait fi de cet avertissement. Des aires de repos ombragées et pourvues d'eau fraîche sont prévues ici et là le long des sentiers, et vous feriez bien de camper en bas ou de passer la nuit au Phantom Ranch (réservation obligatoire).

Les **excursions à dos de mulet** ne manqueront pas de vous donner la nostalgie de l'Ouest d'autrefois. Ce genre d'excursion, proposé aussi bien au départ du South Rim que du North Rim, peut durer une journée et vous permettre d'atteindre le Plateau Point, ou encore deux à trois jours pour ceux qui désirent se rendre jusqu'au fond du canyon. Il faut compter plusieurs centaines de dollars par personne, mais les prix incluent les repas et l'hébergement au Phantom Ranch. Songez à réserver longtemps à l'avance, jusqu'à un an pour les fins de semaine, les jours fériés et les mois d'été. Sur le South Rim, adressez-vous à **Grand Canyon National Park Lodges** *(P.O. Box 699, Grand Canyon, AZ 86023, ☎ 602-638-2631)*; sur le North Rim, **Grand Canyon Trail Rides** *(P.O. Box 128, Tropic, UT 84776, ☎ 602-638-2292 en été, ☎ 602-679-8665 le reste de l'année)*.

Plusieurs **balades en avion** offrent des vues spectaculaires sur le Grand Canyon. Partant de son extrémité est, très abrupte, elles survolent le North Rim pour ensuite traverser le canyon dans sa partie la plus large. Parmi les compagnies aériennes proposant ce service, retenons **Grand Canyon Airlines** *(P.O. Box 3038, Grand Canyon, AZ 86023, ☎ 602-638-2407)*, **Air Grand Canyon** *(P.O. Box 3399, Grand Canyon, AZ 86023, ☎ 602-638-2686)* et **Windrock Aviation** *(P.O. Box 3125, Grand Canyon, AZ 86023, ☎ 602-638-9591)*; tous les vols partent du Grand Canyon Airport, près de Tusayan.

Pour des émotions encore plus fortes (et plus coûteuses), songez aux **tours d'hélicoptère.** Ces appareils peuvent en effet voler beaucoup plus bas que les avions, vous donnant d'admirer le canyon d'encore plus près. Sachez toutefois que ni les hélicoptères ni les avions ne sont autorisés à voler sous la ligne des plateaux, de façon à garder le canyon lui-même aussi paisible que possible pour les randonneurs et autres explorateurs. Adressez-vous à **Papillon Grand Canyon Helicopters** *(P.O. Box 455, Grand Canyon, AZ 86023, ☎ 602-638-2419; à Paris, Express Conseil, 5bis, rue du Louvre, 75001 Paris, ☎ 44 77 88 00)*, **Kenai Helicopters** *(P.O. Box 1429, Grand Canyon, AZ 86023, ☎ 602-638-2412)* et **AirStar Helicopters** *(P.O. Box 3379, Grand Canyon, AZ 86023, ☎ 602-638-2622)*.

Si vous ne voulez pas vous contenter de regarder le fond du canyon et que vous aimez l'eau, peut-être voudrez-vous envisager une descente du fleuve Colorado en **radeau pneumatique.** Ce genre d'excursion est proposé d'avril à octobre, et les départs se font le plus souvent de Lee's Ferry, près de Page (Arizona), au nord-est des limites du parc national, ainsi qu'au pied du barrage du Glen Canyon. Les radeaux sont motorisés, pourvus de flotteurs et peuvent accueillir environ 14 passagers.

Plus excitants encore, les petits **doris à rames** possèdent une ligne de flottaison plus basse que les radeaux et chavirent parfois dans les rapides les plus tumultueux. La descente du fleuve sur toute la longueur du canyon, soit une distance de 450 km entre Lee's Ferry et le lac Mead, prend facilement huit jours, en vous laissant amplement de temps pour explorer à pied certaines parties reculées du canyon qu'on ne peut atteindre par aucun autre moyen. Plusieurs entreprises proposent également des excursions de plus courte durée, déposant ou cueillant leurs clients en divers points du canyon.

Parmi les entreprises de rafting, il faut surtout mentionner **Grand Canyon Expeditions** *(P.O. Box O, Kanab, UT 84741, ☎ 801-644-2691)* et **Arizona River Runners** *(P.O. Box 47788, Phoenix, AZ 85068, ☎ 602-867-4866)*. Vous pourrez vous procurer une liste complète des firmes spécialisées dans ce type d'excursion au centre d'accueil des visiteurs du South Rim *(☎ 602-638-7888)*. On permet par ailleurs à des groupes privés de descendre le fleuve à travers le Grand Canyon; pour de plus amples renseignements, adressez-vous au centre d'accueil des visiteurs du South Rim.

Les visiteurs qui se rendent jusqu'au lointain Toroweap Point peuvent emprunter la **Lava Falls Trail** *(3,2 km)*, qui débute sous la forme d'un chemin pour véhicules tout-terrain entre l'ancienne station de rangers et Toroweap. Bien que courte, cette piste s'avère rocailleuse, étroite et très abrupte, descendant de 762 m jusqu'au fleuve Colorado et aux «chutes», qui ne sont en fait que des rapides furieux créés par une coulée de lave s'étant déversée dans le fleuve. Comptez une journée complète pour faire ce circuit aller-retour, et ne songez même pas à vous y aventurer au cours de la saison chaude.

Hébergement

Hébergement du South Rim

Le South Rim offre plusieurs possibilités d'hébergement. Pour tout renseignement sur les établissements de cette région, composez le ☎ 602-638-2631, et demandez le poste *(extension)* 6540. Vous pouvez également réserver jusqu'à 23 mois à l'avance dans n'importe lequel d'entre eux en prenant contact avec **Grand Canyon National Park Lodges** *(P.O. Box 699, Grand Canyon, AZ 86023,* ☎ *602-638-2401)*.

Le **Maswik Lodge** *($; tv,* ☎*)* se trouve à l'extrémité sud-ouest de Grand Canyon Village, loin du bord du canyon. Choix de chambres telles qu'on en trouve dans les motels, mais aussi de petits chalets (sans téléviseur ni téléphone).

Le **Bright Angel Lodge** *($-$$$; bc ou bp, tv)*, tout en bois et en pierre, a été construit en 1935 sur le site du Bright Angel Camp, le premier centre d'hébergement touristique du parc. Son hall arbore des motifs amérindiens et possède un énorme foyer. Les chambres s'avèrent quant à elles modestes, quoique propres, et la plupart disposent d'un téléphone. Outre les chambres du bâtiment principal, on loue plusieurs petits chalets historiques, dont certains avec foyer. Les chambres les plus chères sont celles qui donnent sur le bord du canyon.

Le plus grand lieu d'hébergement du parc, le **Yavapai Lodge** *($$)*, repose dans un bois à environ 1,5 km du bord du canyon, près du magasin général qui se trouve en face du centre d'accueil des visiteurs, soit à environ 1,5 km de Grand Canyon Village. Ses chambres contemporaines proposent le même niveau de confort que les motels des grandes chaînes hôtelières du pays.

Le **Moqui Lodge** *($$)*, qui se présente comme un élégant bâtiment à la fois moderne et rustique aux allures de chalet de ski, possède un hall agrémenté de très hautes fenêtres panoramiques. Bien qu'il se trouve dans la forêt nationale de Kaibab, il est administré par le bureau responsable des lieux d'hébergement du parc national, dont l'entrée est toute proche.

À Grand Canyon Village, sur le bord du canyon entre le Bright Angel Lodge et l'hôtel El Tovar, se dressent deux chalets modernes en pierre : le **Thunderbird Lodge** et le **Kachina Lodge** *($$$; tv,* ☎*)*. Situés sur le sentier qui longe l'arête du canyon, ces deux caravansérails se trouvent à courte distance de marche des restaurants exploités par les plus anciens établissements.

Le mieux coté des hôtels de ce secteur est l'**El Tovar Hotel** *($$$; bp, tv,* ☎*)*. Conçu sur le modèle des chalets de chasse européens, il a été construit par la Fred Harvey Company en 1905, et certains membres de son personnel portent encore l'uniforme traditionnel noir et blanc de l'époque. Le hall a conservé son élégance chaleureuse d'antan, avec un immense foyer, des plafonds traversés de poutres massives et un décor de pin foncé. Les chambres ont été rénovées au début des années quatre-vingt-dix.

■ Hébergement du North Rim

Sur le North Rim, le seul lieu d'hébergement à l'intérieur du parc est le **Grand Canyon Lodge** *($$)*, composé d'un magnifique chalet principal des années trente surplombant le canyon, et de plusieurs petits cottages, certains rustiques, d'autres modernes, dont quelques-uns seulement ont vue sur le canyon. L'endroit, plutôt vieillot, est propre et chaleureux, mais parfois quelque peu bruyant.

Les chambres des établissements du North Rim sont très en demande, de sorte qu'il faut les réserver longtemps à l'avance (jusqu'à 23 mois). Pour ce faire, adressez-vous à **TW Recreational Services Inc.** *(451 North Main Street, Cedar City, UT 84720, ☎ 801-586-7686)*.

Restaurants

■ Les restaurants du South Rim

Pour tous les restaurants de cette région, un seul numéro de téléphone : ☎ 602-638-2631. Aucune réservation n'est requise.

À l'intérieur du Yavapai Lodge, en face du centre d'accueil des visiteurs sur le bord de l'autoroute, la **Yavapai Cafeteria** *($)* sert des mets rapides aussi bien au petit déjeuner qu'au déjeuner et au dîner : hamburgers, frites, pizzas et poulet frit.

Tout près, au magasin général, le **Babbitt's Delicatessen** *($)* propose quant à lui des sandwichs, des salades et du poulet frit à emporter ou à manger sur place.

Vous trouverez deux autres cafétérias dans le parc, la **Maswik Cafeteria** *($)* du Maswik Lodge, à l'extrémité ouest de Grand Canyon Village, et le **Desert View Snack Shop** *($)*, 37 km à l'est du village sur l'East Rim Drive. Ces deux établissements proposent un menu varié de repas chauds.

Pour des glaces, des hot dogs et des boissons gazeuses, songez également au **Hermit's Rest Snack Bar** *($)*, tout au bout de la West Rim Drive, et à la **Bright Angel Fountain** *($)*, située près du point de départ de la Bright Angel Trail.

À l'extérieur de l'entrée du parc, la ville de Tusayan possède une douzaine d'établissements allant du McDonald's à la magnifique salle à manger du **Moqui Lodge** *($$; ☎ 602-638-2424)*, qui se spécialise dans les mets mexicains.

Le **Bright Angel Restaurant** *($$)* du Bright Angel Lodge affiche un menu, entre autres sélections, de poulet *piccata*, de truite grillée et de *fajitas*. Cocktails et vins sont aussi proposés.

Voisin du Bright Angel Lodge, l'**Arizona Steakhouse** *($$)* se spécialise dans les biftecks et les fruits de mer. La cuisine à aire ouverte vous permet d'y admirer le travail du chef, tandis que vous mangez.

Le plus élégant des restaurants du South Rim est la salle à manger de l'**El Tovar Hotel** *($$$)*, où le filet mignon aux pattes de crabe sauce béarnaise est servi sur de la porcelaine fine à la lueur des chandelles. L'ambiance se veut soignée, mais vous pouvez tout aussi bien vous y présenter en tenue décontractée.

■ Les restaurants du North Rim

La salle à manger du **Grand Canyon Lodge** *($$; petit déjeuner, déjeuner et dîner; ☎ 602-638-2611)* dispose de bons repas conventionnels (viande et pommes de terre) dans un décor incomparable, à savoir une vaste salle rustique aux poutres apparentes dotée d'énormes fenêtres panoramiques donnant sur le Grand Canyon. Il est nécessaire de réserver pour le dîner. Cet hôtel exploite également un **casse-croûte** *($)*, où l'on sert les trois repas dans un décor simple et ordinaire, de même qu'un saloon proposant des pizzas et des sandwichs.

Non loin de là, le magasin pour campeurs vend aussi des pizzas et des sandwichs.

Sorties

■ Les établissements du South Rim

Le **Bright Angel Lodge** présente chaque soir un spectacle ou un récital, le plus souvent un guitariste folk, et l'**El Tovar Lounge** possède un piano-bar, mais, dans l'ensemble, le parc national du Grand Canyon n'est pas l'endroit rêvé pour la vie nocturne. Nous vous suggérons plutôt d'assister aux projections de diapositives préparées par les rangers dans les amphithéâtres des deux versants du canyon, ou simplement de vous asseoir dans l'obscurité au bord du gouffre pour écouter le profond silence de cette immensité.

Magasinage

■ Où magasiner sur le South Rim?

Parmi les nombreuses concessions du parc national accessibles aux touristes, les meilleures sont la **Hopi House**, cette vaste réplique de *pueblo* indien qui se trouve en face de l'hôtel El Tovar, et **Verkamp's Curios**, situé tout à côté. Ces deux magasins existent depuis près d'un siècle et se spécialisent dans l'artisanat amérindien authentique. La qualité des pièces est du plus haut niveau, et certaines d'entre elles sont très anciennes.

Tout aussi intéressants pour leur architecture historique que pour ce qu'ils vendent, il y a aussi le vieux **Kolb Studio**, un ancien studio de photographie (1904) aujourd'hui transformé en librairie, et le **Lookout Studio**, qui propose des spécimens de roc et divers articles conventionnels. Tous deux se trouvent à Grand Canyon Village.

Retenons également, entre autres boutiques de souvenirs, le **Hermit's Rest Gift Shop** *(au bout de la West Rim Drive)* et la **Desert View Watchtower** *(sur l'East Rim Drive)*.

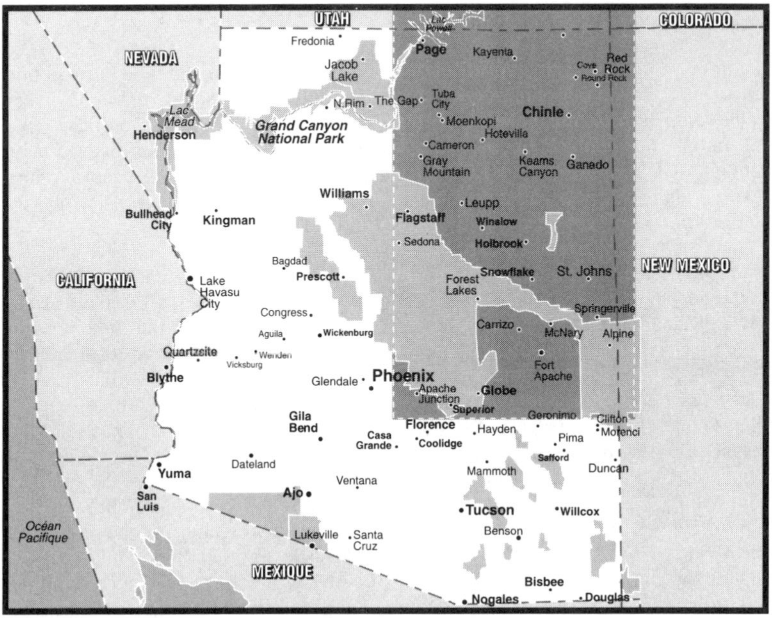

LE NORD-EST DE L'ARIZONA

À l'est du Grand Canyon s'étend un royaume de monuments en grès et de canyons aux parois quasi verticales qui s'embrasent à l'aube et au crépuscule, une terre de langues étrangères et de traditions anciennes, de mesas sculptées (plateaux constitués par les restes d'une coulée volcanique mise en relief par l'érosion) et de larges plateaux rocheux, de forêts de pins et de hautes régions désertiques. Nous sommes désormais au cœur des contrées amérindiennes du Sud-Ouest américain.

C'est ici que vivent les Navajos, la plus importante tribu indienne des États-Unis, de même que les Hopis, une de celles qui ont le mieux préservé leurs traditions. Le nord-est de l'Arizona leur appartient; longue de 240 km et large de 320 km, cette région couvre environ le tiers de la superficie de l'État. Mais en plus de cette vaste étendue, déjà pour le moins imposante, il faut savoir que le territoire navajo empiète sur le Nouveau-Mexique, l'Utah et le Colorado.

Qu'ils choisissent d'explorer ce coin de pays à cheval, en véhicule tout-terrain, à pied ou en voiture, les visiteurs en découvrent toute la beauté austère, plongent dans les méandres de son histoire maintes fois centenaire et se gavent de ragoût de mouton et de croustillant pain *piki* au maïs bleu. Vous pourrez en outre assister à des danses qui n'ont guère changé au cours des siècles et vous émerveiller devant une impressionnante variété d'objets artisanaux à l'intérieur d'habitations amérindiennes, de galeries d'art et de comptoirs commerciaux qui datent de la guerre de Sécession. Qui plus est, on retrouve ici, dans les maisons creusées, les *pueblos* et les habitations de falaise, des peuples qui occupent le territoire depuis 12 000 ans et davantage de vestiges de la préhistoire amérindienne que partout ailleurs aux États-Unis.

Cinq générations d'archéologues ont passé au peigne fin les ruines laissées par la civilisation qui a dominé la région à l'ère préhistorique, à savoir celle des Anasazis («anciens» en langue navajo). Parmi ces ruines, les plus belles et les plus fascinantes sont sans contredit celles de Betatakin et de Keet Seel, à l'intérieur du Navajo National Monument, 72 km au nord des mesas hopis d'aujourd'hui. Les traditions hopis telles que nous les connaissons maintenant nous donnent d'ailleurs une idée de ce que la vie pouvait être dans ces anciennes cités. La plupart des villages de cette nation amérindienne indépendante et respectueuse des traditions sont gouvernés par leur chef religieux. Chacun d'eux perpétue en outre un cycle annuel fort ancien, et non moins complexe, de danses rituelles liées à la fertilité et au renouvellement du sol, que ce peuple révère au plus haut point. Pour reprendre les propos d'un de leurs chefs, «la terre représente la sécurité sociale des Hopis». Quant à leur architecture sur plusieurs niveaux, souvent protégée par des cavernes, elle a influencé nombre d'architectes du XXe siècle.

Tout autour du territoire des Hopis s'étend la terre des Navajos, la plus vaste réserve amérindienne des États-Unis (sa superficie de 10 500 ha est deux fois supérieure à celle de l'Israël). Au contraire des Hopis, qui se regroupent pour former des villages, la majorité des quelque 150 000 Navajos vivent encore en petits cercles familiaux (une maison, une hutte et une ou deux caravanes) près de leurs champs et de leurs corrals, très éloignés les uns des autres. Certains clans suivent même encore leurs troupeaux vers les pâturages fertiles au fil des saisons.

Ce vaste territoire, qui occupe tout entier l'angle sud-est du plateau du Colorado, se présente tantôt comme un désert aride brûlé par le soleil, tantôt comme une terre de forêts verdoyantes. À une altitude variant entre 1 370 m et 2 440 m au-dessus du niveau de la mer, le mercure y oscille, en été, autour des 30 °C. Les mois de juillet à septembre correspondent à la mousson, au cours de laquelle le ciel limpide se couvre parfois soudainement de nuages noirs sillonnés d'éclairs. Les violentes pluies localisées et de courte durée qui en résultent, porteuses de parfums indescriptibles, sont vivement sollicitées au cours des rituels qu'accomplissent les Hopis depuis des siècles, car elles sont cruciales à la survie de leur ferme.

Quant à l'aventurier moderne, il préférera sans doute visiter la région au cours des mois de septembre et d'octobre, alors qu'elle s'avère peu fréquentée, moins coûteuse, ensoleillée, fraîche et parsemée de teintes automnales.

Le plateau du Colorado est célèbre pour ses canyons et ses monuments naturels aux couleurs de l'arc-en-ciel, sculptés par les rivières et érodés par les éléments. Ses plus beaux joyaux sont la Monument Valley, une incroyable collection de pitons rocheux, de falaises et de dunes cuivrées sur la frontière de l'Arizona et de l'Utah, et le Canyon de Chelly, un triple canyon de roc rouge situé en plein cœur du pays navajo.

À la frontière méridionale du territoire navajo, les troncs pétrifiés les plus denses et les plus colorés de la planète honorent le Petrified Forest National Park, entouré de collines dénudées qui semblent avoir été peintes au pistolet par un artiste géant et qui forment ce qu'on appelle, d'ailleurs fort à propos, le Painted Desert.

Cette géographie fascinante sert de toile de fond à l'histoire tout aussi fabuleuse et envoûtante de la région. Les Navajos ont probablement commencé à arriver par le nord un siècle ou deux avant que les Espagnols ne montent jusqu'ici en provenance du sud au cours des années 1540. Avec leurs chevaux, leurs moutons, leurs pêches, leurs melons, leurs fusils et leur orfèvrerie, les conquistadors devaient considérablement modifier le mode de vie des Indiens indigènes. Les Navajos étaient en effet venus par petits groupes de chasseurs nomades, passablement primitifs en comparaison de leurs voisins des *pueblos*.

Les anthropologues croient maintenant que le point tournant de l'histoire des Navajos a fait suite à la révolte des Pueblos, en 1680, alors que ce peuple d'Indiens du Sud-Ouest regroupa ses forces pour chasser les Espagnols de ce qui est aujourd'hui le Nouveau-Mexique. Lorsque les Espagnols revinrent sur les lieux une douzaine d'années plus tard, puissamment armés et menaçant d'esclavage les villageois irréductibles, plusieurs habitants des *pueblos* du Rio Grande s'enfuirent vers l'ouest jusqu'aux canyons du territoire navajo. Là, ils cohabitèrent paisiblement avec ces nouveaux voisins pendant trois quarts de siècle, contractant même des unions mixtes avec eux.

À cette même époque, les Navajos s'enrichirent considérablement grâce à leurs légendaires razzias, au cours desquelles ils s'appropriaient sauvagement les moutons, les chevaux et les esclaves des «Anglos» comme des autres tribus indiennes. Vers la fin du XVIIIe siècle, on assista ainsi à l'émergence d'une race mi-athabascane, mi-pueblo, aux traits nettement différents de la souche ancestrale : les Dineh («le peuple» en langue navajo). Puissants cavaliers, riches éleveurs de moutons et fermiers, ils avaient développé une mythologie complexe et surpassé leurs maîtres pueblos dans l'art du tissage.

Les incursions navajos se poursuivirent néanmoins sur les terres espagnoles, mexicaines et anglo-saxonnes, si bien que l'Armée américaine érigea le fort Defiance, près de l'actuelle Window Rock, et chargea le colonel Kit Carson de mettre fin au carnage. La tactique de ce dernier était d'affamer les Navajos pour les forcer à sortir du Canyon de Chelly et des régions avoisinantes en tuant leur bétail et en brûlant leurs champs. C'est ainsi que, le 14 mars 1864, les premiers Navajos (il y en aurait 8 000 en tout) entreprirent ce qu'il est convenu d'appeler leur «Longue Marche» en direction de Fort Summer, au Nouveau-Mexique, un voyage de près de 500 km à raison de 25 km par jour. Une fois parvenus à destination, ils se retrouvèrent dans une enceinte gouvernementale d'une centaine de kilomètres carrés devenant alors leur lieu de résidence pendant quatre ans, parmi les plus sombres de leur histoire. Ils y souffrirent en effet de pertes de récoltes, de la faim, de la maladie et d'une très mauvaise gestion de la réserve; plusieurs perdirent même la vie. Finalement, le 1er juin 1868, la signature d'un traité permit à quelque 7 000 survivants de regagner leurs terres d'origine.

Les comptoirs commerciaux devinrent les nouvelles sources d'approvisionnement des Indiens, en même temps qu'une introduction au monde des Blancs. Bien que la plupart de ces comptoirs aient aujourd'hui été remplacés par des centres commerciaux modernes, des galeries d'artisanat et des épiceries de dépannage, quelques-uns subsistent encore. Le plus célèbre se veut le Hubbell Trading Post, planté au bord d'une crique dans la région rurale de Ganado et inscrit au registre des sites historiques nationaux. D'autres méritent aussi un détour, comme celui d'Oljeto, près de la Monument Valley, et ceux de Cameron, Tuba City et Keams Canyon.

Au cours du XXe siècle, les Navajos et les Hopis sont passés d'une économie de subsistance à une économie monétaire. La loi sur la réorganisation des peuples autochtones adoptée en 1934 a mis fin aux politiques gouvernementales manifestement répressives à l'égard des Amérindiens et marqué le début d'une ère d'autonomie grandissante pour les tribus. Depuis 1961, date à laquelle des gisements pétrolifères et houilleux furent découverts sur le territoire des réserves, les deux tribus ont consacré des millions de dollars au revêtement des routes, à la construction d'écoles, d'hôpitaux, de centres administratifs et d'unités de logement à coût modique, à l'amélioration du réseau électrique et à l'approvisionnement en eau courante d'un plus grand nombre d'habitations. De plus, trois mines, trois centrales énergétiques, une ferme pilote de 24 000 ha, des industries forestières et des usines d'assemblage d'appareils électroniques fournissent peu à peu davantage d'emplois aux Navajos. Mais c'est tout de même l'industrie artisanale qui continue d'occuper la grande majorité des Amérindiens.

Chaque ville et chaque village témoignent d'ailleurs aujourd'hui de l'impressionnant héritage artisanal des Indiens autochtones. Chez les Navajos, ce sont les tissages de réputation mondiale, les «peintures de sable» et les bijoux alliant l'argent et la turquoise. Chez les Hopis, ce sont certaines des plus belles poteries du Sud-Ouest, de magnifiques sculptures sur bois *(kachinas)*, des paniers en osier tressé et des bijoux en argent ciselé d'une finesse remarquable. Les langues anciennes et les riches traditions spirituelles se perpétuent au fil des nouvelles générations, et l'on assiste ici et là au subtil mélange des cultures indiennes, espagnoles et anglo-saxonnes, le tout dans un décor féerique. Quoi demander de plus?

Pour s'y retrouver sans mal

En avion

Il n'existe aucun vol régulier vers les territoires hopi ou navajo. Les aéroports les plus près sont ceux de **Gallup** (Nouveau-Mexique), **Flagstaff** (Arizona) et **Cortez** (Colorado).

En train

Le *Southwest Chief* d'**Amtrak** *(☎ 1-800-872-7245)* relie Los Angeles à Chicago en effectuant trois arrêts dans des villes situées en bordure du territoire amérindien : **Flagstaff**, **Winslow** et **Gallup**. **Nava-Hopi Bus Tours** *(☎ 602-774-5003)* propose en outre des excursions par car en pays indien aux passagers d'Amtrak qui descendent à Flagstaff.

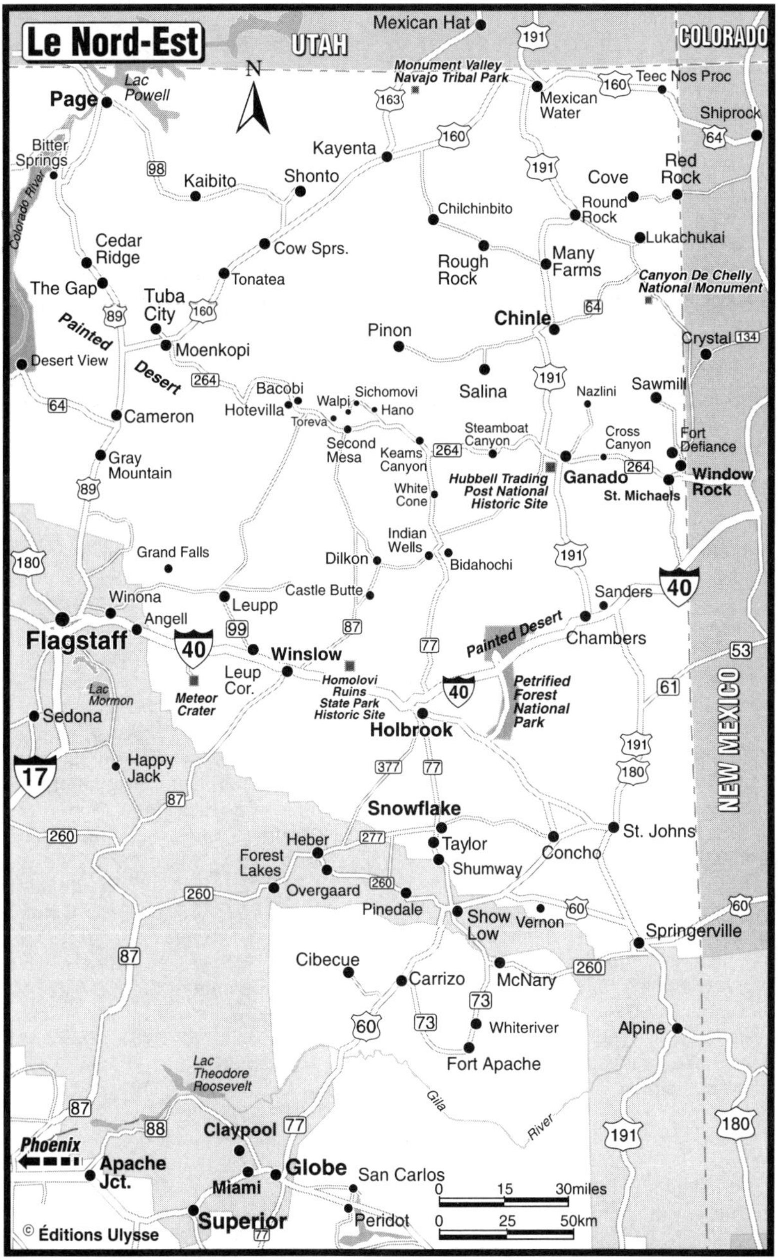
Le Nord-Est
UTAH
COLORADO
NEW MEXICO
N
Mexican Hat
Monument Valley Navajo Tribal Park
Lac Powell
Page
Bitter Springs
Colorado River
Kaibito
Shonto
Kayenta
Mexican Water
Teec Nos Proc
Shiprock
Red Rock
Cove
Round Rock
Chilchinbito
Lukachukai
Cedar Ridge
Cow Sprs.
Rough Rock
Many Farms
Canyon De Chelly National Monument
The Gap
Tonatea
Tuba City
Painted Desert
Moenkopi
Pinon
Chinle
Crystal
Desert View
Salina
Sawmill
Nazlini
Bacobi
Sichomovi
Hotevilla
Walpi
Hano
Toreva
Cameron
Steamboat Canyon
Cross Canyon
Second Mesa
Keams Canyon
Fort Defiance
Gray Mountain
Ganado
Window Rock
St. Michaels
White Cone
Hubbell Trading Post National Historic Site
Indian Wells
Dilkon
Bidahochi
Grand Falls
Castle Butte
Sanders
Winona
Leupp
Angell
Chambers
Flagstaff
Winslow
Painted Desert
Leup Cor.
Homolovi Ruins State Park Historic Site
Meteor Crater
Lac Mormon
Petrified Forest National Park
Sedona
Holbrook
Happy Jack
Snowflake
St. Johns
Heber
Taylor
Concho
Forest Lakes
Shumway
Overgaard
Pinedale
Show Low
Vernon
Springerville
Cibecue
Carrizo
McNary
Whiteriver
Alpine
Fort Apache
Lac Theodore Roosevelt
Gila River
Phoenix
Claypool
Apache Jct.
Globe
San Carlos
Miami
Superior
Peridot
0 15 30miles
0 25 50km
© Éditions Ulysse

■ En autocar

Les jours de semaine, le **Navajo Transit System** *(Fort Defiance, ☎ 602-729-5449)* propose un service de bus entre **Fort Defiance** et **Window Rock** (à l'est) ou **Tuba City** (à l'ouest). Toujours en semaine, le car de Window Rock poursuit sa route vers le nord en direction de **Kayenta**, en s'arrêtant, entre autres, au Navajo Community College de **Tsaile**.

■ En voiture

Deux routes parallèles bordées au sud par la route 40 parcourent l'Indian Country d'est en ouest : la route 264 longe les trois mesas hopis et **Window Rock**, tandis que la route 160, filant vers le Colorado, donne accès à tous les attraits du nord de la réserve navajo.

La route 89, qui constitue le principal axe nord-sud, relie **Flagstaff** au **lac Powell** en traversant l'ouest de la réserve navajo.

Cinq autres bonnes routes revêtues d'orientation nord-sud permettent aux usagers de la route 40 d'atteindre les territoires amérindiens. La route 92/2 et la route 87 relient la région de **Winslow** aux villages hopis. La route 191 conduit à **Ganado**, au **Canyon de Chelly** et au **Utah**. La route 12, sans doute la plus jolie de toutes, relie la route 40 à **Window Rock** et à la partie postérieure du **Canyon de Chelly**. N'oubliez pas que vous êtes ici dans le désert; il vaut donc mieux faire le plein chaque fois que l'occasion s'en présente.

Excursions en véhicule tout-terrain

Les véhicules tout-terrain, certains ouverts et d'autres climatisés (informez-vous avant de payer), constituent un moyen populaire de visiter ces attraits de la réserve navajo qu'on sait entourés de dépressions sablonneuses ou même, à l'occasion, de sables mouvants. Les guides navajos qui accompagnent ces excursions vivent souvent dans la région et peuvent partager avec vous leurs vastes connaissances de l'histoire amérindienne, de même que leur humour tout à fait particulier.

Au Canyon de Chelly, **Thunderbird Lodge Tours** *(Thunderbird Lodge, Chinle, ☎ 602-674-5844)* propose des balades d'une journée ou d'une demi-journée dans de gros et bruyants véhicules d'armée convertis au tourisme.

Les voyagistes de la Monument Valley y organisent tous des excursions d'une journée ou d'une demi-journée, de même que dans la Mystery Valley, tout près. Il s'agit là du seul moyen d'explorer l'arrière-pays. La plupart des circuits comprennent la visite d'une hutte de Peau-Rouge *(hogan)* habitée, et certains proposent le déjeuner ou le dîner. Parmi les voyagistes autorisés, mentionnons **Gouldings Monument Valley Tours** *(Gouldings Lodge, près de la Monument Valley, ☎ 801-727-3231)*, **Tom K. Bennett Tours** *(☎ 801-727-3283)*, **Golden Sands Tours** *(Golden Sands Café, route 163, 1,5 km au nord de la route 160, Kayenta, ☎ 602-697-3684)*, **Bill Crawley Monument Valley Tours** *(Kayenta, ☎ 602-697-3463)*, **Frank and Betty Jackson's Dineh Guided Tours** *(Monument Valley Visitor Center, ☎ 801-727-3287)* et **Navajo Guided Tour Service** *(Monument Valley Visitor Center, ☎ 801-727-3287)*.

Renseignements pratiques

Winslow Chamber of Commerce : 300 West North Road, Winslow, ☎ 602-289-2434.

Cameron Visitor Center : à la jonction des routes 89 et 64, ☎ 602-679-2303. Conseils et brochures sur les attraits de l'ouest de la réserve navajo.

Hopi Tribal Council Office of Public Relations : 3 km à l'est, puis 1,5 km au sud de Kykotsmovi («monticule de maisons en ruine») sur la route 2, ☎ 602-734-2441. Centre d'informations touristiques.

Industrial & Tourism Department : dans des caravanes disposées en bordure de la route à St. Michaels, 11 km à l'est du Summit Campground, avant de pénétrer dans Window Rock, sur la droite, ☎ 602-871-6436. Cartes et renseignements touristiques sur le centre du pays navajo.

Attraits touristiques

■ Quoi voir dans le sud du pays navajo?

La notion de pays (Indian Country) rend à peine justice à l'étonnante diversité qui caractérise le sud du royaume des Navajos. Il y a tant à voir et à faire dans cette région, qui englobe également les tableaux pastel du Painted Desert, que vous pourriez très bien être tenté d'y prolonger votre séjour. Les anciennes ruines anasazis et les badlands hautes en couleur n'en sont en effet que quelques attraits parmi une foule d'autres.

Dans le sud-ouest de la réserve navajo, durant la débâcle printanière (généralement en mars ou en avril), un détour par la route 40 vous entraînera vers les tumultueuses et boueuses **Grand Falls**, une cascade de la rivière Little Colorado qui plonge dans un canyon d'une hauteur de 56 m. Ces chutes furent créées par une coulée de lave provenant du Merriam Crater, situé une quinzaine de kilomètres plus au sud-ouest, il y a de cela environ 100 000 ans. Certaines années, elles ne forment qu'un maigre filet et, même dans les meilleures conditions, elles se dessèchent toujours avant la fin du mois de mai pour ne réapparaître que brièvement lors des précipitations abondantes de la mousson. Il vaut donc toujours mieux s'informer à Winslow ou à Flagstaff quant au niveau de la Little Colorado avant d'entreprendre le voyage. Pour vous y rendre, quittez la route 40 à Winona, 27 km à l'est de Flagstaff, ou à Leupp Junction (route 99), 16 km à l'ouest de Winslow, pour emprunter la route 15. Dans un cas comme dans l'autre, demandez les indications exactes au moment de quitter la route 40. La route de Winona s'avère la plus courte en partant de l'autoroute, soit une trentaine de kilomètres dont les 13 derniers se font sur un chemin non revêtu.

Plusieurs gens du pays prétendent que la plus belle et la plus impressionnante partie du Painted Desert, dans les collines du centre de l'Arizona, se trouve à l'intérieur du **Little Painted Desert County Park** *(21 km au nord-ouest de Winslow sur la route 87)*. Une route panoramique de 3 km, une piste de randonnée et une aire de pique-nique dominent ce vaste bassin où l'argile et le limon transportés par d'anciennes rivières se sont érodés pour former des badlands striées de gris, de rouge, de pourpre, d'ocre et de blanc, sur une hauteur de 90 à 120 m. Les couleurs s'avèrent les plus vives à l'aube et au crépuscule.

Dans le **Homolovi Ruins State Park** *(5 km à l'est de Winslow sur la route 87, ☎ 602-289-4106)*, des tessons de poterie épars, des dessins sur le roc et des murs en ruine témoignent silencieusement d'un passé lointain. Ce parc renferme six *pueblos* importants du XIVe siècle (de 40 à 1 000 espaces d'habitation), plus de 300 sites archéologiques identifiés, un centre d'accueil des visiteurs et un musée proposant des activités d'interprétation. Quinze kilomètres de routes revêtues et 1,5 km de sentiers pédestres conduisent aux ruines des deux plus gros villages, habités entre 1150 et 1450 ap. J.-C. On trouve également sur les lieux des pétroglyphes et un village d'habitations creusées datant de 600 à 900 ap. J.-C. Les Hopis croient que leurs ancêtres vivaient ici juste avant de migrer vers les mesas du nord qu'ils occupent aujourd'hui. Ils tiennent d'ailleurs encore les ruines, situées de part et d'autre de la rivière Little Colorado, pour sacrées et y déposent des *pahos* (plumes de prière) à l'intention des esprits.

Winslow, la plaque tournante du nord-ouest de l'Arizona, est une ville ferroviaire et un ancien comptoir commercial. Son histoire remonte aux pionniers mormons qui arrivèrent sur les lieux en 1876 et y construisirent un fortin en pierre connu sous le nom de Brigham City et entouré de quelques autres colonies. Avec la croissance de la ville, un système d'alimentation en eau, des magasins et une salle d'opéra firent bientôt leur apparition, de même qu'une école, des saloons et des trottoirs, apanage de toutes les villes frontières prospères. À la fin du XIXe siècle, l'Aztek Land and Cattle Company acheta 400 000 ha de terres au chemin de fer, et des milliers de têtes de bétail furent dès lors confiées au soin des cow-boys locaux. La ville fut incorporée en 1900.

L'**Old Trail Museum** *(212 Kinsley Avenue, Winslow, ☎ 602-289-5861)* présente des expositions temporaires portant sur l'histoire de la ville, avec, entre autres, des objets fabriqués par les pionniers et les Indiens autochtones, de même qu'une collection de souvenirs entourant le chemin de fer et la célèbre route 66.

À l'est de Winslow, sur la route 40, vous arriverez à **Holbrook**, le siège administratif de la Sitgreaves National Forest. Cette ville a ainsi été nommée en l'honneur de H.R. Holbrook, ingénieur en chef de l'Atlantic and Pacific Railroad, précurseur de la Santa Fe Line. Il s'agissait autrefois d'une ville de cow-boys plutôt rude, où les employés de l'Aztek Land and Cattle Company conduisaient leur bétail et tiraient volontiers sur tout ce qui bougeait, ce qui leur valut le surnom de coupe-jarrets. Plus de gens portent sans doute encore ici les bottes et les grands chapeaux qui ont fait la marque des cow-boys que dans toute autre ville de l'Ouest américain.

Le **Courthouse Museum** *(100 East Arizona Street, Holbrook, ☎ 602-524-6558)* occupe l'historique palais de justice du Navajo County, dont les jours de gloire s'étalèrent de 1898 à 1976. Le musée se consacre au passé de Holbrook, représentée, entre autres, par la première prison de la ville, coulée d'une seule pièce de métal. On y trouve en outre le centre d'informations touristiques de Holbrook.

Les panneaux annonçant la vente de joyaux *(gems)* et de bois pétrifié *(petrified wood)* qu'on peut apercevoir un peu partout à travers les rues de la ville soulignent le fait que le **Petrified Forest National Park** *(☎ 602-524-6228)* n'est pas très loin. Les entrées nord (route 40) et sud (route 180) de ce parc se trouvent en effet 35 km à l'est de Holbrook, et l'une comme l'autre donnent accès à une route panoramique de 45 km qui le traverse. De nombreux stationnements vous permettront de vous arrêter en chemin pour parcourir à pied deux véritables merveilles de la nature. La première est le Painted Desert, où l'argile et le limon fortement érodés affichent d'étonnantes couleurs, alors que le tiers inférieur du parc possède la plus importante concentration de bois pétrifié au monde. D'anciens troncs d'arbres se sont ici cristallisés il y a 200 millions d'années et jonchent maintenant la surface du sol, tandis que d'autres demeurent encore invisibles, enfouis sous 90 m de roc.

De la route 40 (entrée nord), suivez la route panoramique jusqu'au **Painted Desert Visitor Center** *(☎ 602-524-6228)*, où vous pourrez voir un film de 17 min sur les mystères de la pétrification de la forêt (remplacement des cellules de bois de conifères par des cristaux de silice). Le centre possède par ailleurs une cafétéria et une boutique de souvenirs.

Au nord de la route 40, huit postes d'observation permettent d'admirer les principaux panoramas du Painted Desert. Vous y verrez des strates de rouge, de blanc et de rose, autant de couches argileuses et limoneuses colorées par le fer, la magnésium et d'autres minéraux, et réfléchies par le soleil. Les couleurs se révèlent les plus intenses au lever et au coucher du soleil, de même que par temps couvert.

Le **Painted Desert Inn Museum** *(5 km au nord du centre d'accueil des visiteurs sur la route panoramique, au Kachina Point, ☎ 602-524-2550)* est une construction de style Pueblo des années trente qui abritait autrefois une auberge. Les délicates gravures sur bois et le mobilier en étain qu'on y trouve sont l'œuvre du Civilian Conservation Corps. Des murales peintes par l'artiste hopi Fred Kabotie, aujourd'hui décédé, illustrent des scènes de la vie hopi : une danse du bison, célébrée en janvier pour assurer le retour des troupeaux au printemps, le périple de deux Indiens Hopis en terre zuni pour en ramener du sel...

Au sud de la route 40, toujours sur la route panoramique, la zone centrale du parc recèle des sites préhistoriques témoignant d'anciennes cultures amérindiennes ayant prospéré ici entre 300 et 1400 ap. J.-C. Les chercheurs y ont découvert des pétroglyphes utilisés comme calendriers solaires. Un sentier partant des ruines indiennes de Puerco, le premier arrêt en venant du nord, conduit aux ruines d'un *pueblo* occupé jusqu'en l'an 1400 ap. J.-C. environ. Quelques salles excavées ont été partiellement restaurées, et un promontoire permet de contempler le Newspaper Rock, un bloc de grès couvert de pétroglyphes.

Les premiers troncs pétrifiés apparaissent à Blue Mesa, là où un sentier serpente à travers de hautes collines fort impressionnantes. Au **Jasper Forest Overlook**, vous pourrez voir un véritable amoncellement de troncs pétrifiés, dont certains montrent encore leurs racines, ce qui indique qu'ils se sont autrefois dressés tout près. Dans la Crystal Forest, un autre sentier vous conduira vers de denses amas de troncs, dont plusieurs font plus de 30 m de longueur et de 30 à 60 cm de diamètre. En 1886, à la suite d'un pari de 10 $, un cow-boy téméraire aurait franchi à cheval une dangereuse ravine couverte de troncs pétrifiés, aujourd'hui comblée avec du béton.

Au **Rainbow Forest Museum** *(à 3 km de la route 180, près de l'entrée sud du parc, ☎ 602-524-6822)*, des photos, des dessins et divers spécimens racontent l'histoire géologique et humaine de la région. À l'extérieur, le sentier des Giant Logs, long de 800 m, croise d'énormes arbres aux couleurs de l'arc-en-ciel. La route panoramique se termine 3 km plus au sud, à la route 180.

Une zone adjacente à l'entrée sud du Petrified Forest National Park s'étend sur 2 600 ha et, moyennant de faibles droits d'entrée, les visiteurs peuvent en toute légalité y ramasser leurs propres spécimens de bois fossilisé et multicolore. Vous trouverez en outre, au **Petrified Forest Gift Shop** *(Route 180, 30 km au sud-est de Holbrook, ☎ 602-524-3470)*, des échantillons de minéraux, des géodes (taillées sur place) et du bois pétrifié. La demande est si forte, qu'on ramasse chaque année près de 100 000 kg de bois pétrifié et de pierres variées!

■ Quoi voir dans l'ouest du pays navajo?

La Western Navajo Reservation, que bordent des merveilles telles que le parc national du Grand Canyon et la zone récréative du lac Powell, recèle des sites très anciens tout en jouissant d'une beauté remarquable. Le 8 janvier 1900, le président William McKinley signait un document cédant les 600 000 ha de cette réserve aux Navajos qui avaient migré vers l'ouest 32 ans plus tôt, leur territoire original étant devenu trop petit.

Suivez la route 64 vers l'ouest sur 16 km, jusqu'à un chemin non revêtu, puis marchez une centaine de mètres jusqu'à un promontoire exceptionnel. Au pied des hautes parois abruptes du canyon coule le filet boueux de la rivière Little Colorado. Le haut des falaises, de calcaire strié, contraste nettement avec les blocs massifs de grès qui se trouvent plus bas, témoignant de la présence en ces lieux d'une mer peu profonde, il y a 250 millions d'années. Vous êtes ici dans le **Grand Canyon of the Little Colorado Gorge Tribal Park**, qui appartient aux Navajos. Entre le Memorial Day (dernier lundi de mai) et la fête du Travail (premier lundi de septembre), les kiosques d'artisanat ornés de bannières et de drapeaux dressés par les Indiens dans la zone du stationnement confèrent aux lieux une allure festive.

Un kilomètre et demi au nord du centre d'accueil des visiteurs du parc, vous trouverez le **Cameron Trading Post, Motel and Restaurant** *(Route 89, ☎ 602-679-2231)*, un complexe de style Pueblo érigé en 1916 par les Hopis et les Navajos, et récemment rénové. Longtemps réputé pour être un havre d'hospitalité, il se situe tout près de Tanner's Crossing, le dernier endroit où les chariots pouvaient traverser la rivière Little Colorado, avant qu'elle ne s'enfonce dans des gorges trop profondes pour permettre quelque navigation que ce soit. Ce passage particulier se caractérise par des sables mouvants qui le rendent tout spécialement dangereux.

La mini-ville que constitue le complexe est aujourd'hui un endroit rêvé pour observer les gens, qu'il s'agisse de vieilles femmes navajos dans leur traditionnelle blouse de velours, d'hommes coiffés de hauts chapeaux noirs et parés de bijoux en turquoise, ou de jeunes en t-shirt à la mode et en chaussures sport. À l'intérieur du comptoir commercial, chargé de curiosités et d'artisanat de qualité, on peut même souvent admirer un tisserand à l'œuvre. À la porte voisine, ne manquez pas la **Cameron Collector's Gallery**, où l'on propose des antiquités indiennes et de très belles pièces d'artisanat amérindien contemporain : de rares couvertures de chef, des poteries, des poupées, des armes et des vêtements de cérémonie. Derrière la galerie, le **jardin en terrasse de Mme Richardson**, revitalisé depuis peu, renferme aussi bien des légumes que des fleurs.

Au nord de Cameron, en continuant sur la route 89 jusqu'à The Gap, s'étend la partie la plus septentrionale du **Painted Desert**, une région de collines multicolores et fort anciennes formées de limon et de cendres volcaniques où rien ne pousse. Striées de rouge et de blanc sur quelques kilomètres, puis de gris et de blanc en d'autres endroits, ces badlands présentent des silhouettes rappelant le Sphinx, entourées de pyramides de sable durci qui se désagrègent sous l'effet de l'érosion. Cet ensemble fait partie de la formation Chinle, grandement prisée des géologues pour ses fossiles datant de l'époque des dinosaures.

À **Dinosaur Tracks** *(l'embranchement se trouve 8 km à l'ouest de Tuba City sur la route 160, après quoi il faut franchir 200 m sur un chemin de terre)*, des kiosques de bijoux marquent l'endroit où, selon les hommes de science, un dilophosaure, carnivore et long de 6 m, aurait laissé ses traces. Moyennant un léger pourboire, les gens du coin vous escorteront jusqu'aux nombreuses empreintes à trois griffes, deux fois plus grandes qu'une main humaine. Vous pourrez en outre voir le squelette reconstitué de ce dinosaure au Navajo Tribal Museum de Window Rock.

Le **Tuba Trading Post** *(angle Main Street et Moenave Avenue, Tuba, ☎ 602-283-5441)*, un comptoir commercial bâti de pierres locales sur deux étages et ayant la forme d'une hutte de Peau-Rouge, fut ainsi nommé en mémoire d'un chef hopi du XIXe siècle et constitue un des endroits méritant une visite à Tuba City. Construit en 1905 durant une forte poussée du tourisme dans la région, avec entrée faisant face au soleil levant, il possède un comptoir où l'on vend de l'artisanat, des denrées alimentaires ainsi que divers articles. Tout à côté, vous pourrez pénétrer à l'intérieur d'une hutte indienne spécialement construite pour les visiteurs. Tuba City a été fondée par des mormons en 1877 et est aujourd'hui devenue le centre commercial et administratif des Navajos de l'Ouest.

■ Quoi voir au pays hopi?

Trois mesas de couleur sable, superposées et parsemées d'une douzaine d'anciens villages, forment le cœur de la réserve hopi. Les villages en question, complètement circonscrits par la réserve navajo, sont éparpillés sur près de 150 km le long de la route 264. Lieu de résidence des Hopis depuis plusieurs siècles, ces hautes terres (environ 1 200 m) désertiques et fascinantes semblent tantôt pauvres et austères, tantôt nobles et anciennes.

Les danses auxquelles on peut assister et les pièces d'artisanat qu'on peut se procurer chez les Hopis qui les fabriquent constituent d'excellentes raisons de visiter les villages de cette réserve. Les **danses hopis**, qui comportent presque toujours des incantations à la pluie, afin d'abreuver les lopins de terre secs des Indiens, surviennent tout au long de l'année, et les dates en sont rarement annoncées plus de deux semaines à l'avance. Vous pourrez ou non assister à telle ou telle danse selon sa nature particulière et le village où elle se déroule. Pour vous en informer, adressez-vous au Hopi Tribal Council Office of Public Relations *(☎ 602-734-2441)* ou au Second Mesa Cultural Center *(☎ 602-734-2401)*. D'une façon ou d'une autre, ne manquez pas l'occasion d'en voir une. Des consignes à l'intention des visiteurs sont affichées à l'entrée de la plupart des villages et, dans tous les cas, vous devrez laisser vos appareils photo, caméscopes, magnétophones et tablettes à dessin dans votre voiture. Notez par ailleurs qu'il est interdit de prendre des photos dans les villages ou sur les routes de la réserve.

À **Moenkopi** («le lieu où l'eau coule»), un village fondé au cours des années 1870 par un chef hopi d'Oraibi et situé 3 km au sud-est de Tuba City, vous noterez la riche variété des cultures. Il s'agit en effet du seul village hopi qui irrigue ses terres, l'eau provenant d'une source voisine. (Ailleurs, les fermiers exploitent plusieurs petits lopins en des endroits divers, augmentant ainsi leurs chances de profiter d'un imprévisible orage d'été.) Il s'agit en outre du seul des 12 villages hopis à ne pas reposer sur une des trois mesas ou immédiatement sous la ligne des plateaux.

Quelque 65 km séparent Moenkopi des deux prochains villages. **Bacavi**, presque entièrement constitué de maisons préfabriquées, fut construit en 1909 à la suite des remous politiques survenus à Old Oraibi. **Hotevilla**, de création assez récente (1906), regroupe un mélange d'habitations en adobe et en parpaing sur le bord d'une mesa, cette architecture hétéroclite ne diminuant en rien ses riches traditions de danse et d'artisanat. Quelques kilomètres plus loin, en bordure de la troisième mesa, **Old Oraibi** se présente comme un des plus anciens villages habités de façon constante aux États-Unis. Des Hopis y vivaient en effet dès 1150! Faites la promenade d'une dizaine de minutes qui part de l'extrémité sud du village pour atteindre les ruines d'une église érigée en 1901 par H.R. Voth, un pasteur mennonite.

Une dizaine de kilomètres plus à l'est sur la route 264, vous trouverez **Shungopavi**, le plus gros village de la deuxième mesa, construit tout au bord de la falaise. Trois kilomètres plus loin se dresse le **Hopi Cultural Center** de la deuxième mesa *(route 264, ☎ 602-734-2401)*, le plus important centre socioculturel à desservir les Indiens comme les visiteurs. Le personnel autochtone de ce blanc complexe de style Pueblo, réunissant à la fois un musée, un restaurant, un motel et une boutique de souvenirs, connaît toujours le lieu et l'heure des danses rituelles; informez-vous à la réception du motel. Le musée renferme des murales, des poteries et des photos historiques de chacune des trois mesas. Quant aux espaces commerciaux, vous pourrez vous y procurer des œuvres d'art et des pièces d'artisanat hopis. Trente mètres seulement à l'ouest du complexe, les orfèvres de la **Hopi Arts and Crafts Cooperative Guild** *(☎ 602-734-2463)* pratiquent en outre leur métier parmi un vaste assortiment d'objets artisanaux fabriqués sur la réserve.

À l'est du centre culturel, les deux villages anciens de **Sipaulovi** et **Mishongnovi** *(par un chemin non identifié grimpant abruptement en direction du nord depuis la route 264)* surplombent le désert de façon spectaculaire du haut de la seconde mesa, plusieurs de leurs habitations étant creusées à même le roc. Fondés au cours des années 1680, tous deux sont réputés pour leurs danses et méritent une visite, ne serait-ce que pour la vue qu'ils offrent.

Si vous n'avez le temps d'effectuer qu'un seul arrêt, assurez-vous que ce soit au groupe de trois villages de la première mesa que sont **Hano**, **Sichomovi** et **Walpi** *(10 km à l'est du Secakuku Trading Post)*. Perchés au sommet du plateau de forme oblongue, dont les parois hautes de 300 m plongent verticalement jusqu'au désert, ils vous aideront à comprendre pourquoi les Hopis sont persuadés qu'ils vivent au centre de l'univers. Ces trois villages, accessibles seulement par une étroite route en lacets sans garde-fous *(indiquée depuis la route 264)*, semblent carrément taillés à même la pierre café au lait de la mesa. Les panoramas s'étendent à perte de vue, dans une immobilité à vous donner des frissons, sur des kilomètres et des kilomètres.

Le plus étonnant de ces villages est Walpi, bâti il y a environ 300 ans. Sur un promontoire exposé à tous les vents, ses maisons s'empilent les unes sur les autres comme les blocs d'un jeu de construction, des échelles de bois les reliant les unes aux autres. Du terrain de stationnement (aucune voiture n'est autorisée dans le village), on dirait un immense vaisseau de pierres suspendu à une mer d'azur. Ses dirigeants, soucieux de préserver les traditions, n'y laissent entrer ni l'électricité ni l'eau courante. De jeunes écolières timides guident quotidiennement la visite du village; inscrivez-vous au Ponsi Hall *(☎ 602-737-2262)*.

Comme dans les autres villages, les *kivas*, ces chambres cérémoniales creusées à même le sol, continuent de servir comme au temps des Anasazis : les danseurs du clan s'y réfugient pour jeûner et observer divers rites pendant plusieurs jours avant les célébrations. Puis, lorsqu'ils sortent pour accomplir leurs danses, les Hopis interrompent leurs activités agricoles pour monter sur les toits des *kivas* au son hypnotique des tambours et des crécelles. Quittant leurs jeans pour se couvrir de plumes, de clochettes et de rameaux de pin, ils semblent soudain se transformer en divinités.

Parmi les activités quotidiennes de ces villages, on peut voir les femmes cuisant leur pain, à moins que ce ne soit leurs poteries, dans des fours extérieurs en forme de ruches. Des affiches rudimentaires accrochées aux fenêtres des maisons vous invitent d'ailleurs à venir admirer le travail de l'argile et du bois *(kachina)*, une excellente occasion de faire connaissance avec ce peuple hospitalier.

Hano ressemble aux autres villages hopis, si ce n'est que, par sa langue et ses coutumes, il demeure une colonie d'Indiens Pueblos qui fuirent l'oppression espagnole dans la région du Rio Grande à la fin des années 1690.

Toujours plus à l'est sur la route 264, le pays hopi prend fin au centre administratif fédéral de Keams Canyon, dont les installations touristiques (restaurant, hôtel, marché d'alimentation) sont regroupées autour du **Keams Canyon Trading Post.** Ce dernier propose une bonne sélection de pièces artisanales, les plus belles se trouvant dans une salle secondaire.

Longez ensuite le canyon en direction du nord-est jusque dans une forêt. Environ 3 km après l'orée du bois, près d'un petit barrage, vous apercevrez l'**Inscription Rock**, un gros bloc de grès, sur lequel Kit Carson a signé son nom à l'époque où il s'efforçait de mettre fin aux razzias des Navajos.

■ Quoi voir dans le centre du pays navajo?

C'est ici le cœur, l'âme et le centre nerveux du pays navajo, une magnifique région de canyons, de rochers rouges, de forêts et de montagnes où les Navajos ont remporté leurs plus éclatantes victoires et subi leurs plus amères défaites. Plus vous y passerez de temps, plus vous apprécierez la culture en constante évolution qui est celle de ce peuple. Les ruines que vous y verrez vous rappelleront en outre que bien avant l'arrivée des Navajos, ce territoire était celui des ancêtres des Indiens Hopis, les Anasazis.

Soixante-cinq kilomètres à l'est de Keams Canyon, sur la route 264 près du petit village de Ganado, suivez la route ombragée qui se détache vers l'ouest sur 800 m le long d'une crique jusqu'au **Hubbell Trading Post National Historic Site** *(☎ 602-755-3254)*, un comptoir commercial en opération depuis l'époque où Lorenzo Hubbell, le doyen des commerçants navajos, l'a établi ici au siècle dernier. Désormais propriété du National Park Service, et tenu par les South West Parks et les Monuments Associations, ce comptoir demeure l'un des rares à fonctionner selon le concept traditionnel de l'«enclos», où les acheteurs se tiennent derrière une sorte de clôture en bois et demandent aux commis ce dont ils ont besoin, qui des conserves, qui du velours, des semences ou quelque autre denrée. Construit au cours des années 1870, cet établissement en pierre qui compte trois salles et fait aussi office de musée et de galerie d'art trahit aisément son âge par son allure et ses odeurs; les planchers sont même tellement usés qu'ils ne sont plus droits. Les murs s'en trouvent couverts, jusqu'aux poutres apparentes du plafond, de paniers, de poteries, de livres, de tapis, de photos historiques, de bijoux, de cartes postales, d'étoffes et d'articles d'épicerie. Des selles et des outils pendent encore aux chevrons.

La visite autoguidée du complexe et des expositions du **Visitor Center** *(☎ 602-755-3254)* vous permet de découvrir comment les comptoirs commerciaux reliaient autrefois le pays navajo au reste du monde, et que Hubbell n'était pas seulement un commerçant, mais aussi un ami très cher à la communauté indienne jusqu'à sa mort en 1930. C'est d'ailleurs la famille Hubbell qui a continué à exploiter l'établissement jusqu'à ce qu'il soit cédé au National Park Service en 1967. Le centre d'accueil des visiteurs présente également un bon choix de livres sur les Indiens et, en prime, vous pourrez admirer le travail des tisserands et des orfèvres navajos, et vous faire prendre en photo avec eux. La visite d'une heure de la **Hubbell House**, qui possède une excellente collection d'objets artisanaux, permet d'apprécier encore mieux la vie de ce poste reculé et de son remarquable fondateur, dont la dépouille est enterrée sur un monticule voisin.

Les terres boisées de pins *ponderosa* appartenant aux Navajos couvrent une partie du trajet de 48 km menant à Window Rock, plus à l'est sur la route 264. Les pique-niqueurs voudront sans doute s'arrêter au **Summit Campground**, 32 km à l'est de Ganado, là où la dénivellation est de 2 360 m.

Onze kilomètres plus loin, avant de pénétrer dans Window Rock, faites une halte au **St. Michaels Historical Museum** *(près du bureau de poste de St. Michaels, ☎ 602-871-4171)*, logé dans un bâtiment blanc de pierres équarries à la main par les autochtones qui servait, vers la fin des années 1890, de résidence (quatre chambres à coucher) et de chapelle à des franciscains de Cincinnati. Le mobilier témoigne d'une époque difficile (minces paillasses disposées sur de simples cageots), et l'on peut aussi y voir de vieilles selles en bois au confort douteux, de même que d'anciennes machines à écrire, des photographies illustrant leur travail et leur mode de vie, et des manuscrits révélant les premiers systèmes d'écriture phonétique qu'ils conçurent pour transcrire la langue navajo. À l'extérieur, de hauts cotonniers et un jardin fleuri de 0,3 ha aménagé par les religieux d'antan forment une petite oasis de verdure.

Tout à côté, la **St. Michael's Prayer Chapel** abrite 16 gravures sur bois regroupées sous le titre de *La Rédemption de l'Humanité*, une œuvre de l'artiste allemand Ludwig Schumacher dont il fit don aux Amérindiens.

Cinq kilomètres plus à l'est sur la route 264, un rare feu de circulation en ces contrées (à l'intersection de la route 12) marque l'emplacement du «centre-ville» de **Window Rock**, une capitale moderne et en pleine croissance du pays navajo. À l'ouest du Navajo Nation Inn, le **Navajo Tribal Museum** *(à l'est de la route 12 sur la route 264, ☎ 602-871-6673 ou 602-871-6675)* et la **Navajo Arts & Crafts Enterprise** partagent un bâtiment commun. Le premier, qui expose des pièces d'un grand raffinement, transporte les visiteurs à travers l'histoire ancienne et contemporaine des mœurs et traditions navajos. Des mannequins en plâtre moulé y représentent des Navajos ayant réellement vécu, et une salle est consacrée à des expositions temporaires où figurent des artistes montants ou déjà renommés de la nation navajo. La guilde des artistes locaux encourage l'innovation chez ses membres et garantit la qualité de toutes les œuvres mises en vente.

Un peu plus à l'est sur la route 264 apparaît le **Navajo Nation Zoological Park** *(☎ 602-871-6573)*. Des animaux domestiques et sauvages caractéristiques de la culture et du folklore navajo y évoluent dans un cadre naturel : coyotes, loups, couguars, ours, cerfs, élans, lynx, crotales, chiens de prairie et chèvres. En tout, 53 espèces vivent ici. Notez particulièrement la présence du mouton *churro*, introduit par les Espagnols; on en accroît les troupeaux du fait de leur résistance éprouvée à la maladie et de l'excellente qualité de leur laine aux fins de tissage. Vous y verrez en outre des exemples d'architecture de huttes, avec leurs poutres en berceau et leurs fourches de soutènement. Un modeste jardin botanique identifie par ailleurs les principales plantes du désert : riz indien, thé navajo, lupin, aster et genièvre.

Une rangée de hauts pinacles en grès rouge ressemblant à des meules de foin, les **Haystacks**, forme la frontière orientale du zoo. Ces formations et le zoo lui-même font partie du **Tse Bonito Tribal Park**, un parc regroupant un terrain de camping rudimentaire et une aire de pique-nique à un des endroits où les Navajos bivouaquèrent en 1864 lors de leur «Longue Marche».

Au feu de circulation de Window Rock, empruntez la route 12 vers le nord en passant le centre commercial, puis prenez à droite sur 1,5 km jusqu'à **Tseghahodzani** («le rocher percé d'un trou»). Vous y trouverez une immense muraille de grès rouge, aussi haute qu'un bâtiment de plusieurs étages. Au centre de cette paroi rocheuse, un trou presque parfaitement circulaire de 40 m de diamètre, créé par l'érosion, offre une vue sur les montagnes qui se trouvent au-delà. John Collier, commissaire aux Affaires indiennes dans les années trente, fut tellement troublé en apercevant cette formation qu'il désigna ce site comme celui du centre administratif de la nation navajo. Les visiteurs peuvent y pique-niquer et s'y balader.

Non loin de là, rendez-vous aux **Council Chambers**, une structure octogonale en pierre servant de grande hutte de cérémonie. Des murales peintes par feu Gerald Nailor illustrent l'histoire de la tribu. C'est ici que les 88 membres du Conseil de tribu se réunissent quatre fois l'an pour discuter de leurs politiques. On y parle aussi bien l'anglais que le navajo.

La plus belle route de tout le territoire amérindien est la **route 12**, qui se détache de la route 40 à Window Rock et file vers le nord sur 105 km. Elle épouse les contours des falaises de roc rouge tout en bordant des forêts de pins, des lacs, des habitations navajos et des huttes entourées de pâturages, de vergers et de champs de maïs.

Suivez les indications pour le **Tsaile Campus** du Navajo Community College *(Route 12, environ 97 km au nord de Window Rock)* et son Ned Hatathli Cultural Center, qui a la forme d'une haute hutte de verre et qu'entourent de nombreux pins. Deux étages y sont consacrés au **Hatathli Museum and Gallery** *(☎ 602-724-3311)*, qui, à travers des dioramas, des murales, des photos, des poteries, des armes et d'autres objets fabriqués, interprète les cultures amérindiennes (dont celle des Navajos), de la préhistoire à nos jours. Des murales aux détails impressionnants racontent l'histoire de la Création telle que vue par les Navajos, mais vous devrez demander qu'on vous les explique, car il n'y a que peu de texte. On vend des livres et de l'artisanat dans une galerie adjacente à ce collège, fondé en 1957. Les visiteurs sont également bienvenus dans la bibliothèque et la salle à manger du campus.

La route 64, partant de la route 12 sur la gauche, mène à l'un des sites les plus appréciés des touristes du monde entier, le **Canyon de Chelly National Monument**, également accessible par la route 191, partant d'un point situé 10 km à l'ouest de Ganado. Au moment où les Espagnols arrivèrent dans la région au cours des années 1540, les Navajos occupaient déjà ces trois canyons aux parois vertigineuses et lisses qui convergent pour former un «Y». Les canyons et leurs versants accueillent encore des familles navajos avec leurs moutons et leurs chevaux. L'eau qui effleure la surface du sol nourrit en outre le maïs, les courges et les melons, de même que les vergers de pommes et de pêches qu'ils cultivent.

Difficile de dire si le Canyon de Chelly s'avère plus impressionnant du haut de ses versants, les routes qui les longent offrant des vues panoramiques à vol d'oiseau sur cette région rurale parsemée de huttes, ou à dos de cheval (à moins que ce ne soit à bord d'un véhicule tout-terrain sans capote) à travers le Chinle Wash. Quoi qu'il en soit, vous trouverez la meilleure introduction à ce genre d'aventure au **Visitor Center** *(sur la route principale qui traverse Chinle, ☎ 602-674-5436)*. Chinle, le centre administratif et commercial de cette partie de la réserve, se révèle par contre aussi terne que ses canyons peuvent être spectaculaires.

Assurez-vous de marquer un arrêt au musée du centre d'accueil des visiteurs, où des vitrines illustrant 2 000 ans d'histoire du canyon, des démonstrations à caractère culturel, des œuvres d'artistes locaux et un comptoir d'informations tenu par des rangers vous éclaireront sur la région. Tout à côté se dresse une hutte navajo typique *(hogan)*. C'est également dans ce centre que vous trouverez les guides navajos dont vous pourriez avoir besoin pour faire de la randonnée, camper ou explorer les canyons à bord de votre propre véhicule tout-terrain.

Les guides vous relateront le fier récit des plus brillantes victoires navajos et vous montreront par ailleurs des trous de balle laissés dans les murs à la suite de sanglants massacres. Des milliers de ruines très anciennes fournissent en outre des indices quant à un peuple ayant vécu ici de 200 ap. J.-C. environ jusqu'à la fin du XIVᵉ siècle, alors qu'une sécheresse interminable sévissant dans toute la région de Four Corners le força sans doute à prendre la direction du Rio Grande et d'autres parties de l'Arizona et du Nouveau-Mexique. Chaque détour du canyon révèle des parois de plus en plus hautes, de même que des pictogrammes et des pétroglyphes de plus en plus intrigants (illustrations historiques et préhistoriques dessinées sur le roc). Ce ne sont partout que murailles de pierres d'un rouge éclatant, contrastées par les verts et les jaunes des cotonniers feuillus qui poussent au fond du canyon.

Les routes des versants nord et sud (North Rim Drive et South Rim Drive), longues chacune de 26 km, demandent environ deux heures chacune à parcourir (songez à vous procurer des brochures identifiant les sites géologiques, botaniques et historiques de chaque promontoire). La **South Rim Drive** longe le Canyon de Chelly, qui a donné son nom au monument national. Les principaux attraits en sont les suivants.

Le **White House Overlook** *(au kilomètre 10,3)* permet d'admirer les restes d'un village en maçonnerie de plusieurs étages habité par une centaine de personnes, il y a environ 800 ans. C'est d'ici que part la seule randonnée non guidée vers le fond du canyon.

L'**Old Hogan and Sliding Rock Overlook** *(au kilomètre 17,7)* présente les ruines d'un ancien village de huttes et des bassins peu profonds creusés à même les grès par l'érosion *(au kilomètre 20,8)*. Les Navajos puisent encore parfois de l'eau fraîche dans ces bassins. Sur une étroite corniche apparaissant de l'autre côté du canyon, des anciens érigèrent des murs de soutènement pour empêcher leur maison de dévaler la pente jusqu'au fond du canyon.

Le **Spider Rock Overlook** *(au kilomètre 29)* permet de contempler les parois les plus abruptes du canyon, plongeant verticalement d'une hauteur de 300 m environ. Le Monument Canyon se dessine sur la droite, alors que sur la gauche c'est le Canyon de Chelly. L'aiguille de près de 250 m qui marque leur point de rencontre se nomme le Spider Rock, celui-là même où les Navajos croient que la «Femme-Araignée» emporte leurs enfants lorsqu'ils ne sont pas sages. Les taches blanches qu'on aperçoit au sommet de cette formation rocheuse seraient, toujours selon les Navajos, les os blanchis des petits garçons et des petites filles qui n'ont pas écouté leurs parents. La légende veut aussi que ce soit cette même «Femme-Araignée» qui ait enseigné aux Navajos l'art du tissage.

La **North Rim Drive** explore quant à elle le **Canyon del Muerto** («canyon des défunts»), ainsi nommé en 1882 par le chef d'une expédition parrainée par le Smithsonian Institute, James Stevenson, après qu'il eut trouvé les restes d'un cimetière indien préhistorique sous la Mummy Cave. Les principaux attraits en sont les suivants.

L'**Antelope House Overlook** *(au kilomètre 14,5)* porte ce nom du fait des peintures d'antilopes (datant probablement des années 1830) qu'on trouve sur les parois du canyon à gauche de cette habitation en ruine de quatre étages comptant 91 pièces. Ses habitants préhistoriques avaient déjà, pour leur part, laissé des dessins à main levée et des personnages peints en blanc. Du haut du promontoire, vous apercevrez des structures circulaires (des *kivas*, ou chambres cérémoniales) et d'autres rectangulaires (logements ou lieu d'entreposage). De l'autre côté de la cuve, dans une alcôve se trouvant 15 m au-dessus de la base du canyon, des archéologues des années vingt trouvèrent le corps bien conservé d'un vieillard enveloppé dans une couverture faites de plumes d'aigle et reposant sur un drap de coton blanc en si bon état qu'on l'aurait cru neuf. On croit qu'il s'agissait d'un tisserand des environs. En ces mêmes lieux, au Navajo Fortress Viewpoint, la haute butte de grès rouge isolée qui s'élève de l'autre côté du canyon constituait jadis un important refuge pour les Navajos désirant échapper aux Espagnols, aux Américains et peut-être même à d'autres féroces tribus indiennes.

Le **Mummy Cave Overlook** *(au kilomètre 25,8)* s'impose comme le site des plus grandes et des plus belles ruines du Canyon del Muerto. La découverte, au cours des années 1880, de deux momies dans des sépultures préhistoriques enfouies sous les pentes situées en contrebas des grottes en ont inspiré le nom.

Le **Massacre Cave Overlook** *(au kilomètre 25,8)* est le site du premier contact documenté entre les Espagnols et les Navajos du Canyon de Chelly. Au cours de l'hiver 1805, une bataille sanglante aurait eu lieu sur la corniche parsemée de rochers qui se profile sur la gauche, sous le replat du plateau en bordure du canyon. Espérant mettre un terme aux razzias persistantes des Navajos sur les villages espagnols, Antonio de Narbona y mena en effet une expédition et déclara avoir tué 115 Navajos et en avoir fait 33 autres prisonniers.

■ Quoi voir dans le nord du pays navajo?

Il y a quelque chose de fou, mais en même temps d'irrésistible, à se rendre à Four Corners pour poser ses pieds dans deux États différents (le Colorado et l'Utah) et ses mains dans deux autres (l'Arizona et le Nouveau-Mexique), tandis qu'on vous photographie du haut d'une plate-forme surélevée. Après tout, il s'agit du seul endroit aux États-Unis où vous pouvez simultanément vous trouver dans quatre États! Un incontournable kiosque d'artisanat navajo propose ici des colliers, des bracelets, des boucles d'oreilles, des t-shirts, des tableaux, des «peintures de sable», du pain frit et de la limonade, une façon comme une autre de célébrer la rencontre de deux lignes sur une carte.

Pour atteindre Four Corners en partant du sud, vous devrez passer par le **Teec Nos Pos Arts and Crafts Center** *(à la jonction des routes 160 et 64, ☎ 602-656-3228)*, une de ces galeries routières où l'on vend des œuvres d'artistes du Sud-Ouest, l'accent portant ici sur les «peintures de sable».

En roulant vers l'ouest sur la route 160, avant même d'atteindre Kayenta, d'étonnantes silhouettes érodées émergent à l'horizon, dont le Church Rock, de la taille et de la forme d'une cathédrale. Kayenta, une petite ville qui a grandi autour du comptoir commercial de John Wetherill à 1 696 m au-dessus du niveau de la mer, est aujourd'hui devenue un centre minier voué à l'industrie houillère, de même que la porte d'entrée arizonienne de la Monument Valley.

Ponctués d'énormes piliers de roc rouge, les 39 km qui vous séparent désormais de la Monument Valley, plus au nord sur la route 163, constituent un prélude au spectacle principal. Le Half Dome et l'**Owl Rock**, qui apparaissent sur votre gauche, marquent la limite orientale de la large mesa de Tyende. Sur votre droite s'élèvent la **Burnt Foot Butte** et **El Capitan**, aussi appelé Agathla Peak, deux anciennes formations volcaniques dont la pierre sombre contraste avec le jaune clair des monuments de grès.

Huit cents mètres au nord de la frontière de l'Utah sur la route 163, vous arriverez à un croisement; sur la gauche, à 3 km, se trouve le Gouldings Trading Post and Lodge, alors que, sur la droite, à 6,5 km, se dressent le **Monument Valley Navajo Tribal Park Headquarters** *(P.O. Box 360289, Monument Valley, UT 84536, ☎ 801-727-3287)* et le **Monument Valley Visitor Center**. À l'intérieur de cette structure à double vocation, une salle d'observation entièrement vitrée offre de magnifiques panoramas. La Monument Valley constitue le premier parc tribal des Navajos, désigné comme tel en 1958. Vous y verrez des buttes monolithiques de grès rouge et orangé de même que de véritables gratte-ciel rocheux pouvant atteindre 100 m et plus, une quarantaine de ces formations ayant été «baptisées», alors que des douzaines d'autres demeurent sans nom. C'est de ce point que vous pourrez vous inscrire à une des visites guidées de la vallée (en véhicule tout-terrain).

Après avoir déboursé une faible somme pour droits de passage, vous aurez l'occasion d'explorer les 27 km de la **Loop Drive**, un chemin de terre en très mauvais état par endroits, et le long duquel se dressent des monuments aux noms évocateurs, le **Rain God Mesa** (mesa du dieu de la pluie), les **Three Sisters** (trois sœurs) et le **Totem Pole** (mât totémique). Au **John Ford's Point**, un Indien à cheval pose souvent pour les photographes, puis s'approche pour échanger quelques mots avec les visiteurs et leur réclamer un pourboire. À **North Window**, une promenade à pied de 15 min vous vaudra de contempler de magnifiques paysages.

Les Navajos et ce coin de pays semblent faits l'un pour l'autre. Une douzaine de familles indiennes vivent encore dans le parc, et plusieurs d'entre elles se font un plaisir d'ouvrir leur hutte aux visiteurs. Pour un peu d'argent, ils poseront devant la caméra. Plusieurs des résidants actuels du parc descendent des Navajos qui vinrent s'installer sur les lieux au milieu des années 1860 avec Headman Hoskinini, fuyant Kit Carson et ses efforts visant à rassembler tous les Navajos de la région du Canyon de Chelly. Hoskinini vécut ici jusqu'à sa mort en 1909.

Paysage typique des cow-boys et des Indiens de l'Ouest s'il en est, la Monument Valley a servi de décor naturel à plusieurs films, dont *How the West Was Won*, *Stagecoach*, *Billy the Kid*, *She Wore a Yellow Ribbon* et *The Trial of Billy Jack*, pour n'en nommer que quelques-uns. En tout, sept westerns de John Ford y furent tournés entre 1938 et 1963.

Le **Gouldings Trading Post, Lodge and Museum** *(3 km à l'ouest de la route 163, ☎ 801-727-3231)*, un élégant complexe couleur melon à flanc de colline, se fond très bien aux énormes blocs de grès empilés au-dessus de lui. La maison de pierres originale à deux étages de Goulding, doublée d'un comptoir commercial et aujourd'hui transformée en musée, possède une pièce consacrée aux films tournées dans la vallée. Des projections quotidiennes sont présentées dans une petite salle de cinéma adjacente.

Une douzaine de kilomètres *(direction nord-ouest sur la route revêtue d'Oljeto)* séparent le complexe de Goulding de l'**Oljeto Trading Post** *(☎ 801-727-3210)*, une construction en pierre à étage unique dont les pompes à essence datant de la Grande Dépression et les portes d'un turquoise très fatigué trahissent l'âge. À l'intérieur, demandez à visiter le petit musée poussiéreux plein à craquer d'objets artisanaux amérindiens. On peut souvent s'y procurer à bon prix un vieux panier de mariage navajo.

De retour à Kayenta et à la route 160, un tronçon panoramique de 29 km en direction du nord-ouest vous conduit à l'embranchement du **Navajo National Monument**, qui renferme certaines des plus belles ruines anasazis de tout le Sud-Ouest américain. Cette région fabuleuse se veut en effet une vitrine sur le génie architectural de ses premiers habitants. Pour avoir une vue d'ensemble sur le monument, arrêtez-vous au **Visitor Center and Museum** *(route 564, 14,5 km au nord de la route 160 ou 32 km au sud de Kayenta, ☎ 602-672-2366)*, où l'on présente des courts métrages et une exposition sur les trésors qui se cachent derrière les falaises de grès. Vous serez impressionné par les poteries, les bijoux, les tissus et les outils créés par les Anasazis de Kayenta, qui vivaient jadis dans ces canyons de toute beauté. On y trouve également une galerie d'art proposant des œuvres zunis, navajos et hopis.

Du centre d'accueil des visiteurs, vous pouvez emprunter un sentier forestier peu exigeant jusqu'au Betatakin Point Overlook, qui embrasse les ruines de Betatakin et le canyon de Tsegi. Une des ruines qui se trouvent ici, l'**Inscription House**, demeure fermée au public de manière à la conserver pour la postérité. Vous pourrez toutefois entreprendre la randonnée exténuante, mais ô combien satisfaisante, jusqu'aux **Betatakin Ruins**, nichées dans une alcôve à plus de 200 m sous la bordure du canyon. Au cours de ce voyage dans le temps, vous verrez une habitation de 135 pièces qui rivalise sans mal avec les plus fascinantes structures du Mesa Verde. Les ruines isolées de **Keet Seel** méritent également une visite, certaines des toitures étant demeurées intactes; le complexe compte 160 pièces et comprend cinq *kivas* (chambres cérémoniales). Vous ne pourrez cependant visiter ce joyau que si vous obtenez au préalable un permis à cet effet au centre d'accueil des visiteurs. Pour de plus amples renseignements sur les randonnées organisées par les rangers à destination de ces deux ruines bien conservées, consultez la rubrique «La randonnée pédestre» de ce chapitre, p 222.

De retour sur la route 160, vous n'êtes qu'à 45 km *(direction sud-ouest)* des **Elephant Feet**, des formations géologiques en bordure de la route qui rappellent les pattes d'un gigantesque éléphant de grès.

Parcs

■ Les parcs du sud du pays navajo

Little Painted Desert County Park

Une des parties les plus belles et les plus colorées du Painted Desert, long de 64 km, se trouve dans ce parc d'une superficie de 364 ha et d'une élévation de 1 676 m près de la frontière méridionale de la réserve navajo, au nord de Winslow. De fragiles buttes argileuses hautes de 90 à 120 m y arborent des teintes de gris, de rouge, de pourpre et de jaune dont l'intensité tend à varier au fil des heures. Les couleurs se présentent sous leur jour le plus vif à l'aube et au crépuscule.

Installations et équipements : route de 3 km en bordure du canyon, promontoire, deux aires de pique-nique, toilettes (pas d'eau courante). Un sentier de randonnée exigeant de 1,5 km descend de quelque 150 m jusqu'aux buttes, d'où vous pourrez explorer à votre guise. Pour de plus amples renseignements, ☎ 602-524-6161.

Comment s'y rendre : le parc se trouve sur la route 87, 24 km au nord de Winslow.

McHood Park Clear Creek Reservoir

Jadis une importante source d'alimentation en eau pour Winslow, ce profond canyon situé à 8 km de la ville est aujourd'hui devenu un rendez-vous de choix pour les pique-niqueurs, les baigneurs et les navigateurs de plaisance.

Installations et équipements : aire de pique-nique, toilettes, douches et descente de bateau. Pour de plus amples renseignements, ☎ 602-289-3082.

Camping : 11 emplacements (dont trois avec raccordements pour véhicules récréatifs); 6 $ par nuit (7 $ avec raccordements).

Comment s'y rendre : prenez la route 87 Sud jusqu'à la route 99, puis tournez à gauche.

Cholla Lake Park

Ce parc, aménagé autour d'un des plus grands plans d'eau du nord-est de l'Arizona, est adjacent à une centrale hydro-électrique. Ce lac artificiel se prête à la baignade, à la navigation de plaisance, à la pêche et aux pique-niques.

Installations et équipements : tables de pique-nique, toilettes, douches et descente de bateau; épiceries et restaurants à 3 km, à Joseph City. Pour de plus amples renseignements, ☎ 602-288-3717.

Camping : 20 emplacements (dont huit avec raccordements pour véhicules récréatifs); 7 $ par nuit (10 $ avec raccordements).

Comment s'y rendre : de Winslow, empruntez la route 40 Est sur une trentaine de kilomètres, jusqu'à la sortie 274, puis suivez la route de la centrale hydro-électrique jusqu'au parc.

Petrified Forest National Park

Situé de part et d'autre de la route 40 à la frontière méridionale de la réserve navajo, ce parc qui s'étend sur 45 km dans son axe nord-sud met en valeur des badlands ondulantes du Painted Desert (essentiellement de couleur rouge) au nord de la route 40. Au sud de la route 40 se trouve la plus forte concentration de forêts préhistoriques pétrifiées du monde entier. Chacune des deux sections possède sa zone sauvage.

Installations et équipements : à chacune des deux entrées du parc, vous trouverez un centre d'accueil des visiteurs pourvu de toilettes, d'un restaurant et d'un musée. La route de 45 km qui traverse le parc est ponctuée de neuf postes d'observation sur le Painted Desert et de 13 arrêts du côté des forêts pétrifiées. Pour de plus amples renseignements, ☎ 602-524-6228.

■ Les parcs du centre du pays navajo

Tse Bonito Tribal Park

Avant d'entreprendre leur «Longue Marche» vers le fort Summer (Nouveau-Mexique) en 1864, les Navajos campèrent ici parmi ces hautes collines de grès rouge qu'on appelle les Haystacks («meules de foin»). Ce parc englobe le Navajo Nation Zoological Park, qui abrite des animaux indigènes et domestiques importants dans la culture navajo.

Installations et équipements : centre d'accueil des visiteurs du zoo avec expositions et toilettes; huttes à poutres en berceau; 53 espèces animales. Pour de plus amples renseignements, ☎ 602-871-6573.

Camping : camping sauvage autorisé; aucuns frais d'accès.

Comment s'y rendre : le parc se trouve à Window Rock, sur la route 264.

Lake Asaayi Bowl Canyon Recreation Area

Le lac Asaayi, un des plus beaux lacs de pêche des Navajos, se trouve dans les Chuska Mountains, aussi connues comme les Alpes navajos. On s'y adonne aux plaisirs de la pêche, du pique-nique et du camping sauvage. Le lac de 14,5 ha et le ruisseau qui l'alimente sont ouverts à la pêche toute l'année.

Installations et équipements : aires de pique-nique, grils au vent et toilettes sèches. Pour de plus amples renseignements, composez le ☎ 505-777-2741, ou adressez-vous à Navajo Parks and Recreation, ☎ 602-871-6647. *Pêche* : truite arc-en-ciel.

Camping : autorisé avec permis (2 $), disponible sur place au bureau de la zone récréative, mais aussi auprès de Navajo Forestry et de Navajo Fish and Wildlife, dont les bureaux se trouvent à Window Rock.

Comment s'y rendre : de Window Rock, empruntez la route 12 jusqu'à la route 134, que vous suivrez en direction du nord-est sur 6,5 km avant de prendre vers le sud sur un chemin de terre nivelé conduisant jusqu'au lac, 11 km plus loin.

Canyon de Chelly National Monument

Ce territoire de 53 ha, recouvert de forêts de pins pignons et de genévriers, et traversé par un triple canyon aux parois de grès rouge, constitue l'attrait le plus célèbre et le plus populaire de toute la réserve navajo. S'étendant vers l'est entre Chinle et Tsaile, les versants du canyon s'élèvent entre 1 675 m et 2 135 m d'altitude, tandis que sa profondeur varie de 10 m (près de Chinle) à 300 m (plus à l'est). Des cotonniers et d'autres arbres ombragent des fermes reliées entre elles par des terres sablonneuses riches en alluvions qui tapissent le fond du canyon sur des kilomètres et des kilomètres. Les parois de deux gorges principales, respectivement longues de 43 km et 55 km, révèlent de façon spectaculaire des dunes solidifiées de 250 millions d'années formant une strate que les géologues désignent sous le nom de Defiance Plateau.

Installations et équipements : motel, restaurant, boutique de souvenirs, centre d'accueil des visiteurs, musée, hutte à poutres en berceau, toilettes, balades à cheval et en véhicule tout-terrain, et randonnées guidées. Pour de plus amples renseignements, ☎ 602-674-5436.

Camping : 97 emplacements; aucuns frais d'accès.

Comment s'y rendre : le parc se trouve à Chinle, accessible par la route 7 ou la route 64.

■ Les parcs du nord du pays navajo

Monument Valley Navajo Tribal Park

Ce parc, qui chevauche la frontière entre l'Arizona et l'Utah, représente le joyau de tous ceux qu'administre le Conseil tribal de la nation navajo. Avec ses 12 066 ha de monolithes, d'aiguilles rocheuses, de buttes, de mesas, de canyons et de dunes, qui sont autant de chefs-d'œuvre de roc rouge érodé, il constitue une destination renversante. Par ailleurs, les douzaines de familles qui y vivent encore en font une sorte de Williamsburg du pays navajo. (Williamsburg, en Virginie, aurait été une des toutes premières colonies américaines et revêt de ce fait une grande importance historique.)

Installations et équipements : centre d'accueil des visiteurs doté d'un musée et de boutiques; tables de pique-nique, toilettes, douches, kiosques d'alimentation indiens (surtout en été) et artisanat. Pour de plus amples renseignements, ☎ 801-727-3287.

Camping : 100 emplacements à Mitten View; 10 $ par nuit (jusqu'à six personnes).

Comment s'y rendre : le parc se trouve sur la route 163, 39 km au nord-est de Kayenta; le centre d'accueil des visiteurs se trouve 6 km plus à l'est, et le complexe Gouldings 5 km plus à l'ouest.

Navajo National Monument

Trois des plus belles ruines de *pueblos* anasazis sont protégées par les canyons de ce parc de 146 ha, couvert de forêts de pins pignons et de genévriers à 2 225 m d'altitude. Les ruines de l'Inscription House sont si fragiles qu'on les a fermées au public. Les ruines de Betatakin, joliment campées dans une grotte percée bien haut dans la muraille d'un canyon, sont visibles d'un poste d'observation. Notez toutefois que pour admirer de plus près ces ruines et celles de Keet Seel, les plus importantes, il faut faire une randonnée assez exténuante le long d'un sentier ouvert seulement entre le Memorial Day (dernier lundi de mai) et la fête du Travail (premier lundi de septembre).

Installations et équipements : centre d'accueil des visiteurs, musée, boutique de souvenirs, toilettes, aires de pique-nique et grils au vent. Pour de plus amples renseignements, ☎ 602-672-2366.

Camping : 45 emplacements; aucuns frais d'accès.

Comment s'y rendre : de Kayenta, prenez la route 160 Ouest, tournez à droite sur la route 564, et parcourez encore 14,5 km.

Activités de plein air

La pêche

Pourvu que vous obteniez un permis (valable pour une durée de un jour à un an) auprès des autorités tribales, vous pouvez pêcher toute l'année dans les lacs, les rivières et les ruisseaux de la nation navajo. Font toutefois exception à cette règle **Whiskey** et **Long Lakes**, réputés pour leurs truites dignes de trophées; ces deux hauts lieux de la pêche sont situés dans les Chuska Mountains, une vingtaine de kilomètres au sud de la route 134 par les chemins de bûcheron 8000 et 8090, et leur saison ne s'étend que du 1er mai au 30 novembre.

Parmi les lacs ouverts toute l'année et ensemencés de truites arc-en-ciel chaque printemps, retenons le **lac Wheatfields** *(71 km au nord de Window Rock sur la route 12)* et le **lac Tsaile** *(0,8 km au sud du Navajo Community College de Tsaile)*, également riche en poissons-chats. Un autre lac à truites fort populaire est le **lac Asaayi** *(18 km à l'est de Navajo, au Nouveau-Mexique, sur un chemin de terre, ☎ 505-777-2255)*. Le **lac Morgan** *(6,5 km au sud de Kirtland, à côté de la centrale hydro-électrique de Four Corners)* contient d'énormes achigans à grande bouche, de même que bon nombre de poissons-chats. Aussi bien pour l'achigan à grande bouche que pour le poisson-chat, songez également au **lac Many Farms** *(5 km à l'est de la route 91 par un chemin de terre, à Many Farms)*.

On ne loue sur la réserve ni embarcation ni équipement de pêche. Les bateaux sont permis sur plusieurs des lacs, mais la plupart exigent que les embarcations soient munies d'un moteur. Vous pouvez vous procurer permis de pêche et de navigation aux endroits suivants : **CSWTA Inc. Environmental Consultant** *(Tuba City, ☎ 602-283-4323)*, **Navajo Fish & Wildlife** *(Window Rock, ☎ 602-871-6451)*, **Kayenta Trading Post** *(Kayenta, ☎ 602-697-3541)* et **Wilkinson's Tsaile Trading Post** *(Tsaile,*

☎ *602-724-3397).* La plupart vendent aussi tout ce dont vous pouvez avoir besoin pour la pêche.

La course à pied

Les Navajos et les Hopis, fiers de leur tradition de coureurs de longues distances, laquelle remonte à leur première prise de contact avec les Blancs au cours des années 1540, organisent des courses dans le cadre de chaque foire tribale. Il est à noter que les non-Indiens peuvent également y participer! Vous verrez pratiquement tous les jours, et ce, sur n'importe quelle route, des Amérindiens s'entraînant à la course à pied; n'hésitez donc pas à chausser vos souliers de course et à faire comme eux. Au **Canyon de Chelly**, essayez le sentier des ruines de White House ou une des deux pistes qui longent les bordures supérieures du canyon, à moins que vous ne préfériez la route de 6 km qui conduit à la **Monument Valley**, les routes à destination d'**Oljeto** ou celles qui convergent autour du **Gouldings Lodge**.

L'équitation

Le cheval est un important symbole de la culture navajo, depuis que les Espagnols l'ont introduit sur le territoire au milieu du XVIe siècle. Il constitue une excellente occasion de retenir les services d'un guide indien et de voir ce fabuleux coin de pays à travers ses yeux. La plupart des écuries proposent des randonnées d'une heure, d'une journée ou plus, et vous avez toute la latitude dans le choix de vos destinations et la durée de votre aventure.

Au Canyon de Chelly, les **Justin Tso's Tsegi Stables** *(☎ 602-674-5678)* proposent des balades jusqu'aux ruines de White House, n'importe où dans le canyon et même au-delà. **Twin Trail Tours** *(☎ 602-674-8425)* part du versant nord (North Rim) du Canyon de Chelly, immédiatement après l'embranchement d'Antelope House.

Dans la Monument Valley, **Ed Black's Horse Riding Tours** *(sur un chemin de terre, 400 m au nord du centre d'accueil des visiteurs, ☎ 801-739-4285)* peut vous emmener pendant une heure autour de The Mittens, ou toute la journée (plus longtemps si vous le désirez) vers n'importe quel autre point de la vallée. **Bigman's Horseback Riding** *(1,2 km à l'est de la route 163, ☎ 602-677-3219)* organise des randonnées de 1 heure 30 min à deux jours à travers les buttes, les mesas et les canyons de la région.

Pour vous rendre aux ruines de Keet Seel, à l'intérieur du Navajo National Monument, adressez-vous au **National Park Service** *(☎ 602-671-2366)*.

■ Le rodéo

Au dire des statisticiens, les Navajos organisent chaque année plus de rodéos que toutes les autres tribus amérindiennes des États-Unis réunies. Quoi qu'il en soit, il ne se passe à peu près pas une fin de semaine d'été sans que les cow-boys et les cow-girls navajos de tout âge ne fassent valoir leurs talents quelque part sur la réserve. Pour connaître les événements qui ont cours pendant votre séjour dans la région, informez-vous auprès du *Navajo Times*, un hebdomadaire établi à Window Rock *(☎ 602-871-6641)*, au Navajo Tourism Office

(☎ 602-871-6659) ou à la station de radio navajo KTNN *(☎ 602-871-2666)*.

Le vélo

Il est permis de faire du vélo sur toutes les routes revêtues du pays navajo, mais, dans le cas de la réserve hopi, vous n'avez accès qu'aux grandes routes principales.

Vous ne trouverez ni pistes cyclables ni sentiers de vélo identifiés comme tels sur ces deux réserves, mais il n'en demeure pas moins que les routes limitrophes du **Canyon de Chelly**, de même que la route revêtue et entourée de pins qui conduit au centre d'accueil des visiteurs du **Navajo National Monument** *(la route 564, longue de 14,5 km)*, se prêtent très bien à la randonnée à bicyclette.

Les amateurs de vélo de montagne apprécieront particulièrement le chemin de terre accidenté de plus de 27 km qui forme une boucle accessible aux visiteurs de la **Monument Valley**.

Les cyclistes du monde entier éprouvent un attrait irrésistible pour les défis que présentent les routes 134 (revêtue), 68 et 13 (partiellement revêtues) des **Chuska Mountains**.

Les routes du **Petrified Forest National Park** s'avèrent souvent trop chaudes en plein jour en été, mais n'hésitez pas à les parcourir au printemps et en automne.

La randonnée pédestre

Étant donné que la plus grande partie du territoire sur lequel porte ce chapitre appartient aux tribus amérindiennes ou aux parcs et monuments nationaux, les possibilités de randonnée sont quelque peu limitées. Les régions sauvages du pays hopi demeurent fermées aux visiteurs, ce qui n'est toutefois pas le cas de la réserve navajo. Pour ce qui est des montagnes, demandez des suggestions dans les comptoirs commerciaux des environs, ou engagez un guide indien à l'heure, à la journée ou pour plus longtemps. Les guides connaissent bien le pays, et ils pourront partager avec vous toutes sortes d'histoires et d'anecdotes; vous en trouverez au **Navajo Tourism Office** *(près de Window Rock, ☎ 602-871-6000)* au **Canyon de Chelly National Monument Visitor Center** *(☎ 602-674-5436)* ou au **Monument Valley Visitor Center** *(☎ 801-727-3287)*.

Munissez-vous d'un chapeau, de verres fumés et d'eau potable pour toutes vos randonnées; prévoyez en outre un imperméable en juillet et en août, à l'époque de la mousson.

Les pistes du sud de la réserve navajo

Le **Little Painted Desert County Park** possède une piste exigeante de 1,5 km qui descend de plus de 150 m dans certaines des plus belles collines de tout le Painted Desert. Rappelez-vous que les couleurs sont plus vives en début et en fin de journée.

Le **Homolovi Ruins State Park** dispose d'une piste de 1,5 km menant à deux des plus importantes ruines de villages anasazis, séparées les unes des autres de 6 km; à chaque endroit, vous pourrez voir des murs squelettiques entourant des quartiers résidentiels et des *kivas* (chambres cérémoniales) ayant appartenu à ce qu'on croit être les ancêtres des Hopis d'aujourd'hui, avant qu'ils ne migrent vers les mesas où ils vivent présentement.

En été, le mercure grimpe souvent jusqu'à 30 ou 40 °C à l'intérieur du **Petrified Forest National Park.** Il vaut donc mieux entreprendre ses randonnées en début ou en fin de journée. Vous ne trouverez de l'eau qu'aux centres d'accueil des visiteurs situés aux extrémités nord et sud du parc; prévoyez-en donc une provision suffisante.

La **Crystal Forest Interpretive Trail** *(0,8 km)*, qui décrit une boucle à partir de la halte de la Crystal Forest sur la route de 45 km qui fait le tour du parc, conduit à la plus forte concentration de bois pétrifié du territoire. Vous verrez à quel point ces anciens arbres pouvaient être hauts (jusqu'à 52 m) et apprécierez la variété des couleurs qui se forment lorsque les cellules ligneuses se cristallisent.

La **Blue Mesa Hike** *(1,6 km)*, qui constitue une introduction à la formation géologique de Chinle, se présente comme une boucle d'interprétation parcourant de merveilleuses collines stratifiées de bleu, de gris et de blanc. Des panneaux installés en bordure de la piste expliquent la formation et l'érosion actuelle de ces collines.

La piste des **Flattops** *(sans limite)* descend des plateaux de grès sur quelques centaines de mètres pour atteindre les crêtes de Puerco et d'autres secteurs de la sauvage Rainbow Forest (plus de 4 000 ha), à l'extrémité sud-est du parc. Un sentier de 400 m vous conduit sur les lieux, après quoi vous êtes laissé à vous-même; libre à vous d'explorer à votre guise ces vastes badlands d'argile et de limon gris et bruns, ponctuées de panoramas imprenables au détour de chaque colline. Vous pouvez gratuitement vous procurer les permis nécessaires pour parcourir ces régions sauvages au centre d'accueil des visiteurs, et vous pouvez y rester jusqu'à 14 jours.

La piste du **Painted Desert Wilderness Area** *(sans limite)* débute au Kachina Point, à l'extrémité nord du parc. Un court sentier descend de quelque 120 m, puis vous lâche à travers des badlands striées de rouge et de blanc couvrant environ 14 000 ha, et sans végétation aucune. Notez que le sol devient poisseux lorsqu'il est mouillé. Les permis d'exploration sont gratuits et peuvent s'obtenir aux centres d'accueil des visiteurs qui se trouvent à chaque extrémité du parc.

Les pistes du centre de la réserve navajo

La seule piste du **Canyon de Chelly** accessible aux visiteurs non accompagnés d'un guide est la **White House Ruin Trail** *(2 km)* et part de la borne des 10,3 km de la South Rim Drive. Ce sentier tout en montées et en descentes contourne des formations de grès rouge, traverse des plaines alluvionnaires sablonneuses (vous devrez franchir le Chinle Creek à gué durant la saison des pluies; prévoyez donc des chaussettes de rechange) et aboutit à un village en maçonnerie ombragé par des cotonniers. Il ne subsiste de cet ancien complexe que 60 pièces au niveau du sol, auxquelles s'ajoutent une dizaine d'autres perchées dans une alcôve de la falaise, un peu plus haut.

Des randonnées gratuites de durée variable sont organisées dans le canyon par les rangers entre 9 h et midi (pratiquement tous les jours) au départ du centre d'accueil des visiteurs. Vous pouvez également retenir les services d'un guide navajo (toujours au centre d'accueil) pour de courtes ou longues randonnées dans le canyon.

La randonnée pédestre en solitaire n'est pas permise dans la **Monument Valley**, de sorte que vous devez engager un guide navajo, quelle que soit la durée de votre marche. Adressez-vous au centre d'accueil des visiteurs *(☎ 801-727-3287)* ou à Fred Cly *(☎ 801-727-3283)*, particulièrement expérimenté et réputé pour vous donner les meilleurs angles photographiques aux meilleurs moments de la journée.

Parmi les pistes du **Navajo National Monument**, mentionnons la **Sandal Trail** *(0,8 km)*, une promenade autoguidée en terrain relativement plat jusqu'au promontoire des ruines de Betatakin (n'oubliez pas vos jumelles). La randonnée que conduisent les rangers jusqu'aux **ruines de Betatakin** *(4 km)* s'avère plutôt exigeante, puisqu'il faut gravir et redescendre 700 marches! Mais le jeu en vaut la chandelle, ne serait-ce que pour le segment traversant le fond du canyon de Tsegi. Le service des parcs nationaux organise trois groupes de 24 personnes par jour entre mai et septembre; prenez vos jetons au centre d'accueil des visiteurs (premier arrivé, premier servi).

La piste qui conduit à **Keet Seel** *(13 km)*, les plus importantes ruines anasazis de l'Arizona (160 pièces datant de 950 à 1300 ap. J.-C.), est ouverte aux visiteurs pour de longues fins de semaine entre mai et septembre. Une grande partie du tracé s'avère sablonneux, ce qui rend la marche assez fatiguante. Vous ne pouvez coucher qu'une nuit, et seulement 20 personnes sont admises chaque jour. Vous devez réserver 60 jours à l'avance, en composant le ☎ 602-671-2366, à moins que vous ne préfériez prendre la chance de vous rendre directement sur place pour voir s'il n'y pas eu d'annulations.

Hébergement

Hébergement du sud du pays navajo

À Holbrook, on ne manquera pas d'apercevoir 15 structures en stuc blanc de style wigwam d'allure pour le moins étonnante, quoique fidèle à la tradition kitsch qui a fait la renommée de la route 66. Cet ensemble forme un des motels les plus originaux au monde, le **Wigwam Motel and Curios** *($; 811 West Hopi Drive, Holbrook, ☎ 602-524-3048)*, sans doute un des endroits les plus amusants où vous aurez jamais logé. Construit en 1950 par Chester Lewis, il faisait à l'origine partie d'une chaîne de six autres motels semblables, situés dans différentes villes, et dont un seul autre subsiste encore aujourd'hui; les enfants et les petits-enfants de Lewis ont rénové les deux survivants et continuent de les exploiter. À l'intérieur de chaque wigwam, rideaux et couvre-lits rouges à carreaux assortis s'harmonisent au mobilier de noyer blanc d'origine, entièrement fait à la main. Des scènes du film *Dark Wind* de Tony Hillerman y furent tournées en 1990, et l'on ne vous demandera aucun supplément pour les vibrations berçantes des trains qui passent tout près la nuit.

Toujours à Holbrook, on trouve un autre **Adobe Inn** *($-$$; ≈; 615 West Hopi Drive, Holbrook, ☎ 602-524-3948)*, faisant également partie de la chaîne Best Western et disposant, celui-là, de 54 chambres modernes.

L'**Arizonian Inn** *($-$$; ≈; 2508 East Navajo Boulevard, Holbrook, ☎ 602-524-2611)*, un autre Best Western, propose 70 chambres modernes.

Les deux meilleurs hôtels de Winslow appartiennent à la chaîne Best Western. L'**Adobe Inn** *($$; ≈; 1701 North Park Drive, Winslow, ☎ 602-289-4638)* compte 72 chambres réparties sur deux étages et décorées de façon contemporaine, de même qu'un café. Le **Town House Lodge** *($$; West Route 66, Winslow, ☎ 602-289-4611)* propose quant à lui 68 chambres au mobilier moderne et un service de buanderie.

■ Hébergement de l'ouest du pays navajo

En pays navajo et hopi, l'hébergement est somme toute rare. On ne compte en effet, sur un territoire de la taille du Massachusetts, qu'à peine 600 chambres; il n'y a donc rien d'étonnant à ce que les motels des réserves affichent complet presque tous les soirs entre le Memorial Day et la fête du Travail (fin mai à début octobre). Si jamais vous êtes coincé, les villes limitrophes (Holbrook, Winslow et Flagstaff) disposent généralement de chambres libres; retenez toutefois qu'il leur arrive aussi d'afficher complet, surtout les fins de semaine et à l'occasion d'événements spéciaux.

Les étudiants de la Tuba City's Greyhills High School apprennent la gestion hôtelière en exploitant le **Greyhills Inn** *($; bc; 60 Warrior Drive, Tuba City, au nord-est de Bashas sur la route 160, ☎ 602-283-6271)*, la moitié des lieux servant d'auberge de jeunesse, membre de l'American Youth Hostel. Ouverte toute l'année aux gens de tout âge, l'auberge dispose de chambres confortables au sol recouvert de moquette et au mobilier Hyatt de seconde main. Les hôtes partagent une salle de télévision commune et, moyennant un coût minime, peuvent prendre part aux repas des étudiants navajos dans leur cafétéria. Pour des raisons de sécurité, les portes sont verrouillées à minuit, de sorte que vous devez prévenir la réception si vous comptez rentrer plus tard.

Le **Cameron Trading Post and Motel** *($-$$; Route 89, Cameron, 48 km à l'est de l'entrée est du Grand Canyon et 80 km au nord de Flagstaff, ☎ 602-679-2231)* compte parmi les endroits les plus fréquentés en terre indienne. Ce petit poste isolé de 45 ha appartient à des intérêts privés et repose sur un promontoire dominant les premières formations orientales du Grand Canyon. De 6 h à 22 h, ce comptoir commercial accueille une foule de touristes et de Navajos qui s'y pressent pour faire des achats, dîner, prendre leur courrier ou s'y procurer de tout et de rien, des semences au foin en balle. Ce sont toutefois surtout les touristes qui passent la nuit dans l'une ou l'autre de ses 45 chambres, réparties sur deux étages dans un bâtiment construit en 1916 et arborant une architecture où se marient la pierre locale et le bois (style appelé tantôt «Pueblo», tantôt «victorien territorial»), comme d'ailleurs le reste du complexe. Les chambres se veulent un peu plus originales que dans les autres établissements de la réserve.

Têtes de lit rembourrées, couvre-lits et tentures marron de style Santa Fe agrémentent les 112 chambres du bâtiment en parpaing qu'est l'**Anasazi**

Inn *($$; ≈; Route 89, Gray Mountain, ☎ 602-679-2214)*. Il se targue de posséder la seule piscine de toute la Western Navajo Reservation.

À côté de l'historique Tuba Trading Post, de forme octogonale, se dresse l'agréable **Tuba City Motel** *($$; Main Street, Tuba City, ☎ 602-283-4545)*, entouré de pelouses et garni, à l'intérieur, de tapis sarcelle et de meubles sculptés à la main à la façon du Sud-Ouest. On y trouve 80 chambres.

■ Hébergement du pays hopi

Le **Keams Canyon Motel** *($; Route 264, ☎ 602-738-2297)* se compose d'anciennes maisons mobiles. Ses 20 unités sont quelque peu déprimantes (rideaux défraîchis, boiseries égratignées et tapis tachés), mais néanmoins propres. En raison de leur faible coût, elles sont souvent toutes occupées pendant l'été.

La deuxième mesa possède le seul complexe touristique appartenant à des intérêts hopis, conçu par l'architecte arizonien Benny Gonzales, d'ailleurs récipiendaire d'un prix pour son œuvre. On y trouve les 33 chambres du **Hopi Cultural Center Motel** *($$; tv; route 264, ☎ 602-734-2401)*, dotées de murs blancs, de meubles en bois clair, parmi lesquels un secrétaire et une table de toilette, d'une moquette vieux rose et de motifs indiens. Assurez-vous que votre porte de chambre ferme à clé, car la sécurité a parfois tendance à se relâcher.

■ Hébergement du centre du pays navajo

Le seul motel de propriété tribale en pays navajo, le **Navajo Nation Inn** *($$; 48 West Route 264, Window Rock, ☎ 602-871-4108)* accueille une clientèle de politiciens et d'hommes d'affaires navajos en complet trois-pièces, mais aussi de cow-boys coiffés du chapeau noir caractéristique de la réserve. Ses 56 chambres sont joliment garnies de moquette turquoise, de meubles en bois façon Sud-Ouest ainsi que de tentures et de couvre-lits assortis à motifs ruraux traditionnels.

Une sorte de parc sert de décor à l'historique **Thunderbird Lodge** *($$; 400 m au sud-est du centre d'accueil des visiteurs du Canyon de Chelly National Monument, Chinle, ☎ 602-674-5841)*, bâti de pierres selon le style Pueblo. Ses 90 chambres d'adobes harmonisent merveilleusement les traditions architecturales du Sud-Ouest et de la nation navajo, et chacune d'elles arbore des gravures amérindiennes. Situé à une courte distance de marche de l'entrée du Canyon de Chelly, cet établissement possède en outre une boutique de souvenirs et une cafétéria.

Le **Canyon de Chelly Motel** *($$; ≈; une rue à l'est de la route 191 sur la route 7, Chinle, ☎ 602-674-5875)* fait oublier son architecture terne en offrant la seule piscine de Chinle (intérieure, et réservée aux clients du motel). On y trouve 102 chambres, dont certaines destinées aux non-fumeurs.

La seule entreprise de toute la réserve navajo qui vous permette de vivre une expérience de séjour en milieu rural au sein d'une famille autochtone étendue se nomme **Coyote Pass Hospitality : Hogan Bed and Breakfast** *($$; près de Tsaile, ☎ 602-724-3383)*. Vous dormirez dans une authentique hutte de Peau-Rouge en rondins au sol de terre battue et utiliserez les cabinets extérieurs à l'ancienne. Plusieurs savants, artistes et autres curieux désirant échapper à la monotonie des lieux d'hébergement habituels ont trouvé ici un véritable refuge. Possibilités d'excursions spéciales vers des points retirés parmi les plus appréciés des visiteurs.

Hébergement du nord du pays navajo

Le **Wetherill Inn** *($$; route 163, à 1,6 km au nord de la route 160, Kayenta, ☎ 602-697-3231)* propose 54 chambres spacieuses pourvues de meubles foncés, de fauteuils rembourrées, de couvre-lits marron et noir et de tentures assorties à la mode du Sud-Ouest.

L'**Anasazi Inn at Tsegi Canyon** *($$; 16 km au nord de Kayenta sur la route 160, ☎ 602-697-3793)* dispose de 52 chambres jouissant de la vue sur le canyon et représente le lieu d'hébergement le plus rapproché du Navajo National Monument.

Des autocars entiers de touristes français, allemands, italiens et japonais convergent vers le **Holiday Inn Kayenta** *($$$; bp, ≈; route 160, tout juste à l'ouest de la route 163, Kayenta, ☎ 602-697-3221)*. Les 160 chambres de cet ensemble de bâtiments en adobe de deux étages renferment des meubles en cerisier, des fauteuils rembourrés et de spacieuses salles de bain; une moquette à motifs floraux recouvre le sol des couloirs.

Le **Gouldings Lodge** *($$$; ≈; 10 km à l'est du parc tribal, Monument Valley, Utah, ☎ 801-727-3231)*, qui constitue le seul lieu d'hébergement de la Monument Valley à proprement parler, tire pleinement parti du panorama qui l'entoure. Ouvert depuis les années vingt, chacune de ses 62 chambres est équipée d'une porte-fenêtre donnant sur un balcon privé d'où vous pourrez contempler les Mitten Buttes. La piscine intérieure est réservée aux seuls clients de la maison.

Restaurants

Les restaurants du sud du pays navajo

Vous ne trouverez guère de quoi vous émerveiller sur le plan gastronomique dans le sud de la réserve navajo.

Glorifié par tous les journaux de New York à San Francisco, le **Casa Blanca Café** *($; 1201 East 2nd Street, Winslow, ☎ 602-289-4191)* est surtout réputé pour ses *tacos*, ses *chimichangas*, ses *nachos* et ses hamburgers. Vous pourrez vous asseoir à une table conventionnelle ou sur une banquette dans un décor de céramique et de cactus en paniers. Des ventilateurs de plafond rafraîchissent quelque peu l'air.

Au **Falcon Restaurant** *($$; 1113 East 3rd Street, Winslow, ☎ 602-289-2342)*, vous pourrez prendre place sur les tabourets pivotants qui bordent le comptoir ou sur une des banquettes. Il s'agit d'un bâtiment de stuc brun dont la salle intérieure arbore la seule murale grecque de tout le pays navajo. Menu de steaks, de poulet, de dinde rôtie et de fruits de mer.

Au **Gabrielle Pancake and Steak House** *($$; 918 East 2nd Street, Winslow, ☎ 602-289-2508)*, des photographies du Painted Desert et un quatuor d'horloges en forme de crêpes donnent le ton. Ce petit café au revêtement de bardeaux quelque peu délabré dispose lui aussi d'un choix de tables et de banquettes. Quant au menu, il affiche surtout les steaks, les fruits de mer et les tartes maison.

L'**Aguilera's Restaurant** *($$; 200 Navajo Boulevard, Holbrook, ☎ 602-524-3806)* sert d'énormes portions de mets mexicains et américains à l'intérieur d'une petite salle à manger recouverte de moquette et décorée d'images de taureaux et de bisons errants. Le bâtiment lui-même est couleur d'adobe, et des ventilateurs de plafond détendent l'atmosphère.

The Plainsman *($$; 1001 West Hopi Drive, Holbrook, ☎ 602-524-3345)* revêt une apparence du terroir avec ses murs en pierre. Pour un repas sans façon, installez-vous sur une banquette dans le petit café, et dégustez du foie aux oignons, des côtelettes de veau ou des sandwichs à la dinde. La salle à manger à proprement parler se veut un peu plus sophistiquée, et la Chambre de commerce locale s'y réunit une fois par mois. Parmi les plats les plus en demande, mentionnons le chateaubriand, la côte de bœuf, les cuisses de grenouille et la truite grillée.

Le **Roadrunner Café** *($$; 1501 East Navajo Boulevard, Holbrook, ☎ 602-524-2787)* propose de tout, des sandwichs au fromage grillé au rôti braisé, en passant par les incontournables biftecks. Tables et banquettes reposent sur une moquette, et des illustrations de plantes et de fleurs sauvages font revivre la nature du Sud-Ouest à l'intérieur des murs.

■ Les restaurants de l'ouest du pays navajo

À supposer que vous ne suiviez pas un régime faible en cholestérol, vous vivrez ici une aventure gastronomique à la hauteur des paysages hauts en couleur du territoire indien. Le pain frit est servi au déjeuner comme au dîner, avec des garnitures qui en font une sorte de *taco* navajo, en sandwich ou même en dessert, dégoulinant de miel. Parmi les autres spécialités de la région, retenons le ragoût de mouton, généralement proposé avec du maïs légèrement grillé, le bœuf haché aux haricots rouges et au piment, les mets mexicains, les hamburgers, les steaks et, au petit déjeuner, les croquettes arrosées de sauce brune. Notez que la prohibition a toujours cours en pays navajo et hopi, de sorte qu'il est strictement défendu d'y introduire ou d'y boire quelque boisson alcoolisée que ce soit.

Le **Gray Mountain Restaurant** *($-$$; Route 89, Gray Mountain, ☎ 602-679-2214)* affiche un décor kitsch du Sud-Ouest, rehaussé d'objets tels que, par exemple, un squelette de vache couvert de turquoises. Les plats principaux (hamburgers, filets de poulet frits, flétan, steak au poivre) s'accompagnent d'une soupe ou d'une salade, de petits pains chauds, d'une pomme de terre au four, de haricots ou de frites et de sauce piquante.

Le **Cameron Trading Post Restaurant** *($-$$; Route 89, Cameron, ☎ 602-679-2231)* se présente comme une agréable surprise. Une fois à l'intérieur du comptoir commercial, dont le plafond bas strié de poutres apparentes est tout à fait caractéristique, vous pénétrerez dans une vaste salle entourée de fenêtres donnant sur la rivière Little Colorado. Les tables et les chaises sont de chêne sculpté, et les motifs du plafond couvert de carrés d'étain pressé produisent des reflets argentés. Parmi les 41 choix de petits déjeuners, il faut retenir le *taco* navajo servi avec des œufs, les *huevos rancheros* (œufs brouillés avec poivrons et tomates) et les brioches chaudes. Au dîner, essayez le poisson frit, le poulet ou les biftecks.

Le **Poncho's Family Restaurant** *($$; Main Street, Tuba City, ☎ 602-283-5260)* propose des dîners de bifteck et de crevettes, de jambon rôti à la mode de la Virginie, de veau pané nappé de sauce brune, de *tacos* navajos et de mets mexicains dans un décor de boiseries et de poutres apparentes. Notez au passage les grandes photos historiques de Charles H. Algert, pionnier, commerçant et fondateur du Tuba Trading Post, et de Tuba, un chef hopi immortalisé les bras croisés.

■ Les restaurants du pays hopi

Le **Second Mesa Nova-Ki** *($; ☎ 602-737-2525)*, voisin du supermarché Secakuku, prépare des plats de bœuf haché, des côtelettes de porc grillées et des mets mexicains, servis sur des tables à nappe bleue entre quatre murs mauves rehaussés de tableaux amérindiens.

Lieu de rendez-vous par excellence des Hopis, le **Hopi Cultural Center Restaurant** *($-$$; Route 264, deuxième mesa, ☎ 602-734-2401)* apprête des spécialités locales à tous les repas, dans un décor de robustes tables et chaises en bois sculpté sous un plafond aux poutres apparentes. Au petit déjeuner, choix de crêpes au maïs bleu, de flocons de maïs bleu arrosés de lait, et de pains frits. Au déjeuner comme au dîner : Nok Qui Vi (ragoût traditionnel de maïs et d'agneau, accompagné de piments verts rôtis et de pain frit), biftecks, poulet et crevettes, sans oublier le gâteau sablé aux fraises.

Des murales illustrant la vie hopi sur les mesas ornent l'extérieur du **Keams Canyon Café** *($$; Route 264, Keams Canyon, ☎ 602-738-2296)*. Ce petit restaurant tout simple propose néanmoins, au dîner, du filet mignon, du bifteck avec un os en «T», du rôti de bœuf, des côtes levées sauce barbecue et des *enchiladas*, le tout servi aux tables en stratifié.

■ Les restaurants du centre du pays navajo

Le **Café Sage** *($; à l'intérieur du Sage Memorial Hospital, ☎ 602-755-3411; prenez à droite 0,8 km à l'est de Hubbell's sur la route 264)*, qui occupe un bâtiment de deux étages en stuc marron ayant autrefois servi de campus universitaire au Presbyterian College, accueille les touristes dans la cafétéria de la Navajo Nation Health Foundation. Les spécialités proposées au dîner peuvent comprendre des tortellinis et du poulet accompagnés de légumes et de pain à l'ail.

Le **Tuller Café** *($; du côté sud de la route 264, St. Michaels, ☎ 602-871-4687)* se trouve dans une caravane tout juste assez large pour accueillir deux rangées de banquettes bleu ciel. Le menu affiche du pain de viande, des côtelettes de porc, des sandwichs navajos, du ragoût navajo et la goulache de Homer (macaroni, viande, poivrons verts et tomates), servis avec du pain à l'ail.

Le **Junction Restaurant** *($-$$; à côté du Canyon de Chelly Motel, une rue à l'est de la route 191, sur la route navajo n° 7, ☎ 602-674-8443)* est un des deux seuls restaurants de Chinle où l'on offre le service aux tables. Un mélange de banquettes pêche et bleues et de tables en bois clair forment le décor. Le menu affiche un peu de tout, des *huevos rancheros* aux croquettes en sauce au petit déjeuner, et du crabe Louis aux sandwichs chauds au déjeuner, sans oublier les spécialités mexicaines servies au dîner.

La **salle à manger du Navajo Nation Inn** *($$; à la jonction des routes 264 et 12, Window Rock, ☎ 602-871-4108)*, moderne et spacieuse, constitue le plus gros restaurant de la capitale navajo. Elle peut recevoir 250 personnes dans un décor rehaussé d'œuvres d'art navajos. Parmi les choix au menu, mentionnons le poulet, les biftecks, les sandwichs navajos, les *navajoburgers*, le ragoût de bœuf, la ratatouille de légumes et, à l'occasion, le buffet de mouton. Notez qu'à l'heure du déjeuner, le restaurant est toujours bondé, car nombre de politiciens des administrations tribales voisines viennent y prendre leur repas.

Le **Thunderbird Restaurant** *($$; Thunderbird Lodge, près du Canyon de Chelly Monument, Chinle, ☎ 602-674-5841)*, qui occupe les locaux du comptoir commercial construit en 1902 par Samuel Day, propose une demi-douzaine de plats de style cafétéria à chaque repas. Le menu est assez varié et change quelque peu d'une journée à l'autre. Choix de tables conventionnelles et de banquettes entourées d'artisanat navajo de toute première qualité (les pièces sont à vendre).

■ Les restaurants du nord du pays navajo

El Capitan Café *($; route 160, immédiatement à l'est de la route 163, Kayenta, 602-697-8560)*, dont le propriétaire et les employés sont navajos, se révèle populaire auprès des gens du coin, y compris des policiers navajos. On y vient surtout pour les *tacos* indiens et le ragoût de mouton.

Le **Golden Sands Café** *($; à côté du Wetherill Inn sur la route 163, 1,5 km au nord de la route 160, Kayenta, 602-697-3684)* se distingue par son architecture de saloon du Far West. À l'intérieur, des lampes en forme de roues de chariot, des diligences miniatures et d'autres souvenirs d'un passé mémorable composent le décor. Au petit déjeuner, on sert des gaufres aux fraises et des crêpes aux bleuets, alors qu'au dîner bifteck de côte, poulet barbecue, côtelettes de veau et foie aux oignons prennent la relève.

Une porte semblable à celle qu'on trouve devant les huttes de Peaux-Rouges donne d'emblée le ton au **Holiday Inn Restaurant** *($$; route 160, immédiatement à l'ouest de la route 163, Kayenta, 602-697-3221)*, à l'intérieur duquel on peut admirer des murs de style anasazi et des paravents ornés de «peintures de sable». Les tables pour quatre et les chaises assorties sont en rotin. Au petit déjeuner, les clients pressés peuvent se servir au buffet; au déjeuner, vous aurez le choix entre la table à salades, les plats de bœuf haché, les sandwichs et les *tacos* navajos, auxquels s'ajoutent, pour le dîner, des plats de viande et de poisson.

Gai, animé et bondé, l'**Amigo** *($$; du côté est de la route 163, environ 1,5 km au nord de la route 160, Kayenta, 602-697-8448)* propose des mets mexicains, américains et navajos, tous plus frais les uns que les autres (rien de ce que vous mangerez ici ne provient d'une boîte de conserve). Très fréquenté par les gens du coin.

Au **Stage Coach Dining Room** *($$; Gouldings Lodge, près de la Monument Valley, 801-727-3231)*, une salle à manger sur trois niveaux aménagée en bordure de la falaise permet de profiter pleinement des panoramas de la Monument Valley. Cette ancienne cafétéria entièrement rénovée et agrandie vers la fin des années quatre-vingt offre désormais le service aux tables. Les banquettes et les tables pêche et ambre brûlé s'harmonisent très bien à l'époustouflant décor de grès qui s'étend à l'extérieur. Le gigot d'agneau est particulièrement apprécié et, au dessert, pourquoi ne pas vous laisser tenter par une tarte aux pacanes ou à la citrouille, à moins que vous ne préfériez un gâteau fondant au chocolat accompagné de crème glacée? Il y a aussi une table à salades, et l'on sert du vin et de la bière non alcoolisés.

Le menu typiquement américain de l'**Anasazi Inn Café** *($$; Route 160, 16 km à l'ouest de Kayenta, ☎ 602-697-3793)* comprend des plats de bœuf haché, des biftecks, du poulet et quelques spécialités navajos.

Sorties

■ Les établissements du sud du pays navajo

Sachez qu'il ne se passe pas grand-chose par ici et que les options d'activités nocturnes restent plutôt limitées.

Le **Tumbleweed Lounge** *(1400 East 3rd Street, Winslow, ☎ 602-289-5213)* est la plus nouvelle boîte de nuit de Winslow et attire d'ailleurs le plus grand nombre de gens. Poèmes westerns mis en musique et accompagnés à la guitare pour les âmes nostalgiques en mal d'amour et de réconfort.

Au **Young's Corral Bar** *(865 East Navajo Boulevard, Holbrook, ☎ 602-524-1875)*, il y a toujours de l'action les fins de semaine, mais encore une fois sur des rythmes country-western.

Magasinage

■ Où magasiner dans le sud du pays navajo?

Fondée en 1903, la **Bruchman's Gallery** *(113 West 2nd Street, Winslow, ☎ 602-289-3831)* expose des œuvres amérindiennes, aussi bien artisanales qu'artistiques : fétiches, poupées hopis en bois sculpté *(kachinas)*, bijoux navajos, tambours, des pièces murales, des couvertures de selle, des paniers et des poteries rares.

Linda's Indian Arts and Crafts *(405 Navajo Boulevard, Holbrook, ☎ 602-524-2500)* dispose, malgré la petite taille de ses locaux, d'un bon choix de bijoux et d'objets artisanaux autochtones.

McGee's Beyond Native Tradition *(2114 East Navajo Boulevard, Holbrook, ☎ 602-524-1977)* possède le plus vaste choix d'œuvres amérindiennes artisanales et artistiques de qualité, et vend aussi bien des bijoux hopis que des couvertures et des tambours navajos.

Le **Nakai Indian Cultural Center** *(357 Navajo Boulevard, Holbrook, ☎ 602-524-2329)*, en affaires depuis plus de 25 ans, propose également des produits indiens de qualité supérieure, de même que des bijoux fabriqués sur place.

Vous trouverez d'autres bijoux, *kachinas*, paniers et pièces artisanales chez **Tribal Treasures** *(811 West Hopi Drive, Holbrook, ☎ 602-524-2847)*.

Le **Painted Desert Visitor Center Gift Shop** *(Route 40, à l'entrée du Petrified Forest National Park, ☎ 602-524-6228)* vend du bois pétrifié à l'état naturel ou poli, des plus petits spécimens aux plaques et blocs les plus gros, sans oublier d'autres joyaux, de l'artisanat et des curiosités indiennes.

Environ 3 km plus loin, au sous-sol d'un chalet rénové des années trente, le **Painted Desert Inn Shop** *(☎ 602-524-2550)* renferme une librairie et une boutique de souvenirs. Ouvrages sur le Sud-Ouest américain, artisanat et curiosités.

Derrière les étalages de marchandises diverses et d'enregistrements vidéo du **R.B. Burnham & Co. Trading Post** *(route 191, à l'intersection de la route 40, Sanders, ☎ 602-688-2777)* se trouve une pièce remplie d'étoffes teintes avec des pigments naturels. Derrière cette pièce, il y a également un sanctuaire de l'artisanat hopi et navajo. On y vend des tapis navajos de la meilleure qualité, de superbes meubles en bois sculpté et revêtus de tissus navajos, de même qu'une foule d'objets d'art et d'artisanat amérindiens. La seule visite des lieux vaut le détour.

■ Où magasiner dans l'ouest du pays navajo?

En affaires depuis plus d'un demi-siècle, le **Sacred Mountain Trading Post** *(Route 89, 37 km au nord de Flagstaff, ☎ 602-679-2255)* écoule souvent des poteries navajos émaillées dignes des meilleurs musées. On y trouve en outre des perles de verre et tout l'équipement nécessaire pour en faire des assemblages, mais aussi des poteries hopis, des *kachinas* et des paniers navajos et paiutes.

Le **Cameron Trading Post** *(Route 89, Cameron, ☎ 602-679-2231)*, construit de pierres en 1916, est une sorte de grand magasin d'artisanat indien et renferme un bon choix de presque tout ce qu'on peut désirer se procurer, qu'il s'agisse de tapis navajos, de bijoux de toutes les tribus du Sud-Ouest, de *kachinas*, de «peintures de sable», de paniers ou de poteries. La **Cameron Gallery** *(adjacente au comptoir commercial)* dispose, quant à elle, des pièces les plus coûteuses, des tissages indiens aux paniers apaches, en passant par les assemblages de perles de verre, les armes et les vêtements de cérémonie.

Le **Tuba Trading Post** *(angle Main Street et Moenave Avenue, Tuba City, ☎ 602-283-5441)* met l'accent sur les tapis navajos, généralement à grands motifs illustrés. On y vend par ailleurs des *kachinas*, des bijoux et des couvertures Pendleton, celles-là même que les Indiens aiment s'offrir entre eux à l'occasion des naissances, des graduations et d'autres moments marquants de leur existence.

■ Où magasiner en pays hopi?

Le nombre de galeries et de boutiques hopis a littéralement doublé en bordure des routes depuis le début des années quatre-vingt-dix. Tenues par des familles, des groupes d'artistes ou des artisans réputés à l'échelle nationale, elles se trouvent toutes sur la route 264 ou à proximité de celle-ci.

Monongya Arts and Crafts *(troisième mesa)* possède de grandes salles remplies de bijoux, de poteries et de poupées sculptées *(kachinas)*.

Huit cents mètres plus à l'est, suivez les indications pour Old Oraibi jusqu'à **Old Oraibi Crafts**, où l'on se spécialise dans les *dawas* hopis (pièces murales tissées). Cette petite boutique aux poutres apparentes vend également des clowns hopis en chiffon.

Sur la route 264 en direction du sud, la **Calnimpetwa's Gallery** ressemble à une simple maison, mais à l'intérieur les vastes pièces aux murs blancs regorgent de paniers, de poteries et de bijoux de très grande qualité essentiellement fabriqués par les Hopis, les Navajos et les Santo Domingos. Plusieurs œuvres revêtent un caractère contemporain.

Poursuivez vers l'est, puis vers le sud sur la route de Kykotsmovi, que vous suivrez sur environ 0,8 km, et vous atteindrez **Hopi Kiva Indian Arts and Crafts** *(☎ 602-734-6667)*, une boutique spécialisée dans les bijoux, les *kachinas*, les poupées d'enfant et les pendants d'oreilles hopis.

La **Dawa-ki House of the Sun** *(0,4 km à l'ouest du Hopi Cultural Center, deuxième mesa, ☎ 602-734-9288)*, exploitée par une famille locale, vend de l'orfèvrerie, des *kachinas*, des poteries et des paniers en osier hopis. On peut souvent y voir les joailliers à l'œuvre.

Sur la deuxième mesa, à côté du Hopi Cultural Center, le **Hopi Arts and Crafts Cooperative Guild Shop** *(☎ 602-734-2463)*, qui occupe un bâtiment de style Pueblo, vend les œuvres de plus de 350 artisans hopis et présente souvent de nouveaux artistes. Vous y verrez de très beaux exemples d'artisanat à des prix raisonnables, aussi bien traditionnels que contemporains : paniers, pièces murales en osier, *kachinas*, anciennes poupées plates, bijoux en argent, châles tissés et crécelles. Le personnel connaît les meilleurs artisans dans chaque spécialité et sait où les trouver. On peut également admirer le travail des orfèvres à l'intérieur de la boutique.

Environ 2,5 km à l'est du Hopi Cultural Center, sur la gauche, arrêtez-vous chez **Tsakurshovi** *(☎ 602-734-2478)*. L'endroit n'a l'air de rien, mais il s'agit de la boutique la plus originale de toutes, offrant des fines herbes en bouquets, des racines de cotonnier, des peaux de renard, des sabots d'élan, de la peinture de guerre, des éventails utilisés au cours des danses indiennes et des *kachinas* du modèle le plus ancien, le tout dans un délicieux fatras de pièces artisanales et d'articles fort prisés des danseurs hopis.

La **Phil Sekaquaptewa's Gallery** *(1,5 km à l'est du Hopi Cultural Center, à côté du supermarché Secakuku, deuxième mesa, ☎ 602-737-2211)* expose les œuvres de huit artistes hopis : paniers en joyaux, *kachinas*, fétiches zunis et autres, de facture surtout contemporaine.

La **Honani Crafts Gallery** *(9 km à l'est du Hopi Cultural Center, ☎ 602-737-2238)*, dont les fenêtres sont ornées de vitraux représentant des danseurs hopis, vend les bijoux de 16 orfèvres venant des trois mesas, mais aussi des *kachinas*, des livres et des ceintures *conchos.*

Onze kilomètres plus loin, vous atteindrez la première mesa, où les résidants de Walpi vous accueilleront pour vous faire voir les *kachinas* et les poteries qu'ils fabriquent dans leur village, le plus pittoresque de toute la réserve hopi.

Trente-deux kilomètres plus à l'est, visitez la **McGee's Indian Art Gallery** *(Keams Canyon Trading Post, ☎ 602-738-2295)*, notoire pour ses murales illustrant la vie de village des Hopis. Une sélection soignée d'œuvres artisanales hopis et navajos est proposée : ceintures *conchos*, bijoux en argent, pièces murales en osier, *kachinas*, «peintures de sable», mocassins et tapis. Assurez-vous de visiter la pièce où l'on expose les plus belles réalisations.

■ Où magasiner dans le centre du pays navajo?

Ne manquez pas de faire une halte au **Hubbell Trading Post** *(Ganado, ☎ 602-755-3254)*, dont les murs de pierres bas, conservés à peu près intacts depuis 90 ans, renferment le meilleur choix qui soit de tapis navajos. On y trouve aussi plusieurs pièces remplies à craquer de bijoux, de poupées, de livres, de paniers et de cartes postales historiques.

La **Navajo Arts and Crafts Enterprise** *(dans le même bâtiment que le Navajo Nation Museum, Window Rock, ☎ 602-871-4095)* vend les œuvres de quelque 500 artisans navajos. Le choix est excellent, et il y a de tout en quantité, aussi bien des tapis de tous les styles que des bijoux et des poupées en chiffon.

Le **Thunderbird Lodge Gift Shop** *(Chinle, ☎ 602-674-5841)* dispose d'une belle sélection de tapis, dont plusieurs sont réalisés dans la région de Chinle, mais aussi de *kachinas*, de bijoux, de paniers et de divers souvenirs. Certaines des magnifiques œuvres qui ornent les murs de la cafétéria sont également à vendre.

■ Où magasiner dans le nord du pays navajo?

Le **Lee's Trading Post** *(à côté de l'épicerie Bashas, Tee h'indeeh Shopping Center, Kayenta, ☎ 602-697-8439)* vend des perles de verre, des poupées, du matériel d'artisanat, des couvertures Pendleton, des «peintures de sable», des collier de maïs, des *kachinas* et des bijoux.

Demandez à voir la salle d'artisanat de l'**Oljeto Trading Post** *(Oljeto, 16 km au nord-ouest de Gouldings, près de la Monument Valley, ☎ 602-727-3210)*, qui date de 1921. On vous conduira dans une sorte de musée poussiéreux rempli d'œuvres récentes, dont certaines sont à vendre alors que d'autres ne peuvent qu'être admirées. Vos meilleurs achats pourraient être les paniers de mariage navajos, les poteries locales et les berceaux en cèdre.

Le **Yellow Ribbon Gift Shop** *(fermé en hiver; dans l'enceinte du complexe Gouldings, Monument Valley, ☎ 602-727-3231)* présente des réalisations des tribus du Sud-Ouest et des souvenirs à la portée de toutes les bourses.

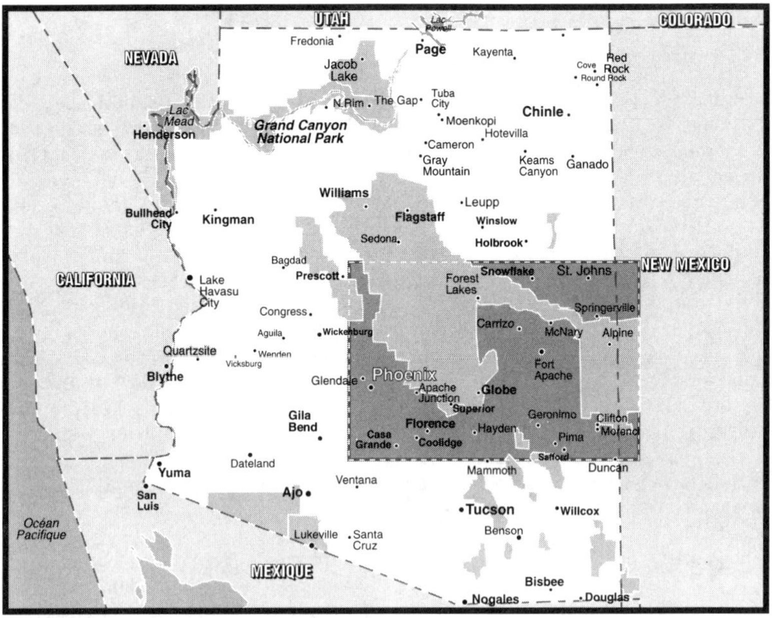

L'EST DE L'ARIZONA

Sans doute aucune autre région de l'État ne jouit-elle d'une aussi grande diversité géographique que l'est de l'Arizona. Les agglomérations urbaines apparemment sans fin de Phoenix, de Tempe et de Mesa cèdent ici rapidement le pas à des paysages à couper le souffle, qu'il s'agisse de jardins du désert, de canyons déchiquetés au fond desquels coulent des rivières, de vallons herbeux ou de denses forêts de pins. En explorant la région, vous découvrirez un large éventail d'activités récréatives, entre autres la pêche, la chasse, la randonnée pédestre et le ski. L'histoire n'y donne pas non plus sa place, visible dans les nombreuses ruines indiennes et les anciennes villes minières.

La voie terrestre de l'est de l'Arizona qui s'étend sur 327 km à l'est de Phoenix, le long des routes 89, 60 et 70 jusqu'à la frontière du Nouveau-Mexique, est connue sous le nom d'Old West Highway. Riche en histoire frontalière, elle retrace les pas de plusieurs personnages célèbres, de Coronado à Geronimo en passant par Billy le Kid.

Rattaché à l'ouest par Apache Junction, une banlieue grandissante de la région métropolitaine de Phoenix et une retraite hivernale pour des milliers de vacanciers cherchant à fuir les rigueurs de l'hiver, l'Old West Highway constitue par ailleurs le point de départ d'un détour panoramique le long de l'Apache Trail (Route 88). Les aventuriers modernes peuvent suivre cette piste à travers les Superstition Mountains jusqu'à la ville morte de Goldfield, entièrement reconstruite, et poursuivre leur route par une série de lacs alimentés par la rivière Salt avant d'atteindre le coloré Tortilla Flat, la Lost Dutchman's Mine (mine perdue du Hollandais) et, enfin, le barrage et le lac Theodore Roosevelt.

En continuant vers l'est sur l'Old West Highway, vous arriverez à Globe, une petite ville paisible qui a su conserver son cachet du XIXe siècle. L'Old West Highway s'aplanit à l'est de Globe, et la campagne devient plus aride au fur et à mesure que vous descendez vers les basses terres désertiques. Les monts Mescal, au sud, vous accompagnent jusqu'à la vallée de la rivière Gila, où les mesas et les buttes de la réserve apache de San Carlos se détachent sur fond d'azur.

La route 70 se sépare en effet de la route 60 à l'est de Globe pour traverser la pointe méridionale de la réserve apache, qui couvre une superficie de 728 400 ha et s'étend des White Mountains jusqu'à 3 km de Globe, puis, du nord au sud, du Mogollon Rim à la Coronado National Forest. On estime qu'environ 10 000 Apaches vivent sur la réserve, dont une grande partie est boisée et abrite des élans, des cerfs à queue noire, des dindons sauvages, des ours noirs et des pumas.

Au sud se dresse à l'horizon le mont Graham, un des plus hauts sommets arizoniens (3 267 m). Destination prisée des pêcheurs, des campeurs et des randonneurs, le mont Graham renferme également un observatoire international.

La route 70 déroule ensuite son ruban jusqu'à la petite ville de Safford, un important centre de commerce pour les nombreux cultivateurs de coton de la vallée de la rivière Gila. De Safford, l'Old West Highway coupe à travers la vallée pastorale de Duncan, ponctuée de champs de luzerne, de chevaux en train de paître et de petits ruisseaux à la limite orientale de l'Arizona. Duncan, la ville natale de la juge de la Cour suprême Sandra Day O'Connor, produit une abondance d'agates «de feu», une pierre semi-précieuse relativement rare qu'on peut ici cueillir à même le sol dans les zones désignées à cet effet par le Bureau of Land Management.

Au nord de Duncan, sur la route 191, apparaît la ville minière de Clifton, point d'ancrage méridional de la Coronado Trail, qui grimpe à travers l'Apache-Sitgreaves National Forest sur son parcours de 169 km jusqu'à Alpine, au cœur des «Alpes arizoniennes».

La Coronado Trail, ainsi nommée en l'honneur de l'explorateur espagnol parti à la recherche des sept cités d'or il y a de cela près de 500 ans, frise pratiquement la frontière de l'Arizona et du Nouveau-Mexique. La piste suit un tracé nord-sud qui se confond avec la route 191 entre St. Johns et Clifton, épousant les contours sinueux d'une route revêtue qui franchit des montagnes en dents de scie et de magnifiques forêts formant certains des paysages les plus spectaculaires du Sud-Ouest américain.

Les White Mountains révèlent, quant à elles, de hautes terres fraîches parsemées de lacs de pêche et tapissées de pins *ponderosa*, d'épinettes, de trembles et de sapins de Douglas. Au cœur de cette région nichent Pinetop-Lakeside, Show Low et Greer. On se rend surtout dans ce coin de pays pour profiter des grands espaces et se livrer à la pêche, au ski et à la randonnée pédestre, à moins que ce ne soit seulement pour pique-niquer sur un rocher, humer l'arôme des pins et admirer le chatoiement des eaux d'un lac sous l'effet de la brise.

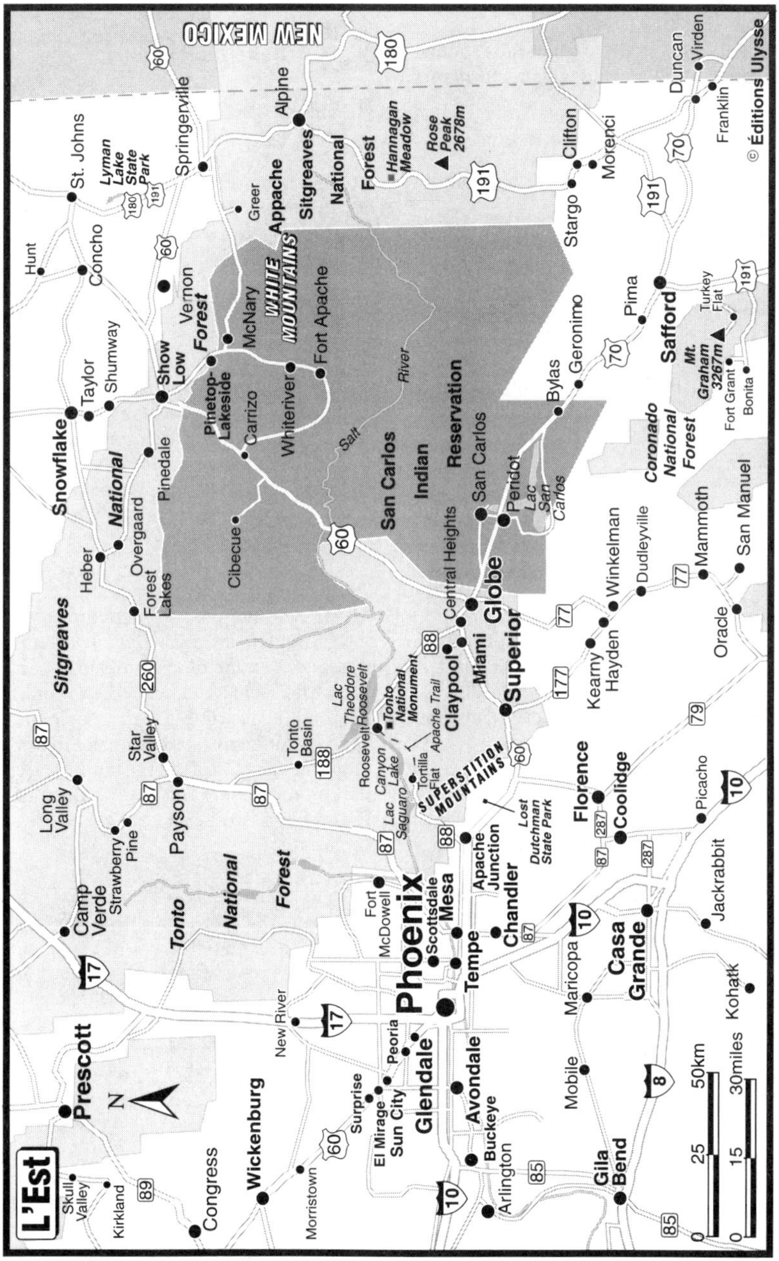
L'Est
NEW MEXICO
Prescott
Wickenburg
Congress
Skull Valley
Kirkland
Morristown
New River
Surprise
El Mirage
Sun City
Peoria
Glendale
Avondale
Buckeye
Arlington
Phoenix
Scottsdale
Tempe
Mesa
Chandler
Apache Junction
Fort McDowell
Camp Verde
Strawberry
Pine
Long Valley
Payson
Star Valley
Tonto National Forest
Tonto Basin
Roosevelt
Lac Theodore Roosevelt
Tonto National Monument
Apache Trail
Canyon Lake
Lac Saguaro
Tortilla Flat
SUPERSTITION MOUNTAINS
Lost Dutchman State Park
Claypool
Miami
Globe
Superior
Central Heights
San Carlos
Peridot
Lac San Carlos
Bylas
Geronimo
Pima
Safford
Mt. Graham 3267m
Turkey Flat
Fort Grant
Bonita
Coronado National Forest
Kearny
Hayden
Winkelman
Dudleyville
Mammoth
Oracle
San Manuel
Florence
Coolidge
Picacho
Casa Grande
Maricopa
Mobile
Gila Bend
Jackrabbit
Kohatk
Sitgreaves National Forest
Heber
Overgaard
Forest Lakes
Snowflake
Taylor
Shumway
Show Low
Pinedale
Pinetop-Lakeside
Carrizo
Cibecue
Whiteriver
Fort Apache
McNary
Vernon
WHITE MOUNTAINS
San Carlos Indian Reservation
Salt River
Hunt
Concho
St. Johns
Lyman Lake State Park
Springerville
Greer
Alpine
Apache Sitgreaves National Forest
Hannagan Meadow
Rose Peak 2678m
Clifton
Morenci
Stargo
Duncan
Virden
Franklin
0 25 50km
0 15 30miles
© Éditions Ulysse

Ces localités regorgent toutes de chalets, de petits restaurants économiques et de paysages époustouflants.

Pour s'y retrouver sans mal

En autocar

La gare routière de **Greyhound Bus Lines** la plus près des villes de la Coronado Trail se trouve à Safford *(1850 Thatcher Boulevard, ☎ 602-428-2150)*, à environ 50 km au sud-ouest de Clifton.

En voiture

Point d'ancrage occidental de l'Old West Highway, **Apache Junction** se trouve à une cinquantaine de kilomètres à l'est de Phoenix par la route 60. À son extrémité est, vous pourrez prendre l'Old West Highway à **Safford** en empruntant la route 191 au départ de **Clifton**, ou encore la route 70, qui franchit la frontière du Nouveau-Mexique jusqu'à Lordsburg. La route 180/191 relie les villes de St. Johns, Alpine et Clifton, toutes sur la Coronado Trail. Pour atteindre la région de **Pinetop-Lakeside** en partant de l'ouest, via la route 60, tournez sur la route 260 à **Show Low**. De l'est, la route 260 rejoint la route 180 à **Springerville**.

La location d'une voiture

Sur l'Old West Highway, vous pouvez louer une voiture chez **Cobre Valley Motors** *(Route 60, Globe, ☎ 602-425-4487)* ou au **Hatch Brothers Auto Center** *(1623 Thatcher Boulevard, Safford, ☎ 602-428-6000)*.

Attraits touristiques

Quoi voir dans la région d'Apache Junction?

Située au point de rencontre des routes 60, 88 et 89, Apache Junction repose dans une région de basses terres accidentées, à environ 50 km à l'est de Phoenix. Autrefois un mélange confus de bars, de motels et de stations-service brûlés par le soleil, elle s'est épanouie pour devenir une rustique ville-dortoir de la Vallée du Soleil et une destination courue par les vacanciers des régions plus nordiques, attirant quelque 35 000 visiteurs chaque hiver et faisant dire à un propriétaire de ranch local qu'il ne reste plus de pistes isolées à parcourir à cheval.

Une plaque commémorative au centre de la ville honore la mémoire d'un homme qu'on dit avoir découvert une mystérieuse mine d'or, baptisée la Lost Dutchman Gold Mine, mais qui est mort sans en avoir révélé l'emplacement. Apache Junction marque également le début de l'Apache Trail (Route 88), qui s'étire sur 77 km en se frayant un chemin à travers les monts Superstition.

Apache Junction a officiellement été fondée en 1922, lorsqu'un voyageur de commerce du nom de George Cleveland Curtis y planta une tente et entreprit de vendre des sandwichs et de l'eau aux voyageurs qui passaient par là. Un an plus tard, il soumit une demande de reconnaissance de propriété au gouvernement et construisit l'Apache Junction Inn. D'autres l'imitèrent bientôt, si bien qu'en 1950 la localité comptait suffisamment d'habitants pour former une petite ville. Ceux-ci choisirent de lui donner le nom de

Superstition City, mais comme il s'agissait d'un lieu historique, ils durent conserver celui d'Apache Junction.

Renseignez-vous sur l'histoire et les attraits de la région auprès de l'**Apache Junction Chamber of Commerce** *(P.O. Box 1747, Apache Junction, AZ 85219, ☎ 602-982-3141)*, à même de vous fournir plans et brochures.

Il ne se passe pas grand-chose en ville, si ce n'est à l'**Apacheland Western Town** *(Kings Ranch Road, tout juste en retrait de la route 60)*, une reconstitution de village ancien avec des constructions de l'Ouest d'antan, des promenades à cheval et en charrette, des mises en scène de cow-boys, des fusillades simulées, des chansons, des histoires, des légendes et des visites guidées. Si les structures en place vous semblent vaguement familières, c'est sans doute parce que vous les avez vues dans plusieurs films western et séries télévisées. Les lieux ont également été visités par des vedettes de cinéma et des personnalités politiques telles que Ronald Reagan, Glen Ford, Audie Murphy, Elvis Presley et James Stewart.

L'**Apache Trail**, soit la route 88 entre Apache Junction et le lac Theodore Roosevelt, couvre une distance d'environ 110 km (225 km aller-retour), et il vous faudra au moins trois heures pour en suivre le tracé sinueux d'un bout à l'autre. Passé les limites de la ville, la piste s'engage entre les cônes dacitiques des monts Superstition, formés il y a 20 millions d'années lorsque des tremblements de terre cataclysmiques et des éruptions volcaniques à grande échelle soulevèrent la croûte terrestre de plusieurs milliers de mètres et créèrent une dépression d'une largeur de 32 km. Le magma s'y infiltra et donna naissance aux monts Superstition.

Pour vous faire une idée de l'Ouest ancien, arrêtez-vous à **Goldfield Ghost Town** *(Route 88, à 6,5 km au nord d'Apache Junction, ☎ 602-983-0333)*, une ville morte qui connut son heure de gloire dans les années 1890, à l'époque où l'on découvrit de l'or au pied des monts Superstition. Les bâtiments de bois ravagés par le temps qui abritent un restaurant, un musée et une boutique d'antiquités paraissent tout à fait authentiques, mais il s'agit en réalité de reconstitutions datant de 1988. L'équipement minier et ferroviaire d'autrefois qui parsème les lieux est par contre d'origine, tout comme les pièces des vitrines du musée géologique et minier, et la mine souterraine, que vous pouvez visiter.

En continuant vers le nord sur la route 88, vous découvrirez un chapelet de lacs prenant leur source dans la rivière Salt, dont le Saguaro Lake, le Canyon Lake et l'Apache Lake. Le plus accessible est le **Canyon Lake**, qui s'étend sur 10,5 km en amont de la rivière au fond d'un profond canyon d'un seul tenant. Vous y trouverez des installations pour bateaux, des plages, des aires de pique-nique, un casse-croûte et des emplacements de camping, sans parler des activités récréatives, comme la pêche (achigan et vairon) et le ski nautique. Une réplique de bateau à roue arrière à deux ponts sillonne également les eaux du lac, prenant à son bord touristes et photographes.

En remontant le courant de la rivière, vous croiserez des géodes incrustées dans des murailles de roc, déposées là par des éruptions volcaniques il y a des millions d'années, avant d'atteindre **Tortilla Flat** *(à 27 km d'Apache*

Junction), qui compte en tout et pour tout six valeureux habitants. Ce village, qui compte parmi les derniers vestiges de l'Ouest d'antan, était jadis un point d'arrêt pour les diligences. On y trouvait alors une école, un magasin général, un restaurant-saloon, un hôtel et un bureau de poste pour une population totale d'environ 125 personnes. Aujourd'hui, seuls le magasin général, le bureau de poste et le restaurant subsistent.

À environ 8 km à l'est de Tortilla Flat, le revêtement de la route cède le pas à la terre et au gravier. Le chemin grimpe alors jusqu'au sommet de la Fish Creek Hill, qui offre une vue spectaculaire sur le canyon, tout en bas. En descendant la colline, il serpente à travers un gouffre étroit le long de l'Apache Lake et débouche enfin sur le **Theodore Roosevelt Dam** *(72 km à l'est d'Apache Junction)*. Terminé en 1911, ce barrage d'une hauteur de 85 m demeure le plus grand barrage en maçonnerie du monde, puisqu'il est entièrement construit de pierres de carrière. On s'affaire actuellement à lui ajouter une section en béton qui l'élèvera de 23 autres mètres, augmentant ainsi la capacité de son réservoir de 250 millions de mètres cubes. À 400 m en amont du barrage, un pont d'acier en arc de 305 m enjambe une partie du réservoir, le lac Roosevelt, offrant aux touristes et aux photographes une meilleure vue sur le barrage.

Une fois au barrage Roosevelt, vous pouvez retourner à Apache Junction ou continuer sur la route 88 (qui retrouve son revêtement) jusqu'au **Tonto National Monument** *(droits d'entrée; Route 88, Roosevelt, ☎ 602-467-2241)*, qui renferme des ruines d'habitations de type appartement utilisées par le peuple des Salados et qui constitue un des sites préhistoriques amérindiens les mieux conservés de tout l'État. Au centre d'accueil des visiteurs, vous pourrez admirer des outils et des objets artisanaux de ce peuple ancien et assister à une présentation audiovisuelle. Un des points forts du parc lui-même est un sentier de randonnée autoguidé de 0,8 km qui grimpe abruptement de 107 m pour atteindre les Basses Ruines, où l'on dénombre 19 pièces jadis occupées par les Indiens. Les Hautes Ruines, qui comptent 40 pièces, peuvent, quant à elles, être visitées de novembre à mai *(réservations préalables requises)*.

De retour sur la route 60, à environ 40 km à l'est d'Apache Junction et près du minuscule camp minier de Superior, s'étend le **Boyce Thompson Southwestern Arboretum** *(droits d'entrée; Route 60, ☎ 602-689-2811)*. Cette réserve édénique abrite plus de 1 500 spécimens végétaux, parmi lesquelles des cactus, des plantes grasses ainsi que des arbres et des arbustes n'ayant besoin que de très peu d'eau pour vivre. Y vivent aussi 200 espèces d'oiseaux et 40 espèces d'animaux sauvages, et des sentiers parcourent les 14 ha du parc, révélant tantôt des expositions en plein air et tantôt des bâtiments historiques. Un habitant de longue date de ces lieux, un eucalyptus à sève rouge haut de plus de 30 m dont le tronc fait 2,5 m de diamètre, fut planté en 1929 alors qu'il ne mesurait pas encore 2 m. Le centre d'accueil occupe une maison en pierre taillée des années vingt figurant au registre des monuments historiques de la nation. Également à voir, la **Clevenger House**, une cabane en pierre bâtie à flanc de colline, et la **Picket Post House** voisine, un manoir de 26 pièces construit par le magnat du cuivre William Boyce Thompson en 1927.

À l'est de l'arboretum, la route 60 grimpe graduellement à travers le col de Gonzales, jusqu'à ce que la Tonto National Forest remplace le désert. Cette route à deux voies serpente délicatement en épousant les contours du **Devils Canyon**, une région mystérieuse quoique pittoresque qui semble changer d'humeur au fur et à mesure que progresse le soleil dans sa course. À l'approche du crépuscule, au moment où les ombres s'étirent le plus, les formations granitiques revêtent l'aspect de trolls et de gnomes géants, et donnent l'impression de s'accroupir comme pour mieux bondir sur les automobilistes qui s'aventurent sur leur territoire. Le canyon et la route sont tous deux étroits, mais vous trouverez amplement d'endroits où vous arrêter pour photographier le paysage ou simplement vous imprégner de l'atmosphère des lieux.

■ Quoi voir à Globe?

À l'est du Devils Canyon, les monts Pinal dominent l'horizon jusqu'à ce que la silhouette de la vieille ville minière de Globe ne leur dispute la vedette. Cette paisible municipalité, jadis tout entière vouée à l'extraction du cuivre, voit ses collines émaillées de maisons victoriennes, et elle conserve un cachet de fin de XIXe siècle, entre autres grâce à sa rue principale à l'ancienne, où l'on trouve même un vieux magasin Woolworth. De plus, c'est ici que vous pourrez voir un des plus beaux sites archéologiques amérindiens de l'État.

Globe a vu le jour en tant que ville minière au cours des années 1860, lorsqu'on découvrit de l'argent sur la réserve apache. Elle tient d'ailleurs ce nom d'une pépite d'argent sphérique portant des marques qui font songer au contour des continents sur un globe terrestre. Après l'épuisement des mines d'argent, on y a découvert du cuivre, mais les mines de cuivre furent à leur tour fermées à l'époque de la Grande Dépression. Depuis, la ville s'endort tranquillement au soleil.

En entrant dans Globe par l'ouest, vous remarquerez de massives collines de terre délavée, vestiges des exploitations minières de la région. Ces amoncellements décolorés, qui s'étendent sur quelques kilomètres, sont le résultat des opérations qui consistaient à blanchir, à broyer, puis à fondre le minerai pour en extraire le cuivre. Tous les efforts en vue de faire reverdir ce paysage lunaire ont été vains, de sorte que les montagnes de résidus miniers conservent leur aspect, du moins jusqu'à ce qu'on invente de nouvelles techniques qui permettraient d'en extraire davantage de cuivre.

Toujours du côté ouest de la ville le long de la route 60, il y a cinq mines à visiter au passage. Parmi elles, la Pinto Valley Mine produit moins de 3 kg de cuivre par tonne de minerai, la Blue Bird Mine se targue d'avoir réussi la première extraction par solvant et électrolyse au monde, et la Sleeping Beauty Mine, qui a cessé de produire du cuivre en 1974 pour se convertir à l'extraction de la turquoise. Pour obtenir un plan de cette visite en voiture ou d'autres renseignements sur la région, arrêtez-vous à la **Greater Globe-Miami Chamber of Commerce** *(1360 North Broad Street, Globe, ☎ 602-425-4495)*. Informez-vous également de la visite du centre-ville et de l'emplacement exact des ruines archéologiques.

Le **Besh-Ba-Gowah Archaeological Park** *(droits d'entrée; Globe Community Center, Jess Hayes Road, Globe, ☎ 602-425-0320)* a été le lieu de résidence des Indiens Salados entre

1225 et 1400 ap. J.-C. Ils ont construit ici un grand *pueblo* de 300 pièces qui a dû loger de 300 à 400 personnes à l'époque. Des travaux d'excavation, de restructuration et de stabilisation du *pueblo* débutèrent en 1985, et l'on ouvrit le parc au public trois ans plus tard. Outre les impressionnantes ruines, le parc possède un centre d'accueil et un musée où sont exposés des objets fabriqués par les Indiens, des maquettes et des photographies du site. Il y a aussi un jardin botanique qui sert à illustrer l'usage que les Salados faisaient de la végétation environnante.

En quittant le parc archéologique, vous découvrirez une vue à vol d'oiseau sur la région en tournant à droite sur la Jess Hayes Road jusqu'à l'Ice House Canyon Road et au Kellner Canyon, où vous pourrez longer les contours des magnifiques sommets des monts Pinal sur environ 24 km. À 2 393 m d'altitude, vous passerez par une zone couverte de pins *ponderosa*, de fougères et de dense feuillage. En vous arrêtant n'importe où, vous aurez une vue majestueuse sur Globe et sur Miami (Arizona), du haut des promontoires.

En ville, l'aventure exubérante des premiers mineurs revit au **Gila County Historical Museum** *(Route 60, Globe, ☎ 602-425-7385)*, où sont exposés divers objets fabriqués, de l'équipement minier et des vestiges salados. Le musée occupe l'ancienne Old Dominion Mine Rescue and First Aid Station (poste de sauvetage et de premiers soins de l'ancienne mine Dominion).

L'**Old Dominion Mine** *(en face du musée, sur Broad Street, Globe)* permet de voir ce qu'il reste de ce qui fut jadis la plus riche mine de cuivre au monde. Dans les années trente, la chute du prix du cuivre et les infiltrations d'eau de plus en plus abondantes dans les puits de mine en forcèrent la fermeture. Aujourd'hui, la mine appartient à la Magma Copper Company, et elle constitue une importante source d'eau, essentielle à la survie des autres opérations de la compagnie dans la région.

La **Historic Gila County Courthouse** *(101 North Broad Street, Globe)* du centre-ville date de 1906. Cette imposante structure de grès et de briques, qui abritait jadis le Palais de Justice du comté, accueille aujourd'hui le Cobre Valley Center for the Arts et un petit théâtre. Gravissez-en les 26 marches de pierres et passez les grandes portes de bois sculpté pour découvrir ses planchers de bois dur et verni, ses passages en arc, ses salles grandioses à haut plafond et à hautes fenêtres, de même que son escalier rehaussé de rampes en cuivre et surplombé d'une lucarne.

Prenez aussi la peine de visiter le **Globe Elks Lodge** *(155 West Mesquite Avenue)*, le plus haut bâtiment de trois étages du pays, construit en 1910, l'ancienne **Gila County Jail** *(derrière la Gila County Courthouse)*, bâtie de béton armé en 1909 et renfermant des cellules de la Yuma Territorial Prison transportées jusqu'ici, ainsi que le **Gila Valley Bank and Trust Building** *(angle Mesquite Avenue et Broad Street)*, un exemple peu commun de style Beaux-Arts néoclassique à façade ocre-brune qui date de 1909. Cet édifice a abrité la première succursale de ce qui est aujourd'hui devenu la Valley National Bank.

Le **Country Corner Antique Store** *(383 South Hill Street, Globe)* servait d'épicerie et de magasin général lorsqu'il ouvrit en 1920. Si l'allure du bâtiment vous semble curieuse, c'est qu'on a voulu lui donner la forme de l'État de l'Arizona. Le **F.W. Woolworth** *(127 North Broad Street)* fait partie du Sultan Building, une structure en brique qui comptait deux étages au moment de sa construction en 1909. Tout à côté, le **Globe Theater** *(141 North Broad Street)*, de style Art déco, date de 1918, et les piliers qui soutiennent sa marquise sont revêtus de cuivre. À l'angle des rues Pine et Oak surgit l'***Engine No. 1774***, une des sept seules locomotives à vapeur de ce type qui existent encore, alors que 355 furent construites entre 1899 et 1901.

Globe sert en outre de tremplin commercial vers la **San Carlos Apache Reservation**, un territoire de 810 000 ha où vivent près de 5 000 Apaches. Inégale et isolée, verdoyante et rustique, cette terre accueille également dans leur habitat naturel des *javelinas*, des élans, des ours, des oiseaux aquatiques, des grouses, des cailles, des lapins et divers poissons d'eau douce. Camping, chasse et pêche y sont autorisés, à condition que vous déteniez un permis du Recreation and Wildlife Department *(☎ 602-475-2343)*.

■ Quoi voir dans la région de Safford?

Nichée au fond de la fertile vallée de la rivière Gila, **Safford** est un centre de commerce pour les nombreux cultivateurs de coton de la région, de même qu'un tremplin vers les activités de plein air de la Coronado National Forest. Immédiatement à l'ouest de la ville s'étendent les communautés adjacentes de Thatcher et de Pima. Ainsi nommée pour commémorer la visite de l'apôtre mormon Moses Thatcher un certain Noël, Thatcher est le siège de l'Eastern Arizona College, tandis que Pima possède l'Eastern Arizona Museum.

L'artère principale de Safford est bordée de centres commerciaux modernes, mais son centre-ville, caractérisé par des constructions à charpente de bois et en maçonnerie, fait penser à un petit bled du Midwest. En dépit du climat aride, la vallée est constamment irriguée par la rivière Gila, et le coton y règne en maître. Les **Safford Valley Cotton Growers** *(120 East 9th Street, Safford, ☎ 602-428-0714)*, un regroupement local de fermiers, possèdent quelques exploitations qu'on peut visiter en saison, soit de septembre à janvier. Téléphonez à l'avance pour prévenir de votre arrivée.

Les sources chaudes souterraines constituent une autre ressource naturelle de Safford. Pour y faire trempette, arrêtez-vous au **Kachina Mineral Springs Spa** *(services payants; Cactus Road, immédiatement en retrait de la route 191, Safford, ☎ 602-428-7212)*, où vous pourrez prendre place dans des cuves carrelées de style romain vers lesquelles on achemine l'eau des sources. Parmi les autres services proposés, retenons les massages, les enveloppements sudatoires et la réflexologie (massage thérapeutique des pieds). Bien que l'endroit soit quelque peu vieillot, les bains demeurent on ne peut plus agréables, et les cuves sont propres.

Un bon endroit où faire une première halte est la **Safford-Graham County Chamber of Commerce** *(1111 Thatcher Boulevard, Safford, ☎ 602-428-2511)*, où vous pourrez faire le plein de brochures et de plans. Un des principaux points de repère de la ville est la **Safford Courthouse** *(angle 8th Avenue et Main Street)*, un édifice néocolonial en brique rehaussé de colonnes blanches et construit en 1916. De l'autre côté de l'intersection se dresse l'**hôtel de ville** *(717 Main Street)*, une construction de 1898 qui abrita la première école de la municipalité.

À la périphérie de la ville, les paisibles quartiers résidentiels sont émaillés d'élégantes demeures anciennes. L'une d'elles est l'**Olney House** *(1104 Central Avenue, Safford)*, érigée en 1890 pour George Olney, un ancien shérif du comté de Graham. Cette résidence de deux étages arbore deux vérandas en façade, l'une supérieure et l'autre inférieure, dans le style des maisons de plantation. Elle abrite actuellement un *Bed and Breakfast (pour plus de détails, consultez la section «Hébergement», p 258)*.

Les mordus d'archéologie peuvent se rendre au **Museum of Anthropology** *(345 College Avenue, Thatcher, ☎ 602-428-8310)*, qui se trouve sur le campus de l'Eastern Arizona College. Outre des objets fabriqués par les premiers habitants du sud-est de l'Arizona, et sur lesquels porte ici l'accent, on peut y voir des poteries et des bijoux, une représentation stratigraphique de la vallée de Gila à l'ère préhistorique et des dioramas sur la glaciation tardive de l'Arizona, de même que sur les pratiques agricoles des premiers Indiens. Le musée n'est ouvert que durant l'année scolaire.

Le proche **mont Graham** (3 267 m) fournit l'occasion d'agréables balades panoramiques, et son écosphère unique présente une variété de zones climatiques possédant chacune leur écologie propre. La principale voie d'accès à la montagne est la Swift Trail, qui passe d'abord par les massifs de figuiers de Barbarie, de prosopis, de *creosotes* et d'*ocotillos* qui poussent sur ses contreforts. Au fur et à mesure que vous prenez de l'altitude, les arbres dominants deviennent plutôt des chênes d'essences variées, le genévrier «alligator» et le pin pignon, tandis qu'à l'approche du sommet, à 2 400 m environ, le pin *ponderosa*, le sapin de Douglas, le tremble et le pin blanc prennent la relève, certains spécimens datant de 1200 ap. J.-C. Certains botanistes avancent que les sapins de Douglas ont pu survivre grâce à la protection que leur procurent les falaises rocheuses de la montagne contre les intempéries. Alors que vous gravirez la montagne, vous remarquerez une pommeraie maintenue grâce à un permis spécial du Service des forêts américain; à la fin de l'été et au début de l'automne, on vend les fruits de la récolte dans des kiosques aménagés au bord de la route. Les 45 premiers kilomètres de la Swift Trail sont revêtus, tandis que les 11 derniers sont en gravier.

Le **Mount Graham International Observatory**, perché au sommet de l'Emerald Peak, possède un télescope Lennon de 1,8 m et un télescope Submillimeter, sans compter un télescope binoculaire de 12 m actuellement en construction et appelé à devenir le plus gros du genre au monde lorsqu'il sera achevé en 1998. On prévoit en outre ajouter quatre autres télescopes aux installations existantes, dont un de 8 m à infrarouge. Pour de plus amples renseignements sur l'évolution des travaux, adressez-vous au département d'astronomie de l'University of Arizona *(☎ 602-621-6524)*.

■ Quoi voir dans la région de Clifton-Morenci?

La région de Clifton-Morenci, qui s'étend à 71 km au nord-est de Safford par la route 191, est modelée par son passé minier. La deuxième plus grande mine de cuivre en activité du continent se trouve en effet à Morenci, tandis qu'on préserve la mémoire de l'âge d'or de l'industrie minière sur l'historique Chase Creek Street de Clifton.

La route 191 suit la rivière San Francisco un peu comme l'ont fait Francisco de Coronado et ses conquistadors, c'est-à-dire en épousant les contours de son coude jusqu'à la petite ville minière historique de **Clifton**, construite sur les rives du cours d'eau.

Tout autour de Clifton, les falaises de grès rouge contrastent vivement avec les gris et les ocres des constructions d'étain et de briques peu élevées qui rappellent les beaux jours de la ville, au début du siècle, alors que le cuivre était roi en cette contrée.

La ville fut fondée en 1865, mais elle ne connut la prospérité que lorsqu'on découvrit des gisements de cuivre dans ses environs en 1872. À l'origine, le minerai de cuivre devait être expédié à Swansea (pays de Galles) pour y être fondu. Puis, les mineurs construisirent leurs propres hauts fourneaux primitifs en adobe le long de la Chase Creek, après quoi ils aménagèrent un chemin de fer étroit destiné à transporter le minerai des collines avoisinantes aux fonderies.

Plusieurs vestiges de ces premières installations minières subsistent, de même que des douzaines d'anciens bâtiments d'une architecture caractéristique du tournant du siècle (dont 47 sont inscrits au registre des monuments nationaux). Vous trouverez la plupart d'entre eux sur la **Chase Creek Street**, jadis l'artère principale de la ville, flanquée de magasins, de saloons, de maisons closes, d'églises et même d'un opéra. Aujourd'hui, cette artère qui s'étend sur quatre rues, sans compter quelques ruelles étroites, suit un tracé parallèle au Coronado Boulevard (Route 191), dont elle n'est séparée que par un mur de briques rudimentaire. Vous pourrez toutefois vous promener entre les bâtiments, dont beaucoup ont souffert des intempéries et du passage du temps, mais sans rien perdre de leur beauté architecturale.

À titre d'exemple, l'**église catholique**, qui fut reconstruite en 1917 après avoir subi les affres d'une inondation et d'un incendie, arbore des vitraux et des fenêtres plombées, un autel de marbre et des statues en porcelaine importées d'Italie. Un peu plus loin, la **Town Jail** (prison municipale) est creusée à même une falaise granitique. Tout à côté apparaît la ***Copper Head***, une locomotive du XIXe siècle qui servait autrefois à transporter le minerai jusqu'aux fonderies. De l'autre côté de la rivière, la **Carmichael House** sert désormais de bureau central aux administrateurs miniers; elle a été construite en 1913 pour le président de mine, James Carmichael, qui dut un jour fuir par l'égout pluvial de sa maison pour échapper à des grévistes en colère.

La **Greenlee County Chamber of Commerce** *(North Coronado Boulevard, Clifton, ☎ 602-865-3313)*, dont les bureaux occupent l'ancien salon de barbier de la ville, est à même de vous fournir des plans et des renseignements sur les sites et l'histoire de la région. N'oubliez pas de demander le plan de la visite à pied de l'historique Chase Creek. Si vous avez des questions concernant l'histoire de la région, adressez-vous à Charles Spezia, l'instigateur de la visite.

Vous noterez la présence de quelques grottes dans la montagne au-dessus de la face sud de la Chase Creek. Elles furent aménagées par des marchands qui y stockaient des denrées précieuses telles que whisky, viande et légumes. Elles étaient souvent protégées par de lourdes portes en acier et parfois ventilées par un puits vertical.

Le **Greenlee County Historical Museum** *(317 Chase Creek Street, Clifton, ☎ 602-865-3115)*, un musée rénové, situé à l'extrémité ouest de la Chase Creek, a réuni une impressionnante collection de vestiges des premiers jours de Clifton, y compris des souvenirs de la naissance de Geronimo près de la rivière Gila, à environ 6,5 km du centre-ville. On y trouve par ailleurs une galerie de photos retraçant l'histoire de la région et des tableaux de Ted De Grazia, un des artistes arizoniens les mieux connus, natif de Morenci.

La Phelps Dodge Corporation devint un intervenant majeur dans le développement de Clifton au cours des années 1880, époque à laquelle elle prit le contrôle de presque toutes les exploitations minières locales à environ 6,5 km au nord de la ville. Son camp minier portait alors le nom de Joy's Camp, mais il prit plus tard celui de **Morenci**, en souvenir d'une petite ville du Michigan. Au cours des 50 années qui suivirent, la Phelps Dodge, ou «PD» comme l'appellent les gens d'ici, devint une des plus grandes productrices de cuivre au monde.

Le village de Morenci que nous connaissons aujourd'hui a été construit par la Phelps Dodge en 1969. Il regroupe un motel doublé d'un restaurant, une école, une bibliothèque, deux centres commerciaux, un bowling et le Phelps Dodge Mercantile, à la fois supermarché et magasin à rayons économique. La Phelps Dodge exploite la mine de cuivre à ciel ouvert d'ici, la seconde en importance en Amérique du Nord, et l'on peut la visiter.

La **Morenci Open Pit Mine** *(☎ 602-865-4521)* offre une vision grandiose sur les promontoires de la route 191, mais vous pouvez vous approcher davantage de cette mine à ciel ouvert pour en scruter les profondeurs grâce aux visites organisées par la Phelps Dodge. Parmi ses attraits les plus impressionnants, il faut mentionner les immenses machines utilisées pour déplacer la terre, dont les pneus sont si énormes qu'on se sent tout petit à leur côté, les pelles mécaniques capables d'extraire 40 tonnes cubiques de minerai en une seule bouchée, et les camions futuristes dont les bennes à ouverture élargie peuvent transporter 172 t de terre et de roc. La visite permet également de voir les broyeurs, les concentrateurs et les opérations d'extraction électrochimiques, qui transforment le minerai en lames d'un mètre carré pesant chacune 90 kg. Les visites, qui durent environ 3 heures 30 min, sont dirigées par des mineurs à la retraite qui vous révéleront tous les secrets de l'extraction par électrolyse, le procédé à la fine pointe de la technologie qui a remplacé l'extraction par fusion et raffinage.

En poursuivant vers le nord, la route effectue une succession de montées et de descentes jusqu'à une haute zone de climat désertique où les genévriers semblent pousser à même les formations de roc rouge.

Environ à mi-chemin d'Alpine, vous pouvez vous arrêter au **Rose Peak**, qui offre des vues panoramiques sur les monts Escudilla. Pour en avoir une meilleure vue encore, marchez jusqu'à la tour d'observation en forêt, à environ 0,8 km de la route.

■ Quoi voir dans la région d'Alpine?

Avant de quitter Clifton pour faire route vers le nord en direction d'Alpine, assurez-vous de faire le plein d'essence et de prendre des provisions, car ce tronçon de 169 km ne croise aucune ville ni station-service. Sachez par ailleurs que cette même route peut être fermée en hiver, lorsqu'il y a tempête de neige. Si tel est le cas, que ce soit à cause de la neige ou d'un glissement de boue, vous pouvez vous rendre à Alpine par les routes 78 et 180 en passant par le Nouveau-Mexique; ce détour n'ajoute que 32 km au trajet.

Sur la route 191, 35 km avant Alpine, le **Hannagan Meadow** est une clairière herbeuse entourée de majestueuses forêts de pins *ponderosa* et d'épinettes bleues. Outre d'excellents sentiers de randonnée, vous y trouverez un chalet rustique de montagne et, en hiver, des pistes de ski de fond et de motoneige.

Le village de montagne d'**Alpine** se trouve au cœur de l'Apache-Sitgreaves National Forest, dans les «Alpes arizoniennes», comme on les appelle ici. Il a été fondé en 1879 par des pionniers mormons qui lui donnèrent d'abord le nom de Frisco, en l'honneur de la rivière San Francisco. Mais ses résidants le rebaptisèrent plus tard Alpine, car la région leur rappelait les Alpes. Les Alpes arizoniennes n'attirent pas autant de touristes que le Grand Canyon, le fleuve Colorado ou d'autres attraits majeurs de l'État, mais les amants de la nature apprécieront au plus haut point la variété des activités de plein air qu'on peut y pratiquer, qu'il s'agisse de la randonnée pédestre, du camping, de la chasse, de la pêche ou du ski de fond.

Alpine ne possède aucun feu de circulation, ni boutique vidéo, ni enseignes au néon; vous n'y trouverez qu'une poignée de résidants permanents et encore moins d'attraits commerciaux. En fait, il ne s'agit guère plus que de l'intersection des routes 191 et 180, proposant néanmoins quelques services et lieux d'hébergement respectables. Ce qui importe davantage, ce sont les 300 km de cours d'eau remplis de truites, les 11 lacs, les nombreux terrains de camping, le club sportif et le terrain de golf qui l'entourent.

En hiver, Alpine n'hiverne pas avec les ours, mais s'affaire plutôt à suggérer aux visiteurs du ski de fond, de la motoneige, de la luge et de la pêche sur glace.

La région est aussi grandement prisée des chasseurs, car elle sert d'habitat à neuf des 10 espèces de gros gibier de l'Arizona, dont le cerf à queue noire, l'élan, l'ours noir, le mouflon et le puma. Les amateurs de petit gibier chassent, pour leur part, la grouse bleue, la caille de Gambel et nombre d'oiseaux d'eau. La forêt abrite, en outre, un large éventail d'oiseaux rares ou en voie de disparition, comme la chouette tachetée du Mexique, l'aigle à tête blanche et le faucon pèlerin.

En partant d'Alpine, quelque direction que vous preniez, vous découvrirez des forêts vierges de grands pins, des trembles frissonnant au vent, des prairies tapissées de fleurs sauvages et des lacs d'un bleu cristallin. Pour vous procurer des cartes détaillées de la région et obtenir des descriptions des différents sites, rendez-vous à l'**U.S. Forest Service** *(42634 Route 180, ☎ 602-339-4384)*, où les rangers pourront aussi vous renseigner sur l'état des routes.

Un autre endroit pittoresque est la **Williams Valley**, une région sauvage virginale, située à 11 km au nord-ouest d'Alpine par la route 191 et le chemin forestier 249. Vous pourrez y explorer 24 km de sentiers en forêt ou jeter votre ligne à l'eau dans le minuscule Lake Sierra Blanca, truffé de truites arc-en-ciel et de truites brunes.

Pour une balade panoramique au départ d'Alpine, empruntez la **Blue River-Red Hill Loop**. Parcourez 5 km vers l'est sur la route 180 jusqu'au chemin forestier 281, qui marque l'embranchement de la Blue Road. Au nord s'étend la pointe occidentale du **Luna Lake**, un lac parfaitement limpide de 32 ha entouré de prés verts et de forêts de pins. Un quai pour les bateaux et un petit magasin font partie des installations lacustres.

De la route 180, la Blue Road serpente vers le sud sur une quinzaine de kilomètres parmi des collines déchiquetées jusqu'à ce qu'elle descende dans le Box Canyon, passé quelques ranchs de chevaux, pour suivre la **Blue River**. Roulez dans le sens du courant jusqu'au pic escarpé qu'est le Maness Peak, puis jusqu'à la jonction du chemin forestier 567 (Red Hill Road), pour un total de 14,5 km. En cours de route, vous croiserez des affluents, comme le Centerfire Creek, où vivent de petits bancs de truites arc-en-ciel et de truites brunes. Prenez enfin vers le nord sur la Red Hill Road, qui sort de la vallée par un parcours sinueux, épousant souvent le contour des crêtes et offrant de belles vues, et retournez vers la route 191. Vous ne serez plus alors qu'à environ 23 km d'Alpine.

■ Quoi voir dans la région de Pinetop-Lakeside?

À l'endroit où la route 60 rencontre la route 191 et la Coronado Trail, vous apercevrez **Springerville**, où vous pouvez faire un détour vers l'ouest et vous diriger vers la région récréative de Pinetop-Lakeside, une station de sports d'hiver populaire auprès des habitants de Phoenix.

Dans la région même de Springerville, il y a deux points d'intérêt. En bordure d'un rocher volcanique dominant la Little Colorado River's Round Valley s'étend le **Casa Malpais Pueblo** *(droits d'entrée; 318 Main Street, Springerville, ☎ 602-333-5375)*. La visite des lieux part du musée de Springerville. Vous y apprendrez que le peuple des Indiens Mogollons a abandonné ce *pueblo* en 1400 ap. J.-C., et son emplacement, où l'on effectue présentement des fouilles archéologiques, est accessible au public. Pour avoir une meilleure vue sur le *pueblo*, joignez-vous à la visite guidée qui grimpe un escalier de basalte abrupt jusqu'au sommet du plateau. Un des points forts de la visite est le Great Kiva, fait d'une masse rocheuse volcanique.

En suivant un chemin poussiéreux et cahoteux sur plusieurs kilomètres, vous aurez le plaisir de découvrir le **Little House Museum** *(droits d'entrée; South Fork Road, Springerville, ☎ 602-333-2286)* du X Diamond Ranch. À l'intérieur de cette construction de deux étages, des vitrines d'exposition relatent l'histoire de la région et renferment des souvenirs de l'époque des grands ranchs et des spectacles équestres. Les deux cabanes voisines, entièrement restaurées, ont plus de 100 ans. L'une d'elles contient des instruments de musique anciens, parmi lesquels un piano mécanique et un orgue de cirque Wurlitzer. Le musée se trouve à 5,2 km au sud de la route 260 par la South Fork Road. Il est conseillé de prévenir à l'avance de votre arrivée.

Si vous gravissez la pente abrupte du Mogollon Rim, vous arriverez à **Show Low**, à **Pinetop** et à **Lakeside**, des hameaux forestiers dotés de motels, de petits chalets, de complexes hôteliers et de terrains de camping entourés de pinèdes. La majeure partie de l'activité commerciale se déroule à Show Low, le long de la route 60. La population permanente de ce village, qui oscille autour de 5 500 habitants, passe la marque des 13 000 lorsque vient l'été; la pêche à la truite y est en effet excellente, tout comme la chasse au gros gibier autour du Mogollon Rim et des White Mountains. On aime bien aussi y pratiquer la randonnée pédestre et équestre, de même que jouer au golf et faire des balades panoramiques. Beaucoup d'Arizoniens désireux d'échapper aux écrasantes chaleurs estivales de Phoenix et d'autres régions des basses terres possèdent d'ailleurs des résidences secondaires dans cette localité juchée à 1 950 m d'altitude. En hiver, d'autre part, le centre de ski Sunrise de la réserve apache de White Mountain est réputé pour ses pistes de ski alpin et de ski de fond.

Au sud-est de Show Low reposent les centres jumeaux de vacances en montagne de Pinetop et Lakeside, puis, au-delà, les villages indiens de Whiteriver et Fort Apache. De Lakeside, on pratique la randonnée pédestre, la pêche, le camping et l'exploration des environs des trois centres de villégiature, reliés par une route bordée de motels, de restaurants, de stations-service et de petits commerces.

■ Quoi voir dans la région de St. Johns?

Si vous venez du nord, la **Coronado Trail** (Route 180/191), ainsi nommée en l'honneur de l'explorateur espagnol qui le premier parcourut cette région, débute, somme toute, discrètement dans les hautes terres désertiques des environs de St. Johns, ponctuées de collines aux flancs couverts de genévriers, de champs de luzerne, de troupeaux de bétail en train de paître et de quelques buttes au sommet sablonneux, à environ 71 km au sud-est du Petrified Forest National Park. La piste se fraye ensuite un chemin vers le sud jusqu'à Clifton à travers l'Apache-Sitgreaves National Forest.

Bâtie sur les berges de la rivière Little Colorado, St. Johns, qui compte quelque 4 000 habitants, est le siège administratif de l'Apache County. La petite ville ne possède que peu d'attraits, dont le **St. Johns Equestrian Center** *(adjacent à l'aéroport de St. Johns, ☎ 602-337-2000)*, qui devient rapidement le plus important centre équestre du Sud-Ouest, attirant des montures et des cavaliers du Nouveau-Mexique, du Colorado et de l'Utah, de même que de l'ensemble du territoire arizonien. Entourées de collines ondulantes et de déserts parsemés de genévriers, ses installations comportent un circuit parcourant une zone sauvage de 32 ha, une arène de rodéo, des pistes de dressage et de démonstration, une piste de course de six *furlongs* (1 207 m), des écuries et un parc pour véhicules récréatifs. Au printemps et en été, on y organise des compétitions locales et régionales, aussi bien sur selle anglaise que sur selle western, des rodéos et d'autres concours hippiques.

Familiarisez-vous avec l'histoire de la région à l'**Apache County Historical Society Museum** *(180 West Cleveland Avenue, St. Johns, ☎ 602-337-4737)*, où l'on expose, entre autres, une paire de défenses de mammouth préhistorique et un tibia de chameau vieux d'environ 24 000 ans.

Au fur et à mesure que la Coronado Trail prend de l'altitude en direction du sud, le *chaparral* (région de broussailles) cède le pas aux pins et aux trembles, et l'on a l'occasion de croiser le **Nelson Reservoir**, un lac de 24 ha empoissonné de truites communes, de truites arc-en-ciel et d'ombles de fontaine. Si vous éprouvez le besoin de faire une halte, il y a des aires de pique-nique, des toilettes et une descente de bateaux, mais le camping est interdit après la tombée du jour.

Au sud du réservoir se dressent les ondulantes **Escudilla Mountains**, une région sauvage de 2 000 ha couverte de forêts d'épinettes, de sapins, de pins et de trembles, et sillonnée de sentiers où les randonneurs ont souvent le plaisir de découvrir des framboises, des baies de sureau et des groseilles ou d'apercevoir un élan ou un cerf dans leur habitat naturel.

Parcs et plages

■ Les parcs de la région d'Apache Junction

Usery Mountain Recreation Area

Cette zone récréative de 1 457 ha s'étend immédiatement au nord-ouest des monts Superstition, et elle dispose d'un important réseau de sentiers de randonnée pédestre, de vélo de montagne et de randonnée équestre. L'Apache Trail (Route 88) se fraye un chemin en terrain montagneux jusqu'au chapelet de lacs de la rivière Salt (Canyon Lake, Apache Lake et Roosevelt Lake), développés pour la pêche, la navigation de plaisance, la baignade, les pique-niques, la randonnée pédestre et le camping.

Installations et équipement : aires de pique-nique, toilettes, douches et aires de ravitaillement pour chevaux. L'Apache Lake Marina *(Route 88, ☎ 602-467-2511)* loue des embarcations, offre un service d'entreposage et vend de l'essence. On y trouve également un motel et un restaurant. La Canyon Lake Marina *(Route 88, ☎ 602-986-5546)*, située à 24 km au nord-est d'Apache Junction, propose aussi tous les services courants d'un port de plaisance et dispose, en outre, d'un restaurant et d'installations destinées aux campeurs.

Camping : 73 emplacements avec raccordements *(8 $)*; pour informations, ☎ 602-984-0032.

Comment s'y rendre : le parc se trouve à l'est de Phoenix par l'Apache Boulevard ou le Superstition Freeway (route 360). Dirigez-vous vers l'est jusqu'à l'Ellsworth Road, puis prenez au nord. À la McKellips Road, l'Ellsworth Road devient l'Usery Pass Road, que vous devez emprunter jusqu'à l'entrée du parc.

Lost Dutchman State Park

Ce parc de 118 ha, aménagé dans les contreforts des monts Superstition, renferme 13 km de sentiers entourés de *saguaros*, de *palo verdes* et d'autres spécimens de végétation désertique. Les rangers du parc y organisent des randonnées d'interprétation d'octobre à avril.

Installations et équipement : toilettes mobiles, tables de pique-nique et grils au vent; pour de plus amples renseignements, composez le ☎ 602-982-4485.

Camping : 35 emplacements *(8 $)*; station de déversement des eaux usées, mais aucun raccordement.

Comment s'y rendre : situé au 6109 North Apache Trail, à environ 8 km au nord d'Apache Junction.

■ Les parcs de la région de Globe

San Carlos Lake

Ce lac, créé lors de la construction du barrage Coolidge, compte 254 km de rives, lorsqu'il est plein.

Installations et équipement : toilettes sèches; pour de plus amples renseignements sur le camping ou la randonnée pédestre sur les terres tribales, de même que sur la pêche dans le lac, composez le ☎ 602-475-2756. *Pêche* : bonne pour le poisson-chat, l'achigan et le crapet commun.

Camping : 11 emplacements avec raccordements *(15 $)*.

Comment s'y rendre : situé à 48 km à l'est de Globe.

■ Les parcs et plages de la région de Safford

Mount Graham

Le plus haut sommet des monts Pinaleño est le mont Graham (3 267 m). Parcourez les 56 km de la Swift Trail jusqu'au sommet, laissant les cactus et les prosopis des basses terres pour pénétrer dans une forêt de pins *ponderosa*, de trembles et de sapins blancs. Tout en haut s'étend le lac Riggs (4,5 ha), empoissonné de truites arc-en-ciel et accessible aux embarcations (moteurs électriques seulement).

Installations et équipement : aires de pique-nique, toilettes, robinets et station aménagée à l'intention des visiteurs; pour de plus amples renseignements, composez le ☎ 602-428-4150. *Pêche* : permis et timbre à truite requis.

Camping : six terrains de camping complètement aménagés; *(5 $, 6 $ à Riggs Flat)*; camping sauvage autorisé à moins de 3 000 m d'altitude.

Comment s'y rendre : de Safford, parcourez 11 km vers le sud sur la route 191, puis tournez vers l'ouest au panneau pointant en direction du mont Graham; les 45 premiers kilomètres de la Swift Trail sont revêtus, les 11 derniers étant de terre nivelée.

Roper Lake State Park

En plus de vous baigner dans un lac de 12 ha bordé d'une plage, vous pourrez ici vous plonger dans un bassin rocheux, alimenté par une source chaude et bouillonnante. Ce parc de 97 ha protège également des poissons menacés d'extinction dans deux étangs. À l'heure du repas, prenez place sur l'aire de pique-nique gazonnée de la péninsule ou à l'ombre d'un bosquet d'arbres.

Installations et équipement : toilettes, douches, abris de pique-nique et rampe de mise à l'eau pour les bateaux; pour de plus amples renseignements, composez le ☎ 602-428-6760. *Pêche* : installez-vous sur le quai ombragé pour prendre des poisson-chats, des achigans, des crapets communs et des crapets arlequin.

Camping : 95 emplacements *(7 $)*, dont 20 avec raccordements *(10 $)*.

Comment s'y rendre : situé à 10 km au sud de Safford en retrait de la route 191.

Aravaipa Canyon Wilderness

L'Aravaipa Creek coule au fond d'un canyon long de 18 km, encadré de falaises spectaculaires. De grands sycomores, des frênes, des cotonniers et des saules bordent le ruisseau, ce qui en fait un endroit particulièrement coloré en automne. Il se peut que vous aperceviez des *javelinas*, des coyotes, des pumas et des mouflons du désert, de même qu'à peu près toutes les espèces d'oiseaux chanteurs du désert et plus de 200 autres espèces ailées.

Installations et équipement : aucun.

Camping : camping sauvage autorisé. Séjour maximum de trois jours (deux nuits). Vous aurez besoin d'un permis, que vous pouvez vous procurer au Bureau of Land Management's Safford District Office *(711 14th Avenue, Safford, ☎ 602-428-4040)*.

Comment s'y rendre : pour atteindre la West Trailhead, prenez la route 77 sur environ 19 km au sud de Winkleman, puis piquez vers l'est sur l'Aravaipa Road; vous n'êtes plus alors qu'à 19 km du point de départ de la piste. Pour atteindre l'East Trailhead, prenez la route 70 sur environ 24 km au nord-ouest de Safford, puis tournez sur la Klondike Road; vous pouvez également prendre la route 191 sur une trentaine de kilomètres au sud de Safford et ensuite vous engager sur la Fort Grant Road, d'où vous n'aurez qu'à suivre les indications.

■ Les parcs de la région de Pinetop-Lakeside

Woodland Lake Park

Ce parc, petit quoique panoramique, se trouve entre Pinetop et Lakeside, et renferme des sentiers de randonnée pédestre, de randonnée équestre et de vélo de montagne, des terrains de volley-ball, des terrains de balle molle, des terrains de jeu et un plan d'eau pour la navigation de plaisance. De hauts pins effilés ceinturent le lac, et un chemin revêtu de 2 km en fait le tour. Le parc est aussi relié au réseau de sentiers des White Mountains *(consultez la rubrique «Randonnée pédestre», p 256)*.

Installations et équipement : tables de pique-nique, toilettes, grils au vent et abris *(frais de réservation de 25 $)*; restaurants et épiceries à 1,6 km, à Pinetop; pour de plus amples renseignements, composez le ☎ 602-368-6700. *Pêche* : pêche à la truite à partir du rivage ou du quai.

Comment s'y rendre : situé à 0,4 km au sud de la route 260 en retrait de la Woodland Lake Road.

■ Les parcs et plages de la région de St. Johns

Concho Lake

Ce lac peuplé de truites brunes et de truites arc-en-ciel est un endroit paisible pour la pêche à la ligne.

Installations et équipement : toilettes; terrain de golf et restaurant tout à côté. *Pêche* : excellente.

Camping : camping sauvage autorisé.

Comment s'y rendre : situé à 16 km à l'ouest de St. Johns en bordure de la route 61.

Lyman Lake State Park

Un petit troupeau de bisons accueille les visiteurs à l'entrée du parc. Plus loin, un lac de 600 ha attire aussi bien les amateurs de pêche que les plaisanciers. Ce lac a été formé par l'érection d'un barrage sur la rivière Little Colorado et est alimenté par les neiges fondantes des monts Baldy et Escudilla. Vous pourrez également parcourir trois sentiers de randonnée, longs de 0,8 km à 1,6 km et ponctués de pétroglyphes amérindiens. Ce parc de 478 ha fut le premier parc d'État à vocation récréative de l'Arizona, et il se trouve à 1 800 m d'altitude.

Installations et équipement : toilettes et douches à l'eau chaude; pour de plus amples renseignements, composez le ☎ 602-337-4441. *Pêche* : excellente sur le lac pour la truite, le poisson-chat, le crapet arlequin et l'achigan à grande bouche. *Baignade* : bonne, surtout dans l'anse désignée à cette fin.

Camping : 45 emplacements pour véhicules récréatifs avec raccordements *(11 $)* et 18 emplacements pour tentes *(8 $)*, avec tables de pique-nique et grils au vent. Le camping sauvage et le camping sur la plage sont autorisés.

Comment s'y rendre : situé à 16 km au sud de St. Johns par la route 191.

Activités de plein air

La pêche

Les pêcheurs à la ligne trouveront amplement de défis à relever, et de poissons, le long de l'Old West Highway. Dans la région d'Apache Junction, les **lacs Saguaro, Canyon, Apache** et **Roosevelt** sont des rendez-vous populaires toute l'année, tout comme le **lac San Carlos**, près de Globe, et le **lac Roper**, à Safford.

Pour du matériel de pêche et des appâts dans la région de Safford, adressez-vous à **Griffith Tire and Radiator** *(3 East Center Street, Pima, ☎ 602-485-9636)*.

Dans la région de St. Johns, le **lac Lyman** (607 ha) est tout indiqué pour la pêche au poisson-chat, à l'achigan à grande bouche, au vairon, au crapet commun et au brochet nordique. Vous pouvez également tenter votre chance au **lac Concho** (24 ha) pour la truite commune et la truite arc-en-ciel (pêche à partir du rivage seulement). Pour vous procurer du matériel de pêche ou un permis, rendez-vous chez **Western Drug** *(105 East Main Street, Springerville, ☎ 602-333-4321)*.

Dans la région d'Alpine, le **Bear Wallow Creek**, un affluent de la rivière Black, est réputé pour ses truites arizoniennes. Vous pouvez aussi pêcher la truite arc-en-ciel en différents points de la **rivière Black**, de même que la truite et le poisson-chat dans l'**Eagle Creek**. À l'est d'Alpine, en descendant dans la Blue Primitive Area, vous trouverez de la truite arc-en-ciel au **lac Luna** et dans la **Blue River**, accidentée et loin de tout. Au nord d'Alpine, pêchez la truite arc-en-ciel, la truite brune et l'omble de fontaine dans le **Nelson Reservoir**. Les pêcheurs moins exigeants trouveront par ailleurs du poisson-chat dans la **rivière San Francisco**, près de Clifton. Procurez-vous matériel, appâts et permis à l'**Alpine Tackle Shop** *(25373 Route 191, Alpine, ☎ 602-339-4338)* ou chez **Alpine Hardware and Building Supply** *(42653 Route 180, Alpine, ☎ 602-339-4711)*.

Grâce aux lacs dont il est émaillé autour de Pinetop-Lakeside et Greer, l'est de l'Arizona s'impose comme un véritable paradis du pêcheur. Si vous désirez pêcher sur les lacs de la White Mountain Apache Reservation, empoissonnés de truites brunes et de truites arc-en-ciel, adressez-vous au **Game and Fish Department** *(Route 73, Whiteriver, ☎ 602-338-4385)*. Pour tout renseignement d'ordre général sur les White Mountains, arrêtez-vous au bureau de l'**Arizona Game and Fish Department** *(2878 East White Mountain Boulevard, Pinetop-Lakeside, ☎ 602-367-4281)*.

Vous trouverez par ailleurs de bonnes eaux peuplées de truites brunes, de truites arc-en-ciel et de truites «apaches» au **lac Hawley** *(McNary, ☎ 602-335-7511)*. En ce qui concerne la pêche à la mouche sur domaine privé (vous devez remettre vos prises à l'eau), songez au **X Diamond Ranch** *(X Diamond Ranch, Springerville, ☎ 602-333-2286)*. Le **Lyman Lake State Park** *(Route 191, St. Johns, ☎ 602-337-4441)* est quant à lui peuplé de truites, d'achigans, de poissons-chats et de crapets arlequin.

■ Les sports d'hiver

Le ski de randonnée, la luge et la motoneige sont des activités populaires à **Hannagan Meadow**, à 35 km au sud d'Alpine sur la route 191, où sont aménagées 18 km de pistes entretenues mécaniquement après chaque chute de neige. Les motoneiges de la région doivent se tenir à l'écart des pistes réservées au ski.

Un autre bon endroit pour faire du ski de randonnée est la **Williams Valley**, qui s'enorgueillit de 14,5 km de pistes entretenues et de neuf autres kilomètres de pistes balisées. Au départ d'Alpine, parcourez 2,4 km vers le nord sur la route 191, jusqu'à ce que vous atteigniez l'embranchement de la Williams Valley; prenez alors le chemin forestier 249, et roulez encore sur 8 km.

Le **Sunrise Park Resort** *(McNary, ☎ 602-735-7669)* propose 324 ha de pentes skiables réparties sur trois montagnes et desservies par 11 remonte-pentes.

La chasse

Les chasseurs adorent les environs boisés d'Alpine en raison de l'abondance du gros et du petit gibier qu'ils y trouvent, qu'il s'agisse du cerf à queue noire, du cerf de Virginie, de l'élan, du *javelina*, de l'ours noir, du puma, du dindon de Merriam, du mouflon, de l'antilocapre, de la grouse bleue, de l'écureuil d'Albert, du lapin de garenne, de la colombe pleureuse, de la caille de Gambel ou des innombrables oiseaux d'eau. Vous pouvez vous procurer un permis et tout l'équipement nécessaire à l'**Alpine Tackle Shop** *(25373 Route 191, Alpine, ☎ 602-339-4338)* ou chez **Alpine**

Hardware and Building Supply *(42653 Route 180, Alpine, ☎ 602-339-4711)*. Pour obtenir des renseignements ou des plans de la région, adressez-vous à l'**U.S. Forest Service Office** *(42634 Route 180, Alpine, ☎ 602-339-4634)*.

L'équitation

Rendez-vous aux **Don Donnelly Stables at Gold Canyon** *(6010 South Kings Ranch Road, Apache Junction, ☎ 602-982-7822)* ou chez **Superstition Mountain Guide Service** *(Apache Junction, ☎ 602-982-4040)*. À Greer, il y a aussi **Lee Valley Outfitters** *(☎ 602-735-7454)*.

Le golf

À Apache Junction, songez au **Gold Canyon Golf Club** *(6100 South Kings Ranch Road, ☎ 602-982-9090)*. Le **Cobre Valley Country Club** *(route 88 au nord de Globe, ☎ 602-473-9090)* possède pour sa part un terrain de neuf trous. Dans la région de Safford, le **Mount Graham Golf Course** *(Daley Estates, 3 km au sud de Safford, ☎ 602-348-3140)* tient à votre disposition, toute l'année, un parcours de 18 trous, une boutique de pro, un service de location de voiturettes et un bar. Vous pouvez aussi jouer à l'**Alpine Country Club** *(58 North County Road, ☎ 602-4944)*, qui possède un neuf trous, un restaurant et un bar. Du côté de Pinetop-Lakeside, ce sera le **Silver Creek Golf Club** *(White Mountain Lake Road, ☎ 602-537-2744)*, le **Pinetop Lakes Golf & Country Club** *(Pinetop, ☎ 602-369-4184)* ou le **Show Low Country Club** *(Route 260, Show Low, ☎ 602-537-4564)*.

La randonnée pédestre

Les sentiers de la région d'Apache Junction

L'**Usery Mountain Recreation Area** dispose de la **Wind Cave Trail** *(1,6 km)*, bien entretenue, de difficulté moyenne et populaire auprès des amateurs locaux d'escalade. La **Pass Mountain Trail** *(11,3 km)* se parcourt, quant à elle, en quatre heures environ.

Les sentiers de la région de Safford

L'**Arcadia Trail** *(8,2 km)*, située aux monts Pinaleño, traverse une forêt de sapins de Douglas, de trembles et de pins parsemée de framboisiers sauvages. Comme il s'agit de la plus haute chaîne de montagnes du sud de l'Arizona, les randonneurs pourront s'offrir une belle vue panoramique sur la région.

Les sentiers de la région d'Alpine

L'Apache-Sitgreaves National Forest, qui couvre une superficie de 180 000 ha, est un paradis pour les randonneurs. Végétation passant des massifs de pins pignons et de genévriers aux hautes forêts d'épinettes et de sapins, le tout dans un décor de prairies et de lacs alpins.

À environ 23 km au sud d'Alpine, les randonneurs vaillants peuvent explorer la **Red Hill Trail No. 56** *(16 km)*, qui suit un chemin de terre et conduit à la Blue Range Primitive Area. De l'extrémité supérieure du sentier à la Right Fork du Foote Creek, tout juste en marge du chemin forestier 567, à 1 km à l'est de la route 191, le tracé épouse les contours des crêtes des monts Red Hill, puis descend le long du Bush Creek en direction de la Blue

River. L'extrémité inférieure du sentier se trouve au Blue Camp, en bordure du chemin forestier 281. (Si vous préférez explorer les lieux à cheval, sachez qu'on a récemment aménagé des corrals à l'extrémité supérieure du sentier.)

À l'intérieur de la **Blue Range Primitive Area**, vous trouverez de spectaculaires formations rocheuses ponctuées d'escarpements abrupts, de même que d'épaisses forêts d'épinettes, de sapins et de pins *ponderosa*. Si vous êtes à l'affût, vous apercevrez peut-être un ours noir, un élan des Rocheuses, un *javelina*, un cerf à queue noire, un puma ou quelque autre animal sauvage. La région se prête également fort bien à l'observation des oiseaux, qu'il s'agisse de pics arizoniens, de chouettes tachetées, de faucons *aplomado*, de faucons pèlerins ou d'aigles à tête blanche.

À l'ouest de la Coronado Trail (route 191), la région sauvage de **Bear Wallow** occupe une superficie de 4 450 ha et renferme un des plus importants massifs de pins *ponderosa* vierges du Sud-Ouest. La **Bear Wallow Trail No. 63** *(12,2 km)* descend le Bear Wallow Creek vers l'ouest du terrain de camping K.P. Cienega *(à environ 26 km d'Alpine)*, à la frontière orientale de la réserve apache de San Carlos en passant par des canyons déchiquetés où poussent des genévriers. Deux sentiers secondaires sont reliés à la piste principale et au ruisseau en venant du nord : la **Reno Trail No. 62** *(3,1 km)* et la **Gobbler Point Trail No. 59** *(4,4 km)*.

On fait d'excellentes randonnées à l'intérieur de l'**Escudilla Wilderness Area**, une forêt alpine où certains sommets atteignent plus de 3 000 m, à 16 km au nord d'Alpine. L'**Escudilla National Recreation Trail** *(4,8 km)* part de Terry Flat et vous entraîne vers le sommet du mont Escudilla à travers des bosquets de trembles, des pinèdes et des prairies herbeuses. Le point de départ du sentier se trouve sur le chemin forestier 56, à 7,2 km à l'est de la route 191. Les rangers de l'**U.S. Forest Service** *(42634 Route 180, ☎ 602-339-4384)* vous fourniront des cartes détaillées et divers conseils selon l'état du sentier au moment de votre passage.

Parmi les agences de guides et les excursionnistes de la région d'Alpine, retenons **Neal Richards Alpine Guide Service** *(P.O. Box 596, Alpine, AZ 85920)*, **Chris Isaacs Escudilla Outfitters** *(P.O. Box 945, Eager, AZ 85925)*, **Scott Haggit Primitive Outfitters** *(P.O. Box 324, Lakeside, AZ 85929)* et le **Tackle Shop and Alpine Garage** *(P.O. Box 125, Alpine, AZ 85920, ☎ 602-339-4839)*.

Les sentiers de la région de Pinetop-Lakeside

Le **réseau de sentiers des White Mountains** réunit environ 145 km de boucles reliées les unes aux autres entre Vernon à l'est et Pinedale à l'ouest. Pour obtenir une carte du réseau, arrêtez-vous au **Lakeside Ranger District** *(2202 South White Mountain Boulevard, route 260, Lakeside, ☎ 602-368-5111)*. Lorsqu'il sera terminé, le réseau comptera une dizaine de boucles. Digne de mention, la **Blue Ridge Trail** *(15,3 km)* de Pinetop-Lakeside se révèle être de difficulté moyennement faible; elle traverse le Billy Creek et grimpe à travers de hauts pins jusqu'au sommet du Blue Ridge, offrant de belles vues en cours de route. La **Ghost-of-the-Coyote Trail** *(boucle de 22,5 km)* part, quant à elle, de Pinedale; relativement plane, elle serpente dans des forêts de chênes et de pins.

Le **Mogollon Rim Overlook** *(1,6 km)* se parcourt facilement; des panneaux d'interprétation jalonnent le tracé, et l'on y a de magnifiques vues sur la vallée. Le promontoire se trouve à 3 km au nord de Pinetop-Lakeside en bordure de la route 260.

Les sentiers de la région de St. Johns

Quelques courts sentiers permettent de voir d'anciens pétroglyphes au **Lyman Lake State Park**. En cours de route, vous aurez également le loisir d'admirer le lac qui s'étend à vos pieds.

Hébergement

Hébergement de la région d'Apache Junction

Le **Palm Springs Motel** *($; 950 South Royal Palm Road, Apache Junction, ☎ 602-982-7055)*, un petit établissement familial, propose des chambres propres et bien entretenues, dont certaines équipées d'un réfrigérateur.

Meanwhile Back at the Ranch *($$; bp; 6300 East Pioneer Street, Apache Junction, ☎ 602-982-2112)* est un *Bed and Breakfast* aménagé dans l'enceinte d'un ancien ranch de cow-boys. Les cabanes où logent les clients sont décorées de façon individuelle et conservent leurs atours d'origine : harnachement de chevaux, berceuses coloniales, couvre-lits à motifs indiens ou du Sud-Ouest et murs recouverts de panneaux de bois.

Le **Superstition Grande Hotel** *($$; 201 West Apache Trail, Apache Junction, ☎ 602-982-7411)*, qui compte 130 chambres, se trouve au pied des monts Superstition. Le bâtiment principal est de briques rouges et de stuc blanc. Quant aux chambres, vivement colorées de rose et de vert, elles disposent d'un mobilier moderne. Le hall se veut contemporain et le bar, western et garni d'accessoires en cuivre. Figurant parmi les établissements que les équipes de tournage de films western aiment bien fréquenter dans la région, l'hôtel a accueilli par le passé les John Wayne, Ronald Reagan, Richard Boone et d'autres grandes vedettes de Hollywood. Les chambres dans lesquelles ils ont dormi sont identifiées à leur nom.

Dans les contreforts des monts Superstition, le **Gold Canyon Resort** *($$$$; ⊛; 6100 Kings Ranch Road, Apache Junction, ☎ 602-982-9090)* propose des chambres du style de celles qu'on trouve dans les chalets. Mobilier de bois foncé, foyer en pierre, baignoire à remous, terrasse privée et vues impressionnantes sur les montagnes voisines.

Hébergement de Globe

Le **Copper Manor** *($; ≈; 637 East Ash Street, Globe, ☎ 602-425-7124)* se présente comme un établissement de 62 chambres réparties sur deux étages et meublées de façon moderne. Café ouvert toute la nuit.

Le **Copper Hills Inn** *($$; ≈; Globe-Miami Highway, ☎ 602-425-7151)* fait partie de la chaîne Best Western et propose 70 chambres meublées sans grande originalité, une salle à manger et un café doublé d'un bar.

Un des plus beaux motels de la ville est le **Cloud Nine Motel** *($$; ⊛; 1699 East Ash Street, Globe, ☎ 602-425-5741)*, qui loue des chambres on ne peut plus propres, décorées dans les tons pastel et équipées d'un réfrigérateur, de même que d'une baignoire à remous.

Hébergement de la région de Safford

La majorité des lieux d'hébergement de Safford sont des motels affiliés à de grandes chaînes. Mais vous ne serez pas déçu par le **Sandia Motel** *($$; ≈; 520 East Route 70, Safford, ☎ 602-428-5000)*, qui présente des chambres modernes équipées de réfrigérateur et de four à micro-ondes, un bassin à remous et un terrain de basket-ball.

L'**Olney House Bed and Breakfast** *($$; bc; 1104 Central Avenue, Safford, ☎ 602-428-5118)*, une maison néocoloniale de style western, dispose de trois chambres remplies d'antiquités. Il y a aussi un cottage d'une chambre à coucher sur la propriété. L'endroit est truffé de décorations asiatiques que les propriétaires ont ramenées de voyage, et la salle à manger arbore une murale peinte par un artiste apache. La journée débute par un petit déjeuner à la mode du Sud-Ouest. Ne partez surtout pas sans avoir vu le pacanier, qu'on prétend être le plus haut de toute l'Arizona.

Si vous désirez jouir d'un paysage splendide en pleine contrée sauvage, vous trouverez ce qu'il vous faut à la **Southwest Research Station** *($$$ trois repas inclus; ≈; suivez la route 80 jusqu'à Portal, puis longez le Cave Creek Canyon sur 8 km, ☎ 602-558-2396)*, un véritable paradis aussi bien pour les scientifiques que pour le commun des mortels. Tenu par l'American Museum of Natural History, ce chalet est ouvert au public de la mi-mars à novembre. Les chambres révèlent un décor simple, et les hôtes ont accès à un terrain de volley-ball et à un jeu de fers à cheval. Le Cave Creek Canyon est en outre réputé comme un endroit fabuleux en ce qui a trait à l'observation des oiseaux.

Hébergement de la région de Clifton-Morenci

Le **Rode Inn Motel** *($; tvc; 186 South Coronado Boulevard, Clifton, ☎ 602-865-4536)* est un motel traditionnel dont les chambres bien tenues révèlent un décor plus ou moins moderne à la mode du Sud-Ouest : murs blanc antique et accessoires dans les tons de vert et de bleu pastel. Café servi aux chambres.

Le **Morenci Motel** *($; Route 191, Morenci, ☎ 602-865-4111)*, plus moderne, est juché sur une colline surplombant Clifton. Il arbore un extérieur en pisé, un hall carrelé d'adobe et orné d'accessoires en fer forgé, de même qu'une boutique de cadeaux. Ses grandes chambres se parent de bois foncé et de meubles méditerranéens dans un cadre de teintes pastel.

Hébergement de la région d'Alpine

Si vous avez pris la direction des montagnes dans le but d'y trouver une retraite paisible, songez aux **Alpine Cabins** *($; 42650 Route 180, Alpine, ☎ 602-339-4440)*, qui proposent foyers, cuisinettes et lits à colonnes.

À environ 1,5 km au nord de la ville, le **Jude's Ranch** *($; fermé de nov à mi-avr; 42576 Route 180, Alpine, ☎ 602-339-4326)* loue de petites cabanes pourvues d'une petite cuisine, de planchers de bois qui craquent et de murs de pin noueux. Possibilité de pêcher dans le lac ou de faire de l'équitation sur des sentiers boisés d'une longueur totale de 24 km.

Entourées de pinèdes, les **Coronado Trail Cabins** *($; 25303 Route 191, Alpine, ☎ 602-339-4772)* mettent à la disposition des voyageurs quelques cabanes d'une pièce de style maison de ferme avec cuisinette et couvre-lit. Grils au vent et tables de pique-nique.

Deux motels proposent également des chambres propres et bien entretenues, dont certaines avec cuisinette. Il s'agit du **Mountain Hi Lodge** *($; 42698 Route 180, Alpine, ☎ 602-339-4311)* et du **Sportsman Motel** *($; Route 191, Alpine, ☎ 602-339-4576)*.

Le **Tal-wi-wi Lodge** *($-$$; ℜ; Route 191, 6 km au nord d'Alpine, ☎ 602-339-4319)*, entièrement recouvert de panneaux de bois, propose des chambres propres et confortables au décor rustique, certaines possédant un foyer suédois et une baignoire à remous. Le restaurant sert les petits déjeuners et les dîners.

À environ 35 km d'Alpine, le **Hannagan Meadow Lodge** *($$; Route 191, Hannagan Meadow, ☎ 602-339-4370)* loue des cabanes rustiques dotées de foyer et de meubles antiques. Sa salle à manger demeure ouverte toute l'année. Cette auberge, une des plus vieilles de l'État, possède en outre un magasin général.

■ Hébergement de la région de Pinetop-Lakeside

Le **Molly Butler Lodge** *($; ℜ; Route 373, Greer, ☎ 602-735-7226)*, qui date de 1910, est le plus vieux chalet de l'Arizona. Les chambres sont petites et quelque peu défraîchies, mais, détail intéressant, une plaque au nom d'un pionnier local orne chaque porte, donnant divers renseignements sur sa vie. Le restaurant ne sert que les dîners.

Le bar du **Bear Pond Inn** *($-$$; suivez les indications de la route 373, Greer, ☎ 602-735-7576)* arbore des planchers de bois poli, des plafonds voûtés, d'immense lustres mexicains en fer forgé et des piles de casse-tête. Assoyez-vous sur le porche et contemplez le Bear Pond, peuplé de truites et parfois visité par des ours assoiffés, ou plongez-vous dans une cuve à remous intérieure tout en regardant la forêt. Les quatre chambres de l'auberge *($-$$)* sont lambrissées et simplement meublées, leurs fenêtres étant pourvues de volets, tandis que les trois cabanes adjacentes *($$)* renferment deux chambres à coucher, une mezzanine, une cuisinette et une salle de séjour agrémentée d'un foyer en pierre.

Le **Lakeview Lodge** *($$; 2251 White Mountain Boulevard, Pinetop-Lakeside, ☎ 602-368-5253)*, construit en 1916, s'impose comme un des plus vieux chalets de l'Arizona. Son bar rustique comporte un foyer en pierre, un haut plafond aux poutres apparentes et des tapis amérindiens suspendus à la rampe de l'étage supérieur. Ses neuf chambres et cabanes affichent un décor simple. Une bouteille de vin vous attend dans la vôtre à votre arrivée, gracieuseté de la maison. Les amateurs de pêche peuvent pratiquer leur sport favori dans l'étang privé du chalet et faire griller leurs prises sur la propriété.

Hormis le camping, rien ne vous rapprochera davantage de la nature que le **Lake of the Woods Resort** *($$; tv, C; 2244 West White Mountain Boulevard, Pinetop-Lakeside, ☎ 602-368-5353)*, où l'on trouve 26 cabanes en rondins éparpillées parmi les pins en bordure d'un lac privé. Toutes les cabanes disposent d'un foyer, d'un four à micro-ondes, d'un coin salle à manger et d'un gril au vent. Bien que certaines d'entre elles soient destinées aux nouveaux mariés, la plupart conviennent très bien aux familles. Un jeu de palets, un jeu de fers à cheval, des bassins à remous, un terrain de jeu, des tables de ping-pong, des tables de billard et des embarcations à louer complètent les installations.

Au **Hawley Lake Resort** *($$; mai à nov; Route 473, à 26 km à l'est de McNary, ☎ 602-335-7511)*, vous payerez davantage pour le magnifique décor naturel ponctué de pins que pour une chambre de luxe. Ce complexe est loin de tout, à 19 longs et sinueux kilomètres de la route 260, en bordure d'un lac trônant sur un des points les plus élevés des White Mountains. Douze chambres de motel et huit cabanes donnant sur le lac sont mises à votre disposition. Si la pêche est bonne, vous pourrez faire cuire vos prises sur des grils extérieurs, à moins que vous ne logiez dans une cabane et que vous préfériez en utiliser la cuisinette. L'établissement se trouve sur la réserve apache des White Mountains, et l'on y trouve un café, un service de location d'embarcations, de l'essence et un magasin.

Le **Sunrise Park Resort** *($$; ≈, ℜ, bassin à remous; Route 273, McNary, ☎ 602-735-7676)*, situé sur le lac Sunrise, à proximité du centre de ski et à 6 km au sud de la route 260, appartient aux Apaches des White Mountains, qui en assurent la gestion. On y vient pour pêcher en été et pour faire du ski en hiver. Vous aurez le choix entre 91 chambres d'hôtel modernes et joliment meublées.

Le mot «pastoral» est sans doute celui qui décrit le mieux l'environnement du **Greer Lodge** *($$$; Route 373, Greer, ☎ 602-735-7216)*, situé sur la rivière Little Colorado et jouissant de la vue sur les prairies et les montagnes avoisinantes. D'aucuns vous diront qu'il n'y a pas mieux dans la région. Construit à la main en pin *ponderosa* et en tremble, il y a 45 ans, pour servir de lieu de retraite à vocation religieuse, le chalet est aujourd'hui devenu un lieu d'évasion comptant 10 chambres, sans oublier les huit cabanes qui l'entourent. Le bar-restaurant présente des fauteuils confortables, un immense foyer, un plafond voûté et des fenêtres qui s'étendent pratiquement du sol au plafond, à travers lesquelles on peut regarder tomber la neige en hiver. Des meubles campagnards, dont une berceuse invitante, réchauffent l'atmosphère des chambres, et chaque lit est garni d'un édredon. Vous recevrez à votre arrivée une bouteille de vin et un panier de fruits, et l'on vous offrira chaque soir des biscuits maison. Promenades en traîneau disponibles en hiver.

■ Hébergement de la région de St. Johns

Il n'y a pas de lieu d'hébergement extraordinaire dans cette région, mais vous trouverez tout de même des chambres bien entretenues au **Trail Riders Inn** *($; 125 East Commercial Street, St. Johns, ☎ 602-337-4422)*, pourvu de fenêtres à battants et de murs imitant l'adobe.

Quant au **Whiting Brothers Motor Inn** *($; ≈, ☎, tvc; 75 East Commercial Avenue, ☎ 602-337-2990)*, toujours fiable, on y sert le café aux chambres.

Restaurants

Les restaurants de la région d'Apache Junction

Le **Lakeside Restaurant and Cantina** *($-$$; Route 88, Apache Junction, ☎ 602-380-1601)*, aménagé sur trois niveaux, est à la fois un restaurant et un bar doté d'une terrasse construite au-dessus du Canyon Lake. Le décor dans les tons de mauve et de sarcelle fait davantage songer à la Californie qu'à l'Arizona. Menu de hamburgers, de sandwichs, de poulet et de steak de faux-filet grillé aux champignons et aux oignons. Poisson frit à volonté les mercredis et vendredis.

Le **Lake Shore Restaurant** *($$; 14011 North Bush Highway, Apache Junction, ☎ 602-984-5311)* est un établissement rustique et sans façon situé en bordure du lac Saguaro. Il possède une terrasse où vous pourrez dîner tout en admirant la vue sur le lac. Ombragé par un auvent géant, ce restaurant à ciel ouvert est rafraîchi par des ventilateurs de plafond et un diffuseur d'air chargé de particules d'eau. Pourquoi ne pas en profiter pour commencer par un daïquiri aux fraises gelées avant de passer au menu de hamburgers, de salades, de sandwichs et de poisson frit (à volonté le vendredi)?

En route vers Apache Junction, le **Mining Camp Restaurant and Trading Post** *($$; Apache Trail, ☎ 602-982-3181)* est presque aussi célèbre que la «mine d'or perdue du Hollandais» (Lost Dutchman Gold Mine), et certes plus facile à trouver. Il mérite une visite pour ses longues tables en bois, ses planchers de bois, ses plateaux et tasses en cuivre, et son atmosphère familiale. Poulet, bœuf et côtes levées cuites sur le gril à volonté.

Pour une atmosphère typiquement western, conduisez votre monture au **Los Vaqueros** *($$; 285 North Apache Trail, Apache Junction, ☎ 602-982-3407)*, toujours bondé, et installez-vous devant un bifteck de faux-filet ou avec un os en «T», des pommes de terre au four, des galettes et des fèves au lard. Musique rythmée et bagarres occasionnelles au bar. Los Vaqueros se traduit par «les cow-boys», et ils sont nombreux ici.

Les restaurants de Globe

El Rey Café *($-$$; Route 60/70, Globe, ☎ 602-425-6601)* est un restaurant mexicain authentique, petit mais riche de saveurs : *enchiladas*, *chile rellenos*, *tamales* au maïs vert, *tacos* et *chimichangas*.

Le **Blue Ribbon Café** *($-$$; 474 North Broad Street, Globe, ☎ 602-425-4423)*, situé en plein cœur du quartier historique, porte très bien son nom de «Cordon Bleu». Très fréquenté au petit déjeuner, il est également toujours affairé le midi, alors qu'il propose sandwichs, salades, hamburgers et pâtes.

Si vous préférez la cuisine chinoise, le **Jasmine Tea House** *($-$$; 1097 North Broad Street, Globe, ☎ 602-425-2503)* sert des mets mandarins et sichuanais de porc, de bœuf, de poulet et de fruits de mer.

Les restaurants de la région de Safford

Le meilleur restaurant en ville est **El Coronado** *($; 409 Main Street, Safford, ☎ 602-428-7755)*, un endroit amical doté d'une salle à manger profonde et étroite aux banquettes de vinyle bleu que rafraîchissent des ventilateurs de plafond. Parmi les savoureuses spécialités mexicaines qu'on y élabore, mentionnons les *chimichangas* au piment vert et les *quesadillas* farcis de viande, de poulet, de chorizo et de piment vert haché. On peut aussi y manger des mets américains : filets de poulet frit, crevettes et sandwichs.

El Charro Restaurant *($; 628 Main Street, Safford, ☎ 602-428-4134)* est un rendez-vous local, agrémenté de tables en stratifié et de tableaux réalisés par des artistes de la région. Spécialités mexicaines de *Chili con carne* accompagné de croustilles au fromage, de *burros* au piment vert ou rouge et d'*enchiladas* façon Sonora.

Adjacent au Country Manor Motel, le **Country Manor Restaurant** *($; 420 East Route 70, Safford, ☎ 602-428-2451)* est ouvert 24 heures par jour. Du vieux matériel de ferme pend aux murs, et s'y rencontrent des gens discutant de tout et de rien, tout en dégustant leur repas maison de filet de poulet frit, de foie de veau aux oignons ou de pain de viande.

Le **Branding Iron Restaurant** *($$; vers le nord sur 8th Avenue, puis à gauche sur River Road, Safford, ☎ 602-428-6252)* occupe un bâtiment du genre de ceux qu'on trouve sur les ranchs, flanqué de gros arbres. On y sert des steaks grillés à la mode de l'Ouest, du poulet, des fruits de mer et des côtes levées dans une salle à manger qui surplombe la Gila Valley.

■ Les restaurants de la région de Clifton-Morenci

Le **PJ's Restaurant** *($; 307 South Coronado Boulevard, Clifton, ☎ 602-865-3328)*, un tout petit établissement donnant directement sur le trottoir, se veut populaire auprès des résidants, qui s'y régalent de hamburgers, de biftecks ou de plats mexicains, comme le *Chili con carne* au piment vert ou rouge et les croustilles au fromage piquant. Il n'y qu'une rangée de tabourets devant le comptoir et quelques tables en stratifié, mais la nourriture est toujours bonne, et les portions sont très généreuses.

Le meilleur endroit où manger à Morenci est le **Copperoom Restaurant and Lounge** *($-$$; Morenci Motel, Route 191, Morenci, ☎ 602-865-4111)*, un endroit somme toute sans éclat et caverneux, au décor de ventilateurs de plafond, de chaises capitaine et de foyer en brique rarement utilisé. La maison se spécialise dans les biftecks, la côte de bœuf, le poulet, le foie de veau aux oignons, le flétan et plusieurs plats mexicains.

■ Les restaurants de la région d'Alpine

Le **Sportsman Steakhouse and Sports Bar** *($-$$; Route 180, 0,8 km à l'est de la route 191, Alpine, ☎ 602-339-4451)* occupe une construction de style cabane en rondins. Murs recouverts de panneaux de bois, tables de bois foncé et clientèle locale bavarde. La spécialité de la maison est un steak de faux-filet grillé de 450 g, mais vous pouvez tout aussi bien vous régaler de côtelettes de porc, de poisson-chat, de crevettes, de poulet frit ou d'une délicieuse poitrine de poulet désossée arrosée d'une sauce *teriyaki*, tous ces plats étant proposés à prix moyens. Parmi les mets mexicains pour petit budget, le *burrito* au poulet et au piment vert et les *chimichangas* au poulet se révèlent les meilleurs.

Vous trouverez également de la cuisine familiale au **M&J Corral Restaurant** *($$; 42650 Route 180, Alpine, ☎ 602-339-4378)*, une ancienne maison convertie en restaurant baigné d'une atmosphère chaleureuse et décontractée. Les grands favoris y sont la poitrine de bœuf rôtie, le pain maison et les muffins.

■ Les restaurants de la région de Pinetop-Lakeside

Si vous aimez les cochons, vous adorerez la **Piggin's Eatery** *($; 2251 Route 260, Pinetop-Lakeside, ☎ 602-368-5253)*, avec ses nappes à motifs de cochons, ses étagères garnies de cochons et ses édredons faits main également décorés de cochons. Et si vous avez encore faim après avoir contemplé tous ces cochons, vous aurez le choix entre les salades, les sandwichs et les hamburgers.

Pêchez votre propre truite arc-en-ciel dans le Fred's Lake, à l'extérieur du **Farmer Dunn's Vittles** *($; 2152 East Fir Lane, Pinetop-Lakeside, ☎ 602-367-3866)*, où on la fera cuire pour vous. Un comptoir voisin loue de l'équipement de pêche. Soirée poulet frit le vendredi; hamburgers, sandwichs et poulet les autres jours. À l'intérieur du bâtiment aux allures de grange qu'occupe le restaurant, des instruments de ferme pendent aux murs. Une ancienne baignoire sur pieds, peinte aux couleurs d'une vache, supporte le comptoir à salades, tandis que la soupe mijote sur un poêle à bois.

Le **Charlie Clark's Steak House** *($$; 1701 East White Mountain Boulevard, Pinetop-Lakeside, ☎ 602-367-4900)* existe depuis 1938. Décor essentiellement western, avec un ours et un cerf empaillés, une table à café faite d'une roue de charrette recouverte de verre et des peintures d'animaux sauvages un peu partout sur les murs. On peut même y voir une selle en argent autrefois utilisée par des vedettes de cinéma et des hommes politiques. Steaks et fruits de mer suivis de paris hors piste au comptoir du bar.

Pour un dîner gastronomique, rendez-vous au **Bear Pond Inn** *($$; suivez les indications de la route 373, Greer, ☎ 602-735-7576)*. Au menu, agneau à la marocaine accompagné de couscous, saumon poché au vin et un diplomate à l'anglaise tout à fait respectable. Un fond de musique classique rehausse l'atmosphère des deux salles intimes de ce restaurant aux tables garnies de chandeliers en laiton.

■ Les restaurants de la région de St. Johns

Si vous désirez un menu varié, songez au **Rhino's Horn** *($; 855 West Cleveland Street, St. Johns, ☎ 602-337-2223)*, qui élabore plusieurs plats italiens de façon réussie, dont la lasagne et les *calzone*. Vous pourrez vous y régaler de hamburgers, d'une portion gargantuesque de côtes levées cuites sur le gril ou de poisson-chat.

Katy's Kountry Kitchen *($-$$; 106 West Cleveland Street, St. Johns, ☎ 602-337-2129)*, dont une diligence et des roues de charrette marquent l'entrée, est un rendez-vous local populaire et une véritable institution à St. Johns. À l'intérieur, des boiseries sombres et des ustensiles de fonte accrochées aux murs rehaussent l'atmosphère western des lieux. Les tables et les chaises font un peu vieillottes, mais les portions de nourriture à l'américaine sont très généreuses. Spécialités de filet de poulet frit, de rôti de bœuf et de steak de faux-filet.

Sorties

Les établissements de la région d'Apache Junction

Une formation musicale country bat la mesure du mercredi au dimanche au **Los Vaqueros** *(285 North Apache Trail, Apache Junction, ☎ 602-982-3407)*. Tout le monde y va.

Les établissements de Globe

Il ne se passe pas grand-chose ici après la tombée du jour, mais vous pourrez tout de même voir les films les plus récents au **Globe Theater** *(141 North Broad Street, Globe, ☎ 602-425-5581)* ou prendre un verre chez **Under the Palms Cocktails** *(230 North Broad Street, Globe, ☎ 602-425-2823)*.

Les établissements de la région de Safford

Les gens du coin se retrouvent chez **Smokey Bob's** *(503 Main Street, Safford, ☎ 602-428-2727)*, toutes les fins de semaine, pour y entendre de la musique country.

Le **Saddleman Steakhouse & Lounge** *(400 East Route 70, Safford, ☎ 602-348-9883)* propose de la musique country-western les fins de semaine, de même que des leçons de danse gratuites.

Les établissements de la région de Clifton-Morenci

Sur l'historique Chase Creek de Clifton, vous pourrez faire la tournée des bars tout en laissant votre imagination vous souffler des airs de piano mécanique et vous enivrer des effluves capiteuses de la bière Pabst Blue Ribbon.

Prenez un verre à l'**El Rey Bar** *(287 Chase Creek Street, Clifton, ☎ 602-865-2022)*, qui loge à l'intérieur de l'imposant Cascarelli Building. Depuis 1914, son architecture a bien peu changé : la façade de briques se pare d'un balcon en fer forgé et de vitres plombées, le tout surmonté d'un parapet coiffé d'un dôme en étain moulé. Son entrée est carrelée de noir et de blanc, et son bar en chêne massif teint acajou n'attend que vous.

Pour un environnement plus contemporain, faites un saut au **Copperoom Restaurant and Lounge** *(Morenci Motel, route 191, Morenci, ☎ 602-865-4111)*, un petit bar étonnamment affairé ne disposant que de quelques tables en bois. D'anciens objets en cuivre pendent du plafond.

Les établissements de la région d'Alpine

Le lieu de rencontre le plus populaire de la ville est le **Sportsman Steakhouse and Sports Bar** *(route 180, à 0,8 km à l'est de la route 191, Alpine, ☎ 602-339-4451)*, qui possède un foyer en brique, un bar en chêne massif, un juke-box, une table de billard et des murs ornés de têtes de cerfs empaillées. En été, on y danse au son d'une musique country rythmée. En hiver, les gens du coin y regardent des reprises du jeu télévisé *Wheel of Fortune* sur le petit écran qui se trouve au-dessus du bar.

Les établissements de la région de Pinetop-Lakeside

Allez voir des mélodrames remplis de fourbes lubriques et de jeunes filles en détresse au **Theatre Mountain** *(droits d'entrée; 537 Woodland Road, Pinetop-Lakeside, ☎ 602-368-8888)*. Dans ce cinéma d'autrefois, les clients huent et acclament tour à tour les bons et les méchants tout en dégustant une glace ou un casse-croûte.

Magasinage

Où magasiner dans la région d'Apache Junction?

Si vous projetez de partir à la découverte de la célèbre «mine d'or perdue du Hollandais», ou pour le simple plaisir, **Pro-Mack South** *(940 West Apache Trail, Apache Junction, ☎ 602-983-3484)* vend de l'équipement minier, des tamis à or, des lanternes, des pics, de la corde, des bottes et à peu près toutes les fournitures imaginables, sauf la carte au trésor.

Où magasiner à Globe?

Le **Cobre Valley Center for the Arts** *(101 North Broad Street, Globe, ☎ 602-425-0884)*, situé à l'intérieur du Palais de justice historique du comté de Gila, recèle des œuvres d'art et des pièces artisanales réalisées par des membres locaux de la Cobre Valley Fine Arts Guild (*cobre* veut dire «cuivre» en espagnol). Les techniques représentées comprennent le verre teinté, la céramique, la peinture (huile, acrylique, aquarelle), la sculpture (pierre, métal, bois, plastique), la photographie, la bijouterie (argent, pierres, perles) et les techniques mixtes. Il y a aussi des gravures, des foulards de soie en batik et divers objets tels que du savon de conception régionale, du papier à lettres, des livres et des meubles peints.

Bacon's Boots and Saddles *(290 North Broad Street, Globe, ☎ 602-425-2681)* s'impose comme le dernier des grands selliers de l'Ouest. Le propriétaire, Ed Bacon, fabrique des selles à la main depuis plus de 40 ans. Son magasin renferme par ailleurs tout un assortiment de vêtements western.

F.W. Woolworth's *(127 North Broad Street, Globe, ☎ 602-425-7115)*, qui a ouvert ses portes en 1916 à l'intérieur du Sultan Building, est le Woolworth's en activité depuis le plus longtemps à l'ouest du Mississippi.

Où magasiner dans la région de Safford?

Les amateurs de pierres trouveront leur bonheur chez **Arizona Gems & Crystals** *(1362 West Thatcher Boulevard, Safford, ☎ 602-428-5164)*, où l'on vend des bijoux faits sur mesure, le matériel nécessaire à la fabrication de vos propres bijoux, l'équipement nécessaire à la pratique de la lapidairerie et toutes sortes de pierres brutes, de minéraux et de cristaux. Il s'agit en outre d'un des plus grands détaillants de péridot vert, une pierre semi-précieuse dont 80 % proviennent de la réserve apache locale.

Brown's Turquoise Shop Inc. *(2248 1st Street, Safford, ☎ 602-428-6433)* vend, pour sa part, de la turquoise brute et taillée de Morenci ainsi que des bijoux amérindiens faits à la main.

Vous ne pouvez manquer **Pollock's Western Outfitters** *(610 5th Street, Safford, ☎ 602-428-0093)*, avec son extérieur de bois usé et son toit orné d'une statue de cheval. À l'intérieur s'offrent à la vue la toute dernière mode western, divers accessoires et des articles de sellerie. Parmi les marques représentées, retenons Levi, Rocky Mountain, Justin, Tony Lama,

Stetson et Resistol. Vous y trouverez également des articles en cuir signés Murphy et des cordes King.

Les petits commerces de la Main Street, dans le centre-ville, sont agréables à explorer. En plus des traditionnelles boutiques de t-shirts, d'objets d'occasion, de bijoux et de vêtements western, vous découvrirez parmi eux **Toys 'n Tools** *(419 Main Street, Safford, pas de téléphone)*, une petite boutique originale où l'on peut aussi bien se procurer un animal empaillé qu'une poupée Barbie ou une clé dynamométrique. Quant au **Safford Book and Framing Center** *(430 Main Street, Safford, ☎ 602-428-1529)*, il possède un choix intéressant de livres, d'objets d'artisanat, de cartes géographiques et de cartes de vœux du Sud-Ouest.

■ Où magasiner dans la région de Clifton-Morenci?

Il n'y a pas grand-chose ici, mais si vous venez à manquer de dentifrice, tentez votre chance chez **Phelps Dodge Mercantile** *(centre commercial du Morenci Plant Site, Morenci, ☎ 602-865-4121)*, une sorte d'épicerie doublée d'un magasin à rayons vendant des articles à rabais.

Lors de votre visite de l'historique Chase Creek de Clifton, arrêtez-vous chez **Kit-N-Kaboodle** *(North Coronado Boulevard, Clifton, ☎ 602-865-3060)*, une boutique d'artisanat pittoresque où l'on trouve des édredons faits à la main, des couvre-théières, des arrangements de fleurs séchées et d'autres cadeaux.

■ Où magasiner dans la région d'Alpine?

The Tackle Shop *(25373 Route 191, Alpine, ☎ 602-339-4338)* est un de ces commerces où l'on trouve de tout. Vous pourrez y faire le plein d'essence, acheter une nouvelle corde pour votre arbalète, faire l'acquisition d'un canot ou prendre le déjeuner.

Si vous avez besoin d'articles d'épicerie, rendez-vous à l'**Alpine Market** *(42651 Route 180, Alpine, ☎ 602-339-4914)*, qui propose l'assortiment habituel de viandes, de fruits et légumes et d'aliments en conserve, sans compter tous les potins qui circulent dans ce village de montagne.

■ Où magasiner dans la région de Pinetop-Lakeside?

Les antiquités sont très à la mode dans cette région. Tentez votre chance chez **Orchard Antiques** *(1664 West White Mountain Boulevard, Pinetop-Lakeside, ☎ 602-368-6563)* pour des bijoux, des porcelaines nipponnes, des vêtements d'autrefois et des objets primitifs, le tout présenté dans une vieille demeure.

Sherry's Jewelry & Antiques *(1417 South Timber Lane, Pinetop-Lakeside, ☎ 602-367-5184)* propose, pour sa part, des bijoux de famille, des articles de l'époque de la Crise de 1929, des porcelaines et des meubles.

Enfin, le **Billings Country Pine Antiques and General Store** *(103 West Yaeger Street, Pinetop-Lakeside, ☎ 602-367-1709)* renferme des objets primitifs, des meubles en chêne et en pin, des édredons, des cadeaux et des cafés recherchés en grains.

LEXIQUE ANGLAIS-FRANÇAIS

PRÉSENTATIONS

Hi (casual)	Salut
How are you?	Comment ça va?
I'm fine	Ça va bien
Hello (during the day)	Bonjour
Good evening/night	Bonsoir
Goodbye, See you later	Bonjour, au revoir, à la prochaine
Yes	Oui
No	Non
Maybe	Peut-être
Please	S'il vous plaît
Thank you	Merci
You're welcome	De rien, bienvenue
Excuse me	Excusez-moi
I am a tourist.	Je suis touriste
I am American (male/female)	Je suis américain(e)
I am Canadian (male/female)	Je suis canadien(ne)
I am British	Je suis britannique
I am German (male/female)	Je suis allemand(e)
I am Italian (male/female)	Je suis italien(ne)
I am Belgian	Je suis belge
I am French (male/female)	Je suis français(e)
I am Swiss	Je suis suisse
I am sorry, I don't speak French	Je suis désolé(e), je ne parle pas français
Do you speak English?	Parlez-vous anglais?
Slower, please.	Plus lentement, s'il vous plaît.
What is your name?	Quel est votre nom?
My name is...	Je m'appelle...
spouse (male/female)	époux(se)
brother, sister	frère, soeur
friend (male/female)	ami(e)
son, boy	garçon
daughter, girl	fille
father	père
mother	mère
single (male/female)	célibataire
married (male/female)	marié(e)
divorced (male/female)	divorcé(e)
widower/widow	veuf(ve)

DIRECTION

Is there a tourism office near here?	Est-ce qu'il y a un bureau de tourisme près d'ici?
There is no...	Il n'y a pas de...
we have no...	Nous n'avons pas de...
Where is...?	Où est le/la ... ?
straight ahead	tout droit
to the right	à droite
to the left	à gauche
beside	à côté de
near	près de
here	ici
there, over there	là, là-bas
into, inside	à l'intérieur
outside	à l'extérieur
far from	loin de
between	entre
in front of	devant
behind	derrière

POUR S'Y RETROUVER SANS MAL

airport	aéroport
on time	à l'heure
late	en retard
cancelled	annulé
plane	l'avion
car	la voiture
train	le train
boat	le bateau
bicycle	la bicyclette, le vélo
bus	l'autobus
train station	la gare
bus stop	un arrêt d'autobus
The bus stop, please	l'arrêt, s'il vous plaît
street	rue
avenue	avenue
road	route, chemin
highway	autoroute
rural route	rang
path, trail	sentier
corner	coin
neighbourhood	quartier
square	place
tourist bureau	bureau de tourisme
bridge	pont

building	immeuble
safe	sécuritaire
fast	rapide
baggage	bagages
schedule	horaire
one way ticket	aller simple
return ticket	aller retour
arrival	arrivée
return	retour
departure	départ
north	nord
south	sud
east	est
west	ouest

LA VOITURE

for rent	à louer
a stop	un arrêt
highway	autoroute
danger, be careful	attention
no passing	défense de doubler
no parking	stationnement interdit
no exit	impasse
stop! (an order)	arrêtez!
parking	stationnement
pedestrians	piétons
gas	essence
slow down	ralentir
traffic light	feu de circulation
service station	station-service
speed limit	limite de vitesse

L'ARGENT

bank	banque
credit union	caisse populaire
exchange	change
money	argent
I don't have any money	je n'ai pas d'argent
credit card	carte de crédit
traveller's cheques	chèques de voyage
The bill please	l'addition, s'il vous plaît
receipt	reçu

L'HÉBERGEMENT

inn	auberge
youth hostel	auberge de jeunesse

bed and breakfast	logement chez l'habitant
hot water	eau chaude
air conditioning	climatisation
accommodation	logement, hébergement
elevator	ascenseur
bathroom	toilettes, salle de bain
bed	lit
breakfast	déjeuner
manager, owner	gérant, propriétaire
bedroom	chambre
pool	piscine
floor (first, second...)	étage
main floor	rez-de-chaussée
high season	haute saison
off season	basse saison
fan	ventilateur

LE MAGASIN

open	ouvert(e)
closed	fermé(e)
How much is this?	C'est combien?
I would like...	Je voudrais...
I need...	J'ai besoin de...
a store	un magasin
a department store	un magasin à rayons
the market	le marché
salesperson (male/female)	vendeur(se)
the customer (male/female)	le/la client(e)
to buy	acheter
to sell	vendre
T-shirt	un t-shirt
skirt	une jupe
shirt	une chemise
jeans	un jean
pants	un pantalon
jacket	un blouson
blouse	une blouse
shoes	des souliers
sandals	des sandales
hat	un chapeau
eyeglasses	des lunettes
handbag	un sac
gifts	cadeaux
local crafts	artisanat local
sun protection products	crèmes solaires

cosmetics and perfumes	cosmétiques et parfums
camera	appareil photo
photographic film	pellicule
records, cassettes	disques, cassettes
newspapers	journaux
magazines	revues, magazines
batteries	piles
watches	montres
jewellery	bijouterie
gold	or
silver	argent
precious stones	pierres précieuses
fabric	tissu
wool	laine
cotton	coton
leather	cuir

DIVERS

new	nouveau
old	vieux
expensive	cher, dispendieux
inexpensive	pas cher
pretty	joli
beautiful	beau
ugly	laid(e)
big, tall (person)	grand(e)
small, short (person)	petit(e)
short (length)	court(e)
low	bas(se)
wide	large
narrow	étroit(e)
dark	foncé
light (colour)	clair
fat (person)	gros(se)
slim, skinny (person)	mince
a little	peu
a lot	beaucoup
something	quelque chose
nothing	rien
good	bon
bad	mauvais
more	plus
less	moins
do not touch	ne pas toucher
quickly	vite
slowly	lentement

big	grand
small	petit
hot	chaud
cold	froid
I am ill	je suis malade
pharmacy, drugstore	pharmacie
I am hungry	j'ai faim
I am thirsty	j'ai soif
What is this?	Qu'est-ce que c'est?
Where?	Où?
fixed price menu	table d'hôte
order courses separately	à la carte

LA TEMPÉRATURE

rain	pluie
clouds	nuages
sun	soleil
snow	neige
It is hot out	Il fait chaud
It is cold out	Il fait froid

LE TEMPS

When?	Quand?
What time is it?	Quelle heure est-il?
minute	minute
hour	heure
day	jour
week	semaine
month	mois
year	année
yesterday	hier
today	aujourd'hui
tommorrow	demain
morning	le matin
afternoon	l'après-midi
evening	le soir
night	la nuit
now	maintenant
never	jamais
Sunday	dimanche
Monday	lundi
Tuesday	mardi
Wednesday	mercredi
Thursday	jeudi

Friday	vendredi
Saturday	samedi
January	janvier
February	février
March	mars
April	avril
May	mai
June	juin
July	juillet
August	août
September	septembre
October	octobre
November	novembre
December	décembre

LES COMMUNICATIONS

post office	bureau de poste
air mail	par avion
stamps	timbres
envelope	enveloppe
telephone book	bottin téléphonique
long distance call	appel outre-mer, une longue distance
collect call	appel à frais virés (PCV)
fax	télécopieur
telegram	télégramme
rate	tarif
dial the regional code	composer l'indicatif régional
wait for the tone	attendre la tonalité

LES ACTIVITÉS

recreational swimming	la baignade
beach	plage
scuba diving	la plongée sous-marine
snorkelling	la plongée-tuba
fishing	la pêche
recreational sailing	navigation de plaisance
windsurfing	la planche à voile
bicycling	faire du vélo
mountain bike	vélo tout-terrain (VTT)
horseback riding	équitation
hiking	la randonnée pédestre
to walk around	se promener
museum or gallery	musée
cultural centre	centre culturel
cinema	cinéma

TOURISME

river	fleuve, rivière
waterfalls	chutes
viewpoint	belvedère
hill	colline
garden	jardin
wildlife reserve	réserve faunique
peninsula	péninsule, presqu'île
south/north shore	côte sud/nord
town or city hall	hôtel de ville
court house	palais de justice
church	église
house	maison
manor	manoir
bridge	pont
basin	bassin
dam	barrage
workshop	atelier
historic site	lieu historique
train station	gare
stables	écuries
convent	couvent
door, archway, gate	porte
customs house	douane
locks	écluses
market	marché
canal	canal
channel	chenal
seaway	voie maritime
museum	musée
cemetery	cimetière
mill	moulin
windmill	moulin à vent
high school	école secondaire
lighthouse	phare
barn	grange
waterfall(s)	chute(s)
sandbank	batture
neighbourhood, region	faubourg

LES NOMBRES

one	1
two	2
three	3
four	4
five	5
six	6
seven	7
eight	8
nine	9
tcn	10
eleven	11
twelve	12
thirteen	13
fourteen	14
fifteen	15
sixteen	16
seventeen	17
eighteen	18
nineteen	19
twenty	20
twenty-one	21
twenty-two	22
twenty-three	23
twenty-four	24
twenty-five	25
twenty-six	26
twenty-seven	27
twenty-eight	28
twenty-nine	29
thirty	30
thirty-one	31
thirty-two	32
forty	40
fifty	50
sixty	60
seventy	70
eighty	80
ninety	90
one hundred	100
two hundred	200
five hundred	500
one thousand	1 000
ten thousand	10 000
one million	1 000 000

INDEX

■ GUIDES DE VOYAGE ULYSSE

- ☐ Arizona et Grand Canyon 24,95 $
- ☐ Balades gourmandes autour de Montréal 12,95 $
- ☐ Boston 16,95 $
- ☐ Côte d'Azur - Alpes-Maritimes - Var 24,95 $
- ☐ Costa Rica 24,95 $
- ☐ Cuba 22,95 $
- ☐ Disney World 22,95 $
- ☐ Équateur 24,95 $
- ☐ Floride 29,95 $
- ☐ Gaspésie Bas-Saint-Laurent Îles-de-la-Madeleine 22,95 $
- ☐ Gîtes du Passant au Québec 11,95 $
- ☐ Guadeloupe 24,95 $
- ☐ Honduras 24,95 $
- ☐ Jamaïque 22,95 $
- ☐ Le Québec 29,95 $
- ☐ Louisiane 24,95 $
- ☐ Martinique 24,95 $
- ☐ Mexique Côte Pacifique 24,95 $
- ☐ Montréal en métro 14,95 $
- ☐ Montréal 19,95 $
- ☐ Nouvelle-Angleterre 29,95 $
- ☐ Ontario 24,95 $
- ☐ Ouest canadien 24,95 $
- ☐ Panamá 24,95 $
- ☐ Plages de la côte est de la Floride 12,95 $
- ☐ Plages de Nouvelle-Angleterre et Boston 19,95 $
- ☐ Portugal 24,95 $
- ☐ Provence 24,95 $
- ☐ Provinces maritimes 24,95 $
- ☐ République Dominicaine 24,95 $
- ☐ Saguenay - Lac St-Jean - Charlevoix 22,95 $
- ☐ El Salvador 22,95 $
- ☐ Toronto 19,95 $
- ☐ Vancouver 14,95 $
- ☐ Venezuela 22,95 $
- ☐ Ville de Québec et environs 22,95 $

■ ULYSSE PLEIN SUD

- ☐ Cape Cod - Nantucket - Martha's Vineyard 16,95 $
- ☐ Carthagène 9,95 $
- ☐ Isla Margarita 9,95 $
- ☐ Montelimar - Nicaragua 9,95 $
- ☐ Les plages du Maine 12,95 $
- ☐ Puerto Plata-Sosua-Cabarete 9,95 $
- ☐ Varadero 9,95 $
- ☐ Saint-Barthélemy 9,95 $
- ☐ Saint-Martin 9,95 $

■ ESPACES VERTS ULYSSE

- ☐ Motoneige au Québec 19,95 $
- ☐ Nouvelle-Angleterre à vélo 19,95 $
- ☐ Randonnée pédestre dans le Nord-Est des États-Unis 19,95 $
- ☐ Randonnée pédestre Montréal et environs 19,95 $
- ☐ Randonnée pédestre au Québec 19,95 $
- ☐ Ski de fond au Québec 19,95 $

■ JOURNAUX DE VOYAGE ULYSSE

- ☐ Journal de voyage Ulysse 16,95 $
- ☐ Journal de voyage Ulysse 80 jours
  - (couvert souple) 12,95 $
  - (couvert rigide) 16,95 $
- ☐ Journal de voyage Ulysse (spirale) 11,95 $
- ☐ Journal de voyage Ulysse (format poche) 8,95 $

QUANTITÉ	TITRE	PRIX	TOTAL
		Total partiel	
		Poste-Canada*	4,00 $
		Total partiel	
		T.P.S. 7%	
		Total	

Nom : ....

Adresse : ....

....

....

Paiement : ☐ **Visa** ☐ **Master Card**

Numéro de carte : ....

Expiration : .... **Signature :** ....

ULYSSE L'ÉDITEUR DU VOYAGE

4176, rue Saint-Denis, Montréal, Québec

☎ (514) 843-9447 fax (514) 843-9448

Pour l'Europe, s'adresser aux distributeurs, voir liste p. 2

* Pour l'étranger, compter 15 $ de frais d'envoi